高职高专物业管理专业规划教材

物业管理法规

（第二版）

全国房地产行业培训中心　组织编写
佟颖春　主　编
金秋平　刘　嘉　副主编
王建廷　王秋惠　主　审

中国建筑工业出版社

图书在版编目(CIP)数据

物业管理法规/佟颖春主编. —2版. —北京：中国建筑工业出版社，2015.12（2022.12重印）
高职高专物业管理专业规划教材
ISBN 978-7-112-18829-1

Ⅰ.①物… Ⅱ.①佟… Ⅲ.①物业管理-法规-基本知识-中国 Ⅳ.①D922.181

中国版本图书馆CIP数据核字(2015)第297675号

本教材是为物业管理专业的学生学习掌握我国物业管理法规而编写的。在内容上突出指导性、理论性与实践性、适用性相融合。

本书是在2004年出版的《物业管理法规》基础上重新修订而成的。本次修订分上、下两篇以及附录，在原有的基础上更新增加了基础知识的内容，新增了情境教学的内容以及相关物业的法律、法规和办法条例。此次修订更能激发学生的学习兴趣，培养学生的务实精神与创新意识。

本书可作为高职高专物业管理专业、房地产经营与管理和社区管理等专业的教科书，也可以供从事物业管理工作的人员学习参考。

为更好地支持相应课程的教学，我们向采用本书作为教材的教师提供教学课件，有需要者可与出版社联系，邮箱：jckj@cabp.com.cn，电话：(010)58337285，建工书院 https://edu.cabplink.com。

责任编辑：王 跃 张 晶 吉万旺
责任设计：李志立
责任校对：张 颖 关 健

高职高专物业管理专业规划教材
物业管理法规（第二版）
全国房地产行业培训中心 组织编写
佟颖春 主 编
金秋平 刘 嘉 副主编
王建廷 王秋惠 主 审

*

中国建筑工业出版社出版、发行（北京西郊百万庄）
各地新华书店、建筑书店经销
北京科地亚盟排版公司制版
北京建筑工业印刷厂印刷

*

开本：787×1092毫米 1/16 印张：18¼ 字数：456千字
2016年2月第二版 2022年12月第十三次印刷
定价：35.00元（赠教师课件）
ISBN 978-7-112-18829-1
(28079)

版权所有 翻印必究
如有印装质量问题，可寄本社退换
（邮政编码 100037）

《高职高专物业管理专业规划教材》
编委会名单

主　　任：路　红

副 主 任：王　钊　黄克敬　张弘武

委　　员：佟颖春　刘喜英　张秀萍　饶春平
　　　　　段莉秋　徐姝莹　刘　力　杨亦乔

第二版前言

本书在传统法规教材编写模式的基础上进行了突破创新，按照物业服务企业、从进入项目到退出项目的完整工作流程，对每个工作环节涉及的法律法规及政策制度进行了较为详细的介绍。

全书分为上下两篇：上篇为物业管理基础法律知识；下篇注重物业管理实操性，按照物业管理工作流程划分6个学习情境。内容不仅涵盖物业管理相关基础法律知识和政策法规，还详细讲解了每个工作情境中需要掌握的政策制度与法律法规，为方便读者及时对照学习，编者还将本书所涉及的法律法规及相关文件整理汇编进附录，供读者查阅。

本书适用于物业管理相关专业学生和物业管理从业人员，既是物业管理专业教材又是一本一线实务操作必不可少的工具书。

本书由天津国土资源和房屋职业学院佟颖春副教授担任主编；天津国土资源和房屋职业学院金秋平老师编写上篇2、3、5、6章及下篇情境1、情境5；天津国土资源和房屋职业学院刘嘉老师编写上篇1、4章及下篇情境2、情境3、情境4、情境6；天津城建大学王建廷副校长和天津市贤达律师事务所王秋惠律师担任主审。许多物业管理业内人士都为本书提供了相关信息，在此恭致谢忱。

编者
2015年10月

第一版前言

随着我国国民经济的高速发展,城市化步伐不断加快及公众对居住环境的要求日益提高,房地产市场方兴未艾。大量房地产项目投入使用,随之而来的物业管理问题越来越多。作为调整物业管理社会关系的物业管理法规是我国市场经济法律体系的重要组成部分,亟待普及和进一步完善。

本教材是为高职高专物业管理专业的学生学习掌握我国物业管理法规而编写的。本书在编写中严格遵守教育部关于"高职高专人才培养目标,体现基础理论知识适度,技术应用能力强,知识面较宽、素质高"的高职高专教育特色,并结合其教学特点,在内容上突出指导性、理论性与实践性、适用性相融合。

本书共分为十章,其中包含:运用法学观点对"物业"、"物业管理法"、"物业管理法规"等一系列概念作出科学界定,阐述物业管理法规的调整对象、法律地位、任务、作用,并概括介绍了中国物业管理的立法状况,通过物业管理立法的起因分析,把握社会基本矛盾运动在特定历史时期对物业管理法制产生的决定作用。特别是对物业管理中的几大重要方面:物业管理合同、业主与业主团体、物业管理规范、物业管理法律行为等问题做专门探讨和系统分析,从而加深对物业管理实务问题和中国特色的认识。尤其是对目前物业管理中的焦点问题进行了具体的分析,如:物业管理法律责任,物业管理纠纷产生的原因及如何预防和解决纠纷等等。辅之以典型案例分析是为了激发学生的学习兴趣,培养学生务实精神与创新意识。

本书第一、二章由李建伟编写;第三、六章由吴彬编写;第四、七章由佟颖春编写;第五、十章由胡庆波编写;第八、九章由张莉祥编写。本书在编写过程中,得到许多物业管理公司的帮助,同时参考了近年来许多专家学者的专著,并吸取了他们的许多重要理论和观点,力求完善,达到最佳效果。如有不妥之处,恳请广大读者多加指正。

编者

2004 年 10 月

目 录

上篇 基础知识

1 物业管理法规概述 1
   1.1 物业管理的法学释义 1
   1.2 物业管理立法 3
   1.3 物业管理法律关系 9
   复习思考题 16

2 物业权属法律制度 17
   2.1 物权法概述 17
   2.2 建筑物区分所有权制度 26
   2.3 不动产登记制度 28
   复习思考题 33

3 物业服务企业法律制度 34
   3.1 物业服务企业概述 34
   3.2 物业服务企业资质管理 38
   3.3 物业服务企业的法律地位 40
   复习思考题 43

4 业主及业主大会 44
   4.1 业主 44
   4.2 业主大会 47
   4.3 业主委员会 51
   4.4 管理规约 55
   复习思考题 56

5 物业服务合同法律制度 57
   5.1 物业服务合同概述 57
   5.2 物业服务合同的订立 62
   5.3 物业服务合同的内容与效力 65
   5.4 物业服务合同的履行 72
   5.5 物业服务合同的变更、转让和终止 79
   复习思考题 83

6 物业管理法律责任 84
   6.1 法律责任概述 84

  6.2　法律责任的归责原则和构成要件 ·· 86
  6.3　物业管理法律责任 ·· 88
  复习思考题 ·· 97

下篇　情境教学

情境1　物业管理项目进入 ··· 98
  1.1　物业管理项目进入概述 ·· 98
  1.2　物业管理项目进入的方式 ·· 100
  复习思考题 ··· 106

情境2　物业的承接查验 ··· 107
  2.1　物业承接查验概述 ··· 107
  2.2　物业承接查验的主体、范围和条件 ·· 109
  2.3　物业承接查验的程序 ··· 110
  2.4　物业承接查验的责任 ··· 112
  2.5　物业承接查验争议的解决 ·· 112
  2.6　典型案例分析 ·· 113
  复习思考题 ··· 114

情境3　入住和装修 ··· 115
  3.1　入住 ·· 115
  3.2　物业的装饰装修管理 ··· 118
  3.3　典型案例分析 ·· 124
  复习思考题 ··· 125

情境4　物业日常管理服务 ·· 127
  4.1　日常管理服务一 ··· 127
  4.2　日常管理服务二 ··· 129
  4.3　日常管理服务三 ··· 140
  4.4　典型案例分析 ·· 147
  复习思考题 ··· 149

情境5　物业管理项目退出 ·· 150
  5.1　物业管理项目退出概述 ··· 150
  5.2　物业管理项目退出的方式 ·· 153
  5.3　物业管理项目退出的步骤 ·· 154
  5.4　项目退出移交资料内容 ··· 155
  复习思考题 ··· 157

情境6　物业管理纠纷的处理与防范 ·· 158
  6.1　物业管理纠纷概述 ··· 158
  6.2　物业管理纠纷的处理 ··· 159
  6.3　物业管理纠纷的防范 ··· 163
  6.4　典型案例分析 ·· 164

复习思考题 …… 166

附　录

中华人民共和国物权法（节选）…… 167
中华人民共和国城乡规划法 …… 182
中华人民共和国城市房地产管理法（2007 修正）…… 191
物业管理条例 …… 198
不动产登记暂行条例 …… 205
物业承接查验办法 …… 210
物业服务企业资质管理办法 …… 215
住宅室内装饰装修管理办法 …… 219
物业服务收费管理办法 …… 224
物业服务收费明码标价规定 …… 227
住宅专项维修资金管理办法 …… 228
最高人民法院关于审理建筑物区分所有权纠纷案件具体应用法律若干问题的解释 …… 235
最高人民法院关于审理物业服务纠纷案件具体应用法律若干问题的解释 …… 238
业主大会和业主委员会指导规则 …… 240
普通住宅小区物业管理服务等级标准（试行）…… 248
北京市物业管理办法 …… 252
天津市物业管理条例 …… 259
上海市住宅物业管理规定 …… 267
天津市物业服务企业退出项目管理办法 …… 281

参考文献 …… 284

上篇 基础知识

1 物业管理法规概述

【学习目的与要求】

本章重点讲述了物业管理法规的基本知识。目的在于了解物业管理法规的产生、发展和本质，建立物业管理法规的宏观体系，掌握物业管理立法的体制及具体内容，充分理解我国物业管理法规在整个法律体系中的地位，理解物业和物业管理的时代概念。物业管理法律关系及其主体、客体和内容，是物业管理法规的基础，涉及的基本概念应当熟练掌握和理解，并能够应用在纠纷的解决和防范中。

【引入案例】

某机关将小区内的一栋住宅楼全部买下，分给单位职工居住。但该单位认为负责小区物业管理的物业服务公司物业管理费比较高，物业管理服务质量也较差，所以想把自己买下的这栋楼封闭起来，由本单位自己进行管理或由本单位委托其他物业服务公司来管理。该想法一经提出，开发商、物业服务公司立即明确告知该单位，绝不能由其单独进行物业管理。可该单位员工认为，既然业主有权选聘物业服务公司，开发商、物业服务公司就没有任何权力对此进行干涉。双方为此争论不休。

请思考：这栋楼能单独进行物业管理吗？

1.1 物业管理的法学释义

从词源上看，"物业管理"一词译自英文"property management"，其"property"一词实为"real property"中省略"real"而来，其意为"不动产管理"，但这种简单的术语对应，实际上仍然难以掩盖其背后法律调整体系的差异。

由于英、美、法没有大陆法严格意义上的物权与债权的划分概念，"property"一词实际上具有财产、动产、不动产的多重含义，兼跨物权、债权等多种权利属性。虽然在"物业管理"意义上使用的"property"重点强调的是"real property"，限于不动产及其类属物，但是从英、美、法的实践看，作为管理对象的"property"实质上包容了非常广泛的内容，不仅仅限定为不动产（主要是房产楼宇）等硬件因素，更涉及由此产生的所有权、租赁权甚至资产管理和交易的软性交易因素。从这种意义上说，正像这一英文术语在大陆法语境下的模糊性那样，国外的"物业管理"就其"property"之指称在对象上体现出了非常纷繁复杂的样态,并形成了复杂完善的各业规范体系。从这种意义上说,将"property"译为"物业"倒是一种依模糊就模糊的省事做法。

汉语中的"物""业"二字是多义词。"物"作为名词,主要有两种含义:一是自然生成和人工形成的、可被人感觉的诸种客观存在;二是"我"以外的人、事物或环境,即特定主体外的客观存在。"业"作为名词也主要有两种含义:一是从事劳作的社会经济部门、业务领域或工作岗位,例如事业、产业、就业等;二是指归属一定主体所有的天然生成物及劳动成果,例如业主、家业等。但是早期的汉语中并没有将物业连用的表达习惯。宋代以后的使用较多一些,一般称动产为物,不动产为业。《宋刑统·户婚律》:"应典买倚当物业,先问房亲,次问四邻,房亲著价不尽,亦任就得价高处交易。"《宋会要辑稿·食货》:"应有已经正典物业……"。《册府元龟》:"其有典质倚当物业,仰官牙人及四邻人同属文契。"就汉语物业一词本意而言,物业是人们居住、劳作、活动所依赖和所利用的地理条件及归属人们的或群体的、包括动产和不动产在内的财产。

在法学上,物业具有广义和狭义两重含义。广义的物业是指已划定东南西北四至界限的特定土地范围内具有不动产性质的由诸种物体和环境构成的财产,以及依法设置对于该宗财产上的诸种财产利益。狭义的物业是指单元性房地产,具体的讲是仅指一定建设用地范围内具有不动产性质的土地、房屋、附属设施及空间环境。本书所用的是狭义的概念。如《上海市居住物业管理条例》所称居住物业是指住宅以及相关的公共设施;《深圳经济特区住宅区物业管理条例》所称物业是指住宅区内各类房屋及相配套的公用设施、设备及公共场地;《广东省物业管理条例》所称物业是指已建成并交付使用的住宅、工业厂房、商业用房等建筑物及其附属的设施、设备和相关场地。物业与房地产既有本质的联系,又在使用上有所区别。物业一般用于指某项具体的建筑物和场地、庭院、干道,而房地产则多用于泛指一个国家、地区或城市所有的房产和地产。物业常指个体,房地产常指整体。从产业上说,虽然物业管理也是指具体的房地产经营与管理活动,但物业是进入消费领域的房地产品,物业管理是房地产业在消费领域的延伸活动。

按照我国《物业管理条例》第二条的规定,物业管理是指业主通过选聘物业服务企业,由业主和物业服务企业按照物业服务合同约定,对房屋及配套的设施、设备和相关场地进行维修、养护管理,维护相关区域内的环境卫生和秩序的活动。又如《北京市居住小区物业管理办法》第四条所称物业管理,是指居住小区的物业产权人、使用人委托物业服务企业对房屋及其设备以及相关的居住环境进行维护、修缮和服务的活动。

限于时代的要求,我们将物业管理理解为专门组织受物业所有人的委托,依照国家有关法规和合同,行使管理权,运用现代管理科学和先进维修养护技术,以经济手段对物业实施多功能全方位的统一管理,同时对物业周围的环境、清洁卫生、安全保卫、公共绿化、道路养护等统一实施专业化管理,并向物业的所有权人或使用权人提供多方面的综合服务,使物业发挥最大的使用价值和经济价值。具体应包括以下七层含义:

其一,物业管理的对象是物业,通常是已投入使用的楼宇;

其二,物业管理的服务对象是人,即物业所有人和使用人;

其三,物业管理的属性是经营,它所提供的是有偿的、无形的劳务活动,是一种特殊的商品;

其四,物业管理的发生基础是合同,通过一定的合同规定相关各方的权利、责任和

义务;

其五,物业管理的基本要求是统一管理和协调,既包括相对独立的物业或小区物业的统一管理和协调,也包括辖区内各个方面的统一管理和协调;

其六,物业管理活动具有完善物业的使用效能,促进物业保值、增值的作用;

其七,物业管理融管理、服务、经营于一体。

1.2 物业管理立法

物业管理立法是由法定的国家机关依据法定程序,运用一定立法技术所进行的制定、认可、修改、补充和废止,用以调整物业管理社会关系的具有普遍性的法律规范及其系统文件的活动。

1.2.1 物业管理立法体制

事实上,各国对物业管理的规定在立法体系和名称使用上并不一致,主要有以下四类:

1. 民法模式

此种模式以意大利和瑞士为代表。指在民法典中设若干条款,以规范物业管理中的法律关系。如意大利新民法典的第1117条至1139条有下列规定:建筑物共同部分之范围,共有人对共同所有物之权利,共同部分之不可分割性;共用部分之变更,共同所有建筑物的部分设置,费用之分担,楼梯之维护与重建;顶棚、地下室、地板的维护与整修;日光浴室之排他使用;建筑顶楼之建筑;建筑物全毁或者部分损毁;管理人的选任与解任,管理人的职务,管理人的代表权;关于分层住宅所有人(区分所有权人)不赞同时之提起诉讼;管理人之处置,分层住宅所有人引起之费用;分层住宅所有人会议的权限,分层住宅所有人会议之组织决议的效力,分层住宅所有人会议之异议;分层住宅所有人间之规约,共同所有法则之准用。这样使得民法典更加丰满和完善。其缺点则是无法详尽物业管理的诸项制度,使法律的操作性削弱。

2. 住宅法模式

主要是英美法系的英国、加拿大、澳大利亚、新西兰、印度等国所采取。通过制定一部住宅法对所有类型住宅的所有、租赁等法律关系进行专门调整,这其中包括物业管理。如英国于1957年制定的《住宅法》的第三部分对区分所有建筑物之管理规定为多头管理体制,住宅管理机关为房主管理当局,包括:依《住宅法》而成立的住宅公司,符合1960年慈善团体法的信托组织,都市发展公司及威尔士乡村发展理事会。显然其适用范围限于住宅,不含非住宅的房屋,在现今这种有众多的写字楼、商业用房的状况下,显然是不合时宜的。

3. 建筑物区分所有权法模式

此种模式以德国、日本、法国等国为代表,专门制定建筑物区分所有权法,用专章或专节对物业管理进行规定。如1962年4月4日日本颁布《有关建筑物区分所有之法律》,后于1979年和1983年两次修订。修订后的日本建筑物区分所有权法的第一章第四节为"管理人",内容包括:管理人的选任和解任、管理人的权限、管理所有、委托规定的准用及区分所有权人的责任等。第五节为"规约及集会",内容包括:规约事项、规约的设定、变更及废止、依公证书设定规约、规约的保管及阅览、关于集会的召集、决议事项的限制、表决权等等。第六节为"管理团体法人",内容包括:管理团体法人之成立、名称,管理团体法人之理事、监事、监事的代表权,管理团体法人事务的执行等等。这种模式将物业管理法律作为建筑物区分所有权的三大要素之一加以规定,对于明确物业管理中各当事人的法律地位具有重大意义。

    4. 物业管理法模式

以我国香港和台湾地区为代表,专设物业管理法进行统一规制。如台湾在 1987 年 6 月拟订出《高楼住宅管理维护法(草案)》,该草案是对物业管理进行专门规定的法律,虽未正式通过,但代表了台湾地区对物业管理立法模式的选择;1992 年台湾"内政部"公布了《公寓大厦及社区安全管理办法》,是从治安目的出发,对物业进行管理的专门法律,《公寓大厦管理条例实施细则》(1996 年 10 月 2 日发布),《公寓大厦管理条例》(2000 年 4 月 26 日修正)。香港于 1970 年制定《多层大厦(业主立案法团)条例》,该条例也是对物业管理进行专门的立法。主要内容包括三部分:关于公共契约、关于多层建筑物业主立案法团和关于管理委员会。我国于 2003 年 9 月 1 日实施的《物业管理条例》也采用此种模式。从历史上看,这是物业管理立法的最新模式。

尽管我国的物业管理立法模式处于较为先进的地位,但是由于我国的整个房地产行业和立法起步较晚,国家经济发展不均衡,地域差异较大等原因,导致了物业管理立法诸多不足之处。

首先,物业管理实践先行,物业管理立法跟进较慢。1979 年 10 月广州东华实业公司对广州市东湖新村实行"综合管理、有偿服务、以业养业、自我发展"的物业管理模式和 1981 年 3 月 10 日深圳市物业服务企业成立为先导,专业化的物业管理已经开始在一些城市陆续付诸实践。

直到 1994 年 3 月 21 日,山东省青岛市政府以 18 号令批准发布全国第一个关于物业管理的地方政府规章《青岛市住宅小区物业管理试行办法》;同年 3 月 23 日建设部以第 33 号令发布了新中国成立以来关于物业管理的第一个主要行政规章《城市新建住宅小区管理办法》;同年 6 月 18 日深圳市人大常委会通过了第一部地方性法规《深圳经济特区住宅区物业管理条例》;而国务院公布的第一部行政法规《物业管理条例》是在 2003 年 6 月 28 日。自此中国确立了物业管理在房地产业中应有的法律地位。

其次,住宅区物业管理先行,非住宅区物业管理立法有待充实。我国物业管理实施的开始和重点是住宅小区。现行物业管理的行政法规、地方性法规和行政规章,大都是直接针对住宅物业的管理制定的,而对写字楼、厂房等的非居住性物业管理只简单地规定可以参照住宅区物业管理规范执行。省级物业管理规范文件中,只有极少数的像重庆市政府出台的《重庆市物业管理办法》试图将非居住物业与居住物业一样直接纳入该办法适用范围。但就其规定的内容而言,也未能针对非居住物业的特殊性作出相应的特别规定。

另外,还有如区分所有权制度的完善、物业管理法制的本土化和技术性管理部分向国外借鉴等问题还有待改善。

1.2.2 我国物业管理法规体系

法律体系是指按照一定的原则和标准划分的同类法律部门组成的法律规范。我国物业管理法律体系是我国法律体系的组成部分,是由与物业管理活动有关的法律、行政法规、行政规章、地方性法规、地方政府规章组成的有机整体。

我国的物业管理法律体系，是以国务院颁布的《物业管理条例》行政法规为主体，以建设部等部门颁布的行政规章为补充。我国的物业管理法律体系是一个开放的体系，随着社会的发展，不断出现的新问题需要新的法律规范来调整，调整物业活动的法律规范应该及时地补充和修改。

我国物业管理法规的表现形式有宪法、法律、行政法规、部门规章、地方性法规、地方政府规章等。

1.2.2.1 宪法

宪法是国家的基本法，由全国人民代表大会制定，具有最高的法律效力，是物业管理法律规范制定的基础和依据。任何法律法规都不得与宪法相抵触。我国1982年颁布，分别于1988年、1993年、1999年、2004年修正的《中华人民共和国宪法》中的部分条款是物业管理立法的基础性和指导性规定，如第十条规定："城市的土地属于国家所有。农村和城市郊区的土地，除由法律规定属于国家所有的以外，属于集体所有；宅基地和自留地、自留山，也属于集体所有。国家为了公共利益的需要可以依照法律规定对土地实行征收或者征用并给予补偿。任何组织或者个人不得侵占、买卖或者以其他形式非法转让土地。土地的使用权可以依照法律的规定转让。一切使用土地的组织和个人必须合理地利用土地。"第十三条规定："公民的合法的私有财产不受侵犯。国家依照法律规定保护公民的私有财产权和继承权。国家为了公共利益的需要，可以依照法律规定对公民的私有财产实行征收或征用并给予补偿。"

1.2.2.2 法律

法律是由国家最高权力机关及其常设机关即全国人民代表大会和全国人大常委会制定颁布的规范性文件，法律效力仅次于宪法。我国还没有专门调整物业管理关系的《物业管理法》等法律。此类等级的物业管理法律规范相关内容只是散见于《中华人民共和国民法通则》、《中华人民共和国物权法》、《中华人民共和国房地产管理法》、《中华人民共和国合同法》、《中华人民共和国土地管理法》等法律中。

1.2.2.3 行政法规

行政法规是由国家最高行政机关即国务院在法定职权范围内为实施宪法和法律而制定的有关国家行政管理的规范性文件，其效力次于宪法和法律，同样在全国范围内生效。如2003年6月8日发布的《物业管理条例》、1983年12月17日发布的《城市私有房屋管理条例》、2000年1月30日发布的《建设工程质量管理条例》等。

1.2.2.4 部门规章

部门规章是国务院所属部委根据法律和国务院行政法规、决定、命令，在本部门的权限内，所发布的各种行政性的规范性文件，其效力低于宪法、法律和行政法规。国务院所属各部委在其职权范围内发布的有关的物业管理的命令、指示、规章，也是我国物业管理法律规范的具体表现形式之一。例如，建设部1989年第5号令发布的《城市异产毗邻房屋管理规定》、建设部1994年第33号令发布的《城市新建住宅小区管理办法》、公安部1992年第11号令发布的《高层居民住宅楼防火管理规则》等。

1.2.2.5 地方性法规

地方性法规是由省、自治区、直辖市、省会城市和经国务院批准的较大的市的人民代表大会及其常务委员会根据本行政区域的具体情况和实际需要，依法制定的在本行政区域内具有法的效力的规范性文件,其效力低于宪法、法律和行政法规。在所制定的地方性法规中,有关物业管理方面的规定是物业管理法律规范在该层级立法的具体表现。例如,2004年8月19日通过,2010年12月23日修订的《上海市住宅物业管理规定》、1998年7月颁布,2008年1月修订的《广东省物业管理条例》、2009年5月通过的《重庆市物业管理条例》和2002年10月24日通过并于2008年9月10日修订的《天津市物业管理条例》等。各省市在《物权法》出台后分别对原来的物业管理条例和物业管理规定进行了修订,以适应物业管理行业的发展。

1.2.2.6 地方政府规章

省、自治区、直辖市、省会城市和较大的市的人民政府,可以根据法律、行政法规和地方性法规,制定地方政府规章,其效力低于同级权力机关制定的地方性法规。所制定并颁布的物业管理方面的规章,是物业管理法律法规在该层级立法的具体表现。例如,1998年7月20日发布并于2004年8月修订的《深圳经济特区物业管理行业管理办法》、2005年12月24日发布的《南京市物业管理办法》等。

1.2.2.7 其他

司法解释和国家政策也是物业管理法律规范的非典型表现形式,在很多时候,起着法律的作用,从而保障人们的权益并约束人们的行为。司法解释是由最高司法机关(最高人民法院、最高人民检察院)对工作中具体应用法律问题所做的解释。国务院和各级政府在没有法律规定的情况下可以制定不违反法律的政策,以适应物业管理发展的需要。如《最高人民法院关于审理物业服务纠纷案件具体应用法律若干问题的解释》和《最高人民法院关于审理建筑物区分所有权纠纷案件具体应用法律若干问题的解释》。

物业管理法规体系是由不同类型、不同层次、结构合理、内部和谐、体例科学,有明确分工又相互协调统一的调整物业管理社会关系的法律规范的有机整体。

1.2.3 物业管理法的地位和作用

1.2.3.1 物业管理法的地位

法律地位是指在整个法律体系中所处的状态,具体指某个法律属于哪一个法律部门,且在该法律部门中居于何等层次。法律部门又称为法的部门、部门法,是根据一定的标准和原则所划分的同类法律规范的总称。划分的标准主要是法律所调整的社会关系,其次是法律调整方法。法律的调整对象解决的是某一法律部门的规范调整什么样的社会关系的问题,而法律调整方法解决的是指明这种社会关系是怎样被调整的。

物业管理法的调整对象是物业管理活动中的行政管理关系和民事关系,若仅从物业服务企业与业主之间订立的物业服务合同而从事物业管理活动来看,他们之间产生合同法律关系,应属民法部门。但从整体来看物业管理法侧重于对物业管理行业和对物业管理活动当事人的行政管理为主,它注重以国家意志干预(规范、指导、监督)整个物业管理行业的运行,更强调业主的自治管理,如规定物业权属区分、物业维修、物业服务企业的资质、业主大会召开、物业管理法律责任等。因此,虽然物业管理法中有一部分是民法规范,物业管理法就总体而言是属于经济法部门的。

1.2.3.2 物业管理法的作用

市场经济是法制经济,它需要通过一系列的法律、法规、规章来规范经济运行的程序。物业管理的蓬勃发展,客观上要求用物业管理法来加以规范、推动和保障。

(1) 物业管理法制建设保障物业管理权利人合法权益

物业管理权益是一个统一的多层次的整体。主要包括物业所有权、物业使用权、物业抵押权、物业租赁权等。比如《物业管理条例》从如下几个方面加强了对业主合法权益的保护：一是明确列举了业主在物业管理活动中享有的权利及其内容；二是规定物业管理区域内全体业主组成业主大会，并选举产生业主委员会，业主大会决定物业管理中的重大事项，业主委员会负责公共日常事务；三是规范了业主大会的会议形式和表决方式，业主通过业主大会行使自己在物业管理中的权利，如自主地选聘或者解聘物业服务企业等；四是通过规范建设单位、物业服务企业的行为，来保护业主的合法权益。如条例规定了建设单位不得擅自处分业主依法享有的物业共用部位、共同设施设备的所有权或者使用权。条例还明确了物业管理用房的所有权归业主，物业服务企业不能擅自改变其用途；物业服务企业在代收有关公用事业费用时，不得收取手续费等额外费用。

(2) 物业管理法制建设规范物业管理活动

目前，物业管理行业不断发展，物业管理新体制已被工业区、学校、医院、车站、机场、商场、办公楼宇等各类物业的管理所采用。物业管理法规从为业主自治管理的组建和物业服务企业的运行，到物业管理事务委托实施和各有关方面监督管理，都给出了法定行为程序，规定了相应权利义务，以法律的权威保障和增强依法行为和信守合同的法治观念。无论是市场行为还是政府的行政监督指导行为都要严格按照法律办事，摆脱物业管理行业的无序状态。

(3) 物业管理法制建设推动人民居住环境持续性发展和人民生活质量不断提高

物业管理法规的立法目的和宗旨明确表达了实行物业管理法制的主要目的是：推行社会化、专业化、市场化、专业化物业管理运行机制，规范业主自治行为、物业的专业管理行为和提供人居的行为，明确业主、物业服务企业、有关政府管理部门和社会组织的权利和义务，保障物业的安全和合理使用，维护物业管理关系当事人的权益，创建物业区域内的良好公共秩序，保持安全、卫生、方便、舒适、健康的人民居住使用物业的环境。实施物业管理法规，使具有中国特色的现代物业管理在住宅区、工厂区、大厦楼宇等场所全方位推行，必然会改变城镇形象面貌，使城镇及现代化的乡村向物业安全、环境整洁卫生、生活方便、公共秩序井然和社会稳定的方向迈进。

1.2.4 我国物业管理条例主要内容简介

2003年6月8日，国务院颁布了《物业管理条例》。《条例》的颁布，是我国物业管理发展历史上一件具有里程碑意义的大事，标志着我国物业管理进入了法制化、规范化发展的新时期。《物业管理条例》是国家为了规范物业管理活动，维护业主和物业服务企业的合法权益，改善人民群众的生活和工作环境而制定的管理条例。

2007年8月26日，总理温家宝签发第504号国务院令，决定根据《中华人民共和国物权法》的有关规定，对《物业管理条例》进行修改。修订后的《物业管理条例》自2007年10月1日起实施。

《物业管理条例》的主要内容包括：

1.2.4.1 十项基本制度

(1) 告知制度

① 住宅小区的业主大会会议，应当同时告知相关的居民委员会。

② 业主大会、业主委员会作出的决定违反法律、法规的,物业所在地的区、县人民政府房地产行政主管部门,应当责令限期改正或者撤销其决定,并通告全体业主。

③ 住宅小区的业主大会、业主委员会作出的决定,应当告知相关的居民委员会。

④ 业主确需改变公共建筑和共用设施用途的,应当告知物业服务企业。

⑤ 业主需要装饰装修房屋的,应当事先告知物业服务企业。

⑥ 物业服务企业应当将房屋装饰装修的禁止行为和注意事项告知业主。

(2) 业主委员会备案制度

业主委员会应当自选举产生之日起 30 日内,向物业所在地的区、县人民政府房地产行政主管部门备案。

(3) 招标投标制度

国家提倡建设单位按照房地产开发与物业管理相分离的原则,通过招投标的方式选聘具有相应资质的物业服务企业。住宅物业的建设单位,应当通过招投标的方式选聘具有相应资质的物业服务企业。

(4) 承接查验制度

物业服务企业承接物业时,应当对物业共用部分、共用设施进行查验;物业服务企业承接物业时应当与业主委员会办理物业验收手续。

(5) 保修责任制度

① 建设单位应当按照国家规定的保修期限和保修范围,承担物业的保修责任。

② 供水、供电、供气、供热、通信、有线电视等单位,应当依法承担物业管理区域内相关管线和设施设备维修、养护的责任。

③ 物业存在安全隐患,危及公共利益及他人合法权益时,责任人应当及时维修养护,有关业主应当给予配合。

④ 责任人不履行维修养护义务的,经业主大会同意,可以由物业服务企业维修保养,费用由责任人承担。

(6) 资质管理制度

国家对从事物业管理活动的企业实行资质管理制度。

(7) 人员资格制度

从事物业管理的人员应当按照国家有关规定,取得职业资格证书。

(8) 交接制度

物业服务合同终止时,物业服务企业应当将物业管理用房和本条例第二十九条第一款规定的资料交还给业主委员会。物业服务合同终止时,业主大会选聘了新的物业服务企业的,物业服务企业之间应当做好交接工作。

(9) 报告制度

对物业管理区域内违反有关治安、环保、物业装饰装修和使用等方面法律、法规规定的行为,物业服务企业应当制止,并及时向有关部门报告。物业服务企业应当协助做好物业管理区域内的安全防范工作;发生安全事故时,物业服务企业在采取应急措施的同时,应当及时向有关行政管理部门报告,协助做好救助工作。

(10) 专项维修资金制度

住宅物业小区内的非物业或者与单幢住宅楼结构相连的非住宅物业的业主,应当按照国家有关部门规定交纳专项维修资金。

1.2.4.2 六项禁止行为

（1）业主大会、业主委员会应当依法履行职责，不得作出与物业管理无关的决定，不得从事与物业管理无关的活动；物业使用人在物业管理活动中的权利义务由业主和物业使用人约定，但不得违反法律、法规和管理规约的有关规定。

（2）业主依法享有的物业共用部位、共用设施设备的所有权或者使用权，建设单位不得转让给他人。

（3）物业管理用房的所有权属于业主。未经业主大会同意，物业服务企业不得改变物业管理用房的用途。

（4）物业服务企业可以将物业管理区域内的专项服务业务转托给专业服务公司，但不得将该区域内的全部物业管理一并委托给他人。

（5）物业管理区域内按照规划建设的公共建筑和共用设施，不得改变用途。

（6）业主、物业服务企业不得擅自占用、挖掘物业管理区域内的道路、场地，损害业主的共同利益。

1.2.4.3 四项授权规定

（1）物业管理区域的划分应当考虑物业的共用设施设备、建筑物规模、社区建设等因素。具体办法由省、自治区、直辖市制定。

（2）业主在首次业主大会会议上的投票权，根据业主拥有物业的建筑面积、住宅套数等因素确定。具体办法由省、自治区、直辖市制定。

（3）国家对从事物业管理活动的企业实行资质管理制度。具体办法由国务院建设行政主管部门制定。

（4）专项维修资金收取、使用、管理的办法由国务院建设行政主管部门会同国务院财政部门制定。

1.2.4.4 两项书面合同

（1）前期物业服务合同

在业主、业主大会选聘物业服务企业之前，建设单位选聘物业服务企业的，应当签订书面的前期物业服务合同。

（2）物业服务合同

业主委员会应当与业主大会选聘的物业服务企业签订书面的物业服务合同。

1.3 物业管理法律关系

1.3.1 物业管理法律关系概述

1.3.1.1 物业管理法律关系概念

法律关系是法律规范在调整人们行为过程中形成的具有权利和义务内容的社会关系，它是基于法律规范而形成的特殊社会关系。物业管理法律关系也是这样，它是物业法律规范在调整物业管理活动的过程中所形成的特定主体间的权利和义务关系。它是具体的法律关系系统中的一个分支，是物业管理社会关系中的法律调整形式。例如，依据我国《物业管理条例》第四十四条"物业服务企业可以根据业主的委托提供物业服务合同约定外的服务项目,服务报酬由双方约定"。业主与物业服务企业就可以依此形成一个民事的委托合同关系。

1.3.1.2 物业管理法律关系特征

(1) 物业管理法律关系性质的多重性

物业区分所有关系和物业管理业务内容的复杂性决定了物业管理法律关系的复杂性和复合性,使其在性质上体现出多重性特征。物业管理法律关系既包括横向的平等主体之间在物业委托管理和特约服务过程中发生的物权、债权等民事法律关系,又有纵向的法律地位不平等主体之间即与物业管理有关国家职能机关同业主、业主团体、物业使用人物业服务企业、物业开发建设单位之间所发生的行政管理关系,还包括因国家对物业管理行业和物业管理市场的干预调控而发生的经济法律关系。因此,物业管理法律关系具有一定的综合性,是由多种性质法律关系交叉重叠构成的,这一点有别于其他单一性质的法律关系。

(2) 物业管理法律关系的基本主体的特定性

物业管理法律关系的基本主体是享有物业所有权的业主及其团体和合法取得物业管理权的物业服务企业,它们通过市场机制作用和合同来建立有偿的管理服务关系。在经济性和行政管理性的法律关系中的另一相对主体就是国家及其相应的机关。

(3) 物业管理法律关系的客体具有特殊性

物业管理法律关系的客体是物业和基于物业派生出来的服务。物业虽属物的范畴,但又不同于传统法律规定的不动产或房地产之物,现代意义的物业更突出物业包括的空间和环境,保护业主们的共有共用空间权和共享环境权是现代物业管理法规的重点任务之一。从物业服务企业的产品类型来看,其产品是服务类产品,这种服务虽然像其他商业性服务一样具有有偿性,但是受特定物业管理辖区的范围限制。

(4) 物业管理法律关系的国家干预性强

物业价值,物业围括的居住环境和工作环境对于业主、城市生活和城市风貌的利益关系都有很大影响,物业占用的土地所有权属于国家,土地用途受国家管制,土地上的房屋和其他定着物管理状况对于土地的增值情况影响也很大。因此,国家为保护业主的重大利益,维护国有土地收益,避免因管理不善而人为地造成物业类社会财富的减损,为促进居住环境和城市工作、投资环境的可持续发展,必然要通过法律法规政策对物业管理市场和物业服务企业资质的管理、某些物业管理运作环节和行为关系施以必要的有效干预。这种干预也是国家对物业管理行业的管理,干预的目的也在于引导物业管理行业的健康发展。例如政府对物业管理招投标活动的管理,推行《前期物业服务合同》,对业主委员会实行登记备案制度,政府物业管理行政主管部门负责组织特定住宅区的首次业主会议,选举产生业主委员会,对管理规约、物业管理服务合同实行备案公示制度等。

1.3.2 物业管理法律关系构成要素

任何的法律关系都具有三个要素,即主体、内容和客体。任何一个要素的改变或消灭都会导致法律关系的改变或消灭。主体是指法律关系的参加者,即在法律关系中一定权利的享有者和一定义务的承担者。内容就是法律关系主体之间的具体的权利和义务。客体是指法律关系主体的权利和义务所指向的对象。

1.3.2.1 物业管理法律关系的主体

物业管理法律关系主体是指依法可以参加到物业管理法律关系中,并在其中享有权利和承担义务的人。

根据我国现行物业管理法规的规定，我国物业管理法律关系的主体可以分为以下三类：

(1) 自然人

自然人即个人主体，作为物业管理法律关系的主体有两类。其一，我国公民、外国人和无国籍人。在近现代民法中，只要具有本国国籍的自然人均能从生至死地享有公民权。本国公民和非本国公民的自然人的法律人格一般不平等，但随着现代国家逐渐推广国民待遇，这种差别在缩小。其二，按照我国《民法通则》的规定，个体工商户、农村承包经营户和个人合伙也纳入个人主体的范围内。

(2) 法人和非法人组织

法人是相对于自然人而言被法律虚拟地赋予人格的组织。《民法通则》第37条中规定了社会组织取得法人资格应具备的条件：依法成立；有必要的财产和经费；有自己的名称、组织机构和场所；能够独立承担民事责任，其中包括国家机关、企业法人、其他法人。物业服务企业是一种具有独立法人地位的企业组织，它通过提供专业化的物业管理服务与业主发生物业管理法律关系。而业主本身也有可能是企业法人。

非法人团体也是一种社会组织，它也要依法成立，有自己的名称、组织机构，并且有的也有一些财产、经费。它与法人的区别在于不能独立承担法律责任。如业主大会、业主委员会，又如物业服务企业本身是法人，但其下属的特定物业管理区域的物业管理处则不是法人，只是公司的分之机构。

(3) 国家

国家作为一个整体，有时候也是物业管理法律关系的参加者。国家在物业管理行政法律关系中处于指导、监督地位，依法行使其管理权。在物业民事法律关系中，国家作为土地所有者，是城市物业的业主之一，但是由于土地使用权与所有权相分离，作为土地所有者的国家一般不以业主身份参与物业管理的具体活动。可以说，国家作为物业管理法律关系的主体之一，有着特殊的法律地位。例如，在对公房这种物业的管理活动中，国家是公房的业主。

目前我国物业管理法律关系的主体具体包括以下几类：

(1) 行政管理机关

行政管理机关作为管理机构参与物业的管理工作，对物业管理行为进行管理、监督和指导，是物业管理法律关系的重要主体。根据1993年12月经国务院批准的有关建设部职能的文件明确规定，建设部是国务院综合管理全国建设事业（工程建设、城市建设、村镇建设、建筑业、房地产业、市政公用事业）的职能部门，因此从全国范围来讲，建设部是物业管理的行政管理部门。各省、市、区、县对物业管理的行政管理部门都有明确规定。此外，市政、规划、环保、公用、环卫、园林、住宅、电力、公安、工商、物价等有关部门按职责分工，协助监督物业管理区域的管理。

(2) 物业服务企业

物业服务企业是依法定资质条件和法定程序设立的，接受业主或业主委员会的委托，根据与业主或业主委员会订立的物业服务合同及相关法律规定，为各类物业及相关配套的公共设施、设备、公共场地提供专业化、一体化管理服务的具有独立法人地位的经济实体。在以提供物业管理服务为主要内容的物业管理社会关系中，物业服务企业是物业管理服务的承担者，这种主体居于核心地位，是物业管理法律关系中的主要主体。

（3）业主

业主是指物业的所有权人，即房屋所有权人和土地使用权人，是所拥有物业的主人。业主依法对自己所有的物业行使占有、使用、收益和处分的权利，同时依法享有对物业共有部分和共同事务进行管理的权利，并承担相应的义务。业主可以是自然人、法人和其他组织，可以是本国公民或组织，也可以是外国公民或组织。在物业管理法律关系中，业主既是物业管理的主体，也是物业管理服务的对象。

（4）物业使用人

它是指房屋、市政、公用设施设备及场地的使用人。它既包括业主，也包括非业主物业使用人。非业主物业使用人就是物业的承租人或借用人，即业主通过出租或是无偿提供物业供他人使用，实际上占有和使用物业的当事人。非业主物业使用人是物业法律关系中的一类主体，对物业享有占有权和使用权，但没有处分权，更没有所有权。

（5）业主大会和业主委员会

业主大会是由同一个物业管理区域内全体业主组成的，代表和维护物业管理区域内全体业主在物业管理活动中的合法权益的业主自治管理组织。一个物业管理区域成立一个业主大会。同一个物业管理区域内的业主，应当在物业所在地的区、县人民政府房地产行政主管部门或者街道办事处、乡镇人民政府的指导下成立业主大会，并选举产生业主委员会。但是，只有一个业主的，或者业主人数较少且经全体业主一致同意，决定不成立业主大会的，由业主共同履行业主大会、业主委员会职责。

业主委员会是按照法定的程序由业主大会从全体业主中选举产生的，是业主大会的执行机构。业主委员会代表和维护物业管理区域内全体业主的合法权益。

（6）开发建设单位

开发建设单位即房地产开发企业，是物业的建设者，是物业管理中十分重要的一员。开发建设单位的开发建设行为在整个物业管理环节中起着至关重要的作用，直接影响物业管理工作是否能顺利进行，同时它也直接参与物业管理的有关活动。

（7）物业管理协会

我国于2000年成立了中国物业管理协会，简称"中国物协"（英文名称：CHINA PROPERTY MANAGEMENT INSTITUTE，缩写：CPMI）。中国物业管理协会是以物业服务企业为主体，相关企业参加，按照有关法律、法规自愿组成的全国行业性的自律组织，具有国家一级社团法人资格。中国物协的主要职能包括：协助政府贯彻执行国家的有关法律、法规和政策；协助政府开展行业调研和行业统计工作，为政府制定行业改革方案、发展规划、产业政策等提供预案和建议；协助政府组织、指导物业管理科研成果的转化和新技术、新产品的推广应用工作，促进行业科技进步；代表和维护企业合法权益，向政府反映企业的合理要求和建议；组织制定并监督本行业的行规行约，建立行业自律机制，规范行业自我管理行为，树立行业的良好形象；进行行业内部协调，维护行业内部公平竞争；为会员单位的企业管理和发展提供信息与咨询服务；组织开展对物业服务企业的资质评定与管理、物业管理示范项目的达标考评和从业人员执业资格培训工作；促进国内、国际行业交流和合作。

（8）其他主体

包括通过与物业服务企业签订合同，负责对物业提供清洁、绿化、秩序维护服务的专业化的保洁公司、园林绿化公司和保安公司等。

1.3.2.2 物业管理法律关系的客体

法律关系的客体是权利义务所指向的对象。物业法律关系的客体是指物业管理法律关系主体的权利、义务所指向的对象。主要包括：

（1）物

作为物业管理法律关系客体的物是指物业，包括房屋及其附属的设备、设施和相关的场地。

（2）非物质财富

它包括创作活动的产品和其他与人身联系的非物质性的财富。在物业管理活动中，在物业管理的早期介入阶段对物业规划设计的意见、物业管理区内的管理规定以及物业服务企业因进行物业管理服务所形成的品牌商标等都是物业管理法律关系的客体。

（3）权利

业主对物业享有所有权，基于物业所有权派生的一些权利和基于受委托进行物业管理行为涉及的一些权利是物业管理法律关系的客体，包括物业相邻权，如阳光权和通风权、物业代管权、公共秩序维护权等。

（4）行为结果

一定的行为结果可以满足权利人的利益和需要，也可以成为法律关系的客体。在物业管理活动中，权利人通过行为达到某种效果以实现自身所追求的利益。例如，物业服务企业在与小区签订物业服务合同中，承诺提供秩序维护服务，根据该合同，物业服务企业不仅要提供秩序维护服务，而且要提供该服务行为产生的效果即良好的秩序环境。行为结果可以表现为有形的结果，也可以表现为无形的结果，如对物业的修缮和维护时则要有有形的行为结果。

1.3.2.3 物业法律关系的内容

法律关系的内容是指主体之间具体的权利和义务。物业管理法律关系的内容就是物业管理法律关系的主体享有的权利和承担的义务。其中权利是指物业管理法律关系主体依法按照自己的意志，做出或者不做出某种行为，以及要求他人做出或不做出某种行为的资格。例如，物业所有权人、使用人依法可以合法使用物业及其配套设施，而且可以要求他人不得侵犯自己的合法所有权和使用权。义务是指物业管理法律关系主体依法律规定或合同约定所承担的某种必须履行的责任，或者必须做出、不做出某种行为的负担。例如，依照物业服务合同的约定，物业服务企业承担做出相应的管理服务行为并达到约定效果的义务，业主则承担交付相应管理费的义务。权利和义务是具有一致性的，没有无权利的义务也没有无义务的权利。一般情况下，物业管理法律关系主体是既享有权利又承担义务的，但具体的权利和义务在不同的法律关系下又有所不同。

1.3.3 物业管理法律关系分类

物业管理法律关系的具体类型很多，可按不同划分标准分出多种类型。

1.3.3.1 按法律类型不同

（1）物业管理民事法律关系

它是指法律地位平等主体的自然人、法人、其他组织之间依照与物业管理相关民事法律规范形成的权利和义务关系。例如，物业财产权行使法律关系，前期物业服务合同和物业服务合同法律关系、物业服务企业向业主、物业使用人提供特约服务法律关系、侵权关系等。

(2) 物业管理行政法律关系

它是指政府、房地产行政主管部门、其他有关职能部门之间及其与业主、业主团体、物业服务企业、其他与物业管理有关主体之间，因行政管理而与物业管理相关行政管理法律规范形成的权利义务关系。例如，房地产行政主管部门的指导和监督法律关系，物业服务企业资质证书审批法律关系，对物业管理中的违法行为依法予以行政处罚法律关系。

(3) 物业管理经济法律关系

它是指国家及政府职能部门在干预协调整个房地产市场及物业管理行业中与业主、业主团体、物业服务企业及其他法人（物业的开发建设方）和社会组织（物业管理行业协会等）之间依法形成的权利（权力）和义务关系。例如，物业管理行业发展和计划法律关系、物业管理收费价格调控法律关系。

1.3.3.2 按属性状态不同

(1) 静态组织性法律关系

它是指物业管理法规所调整的有关国家及其政府和职能部门、业主及其团体、物业服务企业、物业开发建设单位等社会组织的法律地位及其行为权限。在通常情况下，该类法律关系并不直接反映物业所有权和物业经营权的发生和变化，一般属于非财产性质的关系。这种法律关系的参加者，一般总是有执行物业管理行业经济组织管理的经济领导机关，如房地产行政主管部门、工商行政管理机关等。

(2) 动态运行性法律关系

它是指根据现行物业管理法律关系的规定，国家、业主及其团体、物业使用人、物业服务企业、其他社会组织之间，为了实现一定的物业管理经济目的而通过市场运行机制或国家宏观调控机制所形成的有关物业的占有、使用、经营管理和收益的权利和义务关系。该类法律关系主要表现为物业所有权、使用权与经营管理权的相对分离情况下物业管理运行的市场关系。

1.3.3.3 按调整对象不同

可以分为物业产权法律关系、业主自治法律关系、前期物业服务合同和物业服务合同法律关系、物业服务企业提供服务法律关系、物业管理收费法律关系、物业管理用房和经营用房法律关系、物业使用和维护法律关系、物业管理行业和物业管理活动行政法律关系等等。

另外还有，按照物业管理法律关系主体的权利义务是否一致，分为单务法律关系和双务法律关系等等。

1.3.4 物业管理法律事实

物业管理法律事实是法律规范所规定的，能够引起法律后果，即法律关系产生、变更和消灭的现象。物业管理法律关系是不会自然而然地产生，也不是仅凭法律的规定就可以在当事人之间产生的。只有法律事实的出现才能引起法律关系的产生、变更或消灭。所以我们说法律规范是法律关系的前提，而法律事实是法律关系变化的条件。例如《物业管理条例》第五条规定"县级以上地方人民政府房地产行政主管部门负责本行政区域内物业管理活动的监督管理工作"。依据该规定，房地产行政主管部门行使小区物业的行政管理权时，就产生了房地产行政主管部门与物业服务企业、业主等方面一系列行政管理法律关系。

物业管理法律事实对物业管理法律关系影响可分为三种状态，即物业管理法律关系的产生、变更和终止。

物业管理法律关系的产生是指基于一定法律事实的出现，使物业管理主体间形成了法律上的一定的权利义务关系。例如业主委员会受业主大会的委托与物业服务企业签订物业服务合同的双方合意行为，就产生物业管理的服务法律关系。

物业法律关系的变更是指某种法律事实的出现，使原来存在的物业管理法律关系构成的诸要素（主体、内容、客体）发生变化。例如，住宅区的开发建设单位在移交住宅区时，按本地方政府有关规定，以建造成本价或建筑面积一定比例提供住宅区物业管理用房这一法律事实的出现，使物业管理用房所有权的主体由开发建设方变为住宅区全体业主共同所有；双方修改物业管理服务合同就可能使法律关系的内容（权利和义务）发生变化。

物业管理法律关系的终止是指一定法律事实的出现，使原来存在的物业管理法律关系主体之间的权利和义务终止或消失。例如，业主大会或业主委员会合法辞退原聘用的物业服务企业，造成物业服务企业所管理的物业消失现象的发生，会导致原有物业管理法律关系归于消灭。

物业管理法律事实，依据其是否与物业管理法律关系主体的意志有关，而划分为法律事件和法律行为两类。

1.3.4.1 法律事件

法律事件是指法律规定的、不以物业管理法律关系主体的意志为转移，而能引起物业管理法律关系产生、变更或终止的客观情况。

（1）不可抗力事件的事实和社会意外事件的事实。指人们不可预见、不可避免、不可克服的事件，如地震、洪水、社会性的战争等。

（2）自然人的死亡或法人的解散、破产终止的事实。

（3）时间经过。前期物业服务合同、物业服务合同和特约服务合同对服务提供时间和服务报酬支付时间有约定，法律对诉讼时效和权利的除斥期间有时间持续性限制的规定，时间经过的事实可能引起一定法律关系的发生或终止。

1.3.4.2 法律行为

法律行为是指依据物业管理法律关系主体的自觉意志，能够引起物业管理法律关系的变化之人的活动客观事实。它是人们有意识的自觉活动，是主体将自己内在意思表现于外部，能够产生一定法律效果的行为，包括积极做出的作为和消极不做出的不作为。也可依据是否合乎法律规定分为合法行为与违法行为（包括违约行为、侵权行为）。

对于本章引入案例中的问题，首先，新建住宅小区必须统一实行物业管理。根据《物业管理条例》第九条第二款规定："物业管理区域的划分应当考虑物业的共用设施设备、建筑物规模、社区建设等因素。具体办法由省、自治区、直辖市制定。"第三十四条："一个物业管理区域由一个物业服务企业实施物业管理。"

其次，根据《物业管理条例》第十一条、第十二条规定，全体业主，包括本案例中的该单位业主，他们有权利对物业服务企业的工作进行监督、建议、批评，也可以选聘、解聘物业服务企业。但是这种权利不能任意地、无限制地行使，而必须按照法定的程序通过业主大会、业主委员会来代表行使。

因此，不允许业主按照自己的意愿，在没有经过业主大会、业主委员会，或者绕过业主大会、业主委员会的情形下，擅自作出决定，单独委托其他物业服务企业。

复习思考题

1. 什么是物业管理法？
2. 物业管理法规的表现形式包括哪些？
3. 什么是物业法律关系？其特征是什么？
4. 物业管理法律关系的主体有哪些？
5. 简述物业管理法规的地位和作用。

2 物业权属法律制度

> **【学习目的与要求】**
>
> 物业权属法律制度是学习其他相关法律制度的基础。本章中不动产的所有权、房屋建筑物区分所有权、不动产登记的种类及程序是要求重点掌握和理解的内容。通过学习,使学生应明确物业的产权归属,掌握不动产登记的具体流程,牢记建筑物区分所有权的各项内容,并能够运用所学知识解决生活中的实际问题。

> **【引入案例】**
>
> 甲某将其名下房屋出租给乙某居住,不久后甲某因经济状况不佳,在租赁合同未到期且未通知承租人乙某的情况下,将该房屋抵押给了银行。

本案例涉及物、物权和物业权属的概念,请由此推断出该物业被抵押之后的权属状况。

2.1 物权法概述

2.1.1 物权及物业权属

2.1.1.1 物

《物权法》第二条第二款规定:"本法所称物,包括不动产和动产。法律规定权利作为物权客体的,依照其规定。"我国物权法当中所称的物,必须满足以下条件:

(1) 须为非生命性的客体

有生命的活体之上,不能成立物权,例如动物、人体等。但已与活体分离开来的毛发、牙齿、指甲等,属于物。

随着时代的发展,遗体捐赠、活体器官移植、代孕妈妈等名词逐渐为人们所熟悉,但这类以人类尸体或活体器官为标的捐赠或买卖合同是否有效呢?学界一致认为,用于移植的活体器官依旧具有生命性,因此不能作为物权法中的物,进行买卖。同样,代孕行为尤为民法当中的基本原则之一——公序良俗原则,因此,以代孕为内容的交易合同一律无效。至于尸体,我们应把它视为一种特殊的物,虽然具有非生命性,但基于对死者的尊重,死者家人不得将遗体随意处置或非法买卖。我国刑法中明确规定了盗窃、侮辱尸体罪,这一罪名是指秘密窃取尸体,置于自己实际支配下之行为,或以暴露、猥亵、毁损、涂划、践踏等方式损害尸体的尊严或者伤害有关人员感情的行为。可见,尸体是一种受保护的、特殊的物。

(2) 须为有体物

广义的物,分为有体物和无体物。前者指占用一定空间,凭借人类感官可以感知得到的物,例如固体和液体。后者指看不见也触不着的物,如著作权、知识产权、商标权等。我国物权法中所指的物,为有体物。

(3) 须为人类所能支配

世间万物，只要不能为人类所利用、所支配，就不能称其为物权法中的物，就好像天上的日月星辰，非生命亦有体，但依旧不受物权法的保护。

但随着人类科技日新月异的发展强大，许多不可能都变成了可能。民法学教授梁慧星曾说过："民法概念不应拘泥，凡物理上之物，即使人力尚不能支配，也无妨成认为法律上之所谓无。"对此观点，笔者深表赞同。

2.1.1.2 物权

(1) 物权的概念

物权作为一个法律范畴，是指由法律确认的主体对物依法所有享有的支配权利。换言之，就是权利人在法定的范围内为直接支配特定物并具有排他性的享有其利益的权利。我国《物权法》第二条第三款规定："本法所称物权，是指权利人依法对特定的物享有直接支配和排他的权利，包括所有权、用益物权和担保物权。"

(2) 物权的特征

1) 物权为直接支配物的权利。一方面物权的权利人可以依据自己的意志依法占有、使用其物或采取其他的支配方式，任何人未经权利人同意不得侵害和干涉；另一方面物权人可以以自己的意志独立进行支配而无须他人同意。

2) 物权是一种对世权。物权的权利主体是特定的，而义务主体是不特定的。

3) 物权的设立采取法定主义。即物权的基本内容由法律规定，而不允许当事人自由创设物权种类。

4) 物权的标的是物。作为物权的客体必须满足特定要求。

5) 物权具有追及效力。物权的标的物不管辗转流入什么人手中，物权人都可以依法向物的不法占有人索取，请求其还原物。

6) 物权具有优先效力。物权的优先效力有两层含义，其一当物权与债权并存时，物权优于债权；其二是先设立的物权优于后设立的物权。

(3) 物权的分类

物权除法律明文规定外，不得自由创设。在我国民法理论体系中，对物权的分类通常如下：

1) 所有权与他物权

所有权又称自物权，顾名思义，是权利人对自己的物所享有的权利。他物权，是指在他人之物上设立的权利，如抵押权。

2) 用益物权与担保物权

传统民法将他物权分为用意物权和担保物权。用益物权是指以物的使用收益为目的的物权，如建设用地使用权、地役权等。担保物权是指以担保债权为目的的，即以确保债务的履行为目的的物权，如抵押权、质权、留置权等。

3) 动产物权与不动产物权

这是按物权的客体不同作的划分。以动产为标的的物权，为动产物权，包括动产所有权、动产抵押权、动产质权及动产留置权。以不动产为标的的物权，为不动产物权，包括不动产所有权、不动产抵押权等。二者最大的区别在于：动产所有权以交付占有为转移标志；不动产所有权以不动产登记为转移标志。

4) 主物权与从物权

这是以物权是否具有独立性为标准而作的划分。主物权,是指不依附于其他权利,独立存在的物权,如所有权。从物权,是指必须依附于其他权利才能存在的物权,如抵押权。

(4) 物权的效力

物权的效力,是指法律赋予物权的作用力和保障力。

1) 物权的排他效力

物权的排他效力,是指在同一标的物上不能同时存在两个或两个以上内容不相容的物权,亦即在同一物上,已存在的物权具有排除在该物上再成立与其内容互不相容的物权的效力。

2) 物权的优先效力

物权的优先效力分为两种:一是物权之间的优先效力,二是物权和债权之间的优先效力。物权之间的优先效力判断以成立在先的权利优先于成立在后的物权为原则。物权和债权的优先效力是指在同一标的物上并存物权和债权时,无论物权在债权之前或之后成立,都有优先于债权的效力。但"物权优先于债权"也存在例外情形:一种是"买卖不破租赁",即承租人的租赁权优先于受让人的所有权。另一种是基于公益或社会政策的考虑,法律明文规定某些物权不得优先于债权,例如土地增值税的征收,优先于设定在先的抵押权。

3) 物权的追及效力

物权的追及效力,又称物权的追及权,是指物权成立后,其标的物无论辗转归于何人之手,物权人均得追及其所在而支配该物。但物权的追及效力并不是绝对的,善意取得制度就是对物权追及效力的限制。

4) 物权的妨害排除效力

物权的妨害排除效力,又称物上请求权,是指物权人于其物被侵害或有被侵害之虞时,物权人得请求排除侵害或防止侵害,以恢复其物权的圆满状态的权利。

2.1.1.3 物业权属

(1) 物业权属的概念及特征

物业权属是指房地产所有权及其有关的其他财产权利主体上的归属。实际上是物权中的不动产物权,主要指房屋所有权、土地所有权和土地使用权。它的特征主要有:

1) 表现形态上具有固定性和不可替代性

物业权属属于物权中的不动产物权,其外在的表现形态是物业,属不动产。物业占有固定空间而不能移动,当它作为商品流入市场流通时,转移的只是其使用价值而不是物质实体。同时,物业属于典型的特定物,在地势、地质、面积、位置、气候、结构、质量、装饰、等方面彼此之间都存在着较大的差别,世界上没有两个相同的物业。

2) 在权属变化和价值上具有稳定性

房地产作为一种有形财产,较其他财产而言具有更大的稳定性,这一方面表现在它有较长的使用寿命。另一方面,由于土地和空间日益短缺而需求的不断扩大,物业不但不会像其他一些财产那样会随着时间的推移而逐渐贬值,相反却会不断增值。在所有投资方式中,物业是最能抵抗通货膨胀影响的一种,因此常被人们作为保值的工具。

3) 权属结构上的二元性

根据我国《宪法》、《物权法》、《土地法》、《城市房地产管理法》等法律,土地要么归国家所有,要么归农村集体所有,而个人又可以拥有房屋所有权,因此土地和建筑物被推定为可分离的两个物。《宪法》第十条规定"城市的土地属于国家所有",因此城市私有房主不拥有土地所有权。同时,该条还规定农村的宅基地和自留地、自留山也属于集体所有。另外,自国有土地出让制度改革后,所有商品房的所有权人也只能取得房屋占用土地的使用权。由此确定了我国的物业权属结构为房屋所有权和土地使用权的二元结构。

4) 物业权属中房屋所有权人与土地使用权人主体具有一致性

在我国,房屋所有权人无法成为占有土地的所有权人,但是法律要求房屋所有权人和土地使用权主体一致。

5) 物业权的复杂性

在物业的权属法律关系中,如房屋所有权关系中,就房屋的独有关系、共有关系、相邻关系;又如,还有两个或两个以上的人对物业共同享有权利的情形,在登记机关的权属证书中是反映不出来的,但是也必须认定为共有。如夫妻共同财产,权属证书上虽只有夫或妻一人的名字,除双方约定为个人财产外,应认定为共同对所属物业享有权利。因此对物业权属的确认是相当复杂的。

(2) 物业权属的种类

土地所有权。土地所有权,是国家或农民集体依法对,归其所有的土地所享有的具有支配性和绝对性的权利。

土地使用权。土地使用权,是指单位或者个人依法或依约定,对国有土地或集体土地所享有的占有、使用、收益和有限处分的权利。

房屋所有权。房屋所有权,又称房屋产权,是房屋所有人独占性地支配其所有的房屋的权利。其中又包括房屋的共有权及建筑物区分所有权。

2.1.2 物权法

2.1.2.1 物权法的概念

中华人民共和国物权法是为了维护国家基本经济制度,维护社会主义市场经济秩序,明确物的归属,发挥物的效用,保护权利人的物权,根据宪法,制定的法规。由第十届全国人民代表大会第五次会议于2007年3月16日通过,自2007年10月1日起施行。物权法是以物的归属关系和主体对物的利用关系为调整对象的法律规范的总称。

2.1.2.2 物权法的基本原则

物权法的基本原则,是制定、适用、解释和研究物权法的依据和出发点,其精神贯穿于物权立法、执法、司法、守法的全过程。

(1) 物权法定原则

所谓物权法定原则,是指物权的种类与内容只能由法律来规定,不允许当事人自由创设。我国《物权法》第五条规定:"物权的种类和内容由法律规定。"这一原则要求:物权的种类法定,当事人不得随意创设;物权的内容法定,禁止当事人创设与物权法定内容相悖的物权;物权的效力法定,当事人不得协议变更;物权的公示方式法定,当事人不得随意确定。

(2) 公示、公信原则

公示就是物权的设立、转移必须公开、透明。公示原则就是要求将物权设立、转移的事实通过一定的方式向社会公开,使其他人知道物权变动的状况,以利于保护第三人的利益，维护交易的安全和秩序。目前物权公示的方式包括登记和交付占有，通常不动产物权的公示方式是登记，动产物权的公示方式是交付占有。

(3) 一物一权原则

一物是指的一个完整的、独立物而不是指它的某一部分，一权是在这个物上只能设一个所有权，也就是说，在同一个标的物上，不能存在两个及两个以上相互冲突的物权。

(4) 物权优先原则

物权优先原则主要是指物权优先于债权。

2.1.3 所有权

2.1.3.1 所有权的概念

所有权是所有人依法对自己财产所享有的占有、使用、收益和处分的权利。它是一种财产权，是物权中最重要也最完全的一种权利，具有绝对性、排他性、永续性三个特征。

2.1.3.2 所有权的四项基本权能

所有权包括占有、使用、收益、处分四项基本权能。

(1) 占有

占有就是对于财产的实际管领或控制，拥有物的前提就是占有，这是财产所有者直接行使所有权的表现。所有人的占有受法律保护，不得非法侵犯。占有往往是使用和收益权形式的前提。

(2) 使用

使用是权利主体对财产的运用，发挥财产的使用价值。如使用机器生产产品，在土地上种植农作物。拥有物的目的一般是为了使用。所有权人可以自己使用，可以授权他人使用，都是所有权人行使使用权的行为。

(3) 收益

收益是通过财产的占有、使用等方式取得经济效益的权能。收益通常与使用相联系，但是处分财产也可以带来收益。收益也包括孳息，孳息分为天然孳息和法定孳息。家畜生仔、果树结果等属于天然孳息；存款所得的利息、出租所得租金属于法定孳息。

(4) 处分

处分是指财产所有人对其财产在事实上和法律上的最终处置，如出卖、赠送、消灭等。处分权一般由所有权人行使，是所有权四项权能中最核心的一项权能。

实践中，所有权的四项基本全能是可以分离的。所有权人为实现其预期的利益，可以将部分或全部权能让渡给他人而不丧失其所有权人身份（如出租），这也是所有权人行使其处分权的具体体现。

2.1.3.3 共有制度

(1) 共有的概念

《物权法》第九十三条规定，不动产或者动产可以由两个以上单位、个人共有。共有，是指某项财产由两个或两个以上的权利主体共同享有所有权，包括公民之间的共有、法人之间的共有以及公民和法人之间的共有。

(2) 共有的分类

共有包括按份共有和共同共有。

按份共有，是指共有人按各自的份额对同一财产享有所有权。各共有人有确定的份额，他们按份分享权益，分担费用。对共有财产的管理，由共有人协商进行。处分按份共有的不动产或者动产以及对共有的不动产或者动产作重大修缮的，应当经占份额三分之二以上的按份共有人同意，但不得损害其他人的利益。各共有人对自己的份额可以出卖、赠予，并可继承。但在出卖时，其他共有人有优先购买权。在共有财产受到侵害时，每一共有人都有权请求返还原物、排除妨碍和赔偿损失，以维护共有的权益。在分割时按份分配。

共同共有，是基于共同关系发生的、各共有人对共有财产享有平等的所有权，不分份额的共有。共同共有的基础是共同关系，最常见的是夫妻家庭财产。他们对共有财产不分各自的份额，在共同关系存续期间也不能要求分割。共同共有人对共有财产平等的享有权利，平等的履行义务，对外就共有财产承担连带责任。处分共同共有的不动产或者动产以及对共有的不动产或者动产作重大修缮的，应当经全体共同共有人一致同意，但共有人之间另有约定的除外。在共同关系终止时，共有财产进行分割，应经平等协商，确定各自的份额。如果意见不一致，可诉请法院处理。

此外，我国《物权法》还规定，共有人对共有的不动产或者动产没有约定为按份共有或者共同共有，或者约定不明确的，除共有人具有家庭关系等外，视为按份共有。按份共有人对共有的不动产或者动产享有的份额，没有约定或者约定不明确的，按照出资额确定；不能确定出资额的，视为等份共有。

（3）共有财产的分割

根据《物权法》第一百条的规定，共有人可以协商确定分割方式。如协商不成的，可根据当事人的要求及财产的性质，选择下述3种方式之一进行分割：

第一，实物分割。

在共有财产可以实物分割且不减损价值的前提下，可对共有财产采取实物分割的方式，可以进行实物分割的共有物一般是可分物，例如金钱。

第二，变价分割。

对于共有财产难以分割或分割减损其价值，而且各共有人都不愿接受共有物时，可以将共有物拍卖、变卖将共有财产变价为货币，由各共有人对货币进行分割。例如一幢房产。

第三，作价补偿。

对于不可分割的共有物，例如一辆汽车、一幅画等，共有人中的一人愿意取得共有物的，可以由该共有人取得该共有物。对于共有物的价值超出其应得份额的部分，取得共有物的共有人应对其他共有人作金钱补偿。

2.1.4 用益物权

2.1.4.1 用益物权的概念

用益物权，是指非所有人对他人之物所享有的占有、使用、收益的权利。《物权法》第一百一十七条规定："用益物权人对他人所有的不动产或者动产，依法享有占有、使用和收益的权利。"

2.1.4.2 用益物权的特征

（1）用益物权具有占有性

用益物权以对标的物的使用、收益为主要内容，即注重对物的使用价值，并以对物的占有为前提。

(2) 用益物权具有独立性

用益物权除地役权外，均为主物权。

(3) 用益物权主要以不动产为标的物

用益物权虽然也可以在动产上设立，但是从用益物权的具体类型来看，用益物权主要以不动产为客体，这主要是便于通过登记公示。

2.1.4.3 用益物权的种类

用益物权包括土地承包经营权、建设用地使用权、宅基地使用权以及地役权。

(1) 土地承包经营权

土地承包经营权，是指土地承包人因从事种植业、林业、畜牧业或其他生产经营项目对农村集体所有或国家所有由农民集体使用的耕地、林地、草地以及其他用于农业生产的土地所享有的占有、使用、收益的权利。《物权法》第一百二十五条规定："土地承包经营权人依法对其承包经营的耕地、林地、草地等享有占有、使用和收益的权利，有权从事种植业、林业、畜牧业等农业生产。"

依照法律规定：耕地的承包期为三十年；草地的承包期为三十年至五十年；林地的承包期为三十年至七十年；特殊林木的林地承包期，经国务院林业行政主管部门批准可以延长。土地承包经营权人依照农村土地承包法的规定，有权将土地承包经营权采取转包、互换、转让等方式流转，但流转的期限不得超过承包期的剩余期限。土地承包经营权人将土地承包经营权互换、转让，当事人要求登记的，应当向县级以上地方人民政府申请土地承包经营权变更登记；未经登记，不得对抗善意第三人。

(2) 建设用地使用权

建设用地使用权，是指民事主体使用国家所有的土地，营建建筑物、构筑物或其他地上附着物的权利。《物权法》第一百三十五条规定："建设用地使用权人依法对国家所有的土地享有占有、使用和收益的权利，有权利用该土地建造建筑物、构筑物及其附属设施。"

(3) 宅基地使用权

宅基地使用权，是指农村集体经济组织的成员依法享有的在农民集体所有的土地上建造个人住宅的权利。根据我国《物权法》的规定，宅基地使用权人依法对集体所有的土地享有占有和使用的权利，有权利用该土地建造住宅及其附属设施。

(4) 地役权

地役权，是指为使用自己不动产的便利或提高其效益而按照合同约定利用他人不动产的权利。它是按照当事人的约定设立的用益物权，是存在于他人不动产上的用益物权，是为了需役地的便利而设立的用益物权。《物权法》第一百五十六条明确规定："地役权人有权按照合同约定，利用他人的不动产，以提高自己的不动产的效益。前款所称他人的不动产为供役地，自己的不动产为需役地。"地役权自地役权合同生效时设立，当事人要求登记的，可以向登记机构申请地役权登记；未经登记的，不得对抗善意第三人。

2.1.5 担保物权

2.1.5.1 担保物权的概念

担保物权，是指在借贷、买卖等民事活动中，债务人或者第三人将自己所有的财产作为履行债务的担保，债务人未履行债务时，债权人依照法律规定的程序就该财产优先受偿的权利。

2.1.5.2 担保物权的特征

（1）担保物权以确保债务的履行为目的。

（2）担保物权具有优先受偿的效力。

（3）担保物权以支配担保物的价值为内容，是对所有权人的处分权加以限制的他物权。

（4）担保物权是在特定财产上设定的权利。担保物权是在债务人或第三人的特定财产上设定的权利。担保物权的标的物，必须是特定物（抵押物可以为不动产、动产、质权、留置权则为动产），否则就无从由其价值中优先受清偿。

（5）担保物权具有从属性和不可分性。所谓从属性，是指担保物权以主债的成立为前提，随主债的转移而转移，并随主债的消灭而消灭。例如，抵押权人就债权的处分必须及于抵押权，抵押权人不得将抵押权让与他人而自己保留债权；也不得将债权让与他人而自己保留抵押权；更不得将债权与抵押权分别让与两人。所谓担保物权的不可分性，是指担保物权所担保的债权的债权人得就担保物的全部行使其权利。设立担保物权，应当依照本法和其他法律的规定订立担保合同。担保合同是主债权债务合同的从合同。主债权债务合同无效，担保合同无效，但法律另有规定的除外。

2.1.5.3 担保物权的种类

担保物权包括抵押权、质权和留置权。

（1）抵押权

抵押权，是指债务人或第三人向债权人提供不动产作为清偿债务的担保而不转移占有所产生的担保物权。当债务人到期不履行债务时，抵押权人有权就抵押财产的价金优先受偿。

根据《物权法》的规定，下列财产可以抵押：

建筑物和其他土地附着物；建设用地使用权；以招标、拍卖、公开协商等方式取得的荒地等土地承包经营权；生产设备、原材料、半成品、产品；正在建造的建筑物、船舶、航空器；交通运输工具；法律、行政法规未禁止抵押的其他财产。

抵押人可以将前款所列财产一并抵押。

下列财产不得抵押：

土地所有权；耕地、宅基地、自留地、自留山等集体所有的土地使用权，但法律规定可以抵押的除外；学校、幼儿园、医院等以公益为目的的事业单位、社会团体的教育设施、医疗卫生设施和其他社会公益设施；所有权、使用权不明或者有争议的财产；依法被查封、扣押、监管的财产；法律、行政法规规定不得抵押的其他财产。

对于不动产的抵押，应当办理抵押登记，抵押权自登记时生效。抵押期间，抵押人经抵押权人同意转让抵押财产的，应当将转让所得的价款向抵押权人提前清偿债务或者提存。转让的价款超过债权数额的部分归抵押人所有，不足部分由债务人清偿。抵押人的行为足以使抵押财产价值减少的，抵押权人有权要求抵押人停止其行为。抵押财产价值减少的，抵押权人有权要求恢复抵押财产的价值，或者提供与减少的价值相应的担保。抵押人不恢复抵押财产的价值也不提供担保的，抵押权人有权要求债务人提前清偿债务。

同一财产向两个以上债权人抵押的，拍卖、变卖抵押财产所得的价款依照下列规定清偿：抵押权已登记的，按照登记的先后顺序清偿；顺序相同的，按照债权比例清偿；抵押权已登记的先于未登记的受偿；抵押权未登记的，按照债权比例清偿。

(2) 质权

质权，是指债权人与债务人或债务人提供的第三人以协商订立书面合同的方式，移转债务人或者债务人提供的第三人的动产或权利的占有，在债务人不履行债务时，债权人有权以该财产价款优先受偿的权利。质权的标的物只能是动产，质权以质物由债权人占有为其成立的前提条件。质权和抵押权一样，都是依当事人之间的约定而产生的担保物权。

(3) 留置权

留置权是指债权人按照合同的约定占有债务人的动产，债务人不按照合同约定的期限履行债务的，债权人有权依照法律规定留置财产，以该财产折价或者以拍卖、变卖该财产的价款优先受偿的权利。留置权的标的物只能是动产，它是一种法定的担保物权。《物权法》第二百三十条规定："债务人不履行到期债务，债权人可以留置已经合法占有的债务人的动产，并有权就该动产优先受偿。前款规定的债权人为留置权人，占有的动产为留置财产。"留置权人有权收取留置财产的孳息，但该孳息应当先充抵收取孳息的费用。当同一动产上既设立了抵押权又设定了质权，后又被依法留置的，留置权人应当优先受偿。

2.1.5.4　用益物权与担保物权的区别

(1) 对标的物进行支配的方面不同

用益物权与担保物权虽同为物之支配权，但两者对物进行支配的主要方面则有所不同。用益物权以追求物的使用价值为内容，而担保物权主要以标的物的交换价值和优先受偿为内容。

(2) 用益物权为独立物权，担保物权则为从属物权

一般地，用益物权根据法律的规定或与财产所有人的约定独立存在，不以用益物权人对财产所有人享有其他财产权利为前提，因此，用益物权都是主权利。而担保物权系以担保债务履行为目的，其存在则以担保物权人对担保物的所有人或其他关系人享有债权为前提，它因债权的产生而产生，因债权的消灭而消灭，因此，担保物权是从物权。

(3) 有无明确的存续时间不同

用益物权往往有明确的存续期间。在物权关系解除后，权利归于消灭，而在权利的存续期间，权利人可以依法或依合同规定行使权力。担保物权以债权的存在为前提，在担保物权实现之时，该权利亦归于消灭。

(4) 占有在权利行使中的地位不同

用益物权的行使，必须以占有标的物为前提，而担保物权的行使则不然，例如抵押权。

(5) 权利实现的时间不同

担保物权须于接受担保债权届期未受清偿时，始得实行，其实现的时间系于将来。而用益物权一旦设定，即能实现用益的目的，故其实现时间系于现在。

(6) 二者的物上代位性不同

担保物权具有物上代位性，而用益物权则不具有这一性质。担保物权的标的物灭失，如不能归责于担保物权人，担保物权人可以请求担保人以其他物替补。而用益物权的标的物灭失，用益物权人不得请求所有人以其他物替代。

2.2 建筑物区分所有权制度

2.2.1 建筑物区分所有权的概念及特征

建筑物区分所有权,是指在同一栋建筑物上存在多个所有权的情形。我国改革开放以来,现代社会大量高层或多层楼房崛地而起,业主的建筑物区分所有权已经成为私人不动产物权中的重要内容。物权法适应现实的要求,确立了我国的建筑物区分所有权制度。《物权法》第七十条规定:"业主对建筑物内的住宅、经营性用房等专有部分享有所有权,对专有部分以外的共有部分享有共有和共同管理的权利。"

根据上述规定,我们可以看出,业主的建筑物区分所有权包括了三个方面的基本内容:一是对专有部分的所有权;二是对建筑区划内的共有部分享有共有权;三是对共有部分享有的共同管理权。这一综合性的权利,具有如下特征:

2.2.1.1 权利人身份的多重性

建筑物区分所有权人同时具有专有权人、共有权人及共同管理成员三种身份。

2.2.1.2 权利客体的复合性

建筑物区分所有权的客体包括建筑物的专有部位、共有部位及权利人基于上述内容所能行使的权利。

2.2.1.3 整体性与不可分割性

建筑物区分所有权的专有所有权、共有所有权和共同管理权三项权利必须结合为一个整体,不可分离。在处分其权利时,必须将此三者视为一体,不得保留其一或其二而单独处分其他权利。业主转让建筑物内的住宅、经营性用房,其对共有部分享有的共有和共同管理的权利一并转让。

2.2.1.4 权利行使的受限性

由于各建筑物区分所有权人的利益密不可分息息相关,因此,建筑物区分所有权在行使上会受到一定的限制。我国《物权法》第七十一条规定:"业主对其建筑物专有部分享有占有、使用、收益和处分的权利。业主行使权利不得危及建筑物的安全,不得损害其他业主的合法权益。"

2.2.2 专有部分的所有权

2.2.2.1 专有权的概念

专有部分的所有权,简称专有权,是指业主对其建筑物内专有部位所享有的、占有、使用、收益和处分的权利。它是建筑物区分所有权的核心权利内容。

2.2.2.2 专有权的客体

根据《最高人民法院关于审理建筑物区分所有权纠纷案件具体应用法律若干问题的解释》,《物权法》中所称的专有部分,是指具有构造和利用上的独立性,并能够登记成为单个业主所有权标的物的建筑物内的住宅、经营性用房等房屋或者特定空间。

专有部分必须满足下列三个特征:
(1) 构造上具有独立性;
(2) 使用上具有独立性;
(3) 法律上具有独立性。

2.2.2.3　专有权的行使

业主对其专有部位可以排除他人干涉的进行占有、使用、收益和处分，但由于不动产的特殊性，业主的专有部分所有权实际上是受到一定限制的：

（1）业主行使权利不得危及建筑物的安全。例如业主在装修的时候，不得拆除房屋内的承重墙；不得违反相关法律规定，在专有部分内存放易燃易爆的危险品。

（2）业主行使权利不得损害其他业主的合法权益。例如深夜在房间内高声喧哗，严重影响其他业主正常休息。

（3）不得随意改变房屋性质。《物权法》第七十七条规定："业主不得违反法律、法规以及管理规约，将住宅改变为经营性用房。业主将住宅改变为经营性用房的，除遵守法律、法规以及管理规约外，应当经有利害关系的业主同意。"需要注意的是，因其他业主将住宅改变为商业用房或者办公用房等经营性用房，致使其正常居住和生活环境的安全或安宁受到或者可能受到直接损害的业主，均应当认定为"有利害关系的业主"。

2.2.3　共有部分的共有权

2.2.3.1　共有权的概念

共有部分的共有权，简称共有权，是指建筑物区分所有权人依照法律或管理规约的规定，对建筑物的共有部分所享有的占有、使用和收益的权利。《物权法》七十二条第一款规定："业主对建筑物专有部分以外的共有部分，享有权利，承担义务；不得以放弃权利不履行义务。"

2.2.3.2　共有权的内容

（1）建筑区划内的道路、绿地的所有权归属

《物权法》第七十三条规定："建筑区划内的道路，属于业主共有，但属于城镇公共道路的除外。建筑区划内的绿地，属于业主共有，但属于城镇公共绿地或者明示属于个人的除外。建筑区划内的其他公共场所、公用设施和物业服务用房，属于业主共有。"

（2）物业管理用房的所有权归属

《物业管理条例》第三十八条规定："物业管理用房的所有权依法属于业主。未经业主大会同意，物业服务企业不得改变物业管理用房的用途。"

（3）其他公共场所、公共设施的所有权归属

建筑区划内除道路、绿地以外，已经登记为全体业主共有或者根据其功能应当为业主共同利用的公共健身场所、广场、园林等场所，应当认定为属于业主共有的"建筑区划内的其他公共场所"。

建筑区划内已经登记为全体业主共有或者虽未登记但系为保障业主建筑物区分所有权的行使而修建或者埋设的配套设施，包括围墙、大门、车棚、公共健身设施等，以及公共照明、安保、供电、供水、供热、供气、有线电视设施，应当认定为属于业主共有的"公用设施"。但根据法律、行政法规规定属于其他权利人所有的除外。

（4）建筑区划内车位、车库的所有权归属

《物权法》对车位、车库的所有权归属作了如下规定：

建筑区划内，规划用于停放汽车的车位、车库应当首先满足业主的需要。

建筑区划内，规划用于停放汽车的车位、车库的归属，由当事人通过出售、附赠或者出租等方式约定。

占用业主共有的道路或者其他场地用于停放汽车的车位,属于业主共有。

2.2.4 共同管理权

2.2.4.1 共同管理权的概念

建筑物区分所有权人由于使用同一建筑物而形成不可分离的共同关系,作为建筑物的一个团体组织的成员而享有的权利和承担的义务。共同管理权存在的基础是全体区分所有权人因在一栋建筑物内共同居住或工作而形成的共同关系。共同管理权有很强的"人法性"因素,其中很大一部分是管理关系,而不仅仅是单纯的财产关系。共同管理权是通过区分所有权人组成区分所有权人大会、制定管理规约、选举管理委员会、委托物业管理企业对建筑物进行管理等形式予以行使的。

2.2.4.2 共同管理权的内容

《物权法》第七十六条第一款规定,下列事项由业主共同决定:

制定和修改业主大会议事规则;制定和修改建筑物及其附属设施的管理规约;选举业主委员会或者更换业主委员会成员;选聘和解聘物业服务企业或者其他管理人;筹集和使用建筑物及其附属设施的维修资金;改建、重建建筑物及其附属设施;有关共有和共同管理权利的其他重大事项。

决定筹集和使用建筑物及其附属设施的维修资金及改建、重建建筑物及其附属设施,应当经专有部分占建筑物总面积三分之二以上的业主且占总人数三分之二以上的业主同意。除此两项之外的其他事项,应当经专有部分占建筑物总面积过半数的业主且占总人数过半数的业主同意。

实践中,针对业主大会或业主委员会所做决定侵害个别业主合法权益的情况,《物权法》第七十八条规定:"业主大会或者业主委员会的决定,对业主具有约束力。业主大会或者业主委员会作出的决定侵害业主合法权益的,受侵害的业主可以请求人民法院予以撤销。"

2.3 不动产登记制度

2.3.1 不动产登记的概念及意义

2.3.1.1 不动产登记的概念

不动产登记,又称不动产登记,是指对物业所有权或使用权及由上述权利产生的抵押权、地役权等他项权利进行审查和确认,并颁发相关证书,依法确认产权归属关系的行为。2014年11月24日,国务院发布第656号令《不动产登记暂行条例》。该条例自2015年3月1日起正式生效施行,条例第二条明确指出:"本条例所称不动产登记,是指不动产登记机构依法将不动产权利归属和其他法定事项记载于不动产登记簿的行为。本条例所称不动产,是指土地、海域以及房屋、林木等定着物。"

根据我国《物权法》、《城市房地产管理法》及《土地管理法》的相关规定,我国目前的不动产登记主要包括房屋权属登记和土地权属登记两大类,本节着重介绍房屋权属登记。

2.3.1.2 不动产登记制度的意义

《物权法》第十四条规定:"不动产物权的设立、变更、转让和消灭,依照法律规定应当登记的，自记载于不动产登记簿时发生效力。"可见，不动产登记制度是房地产行政管理的一项基本工作，是城市房地产各项管理工作的核心和基础，具有重大意义。

(1) 不动产登记具有产权确认功能

不动产登记确认物业权属，承认并保护物业与其权利人之间的法律支配关系的功能。经过登记的物业权利因受法律的确认，得到法律的强制力保护，可以对抗权利人以外的任何主体的侵害，从而取得社会公认的权威。产权确认职能是不动产登记制度得以运作的基础。

(2) 不动产登记具有公示公信功能

公示公信，是指将物业权属变动的事实向社会公开用以标示物业流转的功能。不动产登记的公示公信职能是维护物业交易安全的需要，一方面，防止不具有支配权或者不再具有支配权的人进行诈骗；另一方面，公示物业已经设立的相关权利（如抵押权），可以防止利用权力的瑕疵进行交易。

(3) 不动产登记具有管理功能

不动产登记的管理功能，即对物业权属的现状和历史情况的档案资料管理的功能。方便相关权利人查找不动产权属状况，更好地保护权利人的合法权益。

(4) 不动产登记具有审查监督功能

相关主管部门在不动产登记的过程中，可以对申请登记权利的真实性和合法性进行审查，并通过不动产登记记录对物业的交易状况进行监督。

2.3.2 不动产登记的种类

根据我国《物权法》、《城市房地产管理法》、《土地管理法》以及国务院《不动产登记暂行条例》的相关规定，我国目前的不动产登记主要包括房屋权属登记、土地权属登记、林木权属登记和海域权属登记几大类，本节着重介绍房屋权属登记。

实践中，不动产登记可分为总登记、首次登记、转移登记、变更登记、他项权利登记、注销登记、更正登记、异议登记、预告登记和查封登记。

2.3.2.1 总登记

总登记，是指县级以上地方人民政府根据需要，在一定期限内对本行政区域内的房屋进行统一的权属登记。登记机关认为需要时，经县级以上地方人民政府批准，可以对本行政区域内的房屋权属证书进行验证或者换证。凡列入总登记、验证或者换证范围，无论权利人以往是否领取房屋权属证书，权属状况有无变化，均应当在规定的期限内办理登记。

总登记、验证、换证应当由县级以上地方人民政府在规定期限开始之日 30 日前发布公告。公告应当包括以下内容：登记、验证、换证的区域；申请期限；当事人应当提交的有关证件；受理申请地点；其他应当公告的事项。

2.3.2.2 首次登记

首次登记，是指新建造的房屋没有进行过产权登记的，房屋产权人应在规定的期限内办理房屋产权登记。

新建的房屋，申请人应当在房屋竣工后的 3 个月内向登记机关申请房屋所有权初始登记，并应当提交用地证明文件或者土地使用权证、建设用地规划许可证、建设工程规划许可证、施工许可证、房屋竣工验收资料以及其他有关的证明文件。

集体土地上的房屋转为国有土地上的房屋，申请人应当自事实发生之日起 30 日内向登记机关提交用地证明等有关文件，申请房屋所有权首次登记。

2.3.2.3 转移登记

转移登记，是指在总登记之后，因房屋买卖、交换、赠予、继承、划拨、转让、分割、合并、裁决等原因而致使其权属发生转移，必须办理产权过户手续时所进行的登记。

因下列情形导致不动产权属发生转移的，当事人可以向不动产登记机构申请转移登记：买卖、互换、赠予不动产的；以不动产作价出资（入股）的；法人或者其他组织因合并、分立等原因致使不动产权属发生转移的；不动产分割、合并导致权属发生转移的；继承、受遗赠导致权属发生转移的；共有人增加或者减少以及共有不动产份额变化的；因人民法院、仲裁委员会的生效法律文书导致不动产权属发生转移的；因主债权转移引起不动产抵押权转移的；因需役地不动产权利转移引起地役权转移的；法律、行政法规规定的其他不动产权利转移情形。

转移登记是一项经常性工作，目的在于及时掌握所有权的变动情况以及确定新的所有权的权利，修正原有的产籍资料。但这种登记有一定的期限，当事人必须自事实发生之日起90日内申请转移登记。同时，申请转移登记的权利人还应当提交房屋权属证书以及相关的合同、协议、证明等文件。

2.3.2.4 变更登记

变更登记，是在总登记之后，房屋发生扩建、翻建、改建、添建、部分拆除等增减情况以及相应宅基地、院落地使用范围的增减所进行的登记。变更登记的目的在于动态掌握物业的实际情况，及时修测、补测物业地籍图和产籍资料等。

有下列情形之一的，不动产权利人可以向不动产登记机构申请变更登记：权利人的姓名、名称、身份证明类型或者身份证明号码发生变更的；不动产的坐落、名称、用途、面积等自然状况变更的；不动产权利期限、来源等权利状况发生变化的；同一权利人分割或者合并不动产的；抵押担保的范围、主债权数额、最高额抵押担保的债权范围、最高额抵押债权额、债权确定期间等发生变化的；地役权的利用目的、方法等发生变化的；共有性质发生变更的；法律、行政法规规定的其他不涉及不动产权利转移的变更情形。

申请变更登记，权利人应当提交房屋权属证书以及相关的证明文件。

2.3.2.5 他项权利登记

他项权利登记，是指对设定房屋抵押权、地役权等进行的登记。

设定房屋抵押权、典权等他项权利的，权利人应当自事实发生之日起30日内申请他项权利登记。申请房屋他项权利登记，权利人应当提交房屋权属证书，设定房屋他项权利的合同书以及相关的证明文件。

2.3.2.6 注销登记

注销登记，是指物业因房屋灭失、土地使用年限届满、他项权利终止等原因而灭失时，登记机关对物业权属所做的登记。

权利人应当自事实发生之日起30日内申请注销登记，同时应当提交原房屋权属证书、他项权利证书，相关的合同、协议、证明等文件。

有下列情形之一的，当事人可以申请办理注销登记：不动产灭失的；权利人放弃不动产权利的；依法没收、征收、收回不动产权利的；因人民法院、仲裁委员会的生效法律文书致使不动产权利消灭的；不动产权利终止等法律、行政法规或者本细则规定的其他情形。

注销房屋权属证书，登记机关应当作出书面决定，送达当事人，并收回原发放的房屋权属证书或者公告原房屋权属证书作废。

2.3.2.7 更正登记

更正登记，是指权利人、利害关系人认为不动产登记簿记载的事项错误时，向不动产登记机构申请的更正登记。此外，不动产登记机构发现登记事项错误的，不涉及不动产权利归属和内容的，也可依法予以更正。

2.3.2.8 异议登记

异议登记，是指利害关系人对不动产登记簿记载的权利提出异议并记入登记簿的行为，是在更正登记不能获得权利人同意后的补救措施。异议登记使得登记簿上所记载权利失去正确性推定的效力，因此异议登记后第三人不得主张基于登记而产生的公信力。

有权提起异议登记的申请主体为利害关系人，即认为自己的权利未登记或因他人权利的登记使其应有权利受到侵害的人。也就是说，只要申请人认为自己的权利收到了侵害，任何人都可以就某处物业申请异议登记。异议登记失效后，申请人就同一事项以同一理由再次申请异议的，不动产登记机构不予受理。为避免不动产物权因异议登记的存在而长期处于不稳定状态，我国《物权法》第十九条第二款明确规定："不动产登记簿记载的权利人不同意更正的，利害关系人可以申请异议登记。登记机构予以异议登记的，申请人在异议登记之日起十五日内不起诉，异议登记失效。异议登记不当，造成权利人损害的，权利人可以向申请人请求损害赔偿。"

利害关系人申请异议登记的，应当提交下列材料：对登记的不动产权利有利害关系的证明材料；不动产登记簿权利状况记载错误的证明材料；法律、行政法规规定的其他必要材料。

2.3.2.9 预告登记

预告登记，是指当事人约定买卖期房或者转让其他不动产物权时，为了限制债务人处分该不动产，保障债权人将来取得物权而作的登记。如在商品房预售中，购房者可以就尚未建成的住房进行预告登记，以制约开发商把已出售的住房再次出售或者进行抵押。

《物权法》第二十条规定："当事人签订买卖房屋或者其他不动产物权的协议，为保障将来实现物权，按照约定可以向登记机构申请预告登记。预告登记后，未经预告登记的权利人同意，处分该不动产的，不发生物权效力。预告登记后，债权消灭或者自能够进行不动产登记之日起三个月内未申请登记的，预告登记失效。"

2.3.2.10 查封登记

人民法院等有权机关依法查封已登记的不动产的，不动产登记机构应当办理查封登记。

有下列情形之一的，登记机构应当依据人民法院的协助执行通知书办理预查封登记：被执行人已办理了商品房预售许可证且尚未出售的商品房；被执行人购买的已由房地产开发企业办理了权属首次登记的商品房；被执行人购买的办理了预售合同登记备案手续或者预告登记的商品房；法律、行政法规规定的其他情形。

2.3.3 不动产登记机关

《物权法》第十条明确规定："不动产登记，由不动产所在地的登记机构办理。国家对不动产实行统一登记制度。统一登记的范围、登记机构和登记办法，由法律、行政法规规定。"这一规定确定了不动产登记的属地原则,明确了应由统一的登记机构负责登记事务,避免了"多头登记"的问题。

实践当中,依据《不动产登记暂行条例》的规定,国务院国土资源主管部门负责指导、监督全国不动产登记工作。县级以上地方人民政府应当确定一个部门为本行政区域的不动产登记机构,负责不动产登记工作,并接受上级人民政府不动产登记主管部门的指导、监督。不动产登记由不动产所在地的县级人民政府不动产登记机构办理;直辖市、设区的市人民政府可以确定本级不动产登记机构统一办理所属各区的不动产登记。跨县级行政区域的不动产登记,由所跨县级行政区域的不动产登记机构分别办理。不能分别办理的,由所跨县级行政区域的不动产登记机构协商办理;协商不成的,由共同的上一级人民政府不动产登记主管部门指定办理。国务院确定的重点国有林区的森林、林木和林地,国务院批准项目用海、用岛,中央国家机关使用的国有土地等不动产登记,由国务院国土资源主管部门会同有关部门规定。

登记机构应有的职责为:查验申请人提供的权属证明和其他必要材料;就有关登记事项询问申请人;如实、及时登记有关事项;法律、行政法规规定的其他职责。申请登记的不动产的有关情况需要进一步证明的,登记机构可以要求申请人补充材料,必要时可以实地查看。

登记机构不得有下列行为:要求对不动产进行评估;以年检等名义进行重复登记;超出登记职责范围的其他行为。

承担不动产登记审核、登簿的不动产登记工作人员应当通过国土资源部组织的考核培训,熟悉相关法律法规,具备与其岗位相适应的不动产等方面的专业知识。

2.3.4 不动产登记的内容

一般来说,不动产登记主要有以下几方面内容:

2.3.4.1 物业的自然状况

物业的自然状况决定着物业的价值。其内容大致包括不动产的坐落、界址、空间界限、面积、用途、使用条件、土地的等级、价格、房屋的陈新度、质量、结构、朝向等。

(1) 坐落

它指物业所在的地名、方位、街巷、门牌以及房屋的幢(楼)号。跨两个以上行政区域的房地产,一般在其设立门牌号的主大门所在的行政区域登记机关进行登记。

(2) 界址、空间界限

界址为物业的界址点及其界标物。界址点的连线即闭合的界址线(权属界线),为物业的范围。界址是确定土地权属范围的界线。为了界定宗地的位置和范围,在登记簿和土地权属证书上,还要加注四至,标明相邻的权利人。界址在房产登记上通常用墙界来表示。

(3) 物业面积

它指一宗房地产范围内的土地面积和房屋建筑面积。房地面积可根据权利人的利用情况分为独自使用面积、共有使用面积,以及共有使用中的分摊面积。

(4) 物业用途

物业用途主要由土地用途来确定。尤其是在城镇范围之内,土地的用途一般在划拨、出让之前或在换发建设用地规划许可证之时即已确定。物业用途指土地规定的利用方向。城市土地的用途受城市规划制约,农用土地的用途主要由农业产结构决定。土地用途一旦确定，物业用途也随之确定。

（5）土地使用条件

土地使用条件包括建筑占地、建筑限高和建筑密度等。土地使用条件主要由三种方式予以规定：一是在城镇规划中限定；二是在土地使用权出让合同中确定；三是在其他批准用地文件中作出规定。

（6）土地的等级和价格

土地等级反映宗地的优劣程度。土地价格体系包括基准地价、标定地价和其他地价。目前土地的标定价、出让价、转让价、申报价、抵押价、入股价格都属于进行登记的内容。

（7）房屋的基本状况

它包括房屋的建筑面积、使用面积、结构类型、平房间数、方向、楼房层数、造价等。

2.3.4.2 物业的产权状况

（1）物业的产权性质

物业的产权性质，是指物业的产权类型，包括国有土地使用权、集体土地所有权、集体土地使用权、房屋所有权、房地他项权利等。

（2）物业的权利主体

物业权利主体即房地产权利人。房地产权利人可发分为自然人（公民）、法人与非法人机构和作为特殊民事主体的国家。

通过学习，可知本章开篇引入案例中主要涉及的知识点是物业的抵押权问题。不动产所有以权属登记为生效要件，因此即使该房屋由乙某实际居住，又抵押给了银行，但所有权人仍然是甲某，该物业的权属状况因未发生产权的过户登记而不发生任何变化。

复习思考题

1. 简述物权法中物的基本特征。
2. 简述物权的四项基本原则。
3. 所有权的四项权能是什么？其中最核心的是哪项权利？
4. 简述按份共有和共同共有的联系及区别。
5. 简述抵押权清偿顺序相关法律规定。
6. 简述不动产异议登记的内容与效力。

3 物业服务企业法律制度

【学习目的与要求】
物业服务企业在物业管理法律关系中具有重要的法律地位,通过本章学习要了解物业服务企业的设立、组织结构以及资质等级的划分;掌握物业服务企业的特征、职责范围;重点掌握物业服务企业的法律地位与权利义务。

【引入案例】
某物业项目建筑面积29万平方米,可收物业服务费面积26万平方米,现在进行物业管理招投标,某家投标的物业服务企业管理项目多层住宅20万平方米,高层住宅20万平方米,别墅4万平方米。

请思考:该项目可以由何种资质的物业服务企业承接?根据该投标物业服务企业管理物业面积可知该企业的资质等级是?

3.1 物业服务企业概述

3.1.1 物业服务企业的概念和特征

3.1.1.1 物业服务企业的概念

物业服务企业是指依法成立的,取得物业服务企业资质证书,依据物业服务合同对物业项目实行专业化的管理和服务,并收取相应报酬的,具有独立法人资格的经济实体。建设部于2007年11月26日修改并颁布实施的《物业服务企业资质管理办法》第二条第二款规定:"本办法所称物业服务企业,是指依法设立、具有独立法人资格,从事物业管理服务活动的企业。"

3.1.1.2 物业服务企业的特征

(1)物业服务企业必须是独立的企业法人

《物业管理条例》第三十二条明确规定:"从事物业管理活动的企业应当具有独立的法人资格。"物业服务企业是从事经营活动的市场主体。作为市场主体,应当具有相应的主体资格,享有完全的民事权利能力和行为能力,能够独立的承担民事责任。按照《民法通则》的规定,法人是具有民事权利能力和民事行为能力,依法享有民事权利和承担民事义务的组织。物业服务企业应当具有独立的法人资格,意味着物业服务企业应当具备下列条件:

1)依法成立

物业服务企业应当根据《中华人民共和国公司法》、《中华人民共和国外资企业法》、《中华人民共和国中外合资企业法》等法律法规,按合法程序设立。

2)有必要的财产或者经费

物业服务企业属于营利性法人。必要的财产和经费是其生存和发展的前提,也是其承担民事责任的物质基础。根据我国《公司法》的规定，物业服务企业为有限责任公司的，注册资本不得少于 3 万元，物业服务企业为股份有限公司的，注册资本不得少于 500 万元。根据《物业服务企业资质管理办法》的规定，物业服务企业注册资本需人民币 50 万元以上。

3) 有自己的名称、组织机构和场所

名称是企业对外进行活动的标记，其确定应当符合《企业名称登记管理规定》等相关规定；组织机构是健全内部管理的需要，如公司应设立董事会、股东大会、监事会等；场所是物业服务企业进行经营活动的固定地点，不仅表示企业的存在具有长期性，并且可以确定与企业相关的一些其他问题，如合同的履行、诉讼管辖问题等。

4) 能够独立承担民事责任

如果企业不能就自己的行为承担相应责任，难称其具有独立的主体资格。独立承担民事责任是建立在独立财产基础之上的。如果企业没有独立的财产，是不可能独立承担民事责任的。

作为独立的企业，物业服务企业应拥有一定的资金和必要的固定资产，具有法人地位，能够独立完成物业管理和服务工作，自主经营、独立核算、自我约束、自我发展，能独立享有民事权利，承担民事责任等。因此，物业服务企业除本行业自身的专业特色外，在市场地位、经营运作、法律地位等方面和其他企业是一样的，都要遵循企业法人讲究质量、信誉、效益等市场竞争法则。所以说，物业服务企业应是一个独立的企业组织，它在物业管理活动中具有独立性和自主性。

（2）物业服务企业依据物业服务合同的约定履行职责

物业服务企业应当与物业项目的业主或业主委员会签订《物业服务合同》，在物业项目的开发建设阶段（即前期）应与项目的开发建设单位签订《前期物业服务合同》。《物业服务合同》、《前期物业服务合同》是物业服务企业行使物业管理权的依据。物业项目的全体业主、物业使用人及物业服务企业之间是平等的民事主体关系，不存在着领导者与被领导者、管理者与被管理者的关系。双方的权利、义务关系体现在物业服务合同的具体内容中。因此，双方必须严格按照合同的约定执行。

（3）物业服务企业属于服务性企业

物业服务企业的主要职能是通过对物业的管理，提供形式多样的服务，为业主、物业使用人创造一个舒适、方便、安全、幽雅的居住和工作环境。物业服务企业本身并不制造实物产品，它通过常规性的公共服务、延伸性的专项服务、随机性的特约服务、委托性的代办服务和创收性的经营服务等项目，尽可能实现物业的保值和增值。因此，物业服务企业的"产品"只有一个，那就是服务。

（4）物业服务企业以盈利为目的

物业服务企业是一个经济实体，其所提供服务的直接受益者是物业项目的全体业主、物业使用人。业主、物业使用人享受了一定的服务就应当支付一定的报酬，物业服务企业因为付出了相应的劳动就应得到相应的报酬。同时物业服务企业要生存、要发展也必须有资金的支持。因此，物业服务企业的服务是有偿的，是带有经营性的，是以盈利为目的的。

（5）物业服务企业具有一定的公共管理的职能

物业服务企业在向业主和物业使用人提供服务的同时，还承担着物业区域内公共秩序的维护、市政设施的配合管理、物业的装修管理等,可见,物业服务的内容带有一定的公共管理性质。

3.1.1.3 物业服务企业的常见模式

(1) 派生的物业服务企业

派生的物业服务企业,是指房地产开发建设单位的附属子公司。这种物业服务企业的特点是:房地产开发建设单位与物业管理单位之间属上下级关系。这类物业服务企业过去的主要管理对象为上级建设单位开发的房地产项目,但近年来随着市场化进程不断推进,这一类型的物业服务企业除了管理上级建设单位开发的项目以外,也逐渐开始通过市场获取其他的物业管理项目。

(2) 独立的物业服务企业

独立的物业服务企业是指不依附于房地产开发建设单位和其他单位,独立注册、自主经营、自负盈亏的物业服务企业。这类企业通常具有较强的市场竞争意识。

(3) 物业管理集团公司

物业管理集团公司主要由集团总公司和下属子公司或分公司构成。集团总公司是宏观控制机构,集团发展的战略决策由总公司负责,总公司机关中设若干业务处室和行政办公部门;子公司或分公司既可按地域设置,如:××物业服务企业北京分公司,也可按专业服务内容划分,如楼宇设备的维修公司、清洁服务公司、绿化公司、保安服务公司等。

3.1.2 物业服务企业的设立

3.1.2.1 物业服务企业设立的条件

物业服务企业作为企业法人应当根据《中华人民共和国公司法》、《中华人民共和国企业法人登记管理条例》和《物业管理条例》等相关法律法规的规定设立。一般情况下,物业服务企业的设立应当具备以下条件:

(1) 有自己的名称

根据法律规定,物业服务企业必须有自己的经有关部门预先审核通过的企业名称。

(2) 有固定的办公及经营场所

物业服务企业要有自己的住所,作为经营办公及注册登记的场所。住所用房可以是自有产权房屋也可以是租赁房屋,如果是租赁房屋,那么房屋租赁手续必须合法且租赁期限不得低于一年。

(3) 股东符合法定人数

物业服务企业为有限责任公司的,股东人数不得超过 50 人。物业服务企业为股份有限公司的,应当有 2 人以上 200 人以下为发起人,其中须有半数以上的发起人在中国境内有住所。

(4) 有法定代表人

物业服务企业的法定代表人对企业的经营与发展起着至关重要的作用,他代表企业参加民事活动,对企业全面负责,同时接受企业内部全体成员监督。物业服务企业的法定代表人必须符合下列条件:

具有完全民事行为能力;有公司所在地正式户口或临时户口;具有一定物业管理专业知识;具有经营管理物业服务企业的基本能力;法定代表人产生的程序符合相关法律法规

及企业章程的规定；法律法规及公司章程要求满足的其他条件。

（5）符合法律要求的注册资本

注册资本也叫法定资本，是公司制企业章程规定的全体股东或发起人认缴的出资额或认购的股本总额，并在公司登记机关依法登记。注册资本可以是货币，也可以是实物或者无形资产。我国《公司法》第二十六条的规定："有限责任公司的注册资本为在公司登记机关登记的全体股东认缴的出资额。公司全体股东的首次出资额不得低于注册资本的百分之二十，也不得低于法定的注册资本最低限额，其余部分由股东自公司成立之日起两年内缴足；其中，投资公司可以在五年内缴足。有限责任公司注册资本的最低限额为人民币三万元。法律、行政法规对有限责任公司注册资本的最低限额有较高规定的，从其规定。"第八十一条第三款规定："股份有限公司注册资本的最低限额为人民币五百万元。法律、行政法规对股份有限公司注册资本的最低限额有较高规定的，从其规定。"目前，物业服务企业的最低注册资本不得低于50万元。

（6）有公司章程

公司章程，是指公司依法制定的、规定公司名称、住所、经营范围、经营管理制度等重大事项的基本文件。或是指公司必备的规定公司组织及活动的基本规则的书面文件，是以书面形式固定下来的股东共同一致的意思表示。公司章程是公司组织和活动的基本准则，是公司的宪章。其内容一般包括：公司的宗旨；公司名称和住所；公司经营范围；公司注册资本；公司经营范围和经营方式；公司的机构及其产生办法、职权、议事规则；公司法定代表人产生程序及职权范围；财务管理制度及利润分配方式；章程修改程序；章程终止程序等。

（7）配备有符合规定的专业技术人员和管理人员

（8）有健全的管理机构和规章制度

3.1.2.2 物业服务企业设立的程序

物业服务企业的设立一般要经过资质审批、工商注册登记、税务登记和公章刻制等复杂繁琐的程序。具体而言：

（1）根据《公司法》规定的公司设立条件，准备好相关资料和文件。

（2）公司名称预先核准申请。为了避免企业名称与其他的企业重名，在工商登记之前，要向工商行政登记主管机关提出预先核准公司名称申请。

（3）向企业所在地的房地产行政主管部门提出设立申请。

（4）向企业所在地工商行政管理机关申请法人注册登记和开业登记，领取营业执照。按照《公司法》的规定，所有公司的设立，都必须到工商行政管理机关进行注册登记，领取营业执照后，方可开业，物业服务企业也不例外。在办理工商注册登记时，物业服务企业应当提交以下相关资料：

企业名称的预先审核证明；企业地址证明；注册资本证明；股东人数和法定代表人相关材料；公司专业人员和管理人员名单；公司章程；其他应当提交的审批文件或资料。

（5）到公安机关（或授权单位）进行公章登记和刻制。

（6）向企业所在地税务机关办理税务登记。物业服务企业持营业执照、物业服务企业资质证书、企业公章、开户银行账号及税务机关要求提供其他相应的资料，进行税务登记。

上述过程结束后，物业服务企业即告成立。

3.2 物业服务企业资质管理

3.2.1 物业服务企业资质管理的意义和作用

我国对物业服务企业实行资质管理。《物业管理条例》第三十二条第二款规定："国家对从事物业管理活动的企业实行资质管理制度。具体办法由国务院建设行政主管部门制定。"这项规定主要是物业服务企业建立市场准入和清出制度。物业服务企业提供的管理和服务与人们的生产、生活密切相关,直接影响到人们的生产和生活质量、人身健康和生命财产安全。物业服务实质是对业主及物业使用人共同事务进行管理的一种服务活动。物业服务企业按照服务合同的约定,即提供物业公共部位和公共设施设备的维修养护,同时也承担着物业管理区域内公共秩序的维护责任。如果主管部门对物业服务企业缺乏有效的监管,可能会导致业主及物业使用人的公共利益受到损害,引起社会的不安。

物业服务企业是一种以较少自有资本管理较大资产的企业。一般情况下,企业运营成本较低,企业注册资本相对较少。而企业管理的物业价值却达到数千万元、亿元甚至几十亿元,因其管理水平的高低会引起物业价值的波动,物业波动的价值远远超过企业自身的价值。因此,物业服务企业抗风险的能力较弱。实行资质管理,有助于提高物业服务企业的管理服务水平,有助于防范企业经营风险,有助于发挥物业管理的社会效益。

物业服务企业提供的服务,表现在消费者面前的,更多的是维护公共秩序,但其最基本的服务是房屋及设备设施的维护管理。随着经济的发展、科学技术的进步,建设领域不断涌现新技术、新产品,物业的智能化越来越高,这就要求物业服务企业具有先进的管理工具及设备,建立一套科学、规范的管理措施及工作程序。物业管理具有一定的专业性,实行市场准入和清出制度,有利于物业服务企业适应产业结构调整升级的趋势和现代化城市发展的需要,有利于推进物业服务企业的技术进步。

3.2.2 物业服务企业的资质管理

物业服务企业资质的条件、分级、申请、审批、动态管理等属于物业服务企业资质管理的内容。建设部于 2004 年颁布了《物业服务企业资质管理办法》,并于 2007 年 10 月对其进行了修改,各地物业管理行政主管部门也根据自己的实际情况制定了相应的地方性物业服务企业资质管理办法。

3.2.2.1 物业服务企业的资质等级

《物业服务企业资质管理办法》明确规定:物业服务企业资质等级分为一、二、三级。国务院建设主管部门负责一级物业服务企业资质证书的颁发和管理;省、自治区人民政府建设主管部门负责二级物业服务企业资质证书的颁发和管理;直辖市人民政府房地产主管部门负责二级和三级物业服务企业资质证书的颁发和管理,并接受国务院建设主管部门的指导和监督;设区的市的人民政府房地产主管部门负责三级物业服务企业资质证书的颁发和管理,并接受省、自治区人民政府建设主管部门的指导和监督。

各资质等级物业服务企业须满足如下条件:

一级资质

(1) 注册资本人民币 500 万元以上。

(2) 物业管理专业人员以及工程、管理、经济等相关专业类的专职管理和技术人员不少于30人。其中，具有中级以上职称的人员不少于20人，工程、财务等业务负责人具有相应专业中级以上职称。

(3) 物业管理专业人员按照国家有关规定取得职业资格证书。

(4) 管理两种类型以上物业，并且管理各类物业的房屋建筑面积分别占下列相应计算基数的百分比之和不低于100%：多层住宅200万平方米；高层住宅100万平方米；独立式住宅（别墅）15万平方米；办公楼、工业厂房及其他物业50万平方米。

(5) 建立并严格执行服务质量、服务收费等企业管理制度和标准，建立企业信用档案系统，有优良的经营管理业绩。

二级资质

(1) 注册资本人民币300万元以上。

(2) 物业管理专业人员以及工程、管理、经济等相关专业类的专职管理和技术人员不少于20人。其中，具有中级以上职称的人员不少于10人，工程、财务等业务负责人具有相应专业中级以上职称。

(3) 物业管理专业人员按照国家有关规定取得职业资格证书。

(4) 管理两种类型以上物业，并且管理各类物业的房屋建筑面积分别占下列相应计算基数的百分比之和不低于100%：多层住宅100万平方米；高层住宅50万平方米；独立式住宅（别墅）8万平方米；办公楼、工业厂房及其他物业20万平方米。

(5) 建立并严格执行服务质量、服务收费等企业管理制度和标准，建立企业信用档案系统，有良好的经营管理业绩。

三级资质

(1) 注册资本人民币50万元以上。

(2) 物业管理专业人员以及工程、管理、经济等相关专业类的专职管理和技术人员不少于10人。其中，具有中级以上职称的人员不少于5人，工程、财务等业务负责人具有相应专业中级以上职称。

(3) 物业管理专业人员按照国家有关规定取得职业资格证书。

(4) 有委托的物业管理项目。

(5) 建立并严格执行服务质量、服务收费等企业管理制度和标准，建立企业信用档案系统。

新设立的物业服务企业应当自领取营业执照之日起30日内，向工商注册所在地直辖市、设区的市的人民政府房地产主管部门申请资质。申请资质需提交的文件及资料有：营业执照；企业章程；验资证明；企业法定代表人的身份证明；物业管理专业人员的职业资格证书和劳动合同，管理和技术人员的职称证书和劳动合同。

由于新设立的物业服务企业尚未开展业务，没有物业管理业绩，不能满足资质认定条件，因此法律规定新设立的物业服务企业，其资质等级按照最低等级核定，并设1年的暂定期。暂定期满，如企业未能承接到物业项目，则其暂定资质失效；如顺利承接了物业项目，则可依照《物业服务企业资质管理办法》申请三级及三级以上资质。

不同资质的物业服务企业可承接项目的规模不同。一级资质物业服务企业可以承接各种物业管理项目。二级资质物业服务企业可以承接30万平方米以下的住宅项目和8万平方米以下的非住宅项目的物业管理业务。三级资质物业服务企业可以承接20万平方米以下住宅项目和5万平方米以下的非住宅项目的物业管理业务。

3.2.2.2 物业服务企业申请核定资质的程序

物业服务企业申请核定资质等级具体可分为申请、审查和决定三个步骤。

(1) 申请

申请核定资质等级的物业服务企业，应当提交下列材料：

企业资质等级申报表；营业执照；企业资质证书正、副本；物业管理专业人员的职业资格证书和劳动合同，管理和技术人员的职称证书和劳动合同，工程、财务负责人的职称证书和劳动合同；物业服务合同复印件；物业管理业绩材料。

(2) 审查

资质审批部门应当自受理企业申请之日起20个工作日内，对申请企业的文件资料及管业项目进行审查和现场查勘。一级资质审批前，还应当由省、自治区人民政府建设主管部门或者直辖市人民政府房地产主管部门审查，审查期限仍为20个工作日。

(3) 决定

经过审查，资质管理部门应作出决定。对符合相应资质等级条件的企业核发资质证书；对不符合资质等级条件的企业不予核发资质证书，同时应告知其审核不予通过的原因。

《物业服务企业资质管理办法》第十一条规定："物业服务企业申请核定资质等级，在申请之日前一年内有下列行为之一的，资质审批部门不予批准：（一）聘用未取得物业管理职业资格证书的人员从事物业管理活动的；（二）将一个物业管理区域内的全部物业管理业务一并委托给他人的；（三）挪用专项维修资金的；（四）擅自改变物业管理用房用途的；（五）擅自改变物业管理区域内按照规划建设的公共建筑和共用设施用途的；（六）擅自占用、挖掘物业管理区域内道路、场地，损害业主共同利益的；（七）擅自利用物业共用部位、共用设施设备进行经营的；（八）物业服务合同终止时，不按照规定移交物业管理用房和有关资料的；（九）与物业管理招标人或者其他物业管理投标人相互串通，以不正当手段谋取中标的；（十）不履行物业服务合同，业主投诉较多，经查证属实的；（十一）超越资质等级承接物业管理业务的；（十二）出租、出借、转让资质证书的；（十三）发生重大责任事故的。"第十八条规定："有下列情形之一的，资质审批部门或者其上级主管部门，根据利害关系人的请求或者根据职权可以撤销资质证书：（一）审批部门工作人员滥用职权、玩忽职守作出物业服务企业资质审批决定的；（二）超越法定职权作出物业服务企业资质审批决定的；（三）违反法定程序作出物业服务企业资质审批决定的；（四）对不具备申请资格或者不符合法定条件的物业服务企业颁发资质证书的；（五）依法可以撤销审批的其他情形。"

3.3 物业服务企业的法律地位

法律地位（实即法律上的人格或者称为权利能力），指法律主体享受权利与承担义务的资格。也用以指法律主体在法律关系中所处的位置，它常用来表示权利和义务的相应程度。法律地位一般由其他社会规范、习俗先行限定，由法律最终确认后生效。物业服务企业的法律地位指的主要是物业服务企业的法律性质、权利义务以及享受权利、履行义务的法律依据。

3.3.1 物业服务企业的法律性质

物业区分所有关系和物业管理业务内容的复杂性，使物业服务企业在性质上体现出多重特征。物业服务企业作为物业管理活动中的主体之一，是依法成立的具有法人资格的，能够独立享有民事权利和独立承担民事义务。从民法的角度来说，物业服务企业与业主和物业使用人是平等的民事主体，并且通过物业服务合同形成了平等的民事法律关系。业主、业主大会及业主委员会有选聘、解聘物业服务企业的权利和自由，物业服务企业也有拒聘的自由。因此，要求物业服务企业必须是具有独立的企业法人资格经济实体，能够独立的实施物业管理活动，享有民事法律关系的主体资格。在市场竞争中求生存、谋发展。

在行政管理关系中，国家职能机关根据法律或者是政府授权对物业管理行业和活动进行管理，行使指导、监督、处罚等权力。物业服务企业为相对人必须接受国家行政主管机关的管理，处于接受服从的法律地位。因此，物业服务企业与国家职能机关在物业行政法律关系中处于不平等法律地位。

3.3.2 物业服务企业的权利义务与责任

物业服务企业在管理物业项目的过程中需要履行一定的职责，而履行职责的前提就是要享有一定的权利，承担一定的义务。

3.3.2.1 物业服务企业的权利

（1）根据物业服务合同的约定，实施物业管理活动。物业服务企业有权依照合同的约定，对物业项目进行管理。

（2）有权根据法律法规及相关政策，结合物业项目实际情况，制定出符合特定项目的物业管理制度。例如，物业服务企业有权制定服务收费标准、收费时间、收费办法以及违约处理办法等。

（3）有权依照物业服务合同收取物业服务费用。

（4）有权要求业主委员会协助管理。业主委员会是由物业管理区域内业主代表组成，代表业主的利益，向社会各方反映业主意愿和要求，并监督物业管理公司管理运作的一个民间性组织。它是业主与物业服务企业之间沟通的纽带和桥梁，它与物业服务企业的目标一致，都希望物业保值增值。我国《物业管理条例》第六十七条规定："违反物业服务合同约定，业主逾期不交纳物业服务费用的，业主委员会应当督促其限期交纳；逾期仍不交纳的，物业服务企业可以向人民法院起诉。"

（5）有权制止物业管理区域内违反管理规约及其他规章制度的行为。物业服务企业虽不是行政管理部门，没有行政执法权，但负有一定的公共管理职能。为保障业主及物业使用人的合法权益，有权根据管理规约和物业服务合同的相关规定制止物业管理区域内的违约及违法行为。

（6）有权依据物业服务合同的约定选聘专项服务公司，如保洁公司、保安公司、家政服务公司等。《物业管理条例》第四十条明确规定："物业服务企业可以将物业管理区域内的专项服务业务委托给专业性服务企业，但不得将该区域内的全部物业管理一并委托给他人。"

（7）有权开展多种经营，以其收益弥补经营管理费之不足。在我国物业管理活动中，很多企业奉行着"一业为主，以业养业"的原则，利用发展多种经营所得的收益来弥补物业管理经费的不足。目前，多种经营的内容主要包括：开展房地产中介咨询服务；开展室内装饰装修设计服务；开办商业经营网点，如餐饮、报纸杂志、洗衣等等。

3.3.2.2 物业服务企业的义务

（1）依法经营，诚信履行物业服务合同。在物业服务合同的有效期内，企业必须信守合同，不得擅自变更也不得单方解除合同。

（2）接受业主和业主委员会的监督。业主委员会是业主大会的执行机构，他的职责之一就是监督和协助物业服务企业履行物业服务合同、监督管理规约的实施。因此，物业服务企业有义务接受全体业主和业主委员会的监督。

（3）对其选聘的专项服务公司的服务行为向业主承担责任。如若保洁公司、保安公司的员工，在服务过程中给业主造成了人身或者财产损害，则物业服务企业有义务承担损害赔偿责任。在物业服务企业承担了赔偿责任后，有权利向造成侵害的专项服务公司追偿。

（4）不得随意改变公共设施设备及公共场地的用途，特别是不得擅自改变物业管理用房的用途。《物业管理条例》第三十八条规定："物业管理用房的所有权依法属于业主。未经业主大会同意，物业服务企业不得改变物业管理用房的用途。"

（5）告知义务。例如在业主装修之前，物业服务企业有义务告知业主装饰装修注意事项及禁止行为。

（6）报告义务。在物业服务过程中，发现违法行为，物业服务企业应及时向相关行政主管部门报告。物业企业本身没有行政执法权。

（7）资料移交义务。在物业服务合同终止后，物业服务企业有义务妥善、及时地向业主委员会移交全部档案资料。

（8）接受房地产行政主管部门及其他有关部门和物业项目所在地人民政府监督指导。

3.3.2.3 物业服务企业的责任

物业服务企业的责任，是指由于物业服务企业违反物业管理法律法规或合同约定而应当承担的相应法律后果。内容涵盖聘用无从业资格的人员、违反委托管理限制、挪用专项维修资金、擅自改变物业管理用房的用途以及违反物业服务合同等一系列民事、行政乃至刑事责任。

3.3.3 物业服务企业管理物业的依据——合同

物业服务企业与业主和物业使用人是平等的民事主体，体现在物业服务企业与业主委员会签订的物业服务合同中，在签订物业服务合同时，通常物业服务企业处于被业主、业主大会及业主委员会选择的地位，一旦业主、业主大会及业主委员会发出要约，物业服务企业才能根据物业区域及自身的情况自主地决定是否接受业主、业主大会及业主委员会的要约。

《合同法》第十三条规定："当事人订立合同，采取要约、承诺方式。"所谓要约就是希望和他人订立合同的意思，意思表示就是把内心旨在发生一定效果的意思对外表示出来的行为。物业管理行业目前推行的招投标中的招标公告或招标邀请，就是一种要约邀请。因为物业管理招标是作为合同当事人的业主、业主大会及业主委员会一方向数个物业服务企业公布的订立合同的意思表示，记载该意思表示的文件就是招标文件或招标邀请书。由于招标中标底是不公开的，招标公告或招标邀请书不具备合同的主要内容，因此，招标公告或招标邀请书是要约邀请。《合同法》第二十一条规定："承诺是受要约人同意要约的意思表示。"作为物业服务企业接受业主、业主大会及业主委员会的要约，则可以签订物业服务合同给予承诺。由于物业管理服务合同必须采取书面形式订立,因此,《合同法》第三十二条规定:"当事人采用合同书形式订立合同的,自双方当事人签字或者盖章时合同成立。"当业主、业主大会及业主委员会与物业服务企业双方在合同上签字或盖章后,物业管理服务合同正式成立,业主、业主大会及业主委员会与物业服务企业的合同关系也就即时成立。

合同当事人的法律地位平等,一方不得将自己的意志强加给另一方。物业服务企业与业主、业主大会及业主委员会之间的平等,主要体现在物业服务企业的管理服务行为若不符合合同的要求,业主、业主大会及业主委员会有权解除合同,并要求物业服务企业承担相应的违约民事责任。反之,业主、业主大会及业主委员会的行为违反了合同的规定,物业服务企业也可以根据合同,要求业主、业主大会及业主委员会承担相应的违约民事责任。需要注意的是,如若物业服务企业严格按照物业服务合同,履行了自己的义务,除法律另有规定的情形外,不应要求物业服务企业承担任何责任。

此外,物业服务企业往往会为满足业主、物业使用人及相关单位的个别需求而受其委托对其提供具有针对性的专项服务。例如,代替相关部门代收物业管理区域内水电费、煤气费、有线电视费、电话费等公共事业性费用。此类专项服务,物业服务企业必须与委托方签订相应的特约服务协议。同样,物业服务企业将一部分服务内容外包给专项服务公司时,也必须与承包公司签订相应的物业项目外包服务协议。除物业服务合同以外,这些特约服务协议和外包服务协议同样是物业服务企业管理物业的依据。

通过学习,可知本章开篇引入案例涉及 3.2.2.1 物业服务企业的资质等级这一知识点。通过具体数字和相关法律规定,我们不难看出:该项目可由一级和二级物业服务企业来承接,投标的物业服务企业符合二级资质物业服务企业的标准要求。

复习思考题

1. 简述物业服务企业的基本特征。
2. 设立物业服务企业需要满足哪些条件?
3. 简述各资质等级物业服务企业需满足的条件。
4. 物业服务企业享有哪些权利?
5. 物业服务企业应履行哪些义务?
6. 请根据你的理解,阐述物业服务企业的社会责任。

4 业主及业主大会

【学习目的与要求】

本章围绕着我国《物业管理条例》有关业主和业主大会的相关规定,介绍了业主的权利义务、业主大会的职责、业主委员会的运作等内容。另外还包括业主委员会的性质等一些在理论界存在争议的知识点,希望学生能够对有关业主及业主团体的相关知识进行整体地把握,并在现实生活中遇到具体问题时找到相关的法律及理论依据。

【引入案例】

美好小区有一位李先生,平时非常热心小区的事务,在广大业主中的人缘很好。在该小区的业主代表选举中,李先生以较多的得票当选为该小区的业主委员会委员。但该小区的物业服务企业以李先生一年来拒交物业费为由,认为李先生不具备当选资格。在此问题上,部分业主与物业服务企业起了争执。

请思考:你认为未交物业费的业主能否当选业主委员会委员?

4.1 业　　主

4.1.1 业主概述

4.1.1.1 业主的定义

我国现行的《物业管理条例》第六条第一款规定:"房屋的所有权人为业主。"此外在一些地方性物业管理法规中,对业主的定义也做出了界定。如《天津市物业管理条例》第三条规定:"业主是指物业的所有权人。"在《上海市居住物业管理条例》、《上海住宅物业管理规定》和《广东省物业管理条例》中也有类似的规定。因此,业主可以定义为房屋的所有权人。

业主可以是自然人也可以是法人。一方面,业主既是物业管理的主体,也是物业管理服务的对象;另一方面,物业服务企业通过具体服务管理实现物业服务合同的目标,在此意义上业主是被服务者。在法律上,只有办理了产权过户手续,被登记为产权人的买受人才可称为业主。

4.1.1.2 业主的分类

业主可按以下情况进行分类:

(1) 按物业所有权主体的数量,可以分为独立产权的业主和共有产权的业主。

独立产权是指业主单独拥有物业;共有产权是业主与他人共同拥有物业。具体区分方法有二:首先,形式上,凡是房屋产权证上只写明一个所有人享有房屋产权的,这个所有人就是独立产权的业主,凡是房屋产权证上写明房屋是共有的,那么房屋产权证明的这些所有人就是共有产权的业主;其次,现实生活中绝大部分住宅都是由家庭拥有,而房屋产权证上常常只有一个自然人作为所有人,从形式上来说,这项物业的业主是独立产权的业主,但实质上这项物业的业主是共有产权的业主。

(2) 按业主是自然人还是法人，可以分为自然人业主和非自然人业主。

所谓自然人业主，就是指拥有物业的所有权人是自然人。而非自然人业主就是指拥有物业所有权的是自然人以外的主体，包括法人和非法人组织。

(3) 按物业的所有权主体性质的不同，可以将业主划分为公房业主和私房业主。

公房业主按中国法律是指国家和集体，公房业主狭义仅指国家及其授权经营管理公房的部门或单位；私房业主按国务院《城市私有房屋管理条例》第二条第二款规定，仅指个人所有、数人共有的自用或出租的住宅和非住宅用房之业主。私房业主广义是指有物业所有权的"私人"，包括自然人、非国家机关性质的法人和其他组织。

除此之外，以物业基本用途不同，可把业主分为居住物业的业主和非居住物业的业主；以享有物业所有权份额多少不同，可把业主分为大业主和小业主；以业主资格取得先后次序和依据不同，可以把业主分成原始业主（即新建物业的业主）、继受业主（即购买物业人）和准业主（即依法视为业主的业主委员会和物业使用权合法持有人）三类。按照不同的标准，业主还可有其他分类，在此不再详述。

4.1.1.3 物业使用人

物业的使用人不是业主，而是指物业的承租人和实际使用物业的其他人。业主是物业的所有人，对物业享有占有、使用、收益和处分的全部权利；而物业使用人对物业只享有占有、使用或者一定条件的收益权，没有处分的权利。一般而言，物业管理只涉及业主与物业服务企业之间的权利义务，而不涉及使用人。但现在也有越来越多的业主购买商品房不是为了自己居住，而是为了投资。这部分业主在购买商品房之后即将所购房屋出租他人使用。这样，物业管理关系就不仅仅涉及业主和物业服务企业，还涉及承租人。业主将自己拥有产权的房屋通过房屋租赁合同出租给他人使用，承租人基于租赁合同，在约定的时间内有偿地获得房屋的占有权、使用权甚至收益权。

4.1.2 业主的权利与义务

4.1.2.1 业主的权利

物业管理是为了全体业主的利益而产生的。业主在物业管理中究竟享有哪些权利呢？对此，《物业管理条例》第六条第二款是这样规定的，业主在物业管理活动中，享有下列权利：（一）按照物业服务合同的约定，接受物业服务企业提供的服务；（二）提议召开业主大会会议，并就物业管理的有关事项提出建议；（三）提出制定和修改管理规约、业主大会议事规则的建议；（四）参加业主大会会议，行使投票权；（五）选举业主委员会成员，并享有被选举权；（六）监督业主委员会的工作；（七）监督物业服务企业履行物业服务合同；（八）对物业共用部位、共用设施设备和相关场地使用情况享有知情权和监督权；（九）监督物业共用部位、共用设施设备专项维修资金的管理和使用；（十）法律、法规规定的其他权利。

根据此条例，业主的权利主要包括：

(1) 按照物业服务合同的约定，接受物业服务企业提供的服务

物业服务合同是广大业主选举出来的业主委员会与业主大会选聘的物业服务企业之间签订的委托物业服务企业对物业进行综合管理的法律文件。物业服务合同是确定业主和物业服务企业之间权利的基本法律依据。而业主之所以要与物业服务企业签订合同，最主要的目的是接受物业服务企业提供的服务。因此，按照物业服务合同的约定，接受物业服务

企业提供的服务的权利,可以说是业主享有的最为基本的权利。

(2) 提议召开业主大会会议,并就物业管理的有关事项提出建议

业主大会是由物业管理区域内全体业主组成的,维护物业管理区域内全体业主的公共利益,行使业主对物业管理的自治权。业主是物业管理的享用者,物业管理的好坏直接决定了业主的利益能否得到充分的保护,因此,业主有权就物业管理的事项提出建议。在成立业主委员会以后,应由业主委员会组织召开业主大会,同时,经一定比例以上的业主提议,也可就所提议事项召开业主大会。

(3) 提出制定和修改管理规约、业主大会议事规则的建议

管理规约,指业主共同订立或者承诺的,对全体业主具有约束力的,有关使用、维护物业及其管理等方面权利义务的行为守则。而业主大会议事规则是指由有关业主大会召开时应当遵循的会议程序、决议通过的要求等有关规则。业主享有制定和修改管理规约、业主大会议事规则的建议权,直接决定和影响了业主的自治权能否得到充分有效的保护。

(4) 参加业主大会会议,行使投票权

参加业主大会,是保证业主民主表决权的前提,而投票权是业主民主表决权的实现。同时业主大会会议通知必须按时、明确和充分。

(5) 选举业主委员会

业主委员会是经业主大会选举产生并经房地产行政主管部门登记备案,在物业管理活动中代表和维护全体业主合法权益的组织。一方面,业主享有选举业主委员会的权利,这决定着业主自己的意志能否充分实现;另一方面,业主还享有成为业主委员会委员的被选举权,即业主作为物业自治管理组织的成员,有被选举为业主委员会委员的权利。

(6) 监督权

业主享有的监督权主要包括:监督业主委员会的工作,如对业主委员会的工作提出批评和改进的建议等;监督物业服务企业履行物业服务合同,如监督物业管理和服务水平、服务质量和收费情况等;对物业共用部位、公用设施设备和相关场地使用情况享有知情权和监督权;对物业公用部位,公用设施设备和相关场地的使用情况进行了解,并提出质疑,要求物业服务企业给予答复和说明,对存在的问题提出改进建议并要求得到合理解决;监督物业共用部位、共用设施设备专项维修资金的管理和使用。

业主通过这些监督行为,可以及时纠正物业管理区域中的业主委员会以及物业服务企业的一些违反自治性规范,甚至违法的行为,以维护全体业主自身的权利。同时,其他业主、物业使用人、房地产开发企业、业主大会及业主委员会、物业服务企业和政府有关部门也有权利监督该业主。可见,物业管理活动中的监督权利是参与物业管理各主体之间的一种双向监督。

(7) 法律、法规规定的其他权利

业主的权利在其他法律、法规中可能也会做出规定,对于这些权利业主当然享有。例如,业主享有对物业的共用部位及共用设施设备的使用权、受益权。对于物业管理区域中的某栋楼房而言,该栋楼房的全体业主对属于该栋楼房的共用部位和设施设备处于共同所有关系,他们对这部分共同部位和设施设备享有共同的利用权。

4.1.2.2 业主的义务

业主在享有以上权利的同时,也应当履行相应的义务。对此,我国《物业管理条例》

第七条是这样规定的,业主在物业管理活动中,履行下列义务:(一)遵守管理规约、业主大会议事规则;(二)遵守物业管理区域内物业共用部位和共用设施设备的使用、公共秩序和环境卫生的维护等方面的规章制度;(三)执行业主大会的决定和业主大会授权业主委员会作出的决定;(四)按照国家有关规定交纳专项维修资金;(五)按时交纳物业服务费用;(六)法律、法规规定的其他义务。

(1) 遵守规约、执行决议的义务

物业管理的各项规约中,采取的是多数通过原则,即只要大多数业主达成了一致意见,规约就合法生效了,并且对于所有业主都产生一致的约束力,少数表示反对的业主也必须放弃自己的异议,共同遵守这一协议。《物权法》第七十六条规定,下列事项由业主共同决定:(一)制定和修改业主大会议事规则;(二)制定和修改建筑物及其附属设施的管理规约;(三)选举业主委员会或者更换业主委员会成员;(四)选聘和解聘物业服务企业或者其他管理人;(五)筹集和使用建筑物及其附属设施的维修资金;(六)改建、重建建筑物及其附属设施;(七)有关共有和共同管理权利的其他重大事项。决定前款第五项和第六项规定的事项,应当经专有部分占建筑物总面积三分之二以上的业主且占总人数三分之二以上的业主同意。决定前款其他事项,应当经专有部分占建筑物总面积过半数的业主且占总人数过半数的业主同意。第七十八条规定,业主大会或者业主委员会的决定,对业主具有约束力。因此,在物业管理规约中,其对所有的业主都有相同的约束力,即使是当初表示了反对的业主,只要规约是合法的,就有遵守的义务。如果业主违反管理规约等自治性规范,则应按照自治性规范中的条款承担责任;造成其他业主损失的,应承担民事赔偿责任。

(2) 交纳资金费用的义务

这主要包括两项,即按照国家有关规定缴纳专项维修资金和按时交纳物业服务费用。业主交纳维修资金和物业管理服务费用是保证物业管理区域正常的管理和维护,每位业主都负有此项义务。业主享有公益利益,也应承担相应义务,对于经业主大会或业主委员会做出决议的物业服务费、维修资金等各项合理费用,个别业主即使有异议,也有交纳的义务。基于此项义务,各业主应负责其名下应分担的物业服务费、维修资金并应准时交付。如因迟交或欠交而引起其他业主损失的,要负赔偿责任。

(3) 法律、法规规定的其他义务

全体业主在使用自己物业的过程中,除了应遵循自治性规范以外,还应遵守法律、法规的规定,例如不得侵害其他业主的权益。业主应遵守民法关于相邻关系的规定,不得妨碍其他业主的正常生活。再如,各业主不得随意改变物业的使用性质,在装修时不得损坏房屋承重结构和破坏房屋外貌,并应事先取得物业服务企业和有关部门的同意;业主在共用部分及共用设施设备不得做出任何对其他业主及楼宇使用构成滋扰、不方便或者损害的行为等。如果出现以上违法行为,受侵害的业主可以根据法律的规定,直接请求对方承担民事责任。

4.2 业 主 大 会

4.2.1 业主大会的概念和性质

业主大会是指由物业管理区域内全体业主组成的,代表和维护物业区域内的全体业主的公共利益，行使业主对物业管理的自治权的业主自治自律机构。现行的《物业管理条例》第八条规定，物业管理区域内全体业主组成业主大会。业主大会应当代表和维护物业管理区域内全体业主在物业管理活动中的合法权益。中华人民共和国住房和城乡建设部于2009年12月1日颁布了《业主大会和业主委员会指导规则》其中第二条规定，业主大会由物业管理区域内的全体业主组成，代表和维护物业管理区域内全体业主在物业管理活动中的合法权利，履行相应的义务。

4.2.2 业主大会的法律地位和特征

业主大会是由合法划定的业主自治管理区域内全体业主组成的，以会议制形式依法行使物业管理民主自治权利和自制规约订立权的群众性社会组织，又是各业主团体自治管理体系中表达集体共管意思的组织。业主大会在充分民主的基础上集中全体业主的共同意志和利益要求，行使本组织直管辖区内的物业管理自治规约订立权，决定属于自治范围的业主生活公共事务及物业管理公益事业中的其他重大问题。因此，业主大会在业主集体自治管理分工体系中居于首要地位。

业主大会是由业主自行组成的维护物业整体利益的组织，其应具有民主性、自治性、代表性的特征。首先，业主大会是民主性的组织。其成员在机构中的地位是平等的，能够根据自己的意愿发表建议、提出看法、意见等。其次，业主大会是自治性组织。其成员是对物业享有所有权的人，进行的是自我服务、自我管理、自我协商、自我约束。业主大会的成员是作为物业管理区域内的一分子，基于维护物业整体利益的需要而进行的管理，不受外部人员的非法干预。最后，业主大会具有代表性的特征，业主大会代表了全体业主在物业管理中的合法权益。业主大会做出的决议应当是全体业主利益的反映，而不仅仅是个别业主利益的反映，即使业主大会做出的决议并没有经过全体一致的同意，甚至有时还会受到个别业主的反对，但只要符合业主大会决议的议事规则，那么这种决议就代表了全体业主的利益。

业主大会对物业的管理与公共利益的维护是一种自治、自助行为，其机构的构成成员本身是业主，即物业的所有权人。所以，它不同于物业服务企业，后者是物业管理服务的专营性质的公司，以管理、经营一定区域的物业为经营目的。业主大会也不同于地方政府所设立的专门负责辖区内物业管理工作的行政部门，后者是行政性的管理，起指导作用，不同于业主大会的自我管理、平等协商性质。因此，业主大会及其性质、宗旨、组成人员、运作机制的不同而区别于其他对物业进行管理、指导、监督的组织，具有独立性和不可替代性。

4.2.3 业主大会的成立

业主大会根据物业管理区域的划分成立，一个物业管理区域成立一个业主大会。只有一个业主的，或者业主人数较少且经全体业主同意，不成立业主大会的，由业主共同履行业主大会、业主委员会职责。业主大会对物业的管理与公共利益的维护是一种自治、自助行为。业主大会在充分民主的基础上集中全体业主的共同意志和利益要求，行使本机构直接管辖区内的物业管理自治规约订立权和决定属于自治范围的业主生活公共事务及物业管理公益事业中的其他重大问题。业主大会的设立直接决定了业主的利益能否得到最为充分的保护。物业所在地的区、县房地产行政主管部门和街道办事处、乡镇人民政府负责对设立业主大会和选举业主委员会给予指导和协助，负责对业主大会和业主委员会的日常活动进行指导和监督。

4.2.4 业主大会的职责

《业主大会和业主委员会指导规则》第十七条规定，业主大会决定以下事项：（一）制定和修改业主大会议事规则；（二）制定和修改管理规约；（三）选举业主委员会或者更换业主委员会委员；（四）制定物业服务内容、标准以及物业服务收费方案；（五）选聘和解聘物业服务企业；（六）筹集和使用专项维修资金；（七）改建、重建建筑物及其附属设施；（八）改变共有部分的用途；（九）利用共有部分进行经营以及所得收益的分配与使用；（十）法律法规或者管理规约确定应由业主共同决定的事项。

《物权法》第七十八条规定，业主大会或者业主委员会的决定，对业主具有约束力。业主大会或者业主委员会作出的决定侵害业主合法权益的，受侵害的业主可以请求人民法院予以撤销。

在本章的引入案例中，李先生当选业主委员会委员是由该小区的业主大会选举的，这是业主大会的权利，物业服务企业是受业主委员会委托为该物业区域提供管理服务的，对业主大会的任何选举结果无权干涉。

4.2.5 首次业主大会

物业管理区域内，已交付的专有部分面积超过建筑物总面积50％时，建设单位应当按照物业所在地的区、县房地产行政主管部门或者街道办事处、乡镇人民政府的要求，及时报送下列筹备首次业主大会会议所需的文件资料：（一）物业管理区域证明；（二）房屋及建筑物面积清册；（三）业主名册；（四）建筑规划总平面图；（五）交付使用共用设施设备的证明；（六）物业服务用房配置证明；（七）其他有关的文件资料。

符合成立业主大会条件的，区、县房地产行政主管部门或者街道办事处、乡镇人民政府应当在收到业主提出筹备业主大会书面申请后60日内，负责组织、指导成立首次业主大会会议筹备组。首次业主大会会议筹备组由业主代表、建设单位代表、街道办事处、乡镇人民政府代表和居民委员会代表组成。筹备组成员人数应为单数，其中业主代表人数不低于筹备组总人数的一半，筹备组组长由街道办事处、乡镇人民政府代表担任。筹备组中业主代表的产生，由街道办事处、乡镇人民政府或者居民委员会组织业主推荐。筹备组应当将成员名单以书面形式在物业管理区域内公告。业主对筹备组成员有异议的，由街道办事处、乡镇人民政府协调解决。建设单位和物业服务企业应当配合协助筹备组开展工作。筹备组应当做好以下筹备工作：（一）确认并公示业主身份、业主人数以及所拥有的专有部分面积；（二）确定首次业主大会会议召开的时间、地点、形式和内容；（三）草拟管理规约、业主大会议事规则；（四）依法确定首次业主大会会议表决规则；（五）制定业主委员会委员候选人产生办法，确定业主委员会委员候选人名单；（六）制定业主委员会选举办法；（七）完成召开首次业主大会会议的其他准备工作。

以上内容应当在首次业主大会会议召开15日前以书面形式在物业管理区域内公告。业主对公告内容有异议的，筹备组应当记录并做出答复。

依法登记取得或者根据物权法第二章第三节规定取得建筑物专有部分所有权的人（房屋产权所有人），应当认定为业主。基于房屋买卖等民事法律行为，已经合法占有建筑物专有部分，但尚未依法办理所有权登记的人，可以认定为业主。业主的投票权数由专有部分面积和业主人数确定。业主委员会委员候选人由业主推荐或者自荐。筹备组应当核查参选人的资格，根据物业规模、物权份额、委员的代表性和广泛性等因素，确定业主委员会委员候选人名单。筹备组应当自组成之日起 90 日内完成筹备工作，组织召开首次业主大会会议。

业主大会自首次业主大会会议表决通过管理规约、业主大会议事规则，并选举产生业主委员会之日起成立。划分为一个物业管理区域的分期开发的建设项目，先期开发部分符合条件的，可以成立业主大会，选举产生业主委员会。首次业主大会会议应当根据分期开发的物业面积和进度等因素，在业主大会议事规则中明确增补业主委员会委员的办法。

首次业主大会会议应当讨论决定下列事项：（一）业主大会议事规则；（二）管理规约；（三）选举业主委员会；（四）物业管理服务内容和服务标准；（五）涉及业主共有和共同管理权利的其他重大事项。

4.2.6 业主大会议事规则

业主大会会议可以采用集体讨论的形式，也可以采用书面征求意见的形式，但应当有物业管理区域内专有部分占建筑物总面积过半数的业主且占总人数过半数的业主参加。采用书面征求意见形式的，应当将征求意见书送交每一位业主；无法送达的，应当在物业管理区域内公告。凡需投票表决的，表决意见应由业主本人签名。

业主大会确定业主投票权数，可以按照下列方法认定专有部分面积和建筑物总面积：

专有部分面积按照不动产登记簿记载的面积计算；尚未进行登记的，暂按测绘机构的实测面积计算；尚未进行实测的，暂按房屋买卖合同记载的面积计算；建筑物总面积，按照前项的统计总和计算。

业主大会确定业主投票权数，可以按照下列方法认定业主人数和总人数：

业主人数，按照专有部分的数量计算，一个专有部分按一人计算；但建设单位尚未出售和虽已出售但尚未交付的部分，以及同一买受人拥有一个以上专有部分的，按一人计算；总人数，按照前项的统计总和计算。

业主大会应当在业主大会议事规则中约定车位、摊位等特定空间是否计入用于确定业主投票权数的专有部分面积。

一个专有部分有两个以上所有权人的，应当推选一人行使表决权，但共有人所代表的业主人数为一人。

业主为无民事行为能力人或者限制民事行为能力人的，由其法定监护人行使投票权。

业主因故不能参加业主大会会议的，可以书面委托代理人参加业主大会会议。未参与表决的业主，其投票权数是否可以计入已表决的多数票，由管理规约或者业主大会议事规则规定。

物业管理区域内业主人数较多的，可以幢、单元、楼层为单位，推选一名业主代表参加业主大会会议，推选及表决办法应当在业主大会议事规则中规定。业主可以书面委托的形式，约定由其推选的业主代表在一定期限内代其行使共同管理权，具体委托内容、期限、权限和程序由业主大会议事规则规定。

业主大会会议决定筹集和使用专项维修资金以及改造、重建建筑物及其附属设施的，应当经专有部分占建筑物总面积三分之二以上的业主且占总人数三分之二以上的业主同意；决定其他共有和共同管理权利事项的，应当经专有部分占建筑物总面积过半数且占总人数过半数的业主同意。

业主大会会议应当由业主委员会做出书面记录并存档。业主大会的决定应当以书面形式在物业管理区域内及时公告。

4.2.7 业主大会的形式

业主大会定期会议和临时会议。

业主大会定期会议应当按照业主大会议事规则的规定由业主委员会组织召开。经业主大会选举产生业主委员会后，由业主委员会负责召集业主大会，一般每年至少要召开一次。

有下列情况之一的，业主委员会应当及时组织召开业主大会临时会议：（一）经专有部分占建筑物总面积20%以上且占总人数20%以上业主提议的；（二）发生重大事故或者紧急事件需要及时处理的；（三）业主大会议事规则或者管理规约规定的其他情况。

召开业主大会会议，应当于会议召开15日以前通知全体业主。住宅小区的业主大会会议，应当同时告知相关的居民委员会。业主委员会应当做好业主大会会议记录。

4.3 业主委员会

业主委员会是维护业主权利的主要机构。在物业管理市场上，物业服务企业是供应方，业主委员会是物业管理市场的需求方。搞好物业管理，要求供求双方相互制约，相互配合，实行业主委员会自治管理与物业服务企业专业管理相结合的方式。

4.3.1 业主委员会概述

4.3.1.1 业主委员会的概念

业主委员会，简称业委会，是经业主大会选举产生并经房地产行政主管部门登记，在物业管理活动中代表和维护全体业主合法权益的组织。业主委员会是一个物业管理区域中长期存在的代表业主行使业主自治管理权的机构，是业主自我管理、自我教育、自我服务，实行业主集体事务民主制度，办理本辖区涉及物业管理的公共事务和公益事业的社会性自治组织。业主委员会由业主大会选举组成，统一领导自治权限范围的物业管理各项工作，但必须对业主大会会议负责并报告工作，不享有自治管理规范订立权。因此，业主委员会必须服从业主大会会议，受业主大会会议隶属，处于从属于业主大会会议的法律地位。

4.3.1.2 业主委员会的特点

(1) 业主委员会应由业主大会选举产生

业主委员会是业主大会的常设机构和执行机构，其行为应向业主大会负责。因此，业主委员会也应由业主大会来选举产生，反映绝大多数业主的意愿。

(2) 业主委员会活动范围应该是进行业主自治管理

也就是说，业主委员会成立的目的是使业主对物业的自治管理权能有一个常设的机构来行事，使得各业主意见能够得到统一，并贯彻于具体物业管理事项中。业主委员会不是一个以经营为目的的实体，不能进行除签订物业服务合同以外的经营活动；同时业主委员会也不应从事与物业管理无关的非经营性活动。

(3) 业主委员会应代表和维护全体业主的合法权益

业主委员会作为业主大会的常设机构、执行机构，应该向业主大会负责，即应向全体业主负责。业主委员会应代表和维护的是全体业主的权益，不能只顾及大业主的利益，被大业主所把持和控制。同样，业主委员会也不应被为数众多的小业主所操纵，联合抵制、排挤大业主。而且，业主委员会维护的应是业主的合法权益，其所有的行为、决策都应在法律、法规规定的范围内。对于业主委员会而言，其代表的虽是业主的权益，但法律、法规的强制性、禁止性规定完全有高于业主意志的法律效力和意义。

（4）业主委员会应经房地产行政管理部门备案

对业主委员会进行备案和专门的行政管理是物业区域中业主自治管理制度化的典型表现。业主委员会并不是业主自行组建的闲散组织，它有自己的法律地位和法律意义。

4.3.1.3 业主委员会的性质

业主委员会是由业主代表组成的，在物业管理区业内代表全体业主办理本辖区涉及物业管理的公共事务和公益事业的社会性自治组织，是业主大会的执行机构。

所谓业主自治，就是小区内的业主在民主选举、民主决策的前提下，对区域内的人、财、物进行全面掌控，实行民主管理和民主监督。

业主委员会是住房管理体制改革下的新生事物，关于它是一个什么性质的组织，社会上对此认识不一。但是取得共识的是业主委员会不是属于国家机关，不具备行政职能。同时业主委员会不是学术性或者联谊性社团主体，又无社团法人登记注册的注册资格，达不到社团法人的基本条件。它只是代表全体业主和非业主使用人利益，反映其意愿和要求的机构，旨在维护监督物业服务企业的工作，共同创造一个良好的生活环境或工作环境，是业主大会的执行机构。

业主委员会是否具有法人资格一直是行业和外界争论不休的问题。

实际上，《物业管理条例》并没有明确规定业主委员会的法律性质，但是通过法律解释，尤其是通过对业主委员会的职责的分析，可以看出业主委员会的法律性质应当属于非法人组织。业主委员会虽然在选举之日起30日内到房地产行政部门备案，但是这种备案并不意味着业主委员会主体资格的确定。涉及纠纷诉讼事务时，应当由全体业主授权于业主委员会，由其作为全体业主代表参加民事诉讼活动。也就是说，在民事诉讼中，诉讼权利本身并不归业主委员会，其必须得到业主大会的明确授权，作为被委托人参加到诉讼中，行使诉讼权利，其诉讼活动的结果也直接归与全体业主。业主委员会是经过当地房地产主管部门的登记，并接受其指导、监督和管理的组织，是一个常设的进行物业自治管理的业主自治机构。

4.3.2 业主委员会的组成

业主委员会是业主大会的日常工作机构，执行业主大会的决定事项。业主委员会成员在业主中选举产生。业主委员会的成员人数应为单数，由5至11人组成。经业主大会决定可以适当增减，但最低一般不得少于5人。业主委员会主任、副主任在业主委员会成员中推举产生。一般主任1人，副主任1~2人。

业主委员会委员应当是物业管理区域内的业主，并符合下列条件：（一）具有完全民事行为能力；（二）遵守国家有关法律、法规；（三）遵守业主大会议事规则、管理规约，模范履行业主义务；（四）热心公益事业，责任心强，公正廉洁；（五）具有一定的组织能力；（六）具备必要的工作时间。

业主委员会委员实行任期制，每届任期不超过5年，可连选连任，业主委员会委员具有同等表决权。业主委员会应当自选举之日起7日内召开首次会议，推选业主委员会主任和副主任。

业主委员会应当自选举产生之日起30日内,持下列文件向物业所在地的区、县房地产行政主管部门和街道办事处、乡镇人民政府办理备案手续:(一)业主大会成立和业主委员会选举的情况;(二)管理规约;(三)业主大会议事规则;(四)业主大会决定的其他重大事项。

业主委员会办理备案手续后,可持备案证明向公安机关申请刻制业主大会印章和业主委员会印章。业主委员会任期内,备案内容发生变更的,业主委员会应当自变更之日起30日内将变更内容书面报告备案部门。

业主委员会委员依法履行以下职责:(一)参加业主委员会会议等有关活动;(二)参与业主委员会有关事项的决策;(三)参与制订业主委员会工作计划和实施方案;(四)参与制订业主大会、业主委员会印章使用管理、档案资料管理和财务管理等制度;(五)参与组织、协调、解决本建筑区划物业管理实施工作中的日常问题;(六)参与研究、论证本建筑区划物业管理实施工作中的问题;(七)密切联系业主、业主代表,广泛了解本建筑区划内物业管理动态、情况和问题,向业主委员会或者通过业主委员会向业主大会反映业主的意见和建议;(八)承担业主委员会布置的专项工作;(九)执行业主大会、业主委员会的决定,完成业主委员会交办的工作;(十)接受街道办事处、乡(镇)人民政府、社区居民委员会以及房产管理部门的指导与监督。

业主委员会主任负责业主委员会的日常事务,履行以下职责:(一)负责召集业主委员会会议,主持业主委员会工作;(二)主持制订业主委员会工作计划和实施方案;(三)主持制订业主大会、业主委员会印章使用管理、档案资料管理和财务管理等制度;(四)代表业主委员会向业主大会汇报工作;(五)组织、协调、解决本建筑区划物业管理实施工作中的日常问题;(六)组织研究、论证本建筑区划物业管理实施工作中的问题;(七)执行业主大会、业主委员会决定;(八)完成业主委员会交办的工作;(九)接受街道办事处、乡(镇)人民政府、社区居民委员会以及房产管理部门的指导与监督。

业主委员会副主任履行以下职责:(一)协助业主委员会主任工作;(二)根据业主委员会主任的授权,召集业主委员会会议、主持业主委员会工作;(三)业主委员会主任缺席时,代行其职责;(四)执行业主大会、业主委员会决定;(五)完成业主委员会交办的工作;(六)接受街道办事处、乡(镇)人民政府、社区居民委员会以及房产管理部门的指导与监督。

4.3.3 业主委员会职责

业主委员会履行以下职责:(一)执行业主大会的决定和决议;(二)召集业主大会会议,报告物业管理实施情况;(三)与业主大会选聘的物业服务企业签订物业服务合同;(四)及时了解业主、物业使用人的意见和建议,监督和协助物业服务企业履行物业服务合同;(五)监督管理规约的实施;(六)督促业主交纳物业服务费及其他相关费用;(七)组织和监督专项维修资金的筹集和使用;(八)调解业主之间因物业使用、维护和管理产生的纠纷;(九)业主大会赋予的其他职责;如组织修订管理规约、业主委员会章程;审核专项维修资金的筹集、使用和管理,以及物业服务费用、标准及使用办法;接受政府有关行政主管部门的监督指导,执行政府行政部门对本物业管理区域的管理事项提出的指令和要求;调解物业管理活动中的纠纷等。

业主委员会应当向业主公布下列情况和资料：（一）管理规约、业主大会议事规则；（二）业主大会和业主委员会的决定；（三）物业服务合同；（四）专项维修资金的筹集、使用情况；（五）物业共有部分的使用和收益情况；（六）占用业主共有的道路或者其他场地用于停放汽车车位的处分情况；（七）业主大会和业主委员会工作经费的收支情况；（八）其他应当向业主公开的情况和资料。

4.3.4　业主委员会会议

业主委员会应当按照业主大会议事规则的规定及业主大会的决定召开会议。经三分之一以上业主委员会委员的提议，应当在7日内召开业主委员会会议。业主委员会会议由主任召集和主持，主任因故不能履行职责，可以委托副主任召集。业主委员会会议应有过半数的委员出席，作出的决定必须经全体委员半数以上同意。业主委员会委员不能委托代理人参加会议。

业主委员会应当于会议召开7日前，在物业管理区域内公告业主委员会会议的内容和议程，听取业主的意见和建议。业主委员会会议应当制作书面记录并存档，业主委员会会议作出的决定，应当有参会委员的签字确认，并自作出决定之日起3日内在物业管理区域内公告。

4.3.5　业主委员会工作档案、印章管理及经费

4.3.5.1　工作档案

业主委员会应当建立工作档案，工作档案包括以下主要内容：业主大会、业主委员会的会议记录；业主大会、业主委员会的决定；业主大会议事规则、管理规约和物业服务合同；业主委员会选举及备案资料；专项维修资金筹集及使用账目；业主及业主代表的名册；业主的意见和建议。

4.3.5.2　印章管理

业主委员会应当建立印章管理规定，并指定专人保管印章。使用业主大会印章，应当根据业主大会议事规则的规定或者业主大会会议的决定；使用业主委员会印章，应当根据业主委员会会议的决定。

4.3.5.3　经费

业主大会、业主委员会工作经费由全体业主承担。工作经费可以由业主分摊，也可以从物业共有部分经营所得收益中列支。工作经费的收支情况，应当定期在物业管理区域内公告，接受业主监督。工作经费筹集、管理和使用的具体办法由业主大会决定。

4.3.6　业主委员会委员资格的终止

有下列情况之一的，业主委员会委员资格自行终止：（一）因物业转让、灭失等原因不再是业主的；（二）丧失民事行为能力的；（三）依法被限制人身自由的；（四）法律、法规以及管理规约规定的其他情形。

业主委员会委员有下列情况之一的，由业主委员会三分之一以上委员或者持有20%以上投票权数的业主提议，业主大会或者业主委员会根据业主大会的授权，可以决定是否终止其委员资格：（一）以书面方式提出辞职请求的；（二）不履行委员职责的；（三）利用委员资格谋取私利的；（四）拒不履行业主义务的；（五）侵害他人合法权益的；（六）因其他原因不宜担任业主委员会委员的。

业主委员会委员资格终止的，应当自终止之日起3日内将其保管的档案资料、印章及

其他属于全体业主所有的财物移交业主委员会。

业主委员会任期内，委员出现空缺时，应当及时补足。业主委员会委员候补办法由业主大会决定或者在业主大会议事规则中规定。业主委员会委员人数不足总数的二分之一时，应当召开业主大会临时会议，重新选举业主委员会。

业主委员会任期届满前3个月，应当组织召开业主大会会议，进行换届选举，并报告物业所在地的区、县房地产行政主管部门和街道办事处、乡镇人民政府。业主委员会应当自任期届满之日起10日内，将其保管的档案资料、印章及其他属于业主大会所有的财物移交新一届业主委员会。

4.3.7 业主委员会章程

业主委员会章程是业主委员会组织及运作的系统规范，是对业主委员会性质、宗旨、职责范围、组织体制、活动方式、成员权利义务等内容进行记载的业主自治管理的基本依据。

其主要内容包括了业主委员会的宗旨；业主委员会的组织机构；业主委员会成员的选举方式和任期；业主委员会的主要职责、权利、义务、作用；业主委员会与业主大会的关系；惩罚奖励条款；业主委员会与物业服务企业之间的关系；业主委员会与业主大会的报告制度等。

4.4 管理规约

4.4.1 管理规约的概念

管理规约是由业主大会筹备组织拟定或者业主委员会修订，业主大会表决通过的，有关物业区域内共同事务管理的自治规则。管理规约订立的法律主体是业主全体；管理规约的法律性质是自治规则，其效力相当于全体业主相互承诺的契约，对全体业主具有约束力。管理规约有狭义和广义之分。广义管理规约包括临时管理规约和管理规约。通常在前期物业管理阶段，业主大会成立前，将开发建设单位制定的管理规约称为临时管理规约。首次业主大会制定的业主规约称为管理规约，即狭义的管理规约。

4.4.2 管理规约的制定依据

制定管理规约的法律依据是《物权法》、《物业管理条例》以及相关规定。《物权法》第七十六条规定，业主共同决定制定和修改建筑物及其附属设施的管理规约。《物业管理条例》第六条规定，业主在物业管理活动中，享有提出制定和修改管理规约的建议权利。

4.4.3 管理规约的规定事项

管理规约应当对下列主要事项作出规定：（一）物业的使用、维护、管理；（二）专项维修资金的筹集、管理和使用；（三）物业共用部分的经营与收益分配；（四）业主共同利益的维护；（五）业主共同管理权的行使；（六）业主应尽的义务；（七）违反管理规约应当承担的责任。

对于本章的引入案例中的问题，《物业管理条例》没有对业主委员会委员的资格和行为作出具体规定，只要求"业主委员会委员应当由热心公益事业、责任心强、具有一定组织能力的业主担任"。依据教材中前面提到的业主委员会委员资格终止的条件中第四条的规定，李先生虽然热心公益事业、有责任心、有一定的工作和组织能力，但其未履行业主的义务，未按时交纳物业服务费，时间有一年，所以其不具有成为业主委员会委员的资格。在一些地区的物业管理地方法规也有具体要求，例如《广东省物业管理条例》第三十条第一款中规定，业主委员会委员应当遵守法律法规和管理规约，不得有违反物业服务合同拒不交纳物业服务费用行为。第二款规定"业主委员会委员违反前款规定的，经业主委员会会议决定中止其委员职务，并提请业主大会会议决定终止其委员职务"。因此，除了国务院《物业管理条例》外，还需要依据当地物业管理方面的法规和相关规范性文件的规定。

复习思考题

1. 什么是业主大会？简述业主大会的组成。
2. 业主有哪些权利和义务？
3. 业主委员会的法律地位是什么？有什么权利？
4. 物业业主和物业使用人的区别是什么？
5. 管理规约规定的主要事项包括哪些？

5 物业服务合同法律制度

【学习目的与要求】

本章首先介绍了合同与合同法的概念及基本原则，为进一步学习物业服务合同奠定了基础。在学习过程中，应当着重理解和掌握物业服务合同的概念、特征和必须遵循的基本原则。对于物业服务合同的订立程序、订立方式、基本条款、内容、合同履行与抗辩、违约责任等要熟记和掌握。其中对于一些重要概念，例如要约、承诺、合同履行抗辩权等，要能够灵活运用。物业服务合同是物业管理法律法规中的核心内容之一，其地位在物业管理实务工作当中相当重要，必须熟记、掌握和理解。

【引入案例】

2014年1月，甲物业服务企业通过招投标方式与某小区开发建设单位签订前期物业服务合同，合同约定服务期限为一年。小区业主入住后不久，依法成立了业主大会及业主委员会。2014年9月，经小区总人数二分之一以上业主及建筑面积二分之一以上业主同意，业主委员会决定解聘甲物业服务企业，选聘乙物业服务企业管理本小区，并于同年10月与乙物业服务企业签订了物业服务合同。甲以前期物业服务合同未到期为由，拒绝退出该小区。

请思考：甲物业服务企业的抗辩理由是否成立？物业服务合同生效后，前期物业服务合同是否依然有效？

5.1 物业服务合同概述

5.1.1 合同与合同法概述

5.1.1.1 合同概述

(1) 合同的概念与法律特征

广义的合同，泛指所有确定权利义务为内容的协议。狭义的合同，指民事合同，是以设立、变更、终止民事权利义务关系为内容的协议。我国《合同法》第二条规定："合同是平等主体的自然人、法人、其他组织之间设立、变更、终止民事权利义务关系的协议。婚姻、收养、监护等有关身份关系的协议，适用其他法律的规定。"

由此可见，合同作为民事法律行为的一种，与其他法律行为相比，具有以下特点：

1) 合同是两个或两个以上平等的民事主体共同所为的民事法律行为。合同必须是基于平等主体当事人之间的合意才可以成立，而不像单方法律行为，只需要一方的意思表示就可以成立，例如被代理人的追认行为。

2) 合同是以设立、变更或终止民事权利义务关系为目的和宗旨的协议。这一特点将合同与一般的商量行为区别开来，其内容必须是以设立、变更、消灭当事人之间的民事权利义务为宗旨。

3）合同是当事人在平等自愿基础上真实意思表示一致的协议。主要包括三个层次的含义：首先，当事人订立合同是完全基于自愿，没有任何强迫，而且双方地位平等。其次，当事人内心须有发生法律上权利义务关系的明确意思。最后，当事人的内心意思与外在表示出来的意思相一致。

4）合同必须具有合法性、确定性、可履行性。《合同法》第八条规定："依法成立的合同，对当事人具有法律约束力。当事人应当按照约定履行自己的义务，不得擅自变更或者解除合同。依法成立的合同，受法律保护。"合同必须不违反法律的禁止性规定和社会公共利益，才会受到法律的保护，即合同的合法性。合同的确定性是指合同的当事人、标的、标的物的数量和质量、价款、履行期限、履行地点和履行方式等都要明确约定，不能模棱两可，否则会导致合同因为不能履行而陷于无效或被解除。

（2）合同的分类

虽然法律并没有对合同的分类做出明确规定，但按照学界比较通行的说法，合同主要可以分为以下几类：

根据当事人双方权利义务的分担方式，可把合同分为双务合同与单务合同。双务合同，是指当事人双方相互享有权利、承担义务的合同。如买卖、租赁、保险等合同。单务合同，是指当事人一方只享有权利，另一方只承担义务的合同。如赠予合同就是典型的单务合同。

根据当事人取得权利是否以偿付为代价，可以将合同分为有偿合同与无偿合同。有偿合同是指当事人须付出一定代价才可以取得利益的合同。无偿合同是指当事人一方只取得利益而不需付出任何代价的合同，例如无偿保管合同。

根据合同的成立是否以交付标的物为要件，可将合同分为诺成合同与实践合同。诺成合同，又叫不要物合同，是指当事人意思表示一致即可成立的合同。实践合同，又称要物合同，是指除当事人意思表示一致外，还须交付标的物方能成立的合同，例如定金合同。

根据合同的成立是否需要特定的形式，可将合同分为要式合同与不要式合同。要式合同是指合同的成立须采取特定形式的合同，它又可以分为法定要式合同和约定要式合同。不要式合同是指不需要特定形式和手续就可以成立的合同。涉及房地产类的合同，大多属于要式合同。

根据合同间是否有主从关系，可将合同分为主合同与从合同。主合同是指不需要其他合同为存在前提或条件，而可以独立成立的合同。从合同是指必须以他种合同存在为前提、自身不能独立存在的合同。一般来讲，主合同变更或消灭，从合同也随之变更或消灭。例如，债权债务合同与抵押合同。

根据订立合同是否有事先约定的关系，可将合同分为本合同与预约合同。当事人约定将来订立一定合同的合同是预约合同，为了履行预约合同而订立的合同是本合同。

根据合同条款是否由当事人共同协商拟定为标准，可以将合同分为格式合同和非格式合同。格式合同是指合同的必要条款内容因一方当事人为了重复使用而预先拟定且在订立合同时未与对方协商的合同。例如：铁路、公路、航空、水运等合同。非格式合同是指双方当事人可以对条款进行协商的合同。实践中绝大部分的合同属于非格式合同。

根据合同法或者其他法律是否对合同规定有确定的名称与调整规则为标准，可将合同分为有名合同与无名合同。凡是法律赋予名称并做出特别规定的合同即为有名合同。凡是法律没有赋予名称并做出特别规定的合同即为无名合同。《合同法》分则部分规定了十五类基本合同类型，分别是：买卖合同，供用电、水、气、热力合同，赠予合同，借款合同，租赁合同，融资租赁合同，承揽合同，建设工程合同，运输合同，技术合同，保管合同，仓储合同，委托合同，行纪合同及居间合同。

5.1.1.2 合同法概述

(1) 合同法的概念

合同法是调整平等民事主体间利用合同进行财产流转而产生的社会关系的法律规范的总和。合同法在性质上属于民法范畴，是民法的重要组成部分，它所调整的是特定的平等民事主体之间基于合同而自愿建立的财产流转的社会关系。它以确认和保障合同平等民事主体正当地行使权利、履行义务，充分调动自然人、法人、其他组织积极参与市场经济，鼓励交易的积极性为目的。

(2) 合同法的基本原则

合同法的基本原则，是制定和执行合同法的总的指导思想，是合同法的灵魂。合同法的基本原则，是合同法区别其他法律的标志，集中体现了合同法的基本特征，为合同立法和司法实践确立了所应遵循的宗旨和标准。

1) 平等原则

平等原则，是指当事人合同地位平等，在合同权利义务分配上平等协商，合同主体平等地受法律保护。平等原则是现代法治观念在合同法上的体现，它不承认任何特权，而是通过法律赋予每一个民事主体平等地参与经济活动、民事活动的地位。

我国《合同法》第三条规定："合同当事人的法律地位平等，一方不得将自己的意志强加给另一方。"可见，平等的原则要求合同当事人：订立合同时的法律地位平等、履行合同时的法律地位平等、承担违约责任平等、处理合同纠纷平等。合同的任何一方违反了合同约定，都必须根据合同的约定或者法律规定承担违约责任；任何一方都不得因某种特殊地位而拒不承担违约责任。

2) 意思自治原则

意思自治原则，是指合同当事人在通过订立合同而取得权利、承受义务的过程中完全基于自己的意志自由，不受国家权力和任何其他人、其他组织的非法干预。这个原则的核心是充分尊重当事人在进行合同活动中对外表达的内心真实意思，即合同自由。意思自治的具体表现是：民事主体有依法缔结合同或不缔结合同的自由，不允许受到欺诈、胁迫等；当事人有选择合同相对人、合同内容、履行方式、纠纷解决方法等的自由。

我国《合同法》第四条规定："当事人依法享有自愿订立合同的权利，任何单位和个人不得非法干预。"也就是说，只要不违反法律、国家利益和社会公共利益，当事人可以自主地决定是否订立合同；自主地决定与谁订立合同；自主地决定合同条件；自主地决定解决争议的途径；采用自己的方法，追求自己的利益。

3) 公平原则

公平原则，是指民事主体本着公正的观念从事合同活动，正当地行使权利和履行义务，在民事活动中兼顾他人利益和社会公共利益。这一条原则是道德原则的法律化，体现了一种正义的观念，双方当事人权利和义务的公平原则，贯穿于整个合同行为过程中。我国《合同法》第五条规定："当事人应当遵循公平原则确定各方的权利和义务。"

4) 诚实信用原则

诚实信用原则是合同法中一项极为重要的基本原则,是社会道德伦理规范在法律上的表现,该原则确定了符合伦理道德要求的规则。合同法中诚实信用的原则,是指合同从订立到履行的全过程中,各方当事人都应诚实守信,以善意的方式履行其义务,不得滥用权力及规避法律或合同规定的义务。诚信原则要求维持当事人之间的利益以及当事人利益与社会利益之间的平衡。同时,诚实信用原则给法官提供了自由裁量的空间,赋予了司法活动创造性和能动性,具有随着时间、空间的变化而变化的伸缩性和补充法律空白的功能,因此,诚实信用原则又被称为"帝王条款"。我国《合同法》第六条规定:"当事人行使权利、履行义务应当遵循诚实信用原则。"

5) 公序良俗原则

公序良俗是公共秩序和善良风俗的简称,公共秩序的含义至今还没有一个统一的解释,但是它不但包含传统的政治秩序,也包含现代意义上的经济秩序。善良风俗是以道德为核心的一个概念,在我国通称为"社会公德",它主要指从事民事活动要遵守当今社会普遍具有的道德标准。我国《合同法》第七条规定:"当事人订立、履行合同,应当遵守法律、行政法规,尊重社会公德,不得扰乱社会经济秩序,损害社会公共利益。"违反公序良俗的行为主要表现为五种:危害国家公共秩序;违反性道德的行为;非法射幸行为;侵犯人格权的行为;违反公平竞争的行为。

5.1.2 物业服务合同

5.1.2.1 物业服务合同的概念

依照现行合同法,物业服务合同属于无名合同,其主要规范的是物业管理双方当事人就特定物业的管理事项而合意设定的当事人双方的权利义务关系。

需要特别强调的是,物业服务合同并不是一种委托合同。它与委托合同的区别在于:

(1) 委托合同是委托人和受托人约定,由受托人处理委托人事务的合同,受托人应当按照委托人的指示处理委托事务,受托人以委托人的名义处理委托事务,产生的法律后果有委托人承担;而物业服务企业是独立的企业法人,签订物业服务合同后,根据合同约定的服务管理事项,以自己独立的名义自主开展业务,并独立承担对外法律后果。

(2) 委托合同有有偿合同、无偿合同之分,而物业服务合同体现的是物业管理的市场经营行为,物业服务企业提供服务,业主支付报酬,一次物业服务合同是有偿合同。

(3) 委托合同可以采取书面、口头或者其他形式,是诺成合同、非要式合同。而《物业管理条例》第三十五条第一款规定:"业主委员会应当与业主大会选聘的物业服务企业订立书面的物业服务合同。"可见物业服务合同依法应当采取书面形式,属于要式合同。

(4)《合同法》第四百一十条规定:"委托人或者受托人可以随时解除委托合同。因解除合同给对方造成损失的,除不可归责于该当事人的事由外,应当赔偿损失。"具有很强的任意性。而物业服务合同的解除是有严格条件的。根据《物业管理条例》第十二条第三款之规定,物业管理企业的选聘和解聘必须经专有部分占建筑物总面积过半数的业主且占总人数过半数的业主同意,具有相当的严肃性。

5.1.2.2 物业服务合同的特征

(1) 物业服务合同的当事人是特定的。

物业管理的委托人目前有两种法定主体:一种是新建房屋的开发商。它作为其开发建设完毕而尚未出售的物业的大业主,应当按照相关法规的规定负责物业开始销售到业主委员会成立前的物业管理工作。我国《物业管理条例》第二十一条规定:"在业主、业主大会选聘物业服务企业之前,建设单位选聘物业服务企业的,应当签订书面的前期物业服务合同。"另一种是业主自治团体即业主委员会。承接物业项目的企业,必须是符合法定的资质条件,并经过登记注册合法经营的物业服务企业。我国《物业管理条例》第三十二条规定:"从事物业管理活动的企业应当具有独立的法人资格。国家对从事物业管理活动的企业实行资质管理制度。具体办法由国务院建设行政主管部门制定。"建设部于2004年3月17日发布了《物业服务企业资质管理办法》,2007年10月30日建设部第142次常务会议又讨论通过了《建设部关于修改〈物业管理企业资质管理办法〉的决定》,现已正式实施。

(2) 物业服务合同是以为特定业主及业主自治团体处理物业管理事务为内容的合同。物业服务合同的客体是物业管理服务行为。

(3) 物业服务合同的订立是以双方当事人的信任为前提的。

(4) 物业服务合同是诺成合同。对于物业服务合同,只要双方当事人达成真实意思表示的一致,该合同即告成立。

(5) 物业服务合同是有偿合同。

(6) 物业服务合同是双务合同。在物业服务合同关系中,业主及物业使用人有享受服务的权利和支付相应的物业服务费用的义务;物业服务企业有按照合同要求提供服务的义务与获得相应报酬的权利。

(7) 物业服务合同是要式合同。鉴于物业管理事务具有综合性和复杂性,采用书面形式能够很好地明确双方的权利义务内容,减少纠纷的发生,所以签订物业服务合同应当采用书面形式。《物业管理条例》第二十一条规定:"在业主、业主大会选聘物业服务企业之前,建设单位选聘物业服务企业的,应当签订书面的前期物业服务合同。"第三十五条第一款规定:"业主委员会应当与业主大会选聘的物业服务企业订立书面的物业服务合同。"

5.1.2.3 物业服务合同的分类

根据《物业管理条例》的规定,物业服务合同可以分为两种:

(1) 由开发建设单位与物业服务企业订立的前期物业服务合同

前期物业服务 (preceding stage of property management) 是指物业出售后至业主委员会成立并选聘物业服务企业这一段期间内的物业服务。前期物业服务阶段,建设单位与物业服务企业之间签订的合同即为前期物业服务合同。

前期物业服务合同具有过渡性。业主大会成立后就意味着前期物业服务阶段结束。前期物业服务合同的期限仅限于正式物业服务合同签订前的过渡时段内,一旦业主大会成立,业主委员会与新聘物业服务企业签订了正式的物业服务合同,那么前期物业服务合同即自动终止。前期物业合同由建设单位和物业服务企业签订。《物业管理条例》第二十五条规定:"建设单位与物业买受人签订的买卖合同应当包含前期物业服务合同约定的内容。"前期物业服务合同是要式合同。由于前期物业管理工作涉及广大业主的公共利益,因此《条例》要求前期物业服务合同必须以书面的形式签订,以便发生纠纷之时,有据可查。

(2) 由业主委员会与物业服务企业订立的物业服务合同

物业服务合同,是指业主大会成立后,由业主委员会代表全体业主与选聘的物业服务企业签订的合同，一般应采取书面形式。

但在我国，物业服务合同受到的国家干预较多。物业服务合同本应遵循合同自由、自愿平等的原则，但由于房地产业关乎百姓的实际生活，因此，政府对物业服务合同的签订与履行干预相对较多。关于物业服务企业资质管理、物业服务收费等事项，法律都有明确规定。

5.1.2.4 物业服务合同与管理规约的区别

管理规约，是开发建设单位或者业主共同制定的规范区分所有建筑物或者建筑区划内业主权利、义务、责任的法律文件。管理规约有狭义和广义之分。广义管理规约包括临时管理规约和管理规约。通常将开发建设单位制定的管理规约成为临时管理规约。首次业主大会制定的业主规约称为管理规约，即狭义的管理规约。我们这里所提到的，是狭义的管理规约，它与物业服务合同的区别在于：

（1）两者签订的主体不同。物业服务合同是两个主体：物业服务企业与业主委员会；管理规约则是多个主体：业主、开发建设单位以及非业主的物业使用人。

（2）内容不同。物业服务合同的主要内容是明确物业服务企业与业主之间的权利义务关系；管理规约的主要内容则是规定业主及物业也是用人自我约束的内容，是广大业主通过合意自主制定的自我管理的约定。

5.2 物业服务合同的订立

5.2.1 物业服务合同订立程序

物业服务合同的订立程序，是指当事人为了订立物业服务合同而进行的反复协商、以求达成双方真实意思表示一致的过程，主要包括要约和承诺两个过程。我国《合同法》第十三条规定："当事人订立合同，采取要约、承诺方式。"

5.2.1.1 要约

（1）要约的概念

《合同法》第十四条规定："要约是希望和他人订立合同的意思表示，该意思表示应当符合下列规定：（一）内容具体确定；（二）表明经受要约人承诺，要约人即受该意思表示约束。"因此，所谓要约，即是希望和他人订立合同的一种意思表示。但要约只是单方意思表示，单有要约并不能发生当事人所希望的法律后果，即订立合同。例如，某小区的业主向某物业服务企业发出要约，这并不意味着物业服务合同的成立，还必须有物业服务企业的承诺才行。依法成立的物业服务企业、特定业主（开发建设单位、公有房屋出售单位）、业主委员会等都有权提出要约。

需要注意的是，要约不同于要约邀请。所谓要约邀请，也称为要约引诱，是指希望他人向自己发出要约的意思表示。其目的在于使他人向自己发出要约，而并非订立合同。《合同法》第十五条规定："要约邀请是希望他人向自己发出要约的意思表示。寄送的价目表、拍卖公告、招标公告、招股说明书、商业广告等为要约邀请。商业广告的内容符合要约规定的，视为要约。"可见，商业广告内容符合要约要求的，如悬赏广告，则视为要约。前期物业服务合同的订立按照相关法律要求，就应当采取招标方式。其中，招标行为就是要约邀请。

(2) 要约的构成要件

根据我国《合同法》第十四条规定，要约必须符合下列两个条件：第一，内容具体明确；第二，表明经受要约人承诺，要约人即受该意思表示约束。联系民法理论和实际订立合同的具体要求，要约必须具备以下条件：

1) 要约必须是由特定当事人作出的意思表示。所谓特定的当事人，并不是仅仅局限于某个具体确定的自然人，而是指凡能为外界所客观确定的人都可以视为特定的人。例如，我们平常经常见到的自动售货机，就可以视为其可以发出要约。在物业服务合同订立过程中，开发商或业主委员会就是特定的当事人，它们都可以发出要约。

2) 要约必须是要约人向其希望与之缔结合同的相对人发出。相对人一般为特定的人，一般来讲，要约人只能在特定的时间和场合下与特定的相对人订立具有特定内容的合同。但是，对于向不特定的人作出而又无障碍要约所达到的目的时，要约也可以成立。例如，商店内的商品价格表所面对的是一定范围内的不特定人，但是这并不能妨碍其要约的性质。

3) 要约的内容必须具体明确。要约的内容必须包含着未来合同的主要条款，以便受要约人考虑是否承诺。在物业服务合同订立过程中，要约的主要内容应当包含物业的名称、管理范围、服务行为的质量、价款、合同的生效时间、有效期限等因素。

4) 要约必须具有缔约目的并表明一经承诺即受此意思表示的拘束。要约一旦作出，要约人非因法律的规定而不能予以随意撤销，否则因此而给受要约人造成损失的，应当予以赔偿。

(3) 要约的形式

要约的形式主要有口头形式和书面形式两种。

究竟采取什么形式，一般要以想成立的合同性质来确定。如果要订立的是要式合同，则要约应当采用书面形式；如果订立的是不要式合同，则要约可以采用口头形式。前面已经说到，物业服务合同所涉及的利益和事务十分复杂，采用书面形式可以明确双方权利义务关系，减少纠纷的发生，所以要约也应当采用书面形式。另外，我国现行法规规定，一般情况下，前期物业服务合同的订立应当采用招标的方式，而普通的物业服务合同的订立在现实中也多通过招标方式进行，招标这一要约行为则必须采用书面方式，所以，从这个角度讲，物业服务合同的要约也应采用书面形式。

(4) 要约的生效时间

我国《合同法》规定，要约自到达受要约人时生效。要约到达的时间，根据其到达的方式不同，一般可分为以下三种情况：

1) 口头形式的要约，相对人了解要约内容时开始生效；

2) 书面形式的要约，自到达受要约人时生效；

3) 采用数据、电文方式发出的要约，收件人指定特定系统接收数据电文的，该数据电文进入该特定系统的时间，视为到达时间；未指定特定接收系统的，该数据电文进入受要约人的任何系统的首次时间，视为到达时间。

(5) 要约的撤回与撤销

要约的撤回，是指要约人发出要约后，在其到达受要约人之前，将要约收回，使其不发生法律效力的意思表示。《合同法》第十七条规定："要约可以撤回。撤回要约的通知应当在要约到达受要约人之前或者与要约同时到达受要约人。"

要约的撤销，是指要约已经到达受要约人并生效后，在受要约人承诺之前，将要约废除，使其不发生法律效力的意思表示。《合同法》第十八条规定："要约可以撤销。撤销要约的通知应当在受要约人发出承诺通知之前到达受要约人。"此外，依照《合同法》第十九条的规定："有下列情形之一的，要约不得撤销：（一）要约人确定了承诺期限或者以其他形式明示要约不可撤销；（二）受要约人有理由认为要约是不可撤销的，并已经为履行合同作了准备工作。"

（6）要约的失效

要约失效，是指要约丧失其法律效力，要约人和受要约人均不再受其约束。根据《合同法》第二十条的规定，以下四种情况要约失效：

1）拒绝要约的通知到达要约人；

2）要约人依法撤销要约；

3）承诺期限届满，受要约人未作出承诺；

4）受要约人对要约的内容作出实质性变更。

这里的实质性变更是指受要约人对要约中的标的、数量、质量、价款、履行期限、履行地方、履行方式、违约责任、争议解决方法等作出的变更，一旦作出这样的变更，就意味着受要约人发出了一个新的要约，也就是我们通常所说的：反要约。例如，某小区业主委员会向某物业服务企业发出要约，其中的物业管理费是每年30万元，但是物业服务企业在回信中提出将管理费提高到50万，这样就是对原来要约的实质性变更，原要约归于失效。

5.2.1.2 承诺

（1）承诺的概念

所谓承诺，是指合同当事人一方对另一方发来的要约，在要约有效期限内，作出的完全同意要约条款的意思表示。如果要约相对人对要约中的某些条款提出修改、补充，部分同意，附条件同意，或者提出新的条件，以及迟到送达承诺，都将不被视为有效承诺，而是构成反要约。

（2）承诺的构成要件

1）承诺必须由受要约人发出。因为要约是由要约人发给特定的受要约人的，所以只有受要约人享有承诺的地位，其他任何第三人即使知道要约内容，并对此要约作出完全同意的意思表示，通常也不能构成承诺。

2）承诺必须向要约人作出。非向要约人作出同意要约的意思表示不能构成承诺。另外，向要约人授权的代理人作出完全同意要约的意思表示，仍然视为向要约人作出承诺。

3）承诺的内容应当和要约完全一致。原则上讲，承诺应当是对要约无条件的同意，否则就被认为是一项新要约。根据我国《合同法》第三十条的规定，受要约人对要约的内容作出实质性变更的，为新要约。所谓对要约内容作出实质性变更，是指对有关合同标的、数量、质量、价款或者报酬、履行期限、履行地点和方式、违约责任和解决争议方法等的变更。另外，《合同法》第三十一条的规定，对要约内容作出非实质性的添加、限制或其他更改的，除非要约人及时作出反对，或者要约明确规定不得做任何修改之外，该承诺仍然有效，而不将其视为一项新的要约。

4）承诺必须在承诺期限内作出。如果要约中明确规定了承诺期限，则受要约人必须在承诺期限内作出并到达要约人，否则无效。如果要约没有明确规定承诺期限，根据我国《合同法》第二十三条规定，对于要约以对话方式（即口头形式）作出的，应当即时作出承诺，但是当事人另有约定的除外；对于要约以非对话形式（即书面形式）作出的，承诺应当在合理期限内到达。对于受要约人超过承诺期限发出承诺的，除要约人及时通知受要约人该承诺有效的以外，为新要约。另外，根据我国《合同法》第二十九条规定，受要约人在承诺期限内发出承诺，按照通常情形能够及时到达要约人，但是因其他原因承诺到达要约人时超过承诺期限的，除要约人及时通知受要约人因承诺超过期限不接受该承诺的以外，该承诺有效。

5）承诺的方式必须符合要约的规定。如果要约中明确规定了承诺方式，则承诺必须遵照，否则不生效力。如果要约中没有明确承诺方式的，承诺方式应当与要约方式一致，或者以其他合理方式作出。除有法律特别规定，或者根据交易性质、商业惯例和要约中规定承诺不需要通知的以外，承诺应当以向要约人发出承诺通知的方式作出，沉默和不作为本身不能构成承诺。

(3) 承诺的效力

承诺一旦生效，则意味着合同的成立。《合同法》第二十六条第一款规定："承诺通知到达要约人时生效。承诺不需要通知的，根据交易习惯或者要约的要求作出承诺的行为时生效。"

(4) 承诺的撤回

承诺可以撤回，是指承诺人主观上欲阻止或者消灭承诺发生法律效力的意思表示。我国《合同法》第二十七条规定："承诺可以撤回。撤回承诺的通知应当在承诺通知到达要约人之前或者与承诺通知同时到达要约人。"承诺一旦被撤回，则合同不成立。

总而言之，合同订立的程序是一个要约——反要约——直至承诺的过程，合同经过承诺，才告成立。

5.2.2 物业服务合同订立方式

物业服务合同目前有两种订立方式：一种是协议的方式，另一种是招标的方式。《物业管理条例》第二十四条明确规定："国家提倡建设单位按照房地产开发与物业管理相分离的原则，通过招投标的方式选聘具有相应资质的物业服务企业。住宅物业的建设单位，应当通过招投标的方式选聘具有相应资质的物业服务企业；投标人少于3个或者住宅规模较小的，经物业所在地的区、县人民政府房地产行政主管部门批准，可以采用协议方式选聘具有相应资质的物业服务企业。"可见，前期物业服务合同除特殊情况外，应当采用招标方式订立。对于业主与物业服务企业订立的物业服务合同，法规则没有规定具体的订立方式，它既可以采取协议方式，也可以采取招标方式。

5.3 物业服务合同的内容与效力

5.3.1 物业服务合同的内容

我国《合同法》第十二条规定："合同一般包括以下条款：（一）当事人的名称或者姓名和住所；（二）标的；（三）数量；（四）质量；（五）价款或者报酬；（六）履行期限、

地点和方式；（七）违约责任；（八）解决争议的方法。当事人可以参照各类合同的示范文本订立合同。"上述规定，可以作为物业服务合同条款订立的指导。《物业管理条例》第三十五条第二款规定："物业服务合同应当对物业管理事项、服务质量、服务费用、双方的权利义务、专项维修资金的管理与使用、物业管理用房、合同期限、违约责任等内容进行约定。"具体而言，物业服务合同通常包括三部分内容，即合同的首部、正文及结尾。

5.3.1.1 合同首部

合同首部通常由以下部分构成：

(1) 合同名称和编号。

(2) 订立合同的日期：日期也可以放在合同文本的结尾加以规定。

(3) 订约地点。

(4) 合同当事人：当事人双方的名称、住所、联系方式以及物业服务企业的资质等级等基本信息。

(5) 订约理由：根据住房城乡建设部和国家工商行政管理总局发布的物业服务合同范本，订约理由通常是："根据《中华人民共和国合同法》、国务院《物业管理条例》等有关法律、法规的规定，甲乙双方遵循平等、自愿、公平、诚实信用的原则，经协商一致，甲方代表全体业主选聘乙方对_____（物业项目名称）提供物业管理服务事宜，订立本合同。"

合同的首部不是合同的正文，其内容也没有涉及具体的权利义务，但是在实践中仍然有重要的实践意义。合同的名称和编号可以确定"此合同非彼合同"；合同订立的日期可以确定合同成立和生效的日期；合同订立的地点，可以成为适用不同法规的依据，例如一个北京人在天津购买商品房，在天津订立了物业服务合同，那么关于合同的有关事项就要适用天津的地方性法规；合同的当事人名称可以确定在纠纷中的原被告身份，当事人住所可以成为确定管辖的依据。

5.3.1.2 合同正文

合同的正文，是关于物业具体情况、双方权利义务、违约责任等问题的具体规定，具有内容详细而全面、操作性强的特点。

物业服务合同正文一般应当包含以下条款：

(1) 物业基本情况

物业具体情况主要有以下内容：物业的名称和类型；物业坐落的位置（×市×区×路×号）；物业的东西南北四至；物业的占地面积和建筑面积。

(2) 物业服务的内容

对房屋建筑共用部位（包括楼盖、屋顶、外墙面、承重结构、楼梯间、走廊通道、门厅等）、共用设施设备（包括共用的上下水管道、落水管、烟囱、共用照明、天线、中央空调、暖气干线、供暖锅炉房、高压水泵房、楼内消防设施设备、电梯等）、市政公用设施和附属建筑物、构筑物（包括道路、室外上下水道、化粪池、沟渠、池、井、自行车棚、停车场等）的维修、养护和管理。

对公共生态环境的管理，包括对公用绿地、花木、建筑小品等的养护和管理；对公共环境卫生（公共场所、房屋共用部位的清洁卫生，垃圾的收集、清运等）的维护。

维持公共秩序（包括安全监控、巡视、门岗值勤等）和对交通与车辆停放秩序的管理。
　　物业装饰装修的管理，包括房屋装修的安全、垃圾处理等管理工作。
　　代为物业经营和财务管理的事务，包括将管辖区内属于全体业主共有的商业网点用房、文化体育娱乐场所、停车场地依业主委员会授权代为出租经营，代为向业主和物业使用人收取物业服务费等费用，代管业主委员会具体财务工作等。
　　专项维修资金的代管服务。
　　对于业主和物业使用人房屋的自用部位、自用设施及设备的维修、养护，在当事人提出委托时应接受委托并收取合理费用。
　　组织开展社区文化娱乐活动。
　　物业档案的建立、保管和使用，包括与物业相关的工程图纸、业主档案与竣工验收资料等。
　　其他委托事项。
　　（3）物业服务的期限
　　合同应当明确规定物业服务的起始和结束时间，一般不得低于两年。例如：自＿＿＿年＿＿＿月＿＿＿日起至＿＿＿年＿＿＿月＿＿＿日终止。
　　（4）双方权利义务
　　合同双方在物业管理活动中的权利义务约定的越明晰，合同的履行就越简单，发生纠纷的概率也就越小。
　　甲方的主要权利有：
　　1）代表和维护业主和使用权人在物业管理服务活动中的合法权益。
　　2）制定、修改业主大会议事规则和管理规约，并监督业主和物业使用人遵守管理规约。
　　3）选举、更换业主委员会成员，监督业主委员会的工作。
　　4）审定物业服务合同内容，选聘、解聘物业服务企业。
　　5）审定乙方提出的物业管理服务年度计划及管理制度；监督并配合乙方管理服务工作的实施及制度的执行。实行酬金制的审定乙方提出的年度财务预算及财务报告。
　　6）制定、修改、审议物业管理区域内共用部位和共用设施设备的使用、公共秩序和环境卫生的维护等方面的规章制度或者物业服务企业提出的其他管理事项。
　　7）其他权利：主要是有权协调、处理本合同生效前发生的管理遗留问题等。
　　对于甲方是房地产开发企业的，甲方还享有在业主委员会成立之前负责制定管理规约并将其作为房屋租售合同附件，要求业主和物业使用人遵守的权利。
　　甲方的主要义务有：
　　1）协助义务：协助乙方接管物业；负责收集、整理物业管理所需要的全部图纸、档案、资料，并在一定期限内向乙方移交；协助乙方做好物业管理工作和宣传教育、文化活动等。
　　2）在约定期限内向乙方提供管理用房（有偿或者无偿由双方约定）；在约定期限内向乙方提供有偿的经营性商业用房。
　　3）按照管理规约约束业主和物业使用人的违约行为。
　　4）当业主和物业使用人不按规定交纳物业服务费时，负责催交或以其他方式偿付。

5) 如果甲方是房地产开发企业，则其委托乙方管理的房屋、设施、设备应达到国家验收标准要求，否则负责返修或者委托乙方返修，支付全部费用等。

对于乙方来说，它的权利和义务结合得比较紧密，在提供物业管理服务的同时也就是在履行物业服务合同的义务，只有通过履行义务才能行使其权利。因此，乙方的权利义务主要有：

1) 依照国家、本市有关规定和本合同约定，制定物业管理服务方案和制度，对物业及其环境、卫生、公共秩序进行管理服务。

2) 在本物业管理区域内的显著位置，将服务内容、服务标准和收费项目、收费标准等有关情况进行公示。

3) 依照本合同约定向业主收取物业管理服务费。

4) 建立物业项目的管理档案。在合同存续期间内，妥善经营和保管物业财产和相关资料。在合同终止时，乙方必须向甲方移交全部经营性商业用房、管理用房及物业管理的全部档案资料。

5) 对业主违反国家和本市有关物业管理方面的法律、法规和规章及管理规约的行为，进行劝阻、制止，并向甲方和有关部门报告。

6) 对侵害物业共用部位、共用设施设备的行为要求责任人停止侵害、排除妨害、恢复原状。

7) 不得将物业项目整体转让给其他方管理，但可以将专项服务委托专业公司承担。

8) 加强对共用部位、共用设施设备运行状况的日常检查，每年第四季度将运行状况的报告提交业主委员会，并在物业管理区域内公告；负责编制物业的年度维修养护计划，并组织实施。

9) 提前将装饰装修房屋的有关规定书面告知业主，当业主装饰装修房屋时，对不符合安全要求和影响公共利益的，进行劝阻制止，责令改正；劝阻无效时向有关行政管理部门报告。

10) 负责编制物业管理服务年度计划。

此外，乙方还需定期向全体业主公布场地占用费，利用物业共用部位共用设施所得收益收支情况；实行酬金制的，每季度向甲方或全体业主公布一次物业管理服务费的收支情况；对本物业的共用部位、设施及场地不得擅自占用和改变使用功能，如需在本物业内改、扩建或者完善配套设施设备，经甲方和有利害关系的业主同意后报有关部门批准方可以实施；协助公安部门做好物业管理区域内的公共秩序维护和安全防范工作。在本物业管理区域内发生治安案件或者各类灾害事故时，应当及时向公安和有关部门报告，并积极协助做好调查和救助工作。同时接受全体业主和业主委员会的监督，接受物业管理行政主管部门的监督指导。

总之，合同具体的权利义务条款，应当由双方在平等自愿的基础上，本着诚实信用和公平的原则，根据本物业和本地区的实际情况予以订立。各种合同范本只是一个重要的参考，不必一味机械地遵从。在订立过程中，一定要考虑周全、详细规定，以避免因为合同约定不清楚而发生各种纠纷。

（5）物业服务的质量及标准

如何确定物业服务的质量及其标准，是衡量物业服务企业是否能够很好履行合同义务的重要标尺。我们可以从以下几个方面对此作出约定：房屋外观；设备运行；房屋及设施、设备的维修和养护；公共环境；绿化；交通秩序和车辆停放秩序；保安；物业的急修和小修；业主和物业使用人对物业服务企业工作的满意程度等。

根据我国《合同法》第六十二条规定，如果当事人在质量条款上约定不明确或没有补充协议的，应当按照国家标准、行业标准履行；没有国家标准、行业标准的，按照通常标准或者符合合同目的的特定标准履行。此外，2000年5月25日建设部第008号文发布了《全国物业管理示范住宅小区（大厦、工业区）标准及评分细则》。中国物业管理协会也制定了《普通住宅小区物业管理服务等级标准（试行）》，作为与开发建设单位或业主大会签订物业服务合同，确定物业服务等级，约定物业服务项目、内容与标准以及测算物业服务价格的依据。

(6) 物业管理服务费用

1）物业服务费用是业主为获取物业服务企业提供的服务而支付的费用，包括管理、房屋设备运行、保安、日常维修以及提供物业服务的其他公共性服务收费。支付物业服务费用是业主的主要义务。当事人应当在合同中明确约定物业服务费用的收费项目、收费标准。物业服务费的收取方式，有包干制和酬金制两种形式。物业交付业主前，物业服务费由建设单位承担；物业交付业主后，由业主承担。

2）车位使用管理费用

根据《物权法》第七十四条的规定，建筑区划内，规划用于停放汽车的车位、车库应当首先满足业主的需要。建筑区划内，规划用于停放汽车的车位、车库的归属，由当事人通过出售、附赠或者出租等方式约定。占用业主共有的道路或者其他场地用于停放汽车的车位，属于业主共有。

因此，停车场属于全体业主共有的，车位使用人应按露天车位×元/车位/月、车库车位×元/车位/月的标准向乙方交纳停车费。乙方从停车费中按露天车位×元/车位/月、车库车位×元/车位/月的标准提取停车管理服务费。停车场属于开发建设单位所有、委托物业服务企业管理的，业主和物业使用人有优先使用权，车位使用人应按露天车位×元/车位/月、车库车位×元/车位/月的标准向乙方交纳停车费。乙方从停车费中按露天车位×元/车位/月、车库车位×元/车位/月的标准提取停车管理服务费。停车场车位所有权或使用权由业主购置的，车位使用人应按露天车位×元/车位/月、车库车位×元/车位/月的标准向乙方交纳停车管理服务费。

3）房屋的共用部位、共用设施和设备、公共场地的维护费

4）代办服务和特约服务费

乙方可以接受供水、供电、供热、供气、通信及有线电视等有关部门委托，提供代办服务，代办服务费由委托方交纳，不得向业主及物业使用人收取。业主委托乙方提供物业服务合同约定以外特约服务的，其费用由双方约定；乙方应当将服务项目、收费标准进行公布。

5）其他费用

包括业主或物业使用人自用部位的维修、保养费用等等。

这里需要特别说明的有两个问题：第一，物业管理费用分为两种，一种是政府指导价，对于执行政府指导的收费项目，双方约定的价格可以在规定的限度内上下浮动；一种

是当事人自行协商达成的价格,当事人双方可以根据市场情况进行约定。第二,根据我国《合同法》第六十三条规定:"执行政府定价或者政府指导价的,在合同约定的交付期限内政府价格调整时,按照交付时的价格计算。逾期交付标的物的,遇价格上涨时,按照原价格执行;价格下降时,按照新价格执行。逾期提取标的物或者逾期付款的,遇价格上涨时,按照新价格执行;价格下降时,按照原价格执行。"所以,对于执行政府指导价的管理服务项目的价格,可能会发生非基于当事人意志的变化,具体如何确定价格,应当遵照合同法的上述规定。

(7) 违约责任

违约责任是指物业服务合同当事人一方或者双方不履行合同,依照法律的规定或者当事人的约定应当承担的法律责任。违约责任是促使当事人履行合同义务,使守约人免受或少受损失的法律措施,也是保证物业服务合同履行的主要条款,对当事人的利益关系重大,应当予以明确。合同法及其他相关法律法规对违约责任的规定比较详细,但是法律的规定具有原则,难以面面俱到;物业服务合同具有其特殊性,为了保证合同当事人的特殊需要,当事人应当按照法律规定的原则和自身的情况,对违约责任作出具体的约定。

违约责任的承担方式,包括实际履行、赔偿损失等。另外,对于双方在合同中既约定了违约金又约定了定金的,根据我国《合同法》第一百一十六条,对方可以选择适用违约金或者定金条款。在支付了违约金或者定金之后,如果仍然不能补偿对方损失的,还应当进行赔偿。当事人也可以约定赔偿的基本原则、提出赔偿要求的期限、提出赔偿请求的通知方法、应当提供的证明文件及相关单据等。

(8) 变更、解除或终止合同的约定

除了法定事由以外,当事人可以自由约定合同变更、解除和终止的情形以及由此造成损失的赔偿条款。

(9) 约定的其他事项

1) 保密条款

在双方订立和执行合同过程中,彼此不可避免地会了解到对方的一些资料和信息,在未征得对方允许的前提下,不能将这些资料和信息告之第三人或公之于众,或者用于本物业服务合同之外的用途。在合同终止时,如果一方要求,则另一方应当及时将这些资料返还对方。

2) 争议解决条款

双方可以约定,如果发生争议,可以先采取平等协商、调解等方式进行解决。如果争议仍然无法解决,则可以进行仲裁或者诉讼。对于仲裁,双方必须在合同中明确约定仲裁条款或者事后达成仲裁协议,否则不能仲裁。必须约定清楚由哪个仲裁委员会依据什么仲裁程序进行仲裁,以及仲裁费用的承担。仲裁属于一裁终局,合法的仲裁裁决对双方都有法律约束力。如果双方没有达成仲裁协议或仲裁条款,或者虽然有仲裁协议和条款,但是没有约定明确的仲裁机构,则不能仲裁,只能向法院起诉。

5.3.1.3 合同结尾

合同的结尾,又称为合同的结尾文句,目的是和合同的首部相呼应,并以签名或盖章来表示当事人订立合同的真实意思。合同的结尾一般包含下列内容:

1) 订立合同的日期:它也可以在合同的首部中规定。如果首部中已经载明的,可以在这里仅仅说明"于合同首部所载的日期订立"。

2) 合同生效的日期。

3) 合同当事人的签名和盖章：签名时一般应当注明签名人的法律地位。

4) 合同的份数：注明合同的正本、副本的份数及当事人各持几份。

5.3.2 物业服务合同的效力

合同的效力，是指已经成立的合同在当事人之间产生的法律拘束力。合同效力是法律赋予依法成立的合同所产生的约束力，可分为四大类，即有效合同，无效合同，效力待定合同和可变更、可撤销合同。

5.3.2.1 有效合同

所谓有效合同，是指依照法律的规定，经协商一致，取得合意而成立并在当事人之间产生法律约束力的合同。

《合同法》第四十四条规定："依法成立的合同，自成立时生效。法律、行政法规规定应当办理批准、登记等手续生效的，依照其规定。"结合《民法通则》第五十五条条对民事法律行为所做的规定，物业服务合同生效应具备以下要件：订立物业服务合同的当事人应当具有相应的民事行为能力；订立物业服务合同的当事人意思表示真实；物业服务合同的内容不违反法律或者社会公共利益；合同标的确定且可能。

5.3.2.2 无效合同

无效合同是相对于有效合同而言，凡不符合法律规定的要件的合同，不能产生合同的法律效力，都属于无效合同。按照全部还是部分不具有法律效力，无效合同可分为：全部无效合同和部分无效合同。全部无效合同是指合同的全部内容自始不产生法律约束力。部分无效合同是指合同的部分内容不具有法律约束力，合同的其余部分内容仍然有效。

《合同法》第五十二条明确规定，有下列情形之一的，合同无效：

(1) 一方以欺诈、胁迫的手段订立合同，损害国家利益；

(2) 恶意串通，损害国家、集体或者第三人利益；

(3) 以合法形式掩盖非法目的；

(4) 损害社会公共利益；

(5) 违反法律、行政法规的强制性规定。

此外，合同中的下列免责条款无效：一是造成对方人身伤害的，二是故意或重大过失造成对方财产损失的。提供格式条款一方免除责任、加重对方责任、排除对方主要权利的条款无效。

无效合同自始无效，国家不予承认和保护。一旦确认无效，将具有溯及力，使合同从订立之日起就不具有法律约束力，以后也不能转化为有效合同。

5.3.2.3 效力待定合同

所谓效力待定的合同，是指合同虽然已经成立，但因其不完全符合法律有关生效要件的规定，因此其发生效力与否尚未确定，一般须经有权人表示承认或追认才能生效。主要包括三种情况：

(1) 无行为能力人订立的和限制行为能力人依法不能独立订立的合同，必须经其法定代理人的承认才能生效。

(2) 无权代理人以本人名义订立的合同，必须经过本人追认，才能对本人产生法律拘束力。

(3) 无处分权人处分他人财产权利而订立的合同,未经权利人追认,合同无效。

可见,效力待定合同是已经成立的合同,其效力既非有效,也非无效,而是处于悬而未决的不确定状态之中,既不同于有效合同,也不同于无效合同,也有别于可变更可撤销合同。效力待定合同效力的确定,取决于享有追认权的第三人在一定期限内的追认。效力待定合同经追认权人同意后,其效力确定地溯及于行为成立之时。效力待定合同经追认权人拒绝后,自始无效。

5.3.2.4 可变更、可撤销合同

可变更或撤销的合同,是指合同已经成立,因为存在法定事由,允许当事人申请变更或撤销全部合同或不同条款。

《合同法》第五十四条规定,下列合同,当事人一方有权请求人民法院或者仲裁机构变更或者撤销:因重大误解订立的;在订立合同时显失公平的;一方以欺诈、胁迫的手段或者乘人之危,使对方在违背真实意思的情况下订立的合同,受损害方有权请求人民法院或者仲裁机构变更或者撤销。当事人请求变更的,人民法院或者仲裁机构不得撤销。

所谓重大误解的合同,是指行为人因对合同的重要内容产生错误认识而使意思与表示不一致的合同。显失公平的合同是指一方在紧迫或缺乏经验的情况下而订立的明显对自己有重大不利的合同。显失公平的合同往往是当事人双方的权利和义务极不对等,经济利益上不平衡,因而违反了公平合理原则。法律规定重大误解和显失公平的合同应予撤销,不仅是公平原则的具体体现,而且切实保障了公平原则的实现。

同时,为了维护经济秩序的稳定,《合同法》对当事人的撤销权也做出了相应的限制。《合同法》第五十五条规定,有下列情形之一的,撤销权消灭:

(1) 具有撤销权的当事人自知道或者应当知道撤销事由之日起一年内没有行使撤销权;

(2) 具有撤销权的当事人知道撤销事由后明确表示或者以自己的行为放弃撤销权。

5.4 物业服务合同的履行

所谓物业服务合同的履行,是指当事人双方依据物业服务合同的条款,相互以实际行为完成各自承担的义务和实现各自享有的权利。合同是当事人双方基于自己的真实意思而依法订立的具有法律约束力的合意,在不违反法律禁止性规定的前提下,合同就是双方之间的法律,必须予以切实履行,否则就要承担相应的责任。我国《民法通则》第八十八条规定:"合同的当事人应当按照合同的约定,全部履行自己的义务。"《合同法》第六十条也明确规定:"当事人应当按照约定全面履行自己的义务。"合同顺利地履行完毕,就意味着双方合同关系的终结。

5.4.1 物业服务合同履行的原则

5.4.1.1 全面履行原则

合同当事人必须按照合同约定全面地履行自己负担的各种义务,不能不履行和不适当履行。所谓不履行,是指在当事人有能力履行合同义务,而且该合同并未陷入履行不能的境地或者不存在暂时的履行困难的情况下,合同义务人仍然不履行合同义务的行为。不适

当履行是指合同义务人虽然有履行义务的行为，但是不符合合同要求。主要表现为：

(1) 履行标的的质量不符合合同标准。例如物业服务企业应当按合同约定负责小区内的绿化工作，但是由于工作不利，导致草坪的青草全部枯死。

(2) 履行标的的数量不充足或超过合同要求的数量。例如，物业服务企业依照合同要求为房屋的共用部位更换照明设备50个，但是它只更换了30个。或者是虽然需要更换50个，但是物业服务企业却更换了80个，超过了实际需要，这也属于数量的不合格。

(3) 履行时间和地点不恰当。例如，根据物业服务合同，业主和物业使用人负担的物业管理服务费用应当在本月底在A地向物业服务企业交纳。但是一直拖到下个月月底才交纳，而且是在B地交纳。这就属于履行时间和地点不恰当。

(4) 履行方式的不适当。例如，合同约定物业服务费的支付采用票据方式，但是业主一方偏偏采用现金方式支付。

(5) 法定的附随义务没有履行。例如，我国《合同法》第六十条要求当事人遵循诚实信用原则承担通知、协助、保密等义务，如果当事人没有尽到这些法定附随义务的话，也属于履行不完全。

对于不履行合同义务而造成对方损失的，违约人应当承担违约责任，并予以赔偿。对于因为不完全履行而造成对方损失的，也要承担违约责任并赔偿。

5.4.1.2 实际履行原则

该原则要求合同当事人应当按照合同约定的标的履行义务，不能用其他标的代替，也不能用交付违约金或赔偿金的形式代为履行。《合同法》第一百一十条规定："当事人一方不履行非金钱债务或者履行非金钱债务不符合约定的，对方可以要求履行，但有下列情形之一的除外：(一) 法律上或者事实上不能履行；(二) 债务的标的不适于强制履行或者履行费用过高；(三) 债权人在合理期限内未要求履行。"

由此可见，我国《合同法》实行的是相对的实际履行原则，即只对于非金钱债务的履行在法律规定的除外情形之外坚持实际履行。物业服务合同的履行，绝大部分属于非金钱债务的履行，例如小区的绿化、保安、维修等，所以难以其他方式履行，仍然要坚持实际履行，否则凡事都可以用其他标的代替，也就失去了订立物业服务合同的意义。

5.4.1.3 协作履行原则

协作履行原则是指在合同履行过程中，双方当事人应互助合作共同完成合同义务的原则。合同是双方民事法律行为，不仅仅是债务人一方的事情，债务人实施给付，需要债权人积极配合受领给付，才能达到合同目的。由于在合同履行的过程中，债务人比债权人更多地应受诚实信用、适当履行等原则的约束，协作履行往往是对债权人的要求。协作履行原则也是诚实信用原则在合同履行方面的具体体现，此原则具有以下几个方面的要求：

(1) 债务人履行合同债务时，债权人应适当受领给付。

(2) 债务人履行合同债务时，债权人应创造必要条件、提供方便。

(3) 债务人因故不能履行或不能完全履行合同义务时，债权人应积极采取措施防止损失扩大，否则，应就扩大的损失自负其责。

对于物业服务合同的履行，合同的双方当事人一定要为彼此履行合同义务提供方便和必要的协助，这样会加快合同履行的效率、提高合同履行的效果。《合同法》第六十条第二款也规定了当事人在合同履行过程中有协作义务。

5.4.1.4 经济履行原则

经济履行原则是指在合同履行过程中,应讲求经济效益,以最少的成本取得最佳的合同效益。在市场经济社会中,交易主体都是理性地追求自身利益最大化的主体,因此,如何以最少的履约成本完成交易过程,一直都是合同当事人所追求的目标。由此,交易主体在合同履行的过程中应遵守经济合理原则是必然的要求。

5.4.1.5 情势变更原则

所谓情势变更,是指合同有效成立后,因不可归责于双方当事人的原因发生情势变更,致合同之基础动摇或丧失,若继续维持合同原有效力显失公平,允许变更合同内容或者解除合同。情势变更原则的意义,在于通过司法权力的介入,强行改变合同已经确定的条款或撤销合同,在合同双方当事人订约意志之外,重新分配交易双方在交易中应当获得的利益和风险,其追求的价值目标,是公平和公正。

情势变更原则的适用条件为:

(1) 有客观情势发生异常变化的事实。如通货膨胀、币值贬值、因战争而导致的封锁、禁运等。

(2) 发生在合同成立以后,履行完毕之前。

(3) 其发生不可归责于当事人(由不可抗力、意外事故等引起)。

(4) 当事人不可预见、不能克服。

(5) 其发生使合同的履行失去意义。

情势变更原则实质上是诚实信用原则在合同履行中的具体运用,其目的在于消除合同因情势变更所产生的不公平后果。自 20 世纪第二次世界大战后,由于战争的破坏,战后物价暴涨,通货膨胀十分严重。为了解决战前订立的合同在战后的纠纷,各国学者特别是德国学者借鉴历史上的"情势不变条款"理论,提出了情势变更原则,并经法院采为裁判的理由,直接具有法律上的效力。经过长期的发展,这一原则已成为当代合同法中的一个极富特色的法律原则,为各国法所普遍采用。我国法律虽然没有规定情势变更原则,但在司法实践中,这一原则已为司法裁判所采用。因此,情势变更原则,既是合同变更或解除的一个法定原因,更是解决合同履行中情势发生变化的一项具体规则。例如,在物业服务企业履行物业服务合同过程中,突然出现事先无法预料和防止的严重的通货膨胀,原来约定的物业管理服务费已经远远不能维持物业服务企业的正常运转。那么,物业服务企业就可以请求法院根据诚实信用原则适用情势变更规则,解除或者变更原合同。

5.4.2 物业服务合同履行的规则

随着现代法治观念的进化,合同履行的概念也在发生着变化。传统上认为,具体合同义务的执行就是合同的履行。但是,合同的履行是一个过程,它不但包含了具体合同义务的执行,也包含有执行合同义务的准备和合同义务执行完毕后的善后工作,这三个方面共同构成了现代意义上的合同履行,而以具体合同义务的执行作为其核心内容,物业服务合同的履行也不例外。

物业服务合同履行的规则是在原则基础上的细化。根据我国《合同法》和其他有关物业服务合同的法规的规定,这些规则主要有以下几类:

5.4.2.1 法定义务规则

法定义务是指即使在当事人没有约定的情况下,他们仍然要承担的义务,以保证合同的顺利履行。

（1）通知义务

在物业服务合同履行过程中，会发生很多当事人在订立合同时所无法预料的情况，当这种情况发生时，一方当事人就应当及时通知另外一方，以便作出适当的处理和协商。例如，当物业服务企业要依照合同安装某电气设备而需要暂时断电的时候，就要将断电的时间和期限告知业主，以便业主做好准备防止家用电器损坏。如果由于没有尽到通知义务而造成对方损失的，物业服务企业就要承担赔偿责任了。我国《合同法》第六十条第二款、第六十九、七十、一百一十八条等都有类似的规定。

（2）协助义务

对于物业服务合同的履行，当事人双方都有协助对方履行并提供方便的法定义务，否则会无端增加当事人的负担，并为某些当事人不履行合同义务提供借口。

（3）减损义务

在由于主、客观原因造成一方损失时，未损失一方和遭受损失的一方应当采取必要的措施防止损失的扩大。我国《合同法》第一百一十八条规定："当事人一方因不可抗力不能履行合同的，应当及时通知对方，以减轻可能给对方造成的损失，并在合理期限内提供证明。"第一百一十九条规定："当事人一方违约后，对方应当采取适当措施防止损失的扩大；没有采取适当措施致使损失扩大的，不得就扩大的损失提出赔偿要求。当事人因防止损失扩大而支出的合理费用，由违约方承担。"

（4）保密义务

保密义务，是指合同当事人负有将通过确立合同关系而了解到的对方的秘密予以保守的义务。《合同法》第六十条第二款规定："当事人应当遵循诚实信用原则，根据合同的性质、目的和交易习惯履行通知、协助、保密等义务。"例如，物业服务企业对业主个人信息负有保密义务，不得非法出卖从中牟利。

5.4.2.2 正确履行规则

该规则是全面履行合同原则的具体体现，主要反映在对合同履行要素的要求上，包括以下几点：

（1）履行主体正确

一般来讲，合同义务只有由合同当事人亲自完成才算是履行主体的正确，这在理论上也被称为亲自履行规则。但是，对于一些经过双方同意的事项可以由第三人来完成，前提是第三人也同意承担此项义务。例如，某物业服务企业为了提高小区内建筑小品的质量和品位，在征得业主方同意的前提下，专门聘请专业公司进行设计和制作。

（2）履行标的正确

此项规则即为实际履行原则的具体化，我国《合同法》第一百一十条对此有明确规定。

（3）履行的期限正确

作为合同的主要条款，合同的履行期限一般应当在合同中予以约定，当事人应当在该履行期限内履行债务。履行期限不明确的，根据《合同法》第61条的规定，双方当事人可以另行协议补充，如果协议补充不成的，应当根据合同的有关条款和交易习惯来确定。如果还无法确定的，债务人可以随时履行，债权人也可以随时要求履行，但应当给对方必要的准备时间。

(4) 履行的地点正确

合同中明确约定了履行地点的，债务人就应当在该地点向债权人履行债务，债权人应当在该履行地点接受债务人的履行行为。如果合同约定不明确的，依据《合同法》的规定，双方当事人可以协议补充，如果不能达成补充协议，则按照合同有关条款或者交易习惯确定。如果履行地点仍然无法确定的，则根据标的的不同情况确定不同的履行地点。如果合同约定给付货币的，在接受货币一方所在地履行；如果交付不动产的，在不动产所在地履行；其他标的，在履行义务一方所在地履行。物业服务合同的标的物为某个物业项目，因此，应在不动产所在地履行。

(5) 履行的方式正确

合同的履行方式主要包括运输方式、交货方式、结算方式等。双方当事人应按照合同约定的方式来履行义务。

5.4.2.3 价格变动的履行

这里所谓的价格变动的履行，是指执行政府定价或者政府指导价的合同，在合同约定的履行期限内遇到政府调整价格的情况下，按照何种价格履行的问题。在物业服务合同中，有很多事项都是有政府明确定价或指导价格的，所以明确这个问题是至关重要的。我国《合同法》第六十三条明确规定："执行政府定价或者政府指导价的，在合同约定的交付期限内政府价格调整时，按照交付时的价格计价。逾期交付标的物的，遇价格上涨时，按照原价格执行；价格下降时，按照新价格执行。逾期提取标的物或者逾期付款的，遇价格上涨时，按照新价格执行；价格下降时，按照原价格执行。"

5.4.3 物业服务合同履行过程中的违约情形

5.4.3.1 违约行为的表现形式

违约行为，是指合同当事人违反合同约定义务的行为。违约行为是违约责任的基本构成要件，没有违约行为，也就没有违约责任。物业服务合同的违约主要有以下几种情形：

(1) 预期违约

预期违约（Anticipatory breach）起源于英美法，是指在合同履行期限到来之前，一方虽无正当理由但明确表示其在履行期到来后将不履行合同，或者其行为表明在履行期到来后将不可能履行合同。我国《合同法》第一百零八条规定："当事人一方明确表示或者以自己的行为表明不履行合同义务的，对方可以在履行期限满之前要求其承担违约责任。"例如，依照合同约定，物业服务企业应当按照合同义务在冬天到来之前为小区内的树木做好防寒工作，但是时间将近立冬，物业服务企业也没有做任何人力和物力的准备，这时候业主就可以要求物业服务企业承担预期违约的责任。

(2) 履行不能

履行不能，是指合同的义务人由于自己的原因，事实上已经不可能实际履行债务。对于义务人不能履行合同债务的，债权人可以解除合同，并追究履行不能一方的违约责任。履行不能按照不同的标准可做如下分类：主观不能与客观不能；自始不能与嗣后不能；全部不能与一部不能；永久不能与一时不能；事实上的不能与法律上的不能。

(3) 履行迟延

履行迟延是指债务人对于已届履行期限的债务，能够履行而未履行的现象，又称为债务人迟延、逾期履行。履行迟延是实践中较常见的债务违反的形态。履行迟延是以一定的时间来确定的，通常是以债的履行期届满时债务人有无履行债务来判断的。例如，物业服务企业按照合同的约定应当在春节以前为小区装饰过年的用具，并且加收了相关的费用，但是直到正月十五才开始做相关工作。这就属于债务人的履行迟延。对于债权人来说，它通常表现为债权人对债务人的履行应当接受而无正当理由拒不接受。债务人对此不承担任何履行迟延的责任。而且，如果债权人迟延履行而造成债务人损害的，债权人应当附损害赔偿责任。例如，按照物业服务合同约定，业主委员会收齐了某项费用在约定的期限内交给物业服务企业，但是物业服务企业因为自己内部的财务混乱而以种种借口百般拒收，这就属于债权人的履行迟延。

（4）履行瑕疵

履行瑕疵，是指债务人虽然履行，但其履行存在瑕疵，即履行不符合规定或约定的条件，以至于减少或丧失履行的价值或效用的情形。我国《合同法》第一百一十一条规定："质量不符合约定的，应当按照当事人的约定承担违约责任。对违约责任没有约定或者约定不明确，依照本法第六十一条仍不能确定的，受损害方根据标的的性质以及损失的大小，可以合理选择要求对方承担修理、更换、重作、退货、减少价款或者报酬等违约责任。"第一百一十二条规定："当事人一方不履行合同义务或者履行合同义务不符合约定的，在履行义务或者采取补救措施后，对方还有其他损失的，应当赔偿损失。"

5.4.3.2 承担违约责任的方式

我国《合同法》第一百零七条明确规定："当事人一方不履行合同义务或者履行合同义务不符合约定的，应当承担继续履行、采取补救措施或者赔偿损失等违约责任。"第一百一十四条规定："当事人可以约定一方违约时应当根据违约情况向对方支付一定数额的违约金，也可以约定因违约产生的损失赔偿额的计算方法。约定的违约金低于造成的损失的，当事人可以请求人民法院或者仲裁机构予以增加；约定的违约金过分高于造成的损失的，当事人可以请求人民法院或者仲裁机构予以适当减少。当事人就迟延履行约定违约金的，违约方支付违约金后，还应当履行债务。"由此可见，承担违约责任的方式主要有以下几种：

（1）继续履行

继续履行是指由法院或者仲裁机构作出实际履行的判决或裁决，强迫合同债务人在指定期限内履行合同义务。它有以下构成要件：

1）须有合同债权人的请求；

2）债务履行实际可能；

3）有继续履行的必要；

4）法院或仲裁机关认为适用继续履行。

根据《合同法》第一百一十条规定，当事人一方不履行非金钱债务或履行非金钱债务不符合约定的，对方可以要求履行，但有下列情况之一的除外：法律或事实上不能履行；债务的标的不适于强制履行或者履行费用过高；债权人在合理期限内未要求履行。

（2）采取补救措施

例如：修理、更换、重作、退货、减少价款或者报酬等。

（3）赔偿损失

我国《合同法》第一百一十三条规定："当事人一方不履行合同义务或者履行合同义

务不符合约定，给对方造成损失的，损失赔偿额应当相当于因违约所造成的损失，包括合同履行后可以获得的利益，但不得超过违反合同一方订立合同时预见到或者应当预见到的因违反合同可能造成的损失。经营者对消费者提供商品或者服务有欺诈行为的，依照《中华人民共和国消费者权益保护法》的规定承担损害赔偿责任。"第一百一十四条规定："当事人可以约定一方违约时应当根据违约情况向对方支付一定数额的违约金，也可以约定因违约产生的损失赔偿额的计算方法。约定的违约金低于造成的损失的，当事人可以请求人民法院或者仲裁机构予以增加；约定的违约金过分高于造成的损失的，当事人可以请求人民法院或者仲裁机构予以适当减少。当事人就迟延履行约定违约金的，违约方支付违约金后，还应当履行债务。"

(4) 违约金和定金

违约金，是指当事人一方违反合同时应当向对方支付的一定数量的金钱或财物。所谓定金，是指合同当事人为了确保合同的履行，根据双方约定，由一方按合同标的额的一定比例预先给付对方的金钱或其他替代物。

物业服务合同的当事人可以约定违约金和定金条款，但是这两者不可以同时适用。在选择适用了违约金后，就不能再要求定金；同样，在履行了定金罚则以后，也不能再要求支付违约金。《合同法》第一百一十五条规定："当事人可以依照《中华人民共和国担保法》约定一方向对方给付定金作为债权的担保。债务人履行债务后，定金应当抵作价款或者收回。给付定金的一方不履行约定的债务的，无权要求返还定金；收受定金的一方不履行约定的债务的，应当双倍返还定金。"第一百一十六条规定："当事人既约定违约金，又约定定金的，一方违约时，对方可以选择适用违约金或者定金条款。"

5.4.3.3 违约责任的免责事由

免责事由也称免责条件，是指当事人对其违约行为免于承担违约责任的事由。免责事由可分为两大类，即：法定免责事由和约定免责事由。法定免责事由是指由法律直接规定、不需要当事人约定即可援用的免责事由，主要指不可抗力。约定免责事由是指当事人约定的免责条款。

5.4.4 物业服务合同履行过程中的抗辩权

在实践中，我们经常会看到由于对物业服务合同的履行存在纠纷，业主一方拒绝交纳物业服务费用，而物业服务企业拒绝提供一部分物业管理服务的现象。这就牵扯到合同履行过程中的抗辩权问题。我国《合同法》第六十六、六十七、六十八条规定了三种重要的抗辩权，分别是同时履行抗辩权、先履行抗辩权和不安抗辩权。

5.4.4.1 同时履行抗辩权

同时履行抗辩权是指在双务合同中，一方当事人在对方当事人没有履行合同义务或履行不符合约定的前提下可以拒绝履行本方的义务。我国《合同法》第六十六条规定："当事人互负债务，没有先后履行顺序的，应当同时履行。一方在对方履行之前有权拒绝其履行要求。一方在对方履行债务不符合约定时，有权拒绝其相应的履行要求。"

同时履行抗辩权的法律要件包括：须有同一双务合同互负债务；须行使抗辩权当事人没有先给付义务；须双方互负的债务均已届清偿期；须对方未履行债务或未提出履行债务；须对方的对待给付是可能履行的。

5.4.4.2 先履行抗辩权

《合同法》第六十七条规定,当事人互负债务,有先后履行顺序,先履行一方未履行的,后履行一方有权拒绝其履行要求。先履行一方履行债务不符合约定的,后履行一方有权拒绝其相应的履行要求。

先履行抗辩权的构成要件包括：须双方当事人互负债务；两个债务须有先后履行顺序；先履行一方未履行或其履行不合债的本旨。

5.4.4.3 不安抗辩权

不安抗辩权,是指当事人互负债务,有先后履行顺序的,先履行的一方有确切证据表明另一方丧失履行债务能力时,在对方没有履行或者没有提供担保之前,有权中止合同履行的权利。规定不安抗辩权是为了切实保护当事人的合法权益,防止借合同进行欺诈,促使对方履行义务。不安抗辩权的构成要件：

(1) 双方当事人因同一双务合同而互负债务。

(2) 后给付义务人的履行能力明显降低,有不能为对待给付的现实危险。所谓后给付义务人的履行能力明显降低,有不能为对待给付的现实危险,包括：其经营状况严重恶化；转移财产、抽逃资金,以逃避债务；谎称有履行能力的欺诈行为；其他丧失或者可能丧失履行能力的情况。《合同法》第六十八条规定："应当先履行债务的当事人,有确切证据证明对方有下列情形之一的,可以中止履行：(一) 经营状况严重恶化；(二) 转移财产、抽逃资金,以逃避债务；(三) 丧失商业信誉；(四) 有丧失或者可能丧失履行债务能力的其他情形。当事人没有确切证据中止履行的,应当承担违约责任。"

(3) 有先后的履行顺序,享有不安抗辩权之人为先履行义务的当事人。

(4) 先履行义务人必须有充足的证据证明相对人无能力履行债务。

(5) 先履行一方的债务已经届满清偿期。

(6) 后履行义务未提供担保。《合同法》第六十九条规定："当事人依照本法第六十八条的规定中止履行的,应当及时通知对方。对方提供适当担保时,应当恢复履行。中止履行后,对方在合理期限内未恢复履行能力并且未提供适当担保的,中止履行的一方可以解除合同。"

在行使合同履行抗辩权的时候,一定要注意其行使的前提是在同一个法律关系中,即在物业管理法律关系中产生的抗辩权不能对抗房屋买卖法律关系中的当事人；同样,在房屋买卖法律关系中的抗辩权不能对抗物业管理法律关系中的当事人。例如,某业主购买了某小区的一间商品房,在交付时发现有一些质量问题,虽然口头提出异议,但是仍然领取了房屋钥匙入住。入住以后,因为不满意房屋质量,便以不缴纳物业管理服务费为手段进行抗辩。这种抗辩权的行使是不妥当的。

5.5 物业服务合同的变更、转让和终止

5.5.1 物业服务合同的变更

5.5.1.1 物业服务合同变更的概念

物业服务合同的变更是指有效成立的物业服务合同尚未履行或者未履行完毕之前,基于一定法律事实的出现而导致合同内容发生改变。主要包括履行标的物的数量、质量、履

行的期限、地点、方式等内容的变化。导致合同变更的客观事实主要是当事人双方协商一致。《合同法》第七十七条第一款规定:"当事人协商一致,可以变更合同。法律、行政法规规定变更合同应当办理批准、登记等手续的,依照其规定。"《合同法》第七十八条规定:"当事人对合同变更的内容约定不明确的,推定为未变更。"例如,天津市某小区的物业服务企业在与业主委员会订立的物业服务合同中约定,物业管理服务费按照每平方米1元的标准收取,保证提供达到一级标准的服务质量。但是在执行过程中,由于物业服务企业的能力所限,无法达到一级标准,故业主委员会与物业服务企业进行协商,将收费标准下降为0.75元每月每平方米,标准改为二级。这就属于物业服务合同的变更。

5.5.1.2 物业服务合同变更的特征

(1) 合同的变更仅是合同的内容发生变化。

(2) 合同的变更是合同内容的局部变更,是合同的非根本性变化,合同变更只是对原合同关系的内容作某些修改和补充,而不是对合同内容的全部变更。

(3) 合同的变更通常依据双方当事人的约定,也可以是基于法律的直接规定合同的变更有两种:一是根据当事人之间的约定对合同进行变更,即约定的变更;二是当事人依据法律规定请求人民法院或仲裁机构进行变更,即法定的变更。《合同法》第七十七条、七十八条规定:"当事人协商一致,可以变更合同。法律、行政法规规定变更合同应当办理批准、登记等手续的,依照其规定。当事人对合同变更的内容约定不明确的,推定为未变更。"

(4) 合同的变更只能发生在合同成立后,尚未履行或尚未完全履行之前合同未成立,当事人之间根本不存在合同关系,也就谈不上合同的变更。合同履行完毕后,当事人之间的合同关系已经消灭,也不存在变更的问题。

5.5.2 物业服务合同的转让

5.5.2.1 物业服务合同转让的概念

物业服务合同的转让,是指在物业服务合同依法成立后,改变合同主体的法律行为。即合同当事人一方依法将其合同债权和债务全部或部分转让给第三方的行为。

5.5.2.2 物业服务合同转让的分类

我国《合同法》对合同的转让规定了合同权利转让、合同义务转让以及合同权利义务一并转让三种情况。

(1) 合同权利的转让

合同权利转让是指不改变合同的内容,合同债权人将其权利转让给第三人享有。合同权利转让可分为合同权利的部分转让和合同权利的全部转让。《合同法》第七十九条规定:"债权人可以将合同的权利全部或者部分转让给第三人,但有下列情形之一的除外:(一)根据合同性质不得转让;(二)按照当事人约定不得转让;(三)依照法律规定不得转让。"第八十条规定:"债权人转让权利的,应当通知债务人。未经通知,该转让对债务人不发生效力。"

(2) 合同义务的转让

合同义务转让是指不改变合同的内容,债务人与第三人达成合意,在债权人同意的前提下,将其合同义务全部或部分转移给第三人的行为。《合同法》对债务人转让债务做了明确规定:①债务人将合同的义务全部或者部分转移给第三人的,应当经债权人同意;

②债务人转移义务的,新债务人可以主张原债务人对债权人的抗辩;③债务人转移义务的,新债务人应当承担与主债务有关的从债务,但该从债务专属于原债务人自身的除外。

(3) 合同权利义务的一并转让

合同权利义务的一并转让,是指合同当事人一方经对方当事人同意,依法将其债权债务一并转移给第三人,由第三人概括的承担原当事人债权债务的行为。《合同法》第八十八条规定:"当事人一方经对方同意,可以将自己在合同中的权利和义务一并转让给第三人。"

通常情况下业主或开发建设单位通过招投标方式选聘的物业服务企业,不得随意更改的。我国《物业管理条例》第四十条明确规定:"物业服务企业可以将物业管理区域内的专项服务业务委托给专业性服务企业,但不得将该区域内的全部物业管理一并委托给他人。"可见,物业服务合同通常情况下是不可以将某一方当事人的权利和义务一并转让的。实践当中,物业服务合同转让一般是物业服务企业作为转让方,主要包括以下三种情形:

(1) 物业服务企业可以通过与第三人订立合同的方式,将其在物业服务合同中的权利部分或全部转让。例如,将收取物业服务费用的权利转让给第三人,但物业服务企业必须将转让权利的行为通知全体业主,否则债权的转让对业主不发生法律效力。

(2) 物业服务企业可以转让部分义务,但不可以全部转让。如前文所述,物业服务企业可以将某些专项服务转让给专业性服务企业,可以不经过业主同意。但《物业管理条例》明确规定,物业服务企业不得将全部物业管理工作转包给其他物业服务企业。

(3) 物业服务企业将其权利义务全部转让给第三人。这种情况只有在该转让行为经过全体业主同意,并经过合法程序,才具有法律效力。

5.5.3 物业服务合同的终止

物业服务合同的终止,是指由于一定的法律事实的发生,使得合同所设定的权利义务在客观上归于消灭。我国《合同法》第九十一条规定:"有下列情形之一的,合同的权利义务终止:(一)债务已经按照约定履行;(二)合同解除;(三)债务相互抵销;(四)债务人依法将标的物提存;(五)债务人免除债务;(六)债权债务同归于一人;(七)法律规定或者当事人约定终止的其他情形。"

5.5.3.1 债务已经按照约定履行

债务已经按照约定履行,指债务人按照合同约定的标的、质量、数量、价款或者报酬、履行期限、履行地点和方式等全面履行债务。例如,物业服务企业按照物业服务合同约定的服务内容和服务年限,全面履行了合同义务,约定年限届满,不再续约的,物业服务合同就自动终止了。

5.5.3.2 合同的解除

物业服务合同的解除,是指在物业服务合同有效成立之后、尚未履行完毕之前,当事人通过协议或者一方行使解除权或者依据法定事由等方式,使得合同关系提前消灭。它可以分为法定解除和约定解除两种。

(1) 法定解除

法定解除,是指合同解除的条件由法律直接加以规定者,其解除为法定解除。我国《合同法》第九十四条的规定,有下列情形之一的,当事人可以解除合同,即享有法律规定的解除权:

1) 因不可抗力致使不能实现合同目的；
2) 在履行期限届满以前，当事人一方明确表示或者以自己的行为表明不履行主要债务；
3) 当事人一方迟延履行主要债务，经催告后在合理期限内仍未履行；
4) 当事人一方迟延履行债务或者有其他违约行为致使不能实现合同目的；
5) 法律规定的其他情形。

（2）约定解除

约定解除，是指当事人以合同形式，约定为一方或双方保留解除权的解除。我国《合同法》第九十三条规定："当事人协商一致，可以解除合同。当事人可以约定一方解除合同的条件。解除合同的条件成就时，解除权人可以解除合同。"

合同解除应当通知对方，如果对方有异议，可以请求人民法院或者仲裁机构确认解除合同的效力。法律、行政法规规定解除合同应当办理批准、登记等手续的，依照其规定办理。

5.5.3.3 债务相互抵销

根据《合同法》第九十九条的规定，当事人互负债务，该债务的标的物种类、品质相同的，任何一方可以将自己的债务与对方的债务抵销，但是依照法律规定或者按照合同性质不得抵销的除外。当事人主张抵销的，应当通知对方。通知自到达对方时生效。抵销不得附条件或者附期限。

根据《合同法》第一百条规定，当事人互负债务，标的物种类、品质不相同的，经双方协商一致，也可以抵销。

5.5.3.4 债务人依法将标的物提存

我国《合同法》一百零一至一百零四条系统规定了提存，从而使提存也成为一种使得合同终止的事由。所谓提存，是指由于债权人的原因而无法向其交付合同标的物时，债务人将该标的物交给提存机关而消灭债务的制度。在我国，法定的提存机关是公证机关。债务人只有在下列情形下方可提存：

（1）债务人无正当理由拒绝受领；
（2）债权人下落不明；
（3）债权人死亡未确定继承人或者丧失民事行为能力未确定监护人；
（4）法律规定的其他情形。

对于标的物不适于提存或者提存费用过高的，债务人依法可以拍卖或者变卖标的物，提存所得价款。标的物提存以后，其毁损、灭失的风险由债权人承担。在提存期间，标的物的孳息归债权人所有，提存费用也由债权人负担。

5.5.3.5 债务人免除债务

免除是债权人以消灭债权为目的而抛弃债权的单方法律行为，一旦做出便不得撤回。《合同法》第一百零五条规定："债权人免除债务人部分或者全部债务的，合同的权利义务部分或者全部终止。"

5.5.3.6 债权债务同归于一人

我国《合同法》第一百零六条规定："债权和债务同归于一人的，合同的权利义务终止，但涉及第三人利益的除外。"

通过学习，可知本章开篇案例中所涉及的法律问题，正是物业服务合同的解除和法律效力问题。根据《物业管理条例》第二十六条规定:"前期物业服务合同可以约定期限;但是,期限未满、业主委员会与物业服务企业签订的物业服务合同生效的,前期物业服务合同终止。"因此,前期物业服务合同是无固定期限合同,本案中甲物业服务企业的抗辩理由是不成立的,应在正式物业服务合同生效后退出小区并依法移交相关资料给业主委员会。

复习思考题

1. 悬赏广告是要约还是要约邀请?
2. 物业服务合同的性质是什么?主要特征有哪些?
3. 物业服务合同履行的原则有哪些?
4. 物业服务合同的基本条款有哪些?
5. 物业服务合同履行过程中抗辩权的概念、种类和主要内容是什么?
6. 物业服务合同违约的方式有哪些?违约责任的承担方式有哪些?

6 物业管理法律责任

【学习目的与要求】

法律责任是对权利的保障和救济，本章中物业管理法律责任的概念、构成及其基本种类是要求重点学习和理解的部分。通过学习，学生应熟练掌握和区分各类法律责任，牢记法律责任承担方式，并能够灵活运用法律责任的归责原则。

【引入案例】

张某出差后回到家中，发现其妻女均在家中遭到杀害，随即报警。警方通过对案情的分析，初步推断凶手作案时间应该是在夜间，并且很快锁定杨某某有重大犯罪嫌疑。张某经过查证发现，案发当时小区两个门岗都没有保安，且平日对进出小区的陌生人从不登记检查，而且小区围墙有一个大缺口，疑犯进出小区作案很方便。如果物业服务企业按照物业服务合同约定按时站岗巡逻，并对进出小区人员严格登记，可能命案就不会发生。这一发现让张某十分气愤，认为物业服务企业的玩忽职守与自己妻女的被害以及凶手作案后轻易逃走有着不可推卸的责任，于是一纸诉状将物业服务企业告上法庭，请求法院判定被告承担违约责任，并赔偿原告丧葬费、误工费等经济损失以及精神赔偿共计七万元。物业服务企业辩称：原告请求的赔偿费用应由犯罪人来承担，而不是由物业服务企业。

请思考：本案中，物业服务企业是否应承担相应的法律责任？原告诉讼请求是否合理？依法应如何判决？

6.1 法律责任概述

6.1.1 法律责任的概念

法律责任，是指由特定法律事实所引起的对损害予以赔偿、补偿或者接受惩罚的特殊义务，即由于违反第一性义务而引起的第二性义务。其本质在于，法律责任是法律对行为人行为所作出的否定性评价，是自由意志支配下的行为所引起的合乎逻辑的不利法律后果，是社会为了维护自身的生存条件而强制性地分配给某些社会成员的一种负担。

6.1.2 法律责任的特征

6.1.2.1 法定性

法律责任是一种强制性法律措施，它是由有立法权的机关根据职权依照法定程序制定的有关法律、行政法规、地方性法规、部委规章或者地方政府规章来加以明文规定的，否则就不构成法律责任。不同的违法行为，法律规定的法律责任不同，违法者只应对其违法行为承担法律规定的相应责任。对违法行为追究法律责任、实施法律制裁，同样也只能由相应的国家机关，主要是指国家司法机关和有关的国家行政机关依法进行。其他任何组织和个人均无权进行。

6.1.2.2 与违法行为紧密联系

没有违法行为，就谈不上法律责任。根据违法行为的性质和危害程度的不同，违法行为所应承担的法律责任也不尽相同。需要注意的是，由于无过错而不构成违法，但是造成损害的，也应当承担相应的补偿性的责任。

6.1.2.3 强制性

法律责任是由国家强制力保障实施的。所谓国家强制力，是指一个国家的领导机关、阶层对本国所拥有的包括政治、经济等在内强行约束、制裁、管理、调整的力量，具体通过监狱、法庭、军队、警察等物质形态体现出来，是法律权威存在的制度基础。因此，在法律责任产生之后，国家司法机关或者国家授权的行政机关会采取强制措施，强迫违法行为人承担法律责任。

6.1.3 法律责任的分类

通常，根据违法的性质和危害程度不同，我们可以将法律责任分为刑事责任、民事责任、行政责任和违宪责任四类。即刑事违法承担刑事责任，民事违法承担民事责任，行政违法承担行政责任，违宪则应承担违宪责任。

6.1.3.1 刑事责任

所谓刑事责任，是指犯罪分子应当承担的国家（通过法院）依照刑事法律的规定，根据其符合法定犯罪构成的行为对其提出相应的谴责、限制和剥夺等刑事法律后果的地位或状态。

刑事责任是法律责任当中最为严厉的一种，其针对的对象是具有严重社会危害性、刑事违法性和应受刑法处罚性的行为，其表现形式主要是刑罚。根据我国《刑法》规定，刑罚可以分为主刑和附加刑。主刑有：管制、拘役、有期徒刑、无期徒刑和死刑。附加刑有：罚金、没收财产、剥夺政治权利、驱逐出境（只适用于外国人）。附加刑可以单独适用，也可以和主刑同时适用。

6.1.3.2 民事责任

所谓民事责任，是指民事主体因为违反了民事法律法规所规定的义务或者违反合同的约定，而依照民事法律所应当负担的法律后果。它又可以进一步分为违约责任和侵权责任两种。根据我国《民法通则》第一百三十四条的规定，承担民事责任的方式主要有：停止侵害；排除妨碍；消除危险；返还财产；恢复原状；修理、重作、更换；赔偿损失；支付违约金；消除影响、恢复名誉；赔礼道歉。这些承担民事责任的方式，既可以单独适用，也可以合并适用。

因不可抗力、正当防卫、紧急避险、受害人过错、受害人同意所造成的人身及财产损害，民事责任可以免除。

6.1.3.3 行政责任

所谓行政责任，是指因违反行政法律法规而应承担的法律责任。承担行政责任的具体形式，主要有行政处罚与行政处分两种。

(1) 行政处罚。根据《行政处罚法》第八条，行政处罚的种类如下：警告；罚款；没收违法所得、没收非法财物；责令停产停业；暂扣或者吊销许可证、暂扣或者吊销执照；行政拘留；法律、行政法规规定的其他行政处罚。

(2) 行政处分。国家机关、企事业单位对其工作人员违反行政法律法规或者政纪的行为所实施的制裁。根据《公务员法》的规定，行政处分主要有警告、记过、记大过、降级、撤职、开除六种。

6.1.3.4 违宪责任

所谓违宪责任，是指由于有关国家机关制定的某种法律和法规、规章，或者有关国家机关、社会组织或公民从事的与宪法规定相抵触的活动而产生的法律责任。对违反宪法规范的行为，是不能通过追究刑事责任、民事责任或行政责任来制裁的。在我国，监督宪法实施的权力属于全国人民代表大会及其常务委员会。

6.2 法律责任的归责原则和构成要件

6.2.1 法律责任的归责原则

法律责任的归责原则是指基于一定的归责事由而确定法律责任是否成立的法律原则，它反映了社会物质生活条件和社会对承担法律责任核心原因的基本价值观念的历史发展状况。在归责原则中，归责事由居于核心地位。所谓归责事由，是立法者基于特定社会物质生活条件的发展状况和社会生产力的发展要求，根据立法指导思想，按其价值观分配法律事实引发的损害结果而在法律上确认的唯一和核心的责任原因。在古代法中生硬的是结果责任原则，它以损害结果为其唯一的归责事由；近代以来，受个人自治、意识自由的社会价值观影响，盛行过错责任原则，使人承担责任的不是行为或者行为的结果，而是过错；20世纪形成的现代法，基于科技突飞猛进和社会的急剧变迁，使社会中危险因素激增，为合理分配风险，现代法在某些法律事实引起的法律责任确定方面规定了无过错责任，这是对古代法结果责任的扬弃，是一个"正—反—合"的辨证运动过程的成果。

归责原则的基础性作用主要有三：第一，决定法律责任的构成要件。例如，如果合同法采取过错责任原则，违约责任的构成要件应包括违约行为和违约方的过错。违约方只有能证明自己违约无过错的，才不构成违约责任；若是采取无过错责任原则，违约责任的构成要件仅违约行为一项，违约方没有必要证明自己是否有过错。第二，决定违法赔偿的范围。第三，决定法律责任的承担方式。例如，在结果责任原则下，赔偿损失是违约责任的主要方式；在过错责任原则下，违约金是违约责任的主要形式。

现代法律确立的归责原则主要有三项：

6.2.1.1 过错责任原则

该归责原则将主观过错作为判断法律责任是否成立的核心原因，也就是行为人的违法行为产生损害结果，但若其不存在主观过错，就不承担法律责任。概括地讲，就是"无过错即无责任"。

6.2.1.2 无过错责任原则，又称严格责任原则

该原则主张只要行为人在客观上做出特定侵权行为或者违约行为并造成损害结果，不论其主观有无过错，即使无法证明其有主管过错，仍应当依法承担法律责任。

6.2.1.3 公平责任原则

凡是当事人对发生的损害都没有过错，也都没有做出违法行为，但受害人要求有关当事人承担相应民事责任的，人民法院可根据《民法通则》第一百三十二条之规定，在掌握当事人各方经济状况的条件下，按照公平合理的原则让包括受害人在内的当事人分担民事

责任。

6.2.2 法律责任的构成要件

法律责任是由一定条件引起的，这些条件就是所谓的法律责任的构成要件，它包括构成法律责任所必备的客观要件和主观要件两方面。根据违法行为的一般特点可以把法律责任的构成要件概括为主体、行为、心理状态、损害事实和因果关系五个方面。

6.2.2.1 责任主体

法律责任需要一定的主体来承担。法律责任构成要件中的主体是指具有法定责任能力的自然人、法人或其他社会组织。并不是实施了违法行为就要承担法律责任，就自然人来说，只有到了法定年龄，具有理解、辨认和控制自己行为能力的人，才能成为责任承担的主体。没有达到法定年龄或不能理解、辨认和控制自己行为的精神病患者，即使其行为造成了对社会的危害，也不能承担法律责任。例如，不满十岁的儿童在小区内违法燃放烟花、爆竹，不慎引起火灾，由于其尚未达到失火罪所要求的刑事责任年龄，因此不能要求其承担刑事责任。但是，无论什么人只要损害了他方的合法权益，一律应依法承担相应的法律责任，这是法律面前人人平等原则的要求。无民事行为能力和限制民事行为能力的自然人通常不具有或者不完全具有责任能力，因而其对自己所实施的违法行为就依法不负责任或不负完全责任，但其行为引发的民事损害赔偿责任依法转由其法定监护人承担。

6.2.2.2 违法行为或违约行为

法律责任一般是由违法或违约行为的发生而引起的，因此，违法或违约行为自然应当成为法律责任构成的基础和必要的前提条件，在法律责任的构成中居于重要地位，是法律责任的核心构成要件。违法行为或违约行为可分为作为和不作为两类。作为是指人的积极的身体活动。直接做了法律所禁止或合同所不允许的事自然要导致法律责任。不作为是指人的消极的身体活动，行为人在能够履行自己应尽义务的情况下不履行该义务，例如有能力的成年子女对父母未尽赡养义务，则需承担相应的法律责任。

通常，违法或违约行为是法律责任产生的前提，无行为则无责任，单纯的"思想犯罪"不会导致不利的法律后果。

6.2.2.3 主观过错

所谓主观过错，是指在行为人事实违法行为时的主观心理状态，包括故意和过失两种情况。故意是指明知自己的行为会发生危害社会的结果，希望或者放任这种结果发生的心理状态。过失是指应当预见自己的行为可能发生损害他人、危害社会的结果，因为疏忽大意而没有预见，或者已经预见而轻信能够避免，以致发生这种结果的心理状态。过错在不同的法律关系中的重要程度是不同的。在民事法律中一般较少区分故意与过失，过错的意义不像在刑事法律中那么重要，有时民事责任不以有过错为前提条件，比如我国《民法通则》第一百零六条第三款规定："没有过错，但法律规定应当承担民事责任的，应当承担民事责任。"但在刑事法律关系中有无过错则非常重要。不同的主观心理状态对认定某一行为是否有责任及承担何种法律责任有着直接的联系。

物业管理中法律责任的归责原则，大多数时候采取的是"过错责任"原则，即有过错即有责任。因此，主观过错要件对于划分物业管理活动中的法律责任有着十分重要的意义。

6.2.2.4 损害事实

损害事实是指行为人的违法行为给被侵害方造成的客观存在的确定的损害后果。损害的形式主要有人身的损害、财产的损害、精神的损害和其他利益方面的损害。损害的范围包括直接实际损害和丧失预期可得利益的间接损害。损害必须具有确定性。它意味着损害事实是一个确定的事实，而不是臆想的、虚构的、尚未发生的现象。损害事实是法律责任的必要条件，任何人只有因他人的行为受到损害的情况下才能请求法律上的补救，也只有在行为致他人损害时，才有可能承担法律责任。

行为具有一定程度的社会危害性，给社会特定利益关系造成了危险或损害，并且危害结果达到了法律规定应追究相应法律责任的程度，是构成物业管理法律责任的一个必要条件。但在某些法律责任中，损害结果则不是必要要素，例如刑事犯罪当中的行为犯和危险犯。

6.2.2.5 因果关系

因果关系是指违法行为与损害事实二者之间存有必然的联系，即某一损害事实是由行为人与某一行为直接引起的，二者存在着直接的因果关系。因此，要确定法律责任，必须首先确认行为与危害或损害结果之间的因果关系。法律上的因果联系不是一般的因果关系，而是指某种事实上的行为与特定损害结果之间的必然联系。如果某项损害结果不是因某人的行为所必然引起的，则该行为人就不对该项结果负责。由于行为与结果之间的联系多种多样，有必然联系和偶然联系之分，有直接联系和间接联系之分，有一果多因和一因多果之分，因此在把物业管理法律责任归于某一违法行为时，必须搞清楚违法行为与特定的损害结果之间的联系，这对于行为定性、确定法律责任种类和大小具有重大影响。

值得一提的是，在一般情况下各种法律责任的构成应当是以上条件同时具备、缺一不可的。但是由于物业管理过程中涉及各种复杂的专业技术领域，需要处理的物业管理法律关系涉及范围广泛，因此，在一些特殊情况下，并不一定要求以上条件同时具备，有关行为人也要承担责任。

6.3 物业管理法律责任

6.3.1 物业管理法律责任的概念及意义

物业管理法律责任，是指物业管理法律关系主体不履行法定义务、物业服务合同的约定义务或者出现其他法律事实而应当依法承担的具有强制性和否定性的法律后果。

在物业管理活动中，保障法律法规上的权利、义务得以生效，在它们受到阻碍、侵害时，通过适当的救济，使对侵害发生的责任人承担责任，消除侵害并尽量减少未来发生侵害的可能性。这种目的是通过物业管理法律责任具有的三种功能实现的：惩罚、救济、预防。惩罚就是对违反物业管理法规的行为人采取的涵盖财产、资格、人身自由等方面的惩处措施，以此来维护物业管理活动中的正常秩序。例如《物业管理条例》中大量规定的罚款、吊销营业执照、停业整顿等行政处罚措施。救济就是通过法律法规认可的程序和手段来恢复被侵害者的权利，弥补因受侵害而蒙受的损失。其具体的表现形式为停止侵害、排除妨害、恢复原状、赔偿损失、消除影响等。预防就是通过对违反物业管理法规的行为以及违反物业服务合同行为的惩处，来达到使行为人不再为相同的行为，同时也对其他人进行教育，防止类似情况的发生。

建立物业管理法律责任制度，可以有效地保证物业管理活动中当事人合理合法地行使权利、履行义务，恪守法律法规维护的正常物业管理活动秩序，实现法律责任设立的目的，发挥其惩罚、救济和预防的功能，最终达到维护整个物业管理活动的正常健康运行的状态。这种法律责任更多时候是出于引而不发的状态，起到威慑效果。可以说，没有具有国家强制力的物业管理法律责任制度的设立，就无法保证正常物业管理秩序的延续和当事人权利的行使。

6.3.2 物业管理法律责任的归责类型

上一节我们提到现代法律确立了三种归责原则，即：过错责任原则、无过错责任原则和公平责任原则。那么相应的，也就形成了三种法律责任归责类型：

6.3.2.1 过错责任类型

凡是因实施了违法行为而致人损害者，如果不能证明自己主观上没有过错，就被推定为有过错并承担相应的法律责任。过错的性质和程度，反映了行为人对自己行为的认识水平。法律要求每一位具有行为能力的主体能够理性地预见自己行为的后果并对自己的行为后果负责。如果受害人本人对受害事实也有过错，则可减轻侵害人的责任。《物业管理条例》第六十六条："违反本条例的规定，有下列行为之一的，由县级以上地方人民政府房地产行政主管部门责令限期改正，给予警告，并按照本条第二款的规定处以罚款；所得收益，用于物业管理区域内物业共用部位、共用设施设备的维修、养护，剩余部分按照业主大会的决定使用：（一）擅自改变物业管理区域内按照规划建设的公共建筑和共用设施用途的；（二）擅自占用、挖掘物业管理区域内道路、场地，损害业主共同利益的；（三）擅自利用物业共用部位、共用设施设备进行经营的。个人有前款规定行为之一的，处1000元以上1万元以下的罚款；单位有前款规定行为之一的，处5万元以上20万元以下的罚款。"这一规定就是典型的过错责任类型，业主、物业服务企业的擅自作为行为，行为人主观上有过错，行为违法，损害公共利益，且违法行为与损害结果之间存在因果关系，因而，应当依法给予处罚。

6.3.2.2 无过错责任类型

只要行为人的行为给受害人造成了损害结果，不论其主观有无过错，即使无过错也应当承担法律责任。这种责任类型适用于《侵权责任法》中规定的监护人责任、雇主责任、产品责任、机动车与非机动车或行人相撞的责任、环境污染责任、高度危险责任以及动物致人损害责任。此外，《民法通则》第一百二十一条还规定："国家机关或者国家机关工作人员在执行职务中，侵犯公民、法人的合法权益造成损害的，应当承担民事责任。"适用无过错责任原则。

6.3.2.3 公平责任类型

凡是当事人对发生的损害都没有过错，也没有做出违法行为，但受害人要求有关当事人承担民事责任的，法院依据《民法通则》第一百三十二条规定，可以根据实际情况，按照公平合理原则由当事人分担民事责任。例如物业服务企业开展学雷锋活动，某职工到某业主家免费帮助擦窗户，在干活过程中失足摔倒跌断股骨，因医疗发生的费用，可以依法按公平责任类型处理，物业服务企业和作为受益人的业主应适当承担一部分医疗费用。但是公平责任不适用于精神损害赔偿。

6.3.3 物业管理法律责任的主要内容

6.3.3.1 物业管理民事法律责任

按照我国民法的规定，对应的物业管理民事法律责任由物业管理违约责任和物业管理侵权责任两大部分内容组成。物业管理活动中的民事责任具有以下特点：第一，主要是财产责任；第二，是一种救济责任；第三，责任的内容可以以当事人的自由意志而在法律规定的范围内自行约定；第四，其具有相对性，仅可以适用于当事人之间，不可以随意施加于第三人。

（1）物业管理违约责任

物业管理违约责任是指当事人违反物业服务合同的约定或管理规约的规定，不履行合同义务或者履行合同义务不符合约定条件而应承担的民事责任。这是物业管理活动中常见的法律责任。

物业管理活动中通常主要的违约行为有：

1）房地产开发商或前期物业服务企业未按政府有关规定及物业服务合同规定提供公用设施专用基金、物业管理用房、部分商业用房。

2）物业服务企业未按物业服务合同的规定内容和义务提供物业服务工作。

3）物业服务企业违反物业服务合同约定，擅自扩大收费范围，提高收费标准，超标准向业主、住户收取管理费。

4）业主、住户违反物业服务合同和管理规约的约定义务，不交纳物业服务费用、专项维修资金。例如《物业管理条例》第六十七条规定："违反物业服务合同约定，业主逾期不交纳物业服务费用的，业主委员会应当督促其限期交纳；逾期仍不交纳的，物业服务企业可以向人民法院起诉。"

5）业主、住户、业主大会或业主委员会违反管理规约规定义务，擅自改变房屋用途或违章装修，或不服从物业服务企业的正当合理管理。

根据《合同法》第一百零七条"当事人一方不履行合同义务或者履行合同义务不符合约定的，应当承担继续履行、采取补救措施或者赔偿损失等违约责任"的规定，物业管理违约责任的承担方式主要是违约方承担继续履行物业服务合同、采取补救措施或者支付违约金和赔偿损失。违约责任的归责原则为无过错责任原则，不以过错为要件，当事人只要存在违反合同的事实就应当承担责任。如果要求免责，唯一途径是违约责任的当事人证明自己有免责事由。

（2）物业管理侵权责任

物业管理侵权责任是指在物业管理活动中，行为人由于过错，侵害国家、集体的财产权以及自然人的财产权和人身权时，依法应承担的法律责任，以及法律规定应对受害人承担民事责任的其他致害行为应承担的法律责任。

物业管理活动中的侵权行为主要有：

1）因房屋建筑质量不合格而产生的侵权行为。房屋建筑质量不合格造成墙壁毁损、房屋倒塌致使业主、住户被砸伤，家庭财产被损坏，房屋建筑者和销售者依法构成侵权行为，并应当依法承担赔偿责任。

2）因物业维修施工造成他人损害的侵权行为。依据《民法通则》第一百二十五条的规定，在共用场所、道旁或者通道上挖坑、修缮安装地下设施等，没有设置明显标志和采取安全措施造成他人损害的，属于物业服务企业承担维修施工的由物业服务企业直接负赔偿责任。承包给施工单位的由承包的施工单位直接承担赔偿损失的民事责任。

3）物业建筑物以及其搁置物、悬挂物发生倒塌、脱落、坠落造成他人损害的侵权行为。依据《中华人民共和国民法通则》第一百二十六条的规定，建筑物或者其他设施以及建筑物上的搁置物、悬挂物发生倒塌、脱落、坠落造成他人损害的，适用过错推定的方法，即它的所有人或者管理人应当承担民事责任，但能证明自己没有过错的除外。所谓物业建筑物的所有人就是在物业管理活动中的业主，而管理人就是业主大会及业主委员会，而物业服务企业只是提供管理服务的人。举例来说：住宅区的围墙发生倒塌而伤害他人时，业主大会及业主委员会就应当对此依法承担赔偿损失的民事责任。业主大会及业主委员会只有在以下四种情况下可以免责：一是如果该围墙的倒塌是质量问题，就应该由承担围墙施工和建设的单位依法承担赔偿损失的民事责任；二是如果是第三人在围墙边挖沟，致使墙体倾斜倒塌，赔偿责任就应由挖沟的第三人依法承担；三是受害人自身的行为故意或过失使围墙倒塌造成损害，则由受害人自己依法承担责任；四是业主大会及业主委员会已经与物业服务企业就建筑物的维修保养签署了维修保养合同，并依据合同的规定，将建筑物维修保养所需的费用筹集好，交付给了物业服务企业，而物业服务企业违反了合同约定，没有及时维修保养，造成了建筑物致损。在这种情况下，就应该由物业服务企业依据合同的约定承担赔偿责任。如果业主大会及业主委员会没有与物业服务企业签署建筑物维修保养合同，或者没有筹集好所需的费用，那么业主大会及业主委员会就应该承担赔偿责任，当然，业主大会及业主委员会的赔偿责任要全体业主共同承担。

4) 因妨碍行为而产生的侵权行为。通常在物业管理活动中的妨碍行为是因为违反建筑物区分所有权法或相邻关系义务而引起的。具体表现为：阻挠相邻的其他建筑物区分所有权人利用其专有部分进行正当合理的修缮；堵塞或改变给、排水通道，妨碍相邻地方正常给、排水；堵塞或改变通道，造成他人通行困难；新建建筑物或附属设施影响他人采光和通风等。

5) 物业服务企业员工违法履行职务造成的侵权行为。这是指物业服务企业员工在履行其职务时，因超越权限或违反义务而给他人造成损害的行为。超越权限往往表现为滥用职权，违反义务则一般表现为玩忽职守。物业服务企业员工违法履行职务造成侵权的赔偿责任由当事人的物业服务企业承担，物业服务企业在承担责任后，有权向有关责任人追偿。

(3) 物业管理民事责任的免责事由

免除民事责任的事由，简称"免责事由"，是指不履行合同或法律规定的义务而致人损害者，依法可以不承担民事责任的事由。免责事由一般由法律明确规定，但在不违反国家法律和社会公序良俗的情况下，也可由当事人约定。在物业管理活动中，免责事由主要有：不可抗力、正当防卫、紧急避险、职务授权行为、受害人过错、受害人同意、第三人过错以及自主行为。

1) 不可抗力

所谓不可抗力，是指不能预见、不能避免亦不能克服的意外事件（如战争、车祸等）或自然灾害（如地震、火灾、台风、海啸等）。一般说来，客观情况要被确认为作为免责事由的不可抗力，须具备三个条件：首先，必须是独立于人的行为之外，并且不受当事人的意志所支配的现象。其次，必须成为损害发生的原因。最后，必须具有人力不可抗拒的性质。《民法通则》第一百零七条规定："因不可抗力不能履行合同或者造成他人损害的，不承担民事责任，法律另有规定的除外。"

2) 正当防卫

所谓正当防卫，是指为了保护公共利益、自身或他人的合法利益，对于正在进行非法侵害的人给予适当的还击，以排除或减轻违法行为可能造成的损害。《民法通则》第一百二十八条规定："因正当防卫造成损害的，不承担民事责任。正当防卫超过必要的限度，造成不应有的损害的，应当承担适当的民事责任。"构成正当防卫，应具备以下几个条件：第一，防卫的目的是为了保护自己或他人的合法利益或社会公共利益。防卫目的的正当性是正当防卫的前提条件。第二，防卫的时间条件是侵害行为正在实施。第三，防卫的对象只能是不法侵害人。正当防卫的目的是为了排除或阻止不法侵害，只有针对加害人才能达到目的，因此不允许对加害人之外的人进行所谓的防卫。如果加害行为来自动物，对动物进行反击也构成正当防卫。第四，正当防卫不应超过必要的限度。正当防卫以能够阻止加害行为为限度，如果超过了这一限度，对加害人造成了过重的损害，构成防卫过当。正当防卫超过必要的限度，造成不应有的损害的，应当承担适当的民事责任。

3) 紧急避险

所谓紧急避险，是指在危险情况下，为了使社会公共利益、自身或他人的合法权益免受更大的损害，在迫不得已的情况下采取的致他人或本人损害的行为。紧急避险行为应具备以下几个条件：第一，必须有正在发生的危险，威胁到本人、他人的利益或社会公共利益。第二，除了采取紧急避险的方式外，没有其他可以排除危险的方式。第三，紧急避险行为不应超过必要的限度。所谓必要的限度，一般是指因紧急避险造成损害的利益应小于被保护的利益。《民法通则》第一百二十九条规定："因紧急避险造成损害的，由引起险情发生的人承担民事责任。如果危险是由自然原因引起的，紧急避险人不承担民事责任或者承担适当的民事责任。因紧急避险采取措施不当或者超过必要的限度，造成不应有的损害的，紧急避险人应当承担适当的民事责任。"

4) 职务行为

依法执行职务行为，是指具有一定职责的国家公务人员，为了维护社会公共利益和公民的合法权益，在执行职务时不可避免地对他人的财产或人身造成伤害，不构成侵权行为。依法执行职务的行为必须具备以下几个条件：第一，执行职务的权限来自法律规定，或法律的授权。只有来自明确的法律规定或合法授权的行为，才能保证其是为维护社会公共利益和民事主体的合法权益而为的行为。拥有一定职权的人，如果没有法律规定或合法授权，造成他人的人身或财产损害应认定为滥用职权行为，不能免责。第二，执行职务的行为不应超过必要的限度。只有在不造成损害就不能执行职务或有效保护民事主体的合法权益的情况下，才能允许执行职务人对他人造成一定的损害。

5) 受害人过错

受害人的过错即受害人对于损害的发生亦有过错。具体包括两种情况：第一种情况，受害人有过错而加害人无过错。在此情况下，只要加害人能证明自己已经尽到为防止损害发生所应尽的注意，即可不负民事责任。第二种情况，受害人和加害人都有过错。此种情况实际为混合过错。处理上应根据双方过错程度的大小，确定其各自应负的民事责任。

6) 受害人的同意

受害人的同意，是指受害人事前明确做出的自愿承担某种损害结果的意思表示。一般来讲，这种行为的构成要件包括：第一，有同意承担损害后果的意思表示。第二，意思表示应采取明示的方式。受害人同意的意思表示应当明确表达，不能以默示方式推定。第三，受害人同意的损害后果，不应违背社会公共利益与法律。第四，受害人的同意应当在损害发生前作出。损害发生后受害人同意免除加害人的责任，只是一种责任的事后免除方式，不同于受害人同意的行为。

7) 第三人的过错

第三人过错，是指当事人之外的第三人，对损害的发生和扩大具有过错。如果被告没有过错而第三人有过错，或被告只有轻微过失而第三人有故意或重大过失，则就应由第三人单独或主要承担民事责任。如果第三人的过错是损害发生的惟一原因，则只能由第三人承担民事责任。

8) 自助行为

自助行为，是指权利人为保护自己的权利，在情事紧迫而又不能及时请求国家机关予以救助的情况下，对他人的财产或人身施加的为法律或社会公德所认可的强制行为。例如，旅店在客人住宿后不付住宿费时扣留客人所携行李的行为。合法的自助行为应符合以下条件：必须是为保护和行使合法权利而实施；必须确属情事紧迫来不及请求国家机关的救助；所实施的强制措施确为保护权利所必须；必须为法律或社会公德所容许；不得超过必要限度；必须于事后及时提请有关当局处理。我国现行民法尚未对自助行为做出明文规定。

6.3.3.2 物业管理行政法律责任

物业管理行政法律责任是指在物业管理活动中，行为人违反物业管理行政法律、法规而必须依法承担的法律责任。这里的行为人可以是业主、物业使用人、业主委员会、物业服务企业的员工或物业管理行政管理机关的工作人员等自然人，也可以是物业服务企业或各专项服务企业等法人或其他社会组织。

(1) 物业管理活动中的行政违法行为

追究物业管理行政法律责任的事实依据是物业管理活动中产生的行政责任的违法行为。通常这种违法行为主要有以下四种：

1) 非法经营行为

非法经营，是指不具备物业管理的能力和资格，而从事物业管理经营活动的行为。非法经营行为不仅冲击和侵犯了物业管理市场竞争秩序，而且也侵犯了工商行政管理秩序，侵犯了业主、物业使用人以及物业服务企业的合法权益。非法经营行为具体体现在无证经营和超范围经营。无证经营包括没有营业执照或没有物业管理资质证书两种情况，对于无证经营的，依据《中华人民共和国公司法》等有关法律、法规的规定，工商管理部门和物业管理行政主管部门应依法给予取缔，没收全部非法所得，并处以罚款处理。超范围经营最常见的有两种情况：一种是超越物业管理资质证书所规定的资质条件，低资质的物业服务企业从事了高资质物业服务企业的物业管理活动；另一种是超越营业执照规定的经营范围从事其他商业活动。超范围经营实际上是一种特殊的无证经营行为，因此，在承担的法律责任的方式上与无证经营完全一致。

我国《物业管理条例》第六十条规定："违反本条例的规定，未取得资质证书从事物业管理的，由县级以上地方人民政府房地产行政主管部门没收违法所得，并处 5 万元以上

20万元以下的罚款；给业主造成损失的，依法承担赔偿责任。以欺骗手段取得资质证书的，依照本条第一款规定处罚，并由颁发资质证书的部门吊销资质证书。"第六十一条规定："违反本条例的规定，物业服务企业聘用未取得物业管理职业资格证书的人员从事物业管理活动的，由县级以上地方人民政府房地产行政主管部门责令停止违法行为，处5万元以上20万元以下的罚款；给业主造成损失的，依法承担赔偿责任。"

2) 妨碍管理行为

妨碍管理，是指行为人妨碍国家行政管理机关、物业服务企业、业主大会或业主委员会对物业管理区域依法实施管理、服务、监督和检查的行为。包括妨碍执行公务、妨碍实施正当合理管理、妨碍实施监督检查以及物业服务企业员工渎职等非法行为。对于妨碍执行公务，阻碍有关部门监督检查的，按照《中华人民共和国治安管理处罚条例》等有关法律、法规的规定，依法给予行为人警告、罚款和行政拘留等行政处罚。

3) 不正当竞争行为

不正当竞争，是指在物业管理市场竞争中，行为人采用不正当的或违法的手段垄断物业管理行业、获得垄断利益以及采用贿赂、虚假宣传、侵犯商业秘密、商业诽谤、欺诈等非法手段干扰、阻挠他人获得合法正当经营利益的违法行为。如非法垄断、干扰、阻挠物业管理的招投标活动等。对于不正当竞争行为，依照《中华人民共和国反不正当竞争法》的有关规定，国家行政主管机关有权进行监督、检查并给予处罚，追究行为人的行政法律责任。《物业管理条例》第五十七条规定："违反本条例的规定，住宅物业的建设单位未通过招投标的方式选聘物业服务企业或者未经批准，擅自采用协议方式选聘物业服务企业的，由县级以上地方人民政府房地产行政主管部门责令限期改正，给予警告，可以并处10万元以下的罚款。"

4) 非法买卖、租赁物业的行为

非法买卖、租赁物业，是指为牟取暴利，骗取国家的优惠补贴，偷逃国家税款，而进行的非法买卖、租赁物业建筑物的行为。对此违法行为，依照《中华人民共和国城市房地产管理法》的相关规定，国家行业行政主管部门应依法没收非法所得，给予罚款等处理。

5) 物业管理经营服务活动中的不当行为

物业管理经营服务活动中的不当行为，是指物业服务企业在提供服务进行物业的管理中违法、擅自作出诸如失职、越权、违反规定等行为。《物业管理条例》第五十八条规定："违反本条例的规定，建设单位擅自处分属于业主的物业共用部位、共用设施设备的所有权或者使用权的，由县级以上地方人民政府房地产行政主管部门处5万元以上20万元以下的罚款；给业主造成损失的，依法承担赔偿责任。"第五十九条规定："违反本条例的规定，不移交有关资料的，由县级以上地方人民政府房地产行政主管部门责令限期改正；逾期仍不移交有关资料的，对建设单位、物业服务企业予以通报，处1万元以上10万元以下的罚款。"第六十四条规定："违反本条例的规定，建设单位在物业管理区域内不按照规定配置必要的物业管理用房的，由县级以上地方人民政府房地产行政主管部门责令限期改正，给予警告，没收违法所得，并处10万元以上50万元以下的罚款。"第六十五条规定："违反本条例的规定，未经业主大会同意，物业服务企业擅自改变物业管理用房的用途的，由县级以上地方人民政府房地产行政主管部门责令限期改正，给予警告,并处 1 万元以上 10 万元以下的罚款;有收益的,所得收益用于物业管理区域内物业共用部位、共用设施设备的维修、养护,剩余部分按照业主大会的决定使用。"第六十六条规定:"违反本条例的规定,有下列行为之一的,由县级以上地方人民政府房地产行政主管部门责令限期改正,给予警告,并按照本条第二款的规定处以罚款;所得收益,用于物业管理区域内物业共用部位、共用设施设备的维修、养护,剩余部分按照业主大会的决定使用:(一)擅自改变物业管理区域内按照规划建设的公共建筑和共用设施用途的;(二)擅自占用、挖掘物业管理区域内道路、场地,损害业主共同利益的;(三)擅自利用物业共用部位、共用设施设备进行经营的。个人有前款规定行为之一的,处 1000 元以上 1 万元以下的罚款;单位有前款规定行为之一的,处 5 万元以上 20 万元以下的罚款。"

(2) 物业管理行政责任的种类

1) 警告或通报批评。警告是国家行政管理机关对违法者的正式谴责和告诫,是强制性的行政处罚,应有书面裁决。警告通常适用于违法行为较轻、危害不大、一经劝诫便能悔改的情形。通报批评也是对违法者的谴责和告诫,适用于处分有较大危害性的违法行为。通报批评通常与其他处罚同时使用,也可以单独使用,例如,对擅自搭建违章建筑的业主或物业使用人,经教育劝止屡教不改的房地产行政主管部门可以给予通报批评。

2) 罚款。罚款是物业管理行政主体对违法行为给予经济上的制裁方式,使用较为广泛。罚款方式在许多法律、法规中都与其他方式同时使用,尤其是在地方性法规中使用最多,也可以单独使用。

3) 没收财产。这是指国家行政管理机关没收违法者的非法所得、违禁物品或实施非法行为的工具等财产,并将没收的财产上缴国家的行政处罚。例如,违反住房和城乡建设部颁布的《城市房屋租赁管理办法》,未征得出租人同意和未办理登记备案手续,擅自转租房屋的,租赁行为无效,没收非法所得,并可处以罚款。

4) 行政拘留。这是特定行政机关对违法的公民在短期内剥夺其人身自由的一种处罚,应由县级或县级以上的公安机关依法决定并施行。

5) 许可证处罚。许可证处罚是指领取许可证的主体行为违法,视情节轻重,依据该许可证的法规的具体处罚规定给予降级、吊销、没收或撤销等处罚处理。许可证是一种国家行政管理机关认可的资格。根据现行法律法规的规定,需要取得许可证的情形较多,如房地产预售须领取"房屋预售许可证",房屋租赁须领取"房屋租赁许可证",物业服务企业须领取"物业管理资质等级证书",停车场管理须领取"停车场管理许可证"等。

6) 停止营业。这是物业管理行政主管部门因物业服务企业有严重违法行为,致使管理混乱,不能维持正常生产、经营活动,而命令其停业整顿的行政处罚。

6.3.3.3 物业管理刑事法律责任

物业管理刑事责任是指行为人在物业管理活动中严重违反物业管理法律、法规,给国家、集体、个人的财产或生命健康造成严重损害,情节严重,触犯国家刑事法律规定的,而依法必须承担的刑法上不利的后果。

刑事责任是制裁或后果最为严厉的法律责任。承担刑事责任的方式是刑事处罚,主要有两类：主刑与附加刑。主刑包括管制、拘役、有期徒刑、无期徒刑、死刑，附加刑主要包括罚金、没收财产和剥夺政治权利。另外因刑事责任能力（如年龄）、不可抗力、正当防卫、紧急避险、职务行为等抗辩事由，刑事责任可以减轻或免除。在物业管理法律责任中确定刑事责任的目的就在于从根本上确保物业管理秩序符合社会主义市场经济秩序的要求，以强有力的方式保证物业管理活动的正常进行。

在物业管理活动中，通常自然人所涉及的刑事责任主要有：妨害对公司、企业的管理秩序罪，危害税收征管罪，玩忽职守罪，贪污罪，受贿罪等；法人犯罪主要涉及的刑事责任有偷税罪、逃税罪、商业贿赂罪等。由于刑事法律责任实行"法无明文不为罪"原则，即刑法第三条之规定："法律没有明文规定为犯罪行为的，不得定罪处刑。"所以一般在物业管理法规中不规定对物业法律关系主体的刑事责任，例如《天津市物业管理条例》第七十四条规定："与物业管理有关的行政管理部门及其工作人员滥用职权、玩忽职守、徇私舞弊的，由其所在单位或者上级主管部门给予行政处分；构成犯罪的，依法追究刑事责任。"这里追究刑事责任所依据的准据法，不再是《天津市物业管理条例》本身，而是《中华人民共和国刑法》。

我国《物业管理条例》第六十三条规定："违反本条例的规定，挪用专项维修资金的，由县级以上地方人民政府房地产行政主管部门追回挪用的专项维修资金，给予警告，没收违法所得，可以并处挪用数额2倍以下的罚款；物业服务企业挪用专项维修资金，情节严重的，并由颁发资质证书的部门吊销资质证书；构成犯罪的，依法追究直接负责的主管人员和其他直接责任人员的刑事责任。"第六十八条规定："业主以业主大会或者业主委员会的名义，从事违反法律、法规的活动，构成犯罪的，依法追究刑事责任；尚不构成犯罪的，依法给予治安管理处罚。"第六十九条规定："违反本条例的规定，国务院建设行政主管部门、县级以上地方人民政府房地产行政主管部门或者其他有关行政管理部门的工作人员利用职务上的便利，收受他人财物或者其他好处，不依法履行监督管理职责，或者发现违法行为不予查处，构成犯罪的，依法追究刑事责任；尚不构成犯罪的，依法给予行政处分。"

通过学习，可知本章开篇案例中所涉及的法律问题，为物业管理中的民事法律责任。《物业管理条例》明确的规定：物业管理企业未能履行物业服务合同的约定，导致业主人身、财产安全受到损害的，应当依法承担相应的法律责任。本案被告物业服务企业在履行物业管理合同的过程中，存在着小区围墙有可供人员来往的缺口、小区门岗无人看守、保安人员未按时巡逻等严重违约行为。因此，根据过错责任原则，被告物业服务企业因存在主观过错与实际违约行为，应当承担相应民事赔偿责任。赔偿原告张某丧葬费、误工费等实际发生的经济损失，但不包括精神损害赔偿。

根据《最高人民法院关于审理人身伤害案件若干问题的解释》第六条规定：从事住宿、餐饮、娱乐等经营活动或者其他社会活动的自然人、法人、其他组织，未尽合理限度范围内的安全保障义务致使他人遭受人身损害，赔偿权利人请求其承担相应赔偿责任的，人民法院应予支持。因第三人侵权导致损害结果发生的，由实施侵权行为的第三人承担赔偿责任。安全保障义务人有过错的，应当在其能够防止或者制止损害的范围内承担相应的补充赔偿责任。安全保障义务人承担责任后，可以向第三人追偿。因此，物业服务企业可在对张某进行了民事赔偿之后，向犯罪嫌疑人杨某某进行追偿。

复习思考题

1. 简述法律责任的概念特征。
2. 简述物业管理法律责任的构成。
3. 简述物业管理法律责任的规则类型。
4. 简述物业管理民事法律责任。
5. 简述物业管理行政法律责任。
6. 简述物业管理刑事法律责任。

下篇 情境教学

情境 1 物业管理项目进入

【学习目的与要求】
物业管理项目进入是一个完整物业管理活动过程的开始,掌握物业服务企业进入项目的相关法律规定对物业管理工作的开展和推进至关重要。本章主要通过《中华人民共和国招标投标法实施条例》及《物业管理条例》相关内容,使学生了解物业管理项目进入的方式,重点掌握物业管理招投标的流程与法律规定的一系列禁止行为。

【引入案例】
罗某是某房地产开发企业副经理,负责公司开发项目的前期物业管理招标。2014年初,罗某与物业服务企业经理方某因业务往来而相识。2015 年 1 月,罗某负责公司一项高档别墅住宅项目前期物业管理招标,方某找到罗某,要求其协助自己所在的物业服务企业中标,并承诺事成之后向其支付介绍费,同时在日后的物业管理过程中,把日常管理的一部分工作转包给罗某的朋友运营。罗某答应了方某的要求,随后在招标过程中进行暗箱操作:指定了某公司做招标代理,以便方某中标;在投标资格审查阶段,故意剔除了部分符合资质的应标企业;在项目最高限价公布前,把它泄露给了方某。最终,方某所在物业服务企业中标。

请思考:方某所在的物业服务企业此次中标是否有效?该企业能否进入物业管理项目?为什么?

1.1 物业管理项目进入概述

1.1.1 物业管理项目进入的概念

物业管理项目进入作为一个完整物业管理工作流程的第一步,是指开发建设单位或业主选聘物业服务企业,以签订(前期)物业服务合同为前提,经过对物业的承接查验,从而对物业开展管理服务的活动。

1.1.2 我国物业管理项目进入的现状

20 世纪 80 年代初,我国物业管理基本上处于谁开发谁管理的状况,主要表现为开发建设单位将开发项目的物业管理工作直接交付给下属物业服务企业承担管理。1994 年,深圳首次在国内尝试通过招投标方式选聘物业服务企业。1996年12月9日，天津市"摩托罗拉公寓"通过《天津日报》向社会公开招标选择物业服务单位，在公开招投标方面进行了首次尝试。1999年，建设部在深圳召开全国第三次物业管理工作会，推广深圳通过招投标选择物业服务企业的经验后，物业管理招投标的试点工作在全国一些大城市逐步兴起。2000年，深圳市下发了《关于加强物业管理招投标管理工作的通知》，就深圳市在物业管理招投标过程中遇到的一些问题进行了规范。2001年，上海市出台了《上海市居住物业管理招投标暂行规定》，第一次系统地对物业管理招投标过程进行了规范，为物业服务企业有序进入市场打下了基础。

2000年1月1日，《中华人民共和国招标投标法》正式实施。2003年6月，国家建设部颁布实施了《前期物业管理招标投标管理暂行办法》，2003年9月1日，国务院《物业管理条例》颁布实施。《条例》明确规定，住宅物业的建设单位应当通过招投标的方式选聘具有相应资质的物业服务企业。国务院《物业管理条例》的出台，从国家立法层面，对建立和完善社会化、专业化、市场化的物业管理运行机制，推动物业管理市场化进程，监督物业服务企业规则有序进入市场，起到了强有力的推动作用。根据各地实际情况，全国一些物业管理起步较早的省、市也相应出台了一些规范性文件来规范物业管理招投标工作。2003年9月，天津市出台了《天津市物业管理招标投标管理办法》，并在全国率先成立了"天津市物业管理招投标服务中心"，为物业服务企业、开发建设单位和广大业主搭建了进入市场的平台。2003年12月，《北京市物业管理招投标办法》正式实施。2004年12月，《成都市物业管理招标投标暂行办法》正式实施。2012年7月24日，上海市颁布《上海市物业管理招投标管理办法》。2011年11月30日，国务院第183次常务会议通过了《中华人民共和国招标投标法实施条例》，为进一步规范物业管理项目进入机制奠定了坚实的法律基础。

1.1.3 规范物业管理项目进入的意义

尽管近年来我国在立法和政策层面上对物业管理项目进入进行了一系列的规范，但现阶段物业管理市场化的程度仍处于发展阶段，各地区发展不均衡、企业运作行为不规范等原因，使得物业管理项目进入相关法律法规在实践中并未得到全面贯彻落实。因此，将有序的竞争机制引入物业管理工作，规范物业管理项目进入机制，对构建公平有序的物业管理市场机制有着重要意义。

1.1.3.1 有利于业主更好地维护自身合法权益

目前，由于我国物业管理项目进入机制尚未建立健全，导致项目进入阶段的矛盾与纠纷频繁出现。特别是小区业主大会成立之后，重新选聘了物业服务企业，而前期物业服务企业以合同未到期为由不肯撤出的情况频频出现，严重影响了业主的正常生活。因此，建立健全规范的物业管理项目进入机制，有助于减少物业服务企业进入物业管理项目时的矛盾冲突，更好地维护业主的合法权益。

1.1.3.2 有利于规范物业服务企业竞争行为，营造公平良性的竞争环境

物业管理的特征之一是市场化，而健全的物业管理项目进入机制是物业管理高度市场化的显著标志。通过法律和行政手段规范物业管理项目进入机制，可以有效地督促物业服务企业通过提高企业服务质量、打造良好社会效益、提升企业信誉度等方式参与市场竞争，在一定范围内抑制了物业服务企业选聘过程中的不正当竞争行为。

1.2 物业管理项目进入的方式

1.2.1 首次进入市场方式——前期物业管理

1.2.1.1 物业管理招投标（流程详见图1-1）

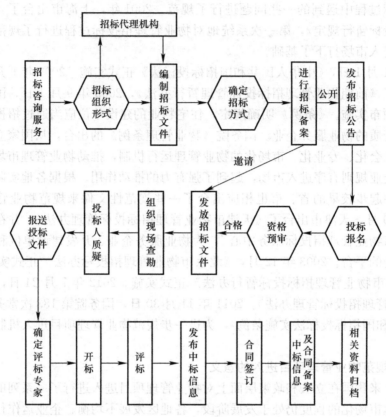

图1-1 物业管理招投标流程图

在前期物业管理阶段，通行的做法是物业服务企业通过参与开发建设单位组织招投标的方式进入项目管理服务。由于新建商品房项目的招投标是在项目取得《销售许可证》之前完成，而法律规定商品房销售及预售的必备条件之一即是已签订前期物业合同。因此，前期物业管理招投标具有一定的强制性，通常是开发建设单位选聘前期物业服务企业的一个必经程序。物业服务企业不仅可以通过前期介入，即在开发阶段依据物业服务的经验为开发建设单位提供合理化建议，而且好品牌的专业化物业服务也越来越受到业主的青睐和重视，对提升开发建设单位自身品牌，促进商品房的销售都产生了积极作用。这是开发建设单位重视选聘物业服务企业的重要原因。

（1）招标

招标由招标人依法组织实施，前期物业管理招标人是指依法进行前期物业管理招标的开发建设单位。

1）招标形式

物业管理招标分为公开招标和邀请招标。

① 公开招标

即招标人以招标公告的方式邀请不特定的物业管理企业投标。依法必须进行招标项目的招标公告，应当通过国家指定的报刊、信息网络或者其他媒体发布。这种招标方式的优点是有较大的选择范围，可在众多的投标单位之间选择报价合理、服务良好、信誉卓著的物业服务企业，也有助于开展竞争，打破垄断，促进物业服务企业努力提高管理经营水平。

② 邀请招标

即招标人以投标邀请书的方式邀请特定的物业服务企业投标。采用邀请招标方式的，应当向三个以上具备承担招标项目的能力、资信良好的特定法人或其他组织发出投标邀请书。这种招标方式可以保证投标企业有相关的资质条件和管理经验，信誉可靠。但由于招标范围有一定的局限性，有可能漏掉一些在管理上、报价上有竞争力的物业服务企业。

2) 招标文件的编制与招标项目备案

根据《前期物业管理招标投标管理暂行办法》规定，招标人应当根据物业管理项目的特点和需要，在招标前完成招标文件的编制。招标文件应包括以下内容：

① 招标人及招标项目简介，包括招标人名称、地址、联系方式、项目基本情况、物业管理用房的配备情况等；

② 物业管理服务内容及要求，包括服务内容、服务标准等；

③ 对投标人及投标书的要求，包括投标人的资格、投标书的格式、主要内容等；

④ 评标标准和评标方法；

⑤ 招标活动方案，包括招标组织机构、开标时间及地点等；

⑥ 物业服务合同的签订说明；

⑦ 其他事项的说明及法律法规规定的其他内容。

招标人应当在发布招标公告或者发出投标邀请书的10日前，提交以下材料报物业项目所在地的县级以上地方人民政府房地产行政主管部门备案：

① 与物业管理有关的物业项目开发建设的政府批件；

② 招标公告或者招标邀请书；

③ 招标文件；

④ 法律、法规规定的其他材料。

房地产行政主管部门发现招标有违反法律、法规规定的，应当及时责令招标人改正。

3) 招标程序规则

公开招标的招标人可以根据招标文件的规定，对投标申请人进行资格预审。实行投标资格预审的物业管理项目，招标人应当在招标公告或者投标邀请书中载明资格预审的条件和获取资格预审文件的办法。经资格预审后，公开招标的招标人应当向资格预审合格的投标申请人发出资格预审合格通知书，告知获取招标文件的时间、地点和方法，并同时向资格不合格的投标申请人告知资格预审结果。

招标人应当确定投标人编制投标文件所需要的合理时间。公开招标的物业管理项目，自招标文件发出之日起至投标人提交投标文件截止之日止，最短不得少于20日。

招标人对已发出的招标文件进行必要的澄清或者修改的，应当在招标文件要求提交投标文件截止时间至少15日前，以书面形式通知所有的招标文件收受人。该澄清或者修改的内容为招标文件的组成部分。

招标人根据物业管理项目的具体情况，可以组织潜在的投标申请人踏勘物业项目现场，并提供隐蔽工程图纸等详细资料。对投标申请人提出的疑问应当予以澄清并以书面形式发送给所有的招标文件收受人。

通过招标投标方式选择物业管理企业的，招标人应当按照以下规定时限完成物业管理招标投标工作：①新建现售商品房项目应当在现售前30日完成；②预售商品房项目应当在取得《商品房预售许可证》之前完成；③非出售的新建物业项目应当在交付使用前90日完成。

4) 招标禁止行为

为保证物业管理市场的公平竞争，《前期物业管理招标投标管理暂行办法》规定了以下招标禁止行为：

① 招标人不得向他人透露已获取招标文件的潜在投标人的名称、数量以及可能影响公平竞争的有关招标投标的其他情况；

② 招标人设有标底的，标底必须保密；

③ 在确定中标人前，招标人不得与投标人就投标价格、投标方案等实质内容进行谈判。

（2）投标

1) 投标文件的编制

投标人应当按照招标文件的内容和要求编制投标文件，投标文件应当对招标文件提出的实质性要求和条件做出响应。投标文件应当包括以下内容：①投标函；②投标报价；③物业管理方案；④招标文件要求提供的其他材料。

2) 投标文件的送达、补充、修改与撤回

投标人应当在招标文件要求提交投标文件的截止时间前，将投标文件密封送达投标地点。招标人收到投标文件后，应当向投标人出具标明签收人和签收时间的凭证，并妥善保存投标文件。在开标前，任何单位和个人均不得开启投标文件。在招标文件要求提交投标文件的截止时间后送达的投标文件，为无效的投标文件，招标人应当拒收。

投标人在招标文件要求提交投标文件的截止时间前，可以补充、修改或者撤回已提交的投标文件，并书面通知招标人。补充、修改的内容为投标文件的组成部分，并应当按照本办法第二十三条的规定送达、签收和保管。在招标文件要求提交投标文件的截止时间后送达的补充或者修改的内容无效。

3) 投标禁止行为

为防止投标人以非法手段骗取中标，《前期物业管理招标投标管理暂行办法》规定了以下投标禁止行为：

① 投标人不得以他人名义投标或者以其他方式弄虚作假，骗取中标；

② 投标人不得相互串通投标，不得排挤其他投标人的公平竞争，不得损害招标人或者其他投标人的合法权益；

③ 投标人不得与招标人串通投标，损害国家利益、社会公共利益或者他人的合法权益；

④ 禁止投标人以向招标人或者评标委员会成员行贿等不正当手段谋取中标。

(3) 开标

开标应当在招标文件确定的提交投标文件截止时间的同一时间公开进行。开标地点应当为招标文件中预先确定的地点。开标由招标人主持，邀请所有投标人参加。开标应当按照下列规定进行：由投标人或者其推选的代表检查投标文件的密封情况，也可以由招标人委托的公证机构进行检查并公证。经确认无误后，由工作人员当众拆封，宣读投标人名称、投标价格和投标文件的其他主要内容。招标人在招标文件要求提交投标文件的截止时间前收到的所有投标文件，开标时都应当当众予以拆封。开标过程应当记录，并由招标人存档备查。

(4) 评标

1) 评标委员会

房地产行政主管部门应当建立评标的专家名册，对进入专家名册的专家进行有关法律和业务培训，对其评标能力、廉洁公正等进行综合考评，及时取消不称职或者违法违规人员的评标专家资格。被取消评标专家资格的人员，不得再参加任何评标活动。

评标由招标人依法组建的评标委员会负责。评标委员会由招标人代表和物业管理方面的专家组成，成员为5人以上单数，其中招标人代表以外的物业管理方面的专家不得少于成员总数的2/3。评标委员会的专家成员，应当由招标人从房地产行政主管部门建立的专家名册中采取随机抽取的方式确定。与投标人有利害关系的人不得进入相关项目的评标委员会。根据《评标委员会和评标方法暂行规定》（七部委令第12号）的相关规定，评标专家应符合下列条件：从事相关专业领域工作满八年并具有高级职称或者同等专业水平；熟悉有关招标投标的法律法规并具有与招标项目相关的实践经验；能够认真、公正、诚实、廉洁地履行职责。投标人或者投标人主要负责人的近亲属，项目主管部门或者行政监督部门的人员，与投标人有经济利益关系，可能影响对投标公正评审的人员，曾因在招标、评标以及其他与招投标有关活动中从事违法行为而受过行政处罚或刑事处罚的人员不得担任评标委员会成员，且应当主动提出回避。评标委员会成员应当客观、公正地履行职责，遵守职业道德，对所提出的评审意见承担个人责任。不得与任何投标人或者与招标结果有利害关系的人进行私下接触。不得收受投标人、中介人、其他利害关系人的财物或者其他好处。评标委员会成员和与评标活动有关的工作人员不得透露对投标文件的评审和比较、中标候选人的推荐情况以及与评标有关的其他情况。

2) 评标程序

评标委员会可以用书面形式要求投标人对投标文件中含义不明确的内容作必要的澄清或者说明。投标人应当采用书面形式进行澄清或者说明，其澄清或者说明不得超出投标文件的范围或者改变投标文件的实质性内容。

在评标过程中召开现场答辩会的，应当事先在招标文件中说明，并注明所占的评分比重。评标委员会应当按照招标文件的评标要求，根据标书评分、现场答辩等情况进行综合评标。除了现场答辩部分外，评标应当在保密的情况下进行。

评标委员会应当按照招标文件确定的评标标准和方法，对投标文件进行评审和比较，并对评标结果签字确认。评标委员会经评审，认为所有投标文件都不符合招标文件要求的，可以否决所有投标。依法必须进行招标的物业管理项目的所有投标被否决的，招标人应当重新招标。

评标委员会完成评标后，应当向招标人提出书面评标报告，阐明评标委员会对各投标文件的评审和比较意见，并按照招标文件规定的评标标准和评标方法，推荐不超过 3 名有排序的合格的中标候选人。

3) 评标禁止行为

为保证评标委员会成员认真、公正、诚实、廉洁地履行职责，《前期物业管理招标投标管理暂行办法》规定了以下评标禁止行为：

① 评标委员会成员不得与任何投标人或者与招标结果有利害关系的人进行私下接触，不得收受投标人、中介人、其他利害关系人的财物或者其他好处；

② 评标委员会成员和与评标活动有关的工作人员不得透露对投标文件的评审和比较、中标候选人的推荐情况以及与评标有关的其他情况。

(5) 中标

招标人应当按照中标候选人的排序确定中标人。当确定中标的中标候选人放弃中标或者因不可抗力提出不能履行合同的，招标人可以依序确定其他中标候选人为中标人。

招标人应当在投标有效期截止时限 30 日前确定中标人。投标有效期应当在招标文件中载明。招标人应当向中标人发出中标通知书，同时将中标结果通知所有未中标的投标人，并应当返还其投标书。

招标人应当自确定中标人之日起 15 日内，向物业项目所在地的县级以上地方人民政府房地产行政主管部门备案。备案资料应当包括开标评标过程、确定中标人的方式及理由、评标委员会的评标报告、中标人的投标文件等资料。委托代理招标的，还应当附招标代理委托合同。

招标人和中标人应当自中标通知书发出之日起 30 日内，按照招标文件和中标人的投标文件订立书面合同；招标人和中标人不得再行订立背离合同实质性内容的其他协议。无正当理由不与中标人签订合同，给中标人造成损失的，招标人应当给予赔偿。

(6) 合同签订

招标人与中标人在招标书和投标书的基础上经协商，最后签订前期物业服务合同。至此，前期物业管理招投标活动宣告结束。

1.2.1.2 协议选聘

根据国务院《物业管理条例》的规定，当投标人少于 3 个或者住宅规模较小的，经物业所在地的区、县人民政府房地产行政主管部门批准，可以采用协议方式选聘具有相应资质的物业服务企业。如 2008 年天津市修订的《天津市物业管理条例》中明确规定："住宅物业建筑面积 3 万平方米以下、非住宅物业建筑面积 1 万平方米以下的，经物业所在地的区、县物业行政主管部门批准，可以采用协议方式选聘具有相应资质的物业服务企业。"

这种协议选聘物业服务企业的方式适用于那些规模相对较小、客户群体比较单一、业主意见相对容易统一的项目，实施过程简单明了，并节约相关资源，多为符合条件的项目所采用。

1.2.2 二次进入市场方式——物业管理

"二次进入"是指业主大会成立后，管理项目从前期物业管理阶段过渡到物业管理阶段，业主委员会根据业主大会的决定，选聘新的物业服务企业代替原物业服务企业对项目进行物业管理服务的活动，又称"二手物业项目"的接管。

目前，由于一些物业服务企业与开发建设不能形成真正意义上的平等合同主体关系，加上部分房地产开发建设单位派生出的物业服务企业在开发商的保护下不注重服务品质的提高，与业主的冲突逐步凸显。矛盾较深的，可能会导致业主大会重新选聘新的物业服务企业。业主大会选聘物业服务企业的方式与前期物业管理选聘物业服务企业有所不同，一般采用邀请招标或协议选聘的方式进行。但相对理性的业主大会不乏采取公开招标的方式选择如意管家。最早出现旧住宅区用招投标方式更换物业服务企业的是1996年深圳鹿丹村住宅小区，万科物业服务公司在激烈的招投标中胜出，替代了原开发商下属的企业进入管理，对打破开发商下属企业管理项目的终身制开了好头。

1.2.3 非市场化进入方式

作为社会保障的一个重要方面，近年来政府对于经济适用房和廉租房的开发建设力度逐年加大，以天津为例，截至2009年7月，建成（含在建）的政府保障性住房项目达到125个，建筑面积约1400万平方米。但是因为建筑密度、居住人群缴费意识等种种因素，一些市场化程度较高的物业服务企业担心后期管理服务难度大，影响企业的品牌建设，往往不愿意接管。在这种情况下，一些诚信度较高的大型国有物业服务企业在政府有关部门的引导下，对这些项目进行了物业管理服务，这对于缓和社会矛盾大有裨益。但是随着政府保障性住房面积的逐步增多，对从事政府保障性住房管理的物业服务企业如何在获得适当的财政补贴或减免物业管理税费等措施的前提下实现良性经营和可持续发展应当引起政府的高度重视。

与此同时，面对一些诚信缺失的物业服务企业擅自退出项目管理服务的情况，当业主大会无法组织选聘新的物业服务企业时，紧急情况下为了公共利益和社会稳定的需要，一些政府部门会指派物业服务企业临时进入项目实施管理服务。一方面这些物业服务企业会继续小区的一些常规服务，保证业主正常的生活秩序；另一方面也可以配合有关部门组织召开业主大会，成立业主委员会，为重新选聘新的物业服务企业打下基础。

通过学习，我们不难发现，分析开篇引入案例所需要的法律依据，是本章1.2.1.1物业管理招投标中所讲的招标禁止行为与投标禁止行为。《前期物业管理招标投标管理暂行办法》明确规定：招标人不得向他人透露已获取招标文件的潜在投标人的名称、数量以及可能影响公平竞争的有关招标投标的其他情况；招标人设有标底的，标底必须保密；在确定中标人前，招标人不得与投标人就投标价格、投标方案等实质内容进行谈判。同时，投标人不得与招标人串通投标，损害国家利益、社会公共利益或者他人的合法权益；禁止投标人以向招标人或者评标委员会成员行贿等不正当手段谋取中标。而开篇案例中，招标方罗某收受贿赂，打压潜在投标人，泄露标底金额，暗箱操作帮助投标方方某所在物业服务企业中标，已明显构成招标人与投标人的恶意串通，损害了其他投标人的合法权益，损害了社会公共利益。根据《中华人民共和招标投标法》第53条："投标人相互串通投标或者与招标人串通投标的，投标人以向招标人或者评标委员会成员行贿的手段谋取中标的，中标无效，处中标项目金额千分之五以上千分之十以下的罚款，对单位直接负责的主管人员和其他直接责任人员处单位罚款数额百分之五以上百分之十以下的罚款；有违法所得的，并处没收违法所得；情节严重的，取消其一年至二年内参加依法必须进行招标的项目的投标资格并予以公告，直至由工商行政管理机关吊销营业执照；构成犯罪的，依法追究刑事责任；给他人造成损失的，依法承担赔偿责任。"

因此，方某所在物业服务企业通过恶意串标所取得的中标无效，该企业不能进入物业管理项目。案例中构成犯罪的相关责任人，还应依法承担相应刑事责任。

复习思考题

1. 规范物业管理项目进入的意义有哪些？
2. 简述物业管理项目进入的方式。
3. 简述前期物业管理招投标的流程。
4. 论述《前期物业管理招标投标管理暂行办法》中对评标环节的具体规定。

情境 2 物业的承接查验

【学习目的与要求】

本章围绕着住房和城乡建设部颁布的《物业承接查验办法》中的相关规定，介绍了物业承接查验的概念、基本原则、类型、立法意义、主体、范围、条件、程序和责任等内容。在学习中希望学生能够了解物业承接查验的基本原则和立法意义，承接查验程序和争议的解决，重点掌握物业承接查验的范围、条件、类型、主体和责任，并在生活和工作中能够运用相应法律理论依据解决现实问题。

【引入案例】

2010年9月，雅致园业委会经雅致园小区业主大会选举产生，2011年2月8日在当地房屋管理局依法备案。亨通物业公司是雅致园小区开发商选聘的前期物业管理企业。2011年11月28日，雅致园小区第二次业主大会会议决定聘任一家新的物业公司。同日，雅致园业委会向亨通物业公司发函，要求亨通物业公司向业委会移交相关材料、撤管移交方案和有关设备设施运行保养、运行状况的评估报告，并要求该公司于2011年12月20日零时前撤出小区。

亨通物业公司对业委会更换物业公司存在异议，未按业委会要求移交相关材料。2011年12月19日下午，雅致园全体业委会成员和部分业主强迫亨通物业公司的工作人员撤出雅致园小区，所有的办公用品、设备设施及相关材料均锁在柜中未带出小区。

随后，雅致园业委会将亨通物业公司起诉至法院，认为亨通物业公司未按雅致园业委会通知移交资料和财务账册的行为违反了法律规定，雅致园业委会有权要求亨通物业公司移交资料和财务账册以知晓物业收支情况。

请分析：亨通物业公司是否应当向业委会移交资料？

2.1 物业承接查验概述

2.1.1 物业承接查验的概念和基本原则

物业承接查验原来称为接管验收，是指物业服务企业根据物业服务合同的约定，在承接物业前，对新建物业或原有物业按照国家、地方有关规定和行业承接查验标准，与交接人开发商、业主或业主委员会共同对物业共用部位、共用设施设备以及物业相关资料进行检查和验收的活动。

2010年住房和城乡建设部印发的《物业承接查验办法》（后简称《办法》）第二条规定："本办法所称物业承接查验，是指承接新建物业前，物业服务企业和建设单位按照国家有关规定和前期物业服务合同的约定，共同对物业共用部位、共用设施设备进行检查和验收的活动。"

物业承接查验仅限于物业共有部分，不包括业主的专有部分。重点查验物业共用部位、共用设施设备的配置标准、外观质量和使用功能,对移交的资料进行清点和核查,重点核查共用设施设备的出厂、安装、试验和运行的合格证明文件。在完成承接查验后,整个物业就移交给物业服务企业管理。

《办法》第三条明确规定,物业承接查验应当遵循诚实信用、客观公正、权责分明以及保护业主共有财产的原则。

2.1.2 物业承接查验的类型

物业承接查验的类型有两种,一种是新建物业的承接查验,另一种物业管理机构更迭时的承接查验。

新建物业的承接查验,是指承接新建物业前,物业服务企业和建设单位按照国家有关规定和前期物业服务合同的约定,共同对物业共用部位、共用设施设备进行检查和验收。

物业管理机构更迭时的承接查验,是指根据签订的物业服务合同,新接管的物业服务企业协助物业的产权单位、业主委员会与原物业服务企业,对已入住的物业共用部位、共用设施设备进行查验和接管。

2.1.3 物业承接查验的依据

物业承接查验制度是《物业管理条例》(以下简称《条例》)确定的七大基本制度之一,《条例》第二十八条规定:"物业服务企业承接物业时,应当对物业共用部位、共用设施设备进行查验。"

物业承接查验的依据分为法律依据和合同依据。

其中法律、法规依据主要是《物权法》、《合同法》、《物业管理条例》和《物业承接查验办法》以及建设工程质量法规、政策、标准和规范等。

合同依据主要是《物业买卖合同》、《前期物业服务合同》和《物业服务合同》以及物业规划设计方案、建设单位移交的图纸资料等。

2.1.4 物业承接查验的意义

物业的承接查验是物业服务企业接管物业前必不可少的环节,其工作质量对以后的物业管理服务至关重要。

现阶段,我国实行物业承接查验制度具有以下的现实意义:

2.1.4.1 物业服务企业在承接物业项目时对共用部位、共用设施设备以及档案资料认真清点验收,各方共同确认交接内容和结果,有利于明确各方的责、权、利,对维护建设单位、业主和物业服务企业的正当权益,避免矛盾纠纷,都具有重要的保障作用。

2.1.4.2 实现物业承接查验制度,可以督促建设单位根据规划设计标准和售房约定,重视物业共用部位、共用设施设备的建设,对提高建设质量,保障业主财产权益具有重要意义。

2.1.4.3 实行物业承接查验制度,可以弥补前期物业管理期间业主大会缺位的弊端,加强物业建设与物业管理的衔接,保障开展物业管理的必要条件。而在新老物业服务企业交接时进行承接查验,有利于界定物业共用部位、共用设施设备的管理责任。

2.1.5 物业承接查验与竣工验收的区别

竣工验收是指建设工程竣工后,开发建设单位会同设计单位、施工单位、监理单位及工程质量管理部门等对房地产项目是否符合规划设计要求及建筑施工质量、设备安装质量进行全面检查验收。只有项目竣工验收合格后,才能移交给物业服务企业进行管理。物业承接查验是物业服务企业在承接物业时对物业共用部位、共用设施设备的配置标准、外观质量和使用功能的再检验，而非物业共用部位、共用设施设备的内在质量和安全性能的确认。

因此物业承接查验和工程竣工验收有以下三个不同。

2.1.5.1 目的不同

工程竣工验收的目的是确认物业项目工程质量是否合格，能否交付使用，取得进入物业产品市场的资格；而物业承接查验的目的主要在于分清各方责任，维护各方利益，减少矛盾和纠纷，以利于业主使用和物业管理顺利进行。

2.1.5.2 参与的主体不同

工程竣工验收是物业的建设单位将开发建设的物业项目工程交由政府主管部门或行业管理单位进行质量验收。而物业承接查验是前期物业服务合同双方当事人，在利益第三人业主参与并接受房地产行政主管部门监督下进行的。

2.1.5.3 对象不同

物业承接查验是对物业共用部位、共用设施设备的接管查验。工程竣工验收是对项目是否符合规划设计要求以及建筑施工和设备安装质量进行全面检验。

2.2 物业承接查验的主体、范围和条件

2.2.1 物业承接查验的主体

2.2.1.1 新建物业承接查验的法律主体

交验方：物业的开发建设单位。

承接方：物业服务企业。

2.2.1.2 物业管理机构更迭时承接查验的法律主体

交验方：业主或业主委员会。

承接方：新选聘的物业服务企业。

2.2.2 物业承接查验的范围

《办法》第十六条规定了物业承接查验的范围。物业服务企业应当对下列物业共用部位、共用设施设备进行现场检查和验收。

(1) 共用部位：一般包括建筑物的基础、承重墙体、柱、梁、楼板、屋顶以及外墙、门厅、楼梯间、走廊、楼道、扶手、护栏、电梯井道、架空层及设备间等；

(2) 共用设备：一般包括电梯、水泵、水箱、避雷设施、消防设备、楼道灯、电视天线、发电机、变配电设备、给水排水管线、电线、供暖及空调设备等；

(3) 共用设施：一般包括道路、绿地、人造景观、围墙、大门、信报箱、宣传栏、路灯、排水沟、渠、池、污水井、化粪池、垃圾容器、污水处理设施、机动车（非机动车）停车设施、休闲娱乐设施、消防设施、安防监控设施、人防设施、垃圾转运设施以及物业服务用房等。

2.2.3 物业承接查验的条件

实施承接查验的物业，应当具备以下条件：（一）建设工程竣工验收合格，取得规划、消防、环保等主管部门出具的认可或者准许使用文件，并经建设行政主管部门备案；（二）

供水、排水、供电、供气、供热、通信、公共照明、有线电视等市政公用设施设备按规划设计要求建成，供水、供电、供气、供热已安装独立计量表具；（三）教育、邮政、医疗卫生、文化体育、环卫、社区服务等公共服务设施已按规划设计要求建成；（四）道路、绿地和物业服务用房等公共配套设施按规划设计要求建成，并满足使用功能要求；（五）电梯、二次供水、高压供电、消防设施、压力容器、电子监控系统等共用设施设备取得使用合格证书；（六）物业使用、维护和管理的相关技术资料完整齐全；（七）法律、法规规定的其他条件。

2.3 物业承接查验的程序

《办法》第十三条规定，物业承接查验按照下列程（图2-1）序进行。

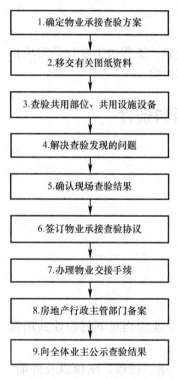

图2-1 物业承接查验流程图

2.3.1 确定物业承接查验方案

物业服务企业制订承接查验实施方案，能够让承接查验工作按步骤有计划地实施。物业服务企业与建设单位确定承接查验的日期、进度安排；要求建设单位在承接查验之前提供移交物业详细清单、建筑图纸、相关单项或综合验收证明材料；派出技术人员到物业现场了解情况，为承接查验做好准备工作。

2.3.2 移交有关图纸资料

现场查验20日前，建设单位应当向物业服务企业移交下列资料：（一）竣工总平面图，单体建筑、结构、设备竣工图，配套设施、地下管网工程竣工图等竣工验收资料；（二）共用设施设备清单及其安装、使用和维护保养等技术资料；（三）供水、供电、供气、供热、通信、有线电视等准许使用文件；（四）物业质量保修文件和物业使用说明文件；（五）承接查验所必需的其他资料。

未能全部移交前款所列资料的，建设单位应当列出未移交资料的详细清单并书面承诺补交的具体时限。

物业服务企业应当对建设单位移交的资料进行清点和核查，重点核查共用设施设备出厂、安装、试验和运行的合格证明文件。

2.3.3 查验共用部位、共用设施设备

物业服务企业应当对下列物业共用部位、共用设施设备进行现场检查和验收：

2.3.3.1 共用部位：一般包括建筑物的基础、承重墙体、柱、梁、楼板、屋顶以及外墙、门厅、楼梯间、走廊、楼道、扶手、护栏、电梯井道、架空层及设备间等；

2.3.3.2 共用设备：一般包括电梯、水泵、水箱、避雷设施、消防设备、楼道灯、电视天线、发电机、变配电设备、给水排水管线、电线、供暖及空调设备等；

2.3.3.3 共用设施：一般包括道路、绿地、人造景观、围墙、大门、信报箱、宣传栏、路灯、排水沟、渠、池、污水井、化粪池、垃圾容器、污水处理设施、机动车（非机

动车）停车设施、休闲娱乐设施、消防设施、安防监控设施、人防设施、垃圾转运设施以及物业服务用房等。

建设单位应当依法移交有关单位的供水、供电、供气、供热、通信和有线电视等共用设施设备，不作为物业服务企业现场检查和验收的内容。

现场查验应当综合运用核对、观察、使用、检测和试验等方法，重点查验物业共用部位、共用设施设备的配置标准、外观质量和使用功能。

现场查验应当形成书面记录。查验记录应当包括查验时间、项目名称、查验范围、查验方法、存在问题、修复情况以及查验结论等内容，查验记录应当由建设单位和物业服务企业参加查验的人员签字确认。

2.3.4 解决查验发现的问题

现场查验中，物业服务企业应当将物业共用部位、共用设施设备的数量和质量不符合约定或者规定的情形，书面通知建设单位，建设单位应当及时解决并组织物业服务企业复验。

2.3.5 确认现场查验结果

建设单位应委派专业人员参与现场查验，与物业服务企业共同确认现场查验结果，签订物业承接查验协议。

2.3.6 签订物业承接查验协议

物业承接查验协议应当对物业承接查验基本情况、存在问题、解决方法及其时限、双方权利和义务、违约责任等事项作出明确规定。物业承接查验协议作为前期物业服务合同的补充协议，与前期物业服务合同具有同等法律效力。

2.3.7 办理物业交接手续

建设单位应当在物业承接查验协议签订后10日内办理物业交接手续，向物业服务企业移交物业服务用房以及其他物业共用部位、共用设施设备。

物业承接查验协议生效后，当事人一方不履行协议约定的交接义务，导致前期物业服务合同无法履行的，应当承担违约责任。

交接工作应当形成书面记录。交接记录应当包括移交资料明细、物业共用部位、共用设施设备明细、交接时间、交接方式等内容。交接记录应当由建设单位和物业服务企业共同签章确认。

分期开发建设的物业项目，可以根据开发进度，对符合交付使用条件的物业分期承接查验。建设单位与物业服务企业应当在承接最后一期物业时，办理物业项目整体交接手续。

物业承接查验费用的承担，由建设单位和物业服务企业在前期物业服务合同中约定。没有约定或者约定不明确的，由建设单位承担。

物业服务企业应当自物业交接后30日内，持前期物业服务合同、临时管理规约、物业承接查验协议、建设单位移交资料清单、查验记录、交接记录和其他承接查验有关的文件向物业所在地的区、县（市）房地产行政主管部门办理备案手续。

建设单位和物业服务企业应当将物业承接查验备案情况书面告知业主。

物业承接查验可以邀请业主代表以及物业所在地房地产行政主管部门参加，可以聘请相关专业机构协助进行，物业承接查验的过程和结果可以公证。

物业服务企业应当将承接查验有关的文件、资料和记录建立档案并妥善保管。物业承接查验档案属于全体业主所有。前期物业服务合同终止，业主大会选聘新的物业服务企业的，原物业服务企业应当在前期物业服务合同终止之日起10日内，向业主委员会移交物业承接查验档案。

2.4 物业承接查验的责任

物业交接后，建设单位未能按照物业承接查验协议的约定，及时解决物业共用部位、共用设施设备存在的问题，导致业主人身、财产安全受到损害的，应当依法承担相应的法律责任。物业交接后，发现隐蔽工程质量问题，影响房屋结构安全和正常使用的，建设单位应当负责修复；给业主造成经济损失的，建设单位应当依法承担赔偿责任。

自物业交接之日起，物业服务企业应当全面履行前期物业服务合同约定的、法律法规规定的以及行业规范确定的维修、养护和管理义务，承担因管理服务不当致使物业共用部位、共用设施设备毁损或者灭失的责任。

建设单位应当按照国家规定的保修期限和保修范围，承担物业共用部位、共用设施设备的保修责任。建设单位可以委托物业服务企业提供物业共用部位、共用设施设备的保修服务，服务内容和费用由双方约定。

建设单位不得凭借关联关系滥用股东权利，在物业承接查验中免除自身责任，加重物业服务企业的责任，损害物业买受人的权益。

建设单位不得以物业交付期限届满为由，要求物业服务企业承接不符合交用条件或者未经查验的物业。物业服务企业擅自承接未经查验的物业，因物业共用部位、共用设施设备缺陷给业主造成损害的，物业服务企业应当承担相应的赔偿责任。建设单位与物业服务企业恶意串通、弄虚作假，在物业承接查验活动中共同侵害业主利益的，双方应当共同承担赔偿责任。

物业承接查验活动，业主享有知情权和监督权。物业所在地房地产行政主管部门应当及时处理业主对建设单位和物业服务企业承接查验行为的投诉。

建设单位、物业服务企业未按《办法》履行承接查验义务的，由物业所在地房地产行政主管部门责令限期改正；逾期仍不改正的，作为不良经营行为记入企业信用档案，并予以通报。

建设单位不移交有关承接查验资料的，由物业所在地房地产行政主管部门责令限期改正；逾期仍不移交的，对建设单位予以通报，并按照《物业管理条例》第五十九条的规定处罚。

2.5 物业承接查验争议的解决

物业承接查验中发生的争议，可以申请物业所在地房地产行政主管部门调解，也可以委托有关行业协会调解。物业承接查验相关法律主体在承接查验中发生的争议也可以通过仲裁或者诉讼等其他方法解决。

本情境的引入案例争议焦点为亨通物业公司是否应当向雅致园业委会移交资料。根据相关规定，在物业服务企业承接新建物业时，建设单位应当向前期物业服务企业移交竣工验收资料；设施设备的安装、使用和维护保养资料；物业质量保修文件和物业使用说明文件等资料，而这些资料在前期物业服务合同终止时，则应当移交给业主委员会。《物业承接查验办法》还规定了物业服务企业应当自物业交接后 30 日内向物业所在地的区、县（市）房地产行政主管部门办理备案手续；建设单位和物业服务企业应当将物业承接查验备案情况书面告知业主。结合本案例该物业服务企业在办理了承接查验本案手续后未及时向业主进行公示承接查验的结果，导致业主对小区中的公用设施设备的情况不了解。

《物业承接查验办法》规定：物业承接查验档案属于全体业主所有。前期物业服务合同终止，业主大会选聘新的物业服务企业的，原物业服务企业应当在前期物业服务合同终止之日起 10 日内，向业主委员会移交物业承接查验档案。亨通物业公司在合同制止后不安置移交资料是违反相关规定的。

本案中，没有明确说明开发商是否移交资料。如果开发商不按时移交资料的，按照《物业承接查验办法》规定：建设单位不移交有关承接查验资料的，由物业所在地房地产行政主管部门责令限期改正；逾期仍不移交的，对建设单位予以通报，并按照《物业管理条例》第五十九条的规定处罚。

如果开发商移交了资料，亨通物业公司在承接新的物业雅致园小区时，已经从开发商处接受了相关资料。在雅致园小区业主决定终止前期物业服务合同时，作为前期物业服务企业，亨通物业公司就应当将相关资料依法进行移交，而不是拖延不走，并拒绝移交资料。

2.6 典型案例分析

【案例一】

案情简介：某新物业服务企业通过招投标入住某小区后，在管理过程中，有不少业主反映下水道堵塞。新物业服务企业请来疏通人员检查后发现，整个小区都存在类似的问题需要进行大的疏通，但由于老物业服务企业在承接时没有将下水管道的图纸移交过来，影响了业主的正常使用。

这样的问题该怎么解决？

分析：《物业管理条例》第 28 条规定："物业服务企业承接物业服务企业时，应当对物业服务企业共用部位、共用设施设备进行查验。"这就明确了物业服务企业必须依法对承接物业服务企业进行查验工作。

当前业主往往因为开发建设单位遗留的建筑质量问题与物业服务企业之间发生纠纷，而承接查验是物业服务企业进行前期物业管理中的一个重要环节。通过承接查验可以明确开发建设单位与物业服务企业双方的权利和责任，可以及时发现物业服务企业竣工验收后和业主入住前的房屋质量问题并及时向开发建设单位提出，监督其进行整改。这样不仅能有效防止因此所产生的物业服务企业使用和管理纠纷，同时物业服务企业也可以根据掌握的验收资料，制订有效的管理措施和维修计划，为今后的日常物业管理工作创造良好的条件。

【案例二】

案情简介：市民杨洋住的小区，前期物业服务企业即将期满。小区业主委员会筹备小组征求业主意见后，准备聘请新的物业服务企业。此事备受小区业主关注。杨洋说，自入住以来，业主不知道小区内具体的物业服务企业档案包括什么内容。这次更换物业服务企业，很多业主希望能详细地了解小区路灯、建筑物的基础等小区公共部分、设施的资料。

分析：不只是杨洋，很多小区业主都不了解，或者很少关心小区物业服务企业的档案。业主入住后，一旦小区的公共设施、部位等出了问题，因维修不及时导致的物业管理纠纷时有发生，遭遇开发建设单位和物业服务企业"扯皮"的事也就不可避免。《办法》的实施，则可避免开发建设单位和物业服务企业踢皮球。按规定，物业承接查验档案属于全体业主所有，业主享有知情权和监督权。前期物业服务企业服务合同终止，新旧物业服务企业更替时，业主大会选聘新的物业服务企业的，原物业服务企业应当在前期物业服务企业服务合同终止之日起10日内，向业主委员会移交物业承接查验档案。

开发建设单位要在物业服务企业交付使用15日前，和物业服务企业完成承接查验。在查验工作开始之前20天，开发建设单位就得把竣工验收材料、设备清单、保修文件等资料移交给物业服务企业。物业服务企业应当对物业服务企业共用部位、共用设施设备进行现场检查和验收。同时双方要签订协议，对基本情况、存在问题、解决方法及其时限、双方权利义务、违约责任等事项作出明确约定。交接产生的费用，由开发建设单位和物业服务企业在前期物业服务企业服务合同中约定，没有约定或者约定不明确的，由开发建设单位承担。

复习思考题

1. 什么是物业的承接查验？
2. 物业承接查验的主要依据有哪些？
3. 需要承接查验的物业应当具备哪些条件？
4. 承接查验的程序是什么？
5. 安居房地产开发公司开发的乐业住宅小区，由甲物业服务企业承担前期物业管理。业主于2006年9月开始入住，2008年5月该小区召开首次业主大会会议，选举产生了业主委员会，并按照业主大会决议选聘了乙物业服务企业。业主委员会与乙物业服务企业签订了物业服务合同，合同于2008年9月1日零时生效。业主委员会以书面形式通知甲物业服务企业应于2008年9月1日前办理完成物业承接查验手续。甲物业服务企业收到业主委员会书面通知后，安排了该小区管理服务人员退场，但以部分业主欠缴物业服务费为由，拒绝移交相应的物业管理资料，拒不配合业主委员会对物业的承接查验工作。2009年9月19日，顶层的15户业主发现房间天花板漏雨，于是联名要求乙物业服务企业无偿修复。乙物业服务企业称这是因甲物业服务企业管理不善所致，应由甲物业服务企业负责修缮。之后，乙物业服务企业不再受理业主有关该问题的投诉。

问：
(1) 上述15户业主的天花板是否应由乙物业服务企业负责无偿修复？
(2) 乙物业服务企业的做法是否妥当？
(3) 甲物业服务企业拒绝移交的理由是否成立？为什么？
(4) 乙物业服务企业应如何进行物业的承接查验？

情境 3 入住和装修

【学习目的与要求】

入住与装修管理是物业管理前期服务中重要的基础工作,也是物业服务的难点和重点之一。与前期介入等物业管理工作不同的是,物业入住与装修管理服务政策性强、涉及面广、管理难度大,容易导致物业服务企业与业主(或物业使用人)之间发生矛盾和冲突。本章主要从物业的入住和装修管理程序入手,重点介绍在入住装修服务环节中的各项法律法规。在学习中要熟悉物业入住服务时各方主体的责任,掌握装饰装修的一般规定和禁止行为,能够运用法律规定解决实际问题。

【引入案例】

王先生买了一套商品住宅,可是在接收房屋准备入住时,物业服务企业告诉他,需要办理一系列手续,其中包括装修申报手续。王先生非常不解:房子是自己买的,为什么自己装修自己的住房,还要先向物业管理公司申报呢?

请思考:入住前装修房屋,是否一定要向物业公司申请?

3.1 入 住

3.1.1 入住的概念

入住是指建设单位将已具备使用条件的物业交付给业主并办理相关手续,同时物业服务企业为业主办理物业服务事务手续的过程。

入住过程涉及建设单位、物业服务企业以及业主。入住的完成意味着物业正式进入试用阶段,物业管理服务活动全面展开。

在房地产开发和物业管理服务实践中,物业入住操作的模式有多种形式。第一种形式是以建设单位为主体,由物业服务企业相配合的作业模式。此模式的核心内容是,建设单位具体负责向业主移交物业并办理相关手续,如业主先到建设单位确认相关购房手续、业主身份、验收物业、提交办理房产证的资料、开具物业购买正式发票、逐项验收其名下物业的各个部分、领取钥匙等。在此基础上,物业服务企业再继续办理物业服务相关手续,如领取物业服务资料、缴纳相关费用等。第二种形式是建设单位将入住工作委托给物业服务企业,由物业服务企业代为办理入住手续。这种情况多出现于物业服务早期和前期介入较深,物业建设单位楼盘较多、人力资源不足,物业建设单位与物业服务企业系上下级单位,以及其他建设单位和物业服务企业协商认为必要的情况等等。无论采用何种入住操作模式,物业入住运作的准备、内容、程序等都是一致的,但建设单位和物业服务企业各自的职责不同。从物业移交的角度而言,入住的实质均是建设单位向业主交付物业的行为,建设单位应承担相关法律责任和义务,物业服务企业只是具体办理相关手续。物业服务企业由此正式建立与业主的服务与被服务关系,应借此机会宣传物业管理法规、政策和临时管理规约等，让业主充分了解物业服务企业提供的各项服务，为物业服务工作顺利开展创造条件。

3.1.2 入住流程

3.1.2.1 确认。业主持购房合同、入住通知书等进行登记确认。

3.1.2.2 房屋验收。填写《业主入住房屋验收表》，建设单位和业主核对无误后签章确认。建设单位陪同业主一起验收其名下的物业，登记水、电、气表起始数，根据房屋验收情况、购房合同双方在《业主入住房屋验收表》上签字确认。对于验收不合格的部分，建设单位及时进行修复、质量返修等工作。待修复后再次组织业主进行验收，若发现重大质量问题，可暂不发放钥匙。

如果由物业服务企业代办交房手续的，物业服务企业工程人员陪同业主一起验收其名下的物业，登记水、电、气表起始数，根据房屋验收情况、购房合同双方在《业主入住房屋验收表》上签字确认。对于验收不合格的部分，物业服务企业应协助业主敦促建设单位进行修复、质量返修等工作，待修复后再次组织业主进行验收。若发现重大质量问题，可暂不发放钥匙。

3.1.2.3 产权代办手续。提供办理产权的相关资料，缴纳办理产权证所需费用，一般由建设单位承办。

3.1.2.4 建设单位开具证明。业主持此证明到物业服务企业继续办理物业入住手续。

3.1.2.5 签署相关文件。业主和物业服务企业签署物业服务的相关文件，如车位管理协议、装修管理协议等。

3.1.2.6 交纳费用。交纳入住当月物业服务及其他相关费用。建设单位或物业服务企业根据收费标准向业主、用户收取当期物业服务费及其他相关费用，并开具相应票据给业主、用户。

3.1.2.7 领取资料。领取提供给业主的相关文件资料，如《住宅质量保证书》、《住宅使用说明书》、《业主手册》等。

3.1.2.8 填写业主登记表。填写业主基本信息。

3.1.2.9 领取钥匙。

3.1.2.10 资料存档。业主办理入住相关资料存档。

业主入住手续办理完结之后，物业服务企业应将相关资料归档。业主物业验收以及其他手续办理完结之后，物业服务企业应及时将已办理入住手续的房间号码和业主姓名通知门卫，并及时将各项业主、用户资料归档，妥善保管，不得将信息泄露给无关人员。入住流程如图3-1。

3.1.3 建设单位的物业保修责任

《物业管理条例》第三十一条规定，建设单位应当按照国家规定的保修期限和保修范围，承担物业的保修责任。

建设单位的物业保修责任是指建设单位有对物业竣工验收后，建筑工程的质量不符合工程建设强制性标准以及合同约定的质量缺陷，予以保证修复的责任。

3.1.3.1 保修范围

应当包括地基基础工程、主体结构工程、屋面防水工程和其他土建工程，以及电气管线、上下水管线的安装工程，供热、供冷系统工程等项目。

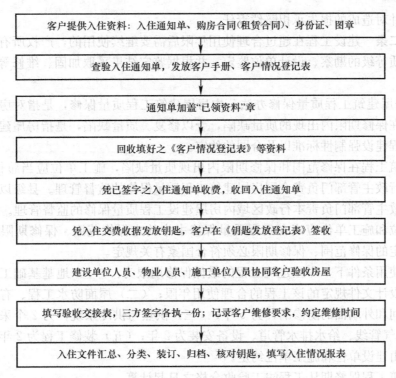

图 3-1 入住流程图

3.1.3.2 保修期限

不同的工程有不同的保修期限,根据规定分别从 2 年到 5 年不等。

3.1.3.3 保修主体:施工单位。

3.1.3.4 相关规定

(1)《建筑法》第六十二条规定了建筑工程实行质量保修制度。

建筑工程的保修范围应当包括地基基础工程、主体结构工程、屋面防水工程和其他土建工程,以及电气管线、上下水管线的安装工程,供热、供冷系统工程等项目;保修的期限应当按照保证建筑物合理寿命年限内正常使用,维护使用者合法权益的原则确定。具体的保修范围和最低保修期限由国务院规定。

(2)《建筑工程质量管理条例》第六章规定了建设工程质量保修制度。

第三十九条 建设工程实行质量保修制度。

建设工程承包单位在向建设单位提交工程竣工验收报告时,应当向建设单位出具质量保修书。质量保修书中应当明确建设工程的保修范围、保修期限和保修责任等。

第四十条 在正常使用条件下,建设工程的最低保修期限为:(一)基础设施工程、房屋建筑的地基基础工程和主体结构工程,为设计文件规定的该工程的合理使用年限;(二)屋面防水工程、有防水要求的卫生间、房间和外墙面的防渗漏,为 5 年;(三)供热与供冷系统,为 2 个采暖期、供冷期;(四)电气管线、给水排水管道、设备安装和装修工程,为 2 年。其他项目的保修期限由发包方与承包方约定。建设工程的保修期,自竣工验收合格之日起计算。

第四十一条 建设工程在保修范围和保修期限内发生质量问题的,施工单位应当履行保修义务，并对造成的损失承担赔偿责任。

第四十二条 建设工程在超过合理使用年限后需要继续使用的，产权所有人应当委托具有相应资质等级的勘察、设计单位鉴定，并根据鉴定结果采取加固、维修等措施，重新界定使用期。

（3）《房屋建筑工程质量保修办法》中房屋建筑工程质量保修，是指对房屋建筑工程竣工验收后在保修期限内出现的质量缺陷，予以修复。质量缺陷，是指房屋建筑工程的质量不符合工程建设强制性标准以及合同的约定。

房屋建筑工程在保修范围和保修期限内出现质量缺陷，施工单位应当履行保修义务。国务院建设行政主管部门负责全国房屋建筑工程质量保修的监督管理。县级以上地方人民政府建设行政主管部门负责本行政区域内房屋建设工程质量保修的监督管理。

建设单位和施工单位应当在工程质量保修书中约定保修范围、保修期限和保修责任等，双方约定的保修范围、保修期限必须符合国家有关规定。

在正常使用条件下，房屋建筑工程的最低保修期限为：（一）地基基础工程和主体结构工程，为设计文件规定的该工程的合理使用年限；（二）屋面防水工程、有防水要求的卫生间、房间和外墙面的防渗漏，为 5 年；（三）供热与供冷系统，为 2 个采暖期、供冷期；（四）电气管线、给水排水管道、设备安装为 2 年；（五）装修工程为 2 年。其他项目的保修期限由建设单位和施工单位约定。

房屋建筑工程保修期从工程竣工验收合格之日起计算。

3.2 物业的装饰装修管理

3.2.1 物业装饰装修概述

随着我国经济的持续快速发展和住房制度改革的不断深入，人们生活水平的日益提高，生活居住环境普遍受到重视。居民个人拥有房屋的比例越来越高，物业室内装饰装修的改动越来越大，随意拆改房屋主体结构的现象日趋严重，有的使房屋存在安全隐患，有的甚至造成事故。针对这些情况，为加强住宅室内装饰装修管理，保证装饰装修工程质量和安全，维护公共安全和公众利益，国家建设部 2002 年制定了《住宅室内装饰装修管理办法》（建设部 110 号令）等一系列规范，提出了装饰装修活动必须保证建筑物结构和使用安全，规范了家庭居室装饰装修行为。

随着物业管理市场的日益活跃，房屋的交易活动日益频繁，人们对居住环境的改善，住宅装饰装修活动已不仅仅局限于新建的物业的装饰装修，对原有住房装饰装修活动也越来越多，所以装饰装修的管理伴随物业的整个生命周期。所以对装饰装修的管理显得尤为重要。

物业装饰装修是指为使物业的建筑物、构筑物的内外空间达到一定的环境质量要求，使用装饰装修材料，对建筑物、构筑物外表和内部进行修饰处理的专门工程建设活动。

装饰装修房屋是业主的权利，但是这一权利的行使应该以不损害他人利益和社会公共利益为前提。在一个存在多业主的物业管理区域内，业主装饰装修房屋的行为有可能会对其他业主造成影响。例如，装修噪声可能会影响相邻业主的生活和休息；破坏房屋承重结构的装修行为会对其他业主的人身和财产安全构成威胁；不及时清运装修垃圾会破坏小区环境等等。

国务院建设行政主管部门归口管理全国的建筑装饰装修工作，县级以上地方人民政府建设行政主管部门管理本行政区域内的建筑装饰装修工作。

3.2.2 住宅室内装饰装修管理

为了加强住宅室内装饰装修管理，保证装饰装修工程质量和安全，维护公共安全和公众利益，建设部于2002年2月26日经第53次部常务会议讨论通过发布《住宅室内装饰装修管理办法》（建设部110号令），自2002年5月1日起施行。在城市从事住宅室内装饰装修活动，实施对住宅室内装饰装修活动的监督管理，应当遵守该办法。

住宅室内装饰装修，是指住宅竣工验收合格后，业主或者住宅使用人（以下简称装修人）对住宅室内进行装饰装修的建筑活动。

住宅室内装饰装修应当保证工程质量和安全，符合工程建设强制性标准。国务院建设行政主管部门，负责全国住宅室内装饰装修活动的管理工作。省、自治区人民政府建设行政主管部门，负责本行政区域内的住宅室内装饰装修活动的管理工作。直辖市、市、县人民政府房地产行政主管部门，负责本行政区域内的住宅室内装饰装修活动的管理工作。

3.2.2.1 住宅室内装饰装修的一般规定

（1）住宅室内装饰装修活动，禁止下列行为：（一）未经原设计单位或者具有相应资质等级的设计单位提出设计方案，变动建筑主体和承重结构；（二）将没有防水要求的房间或者阳台改为卫生间、厨房间；（三）扩大承重墙上原有的门窗尺寸，拆除连接阳台的砖、混凝土墙体；（四）损坏房屋原有节能设施，降低节能效果；（五）其他影响建筑结构和使用安全的行为。上述规定中的建筑主体，是指建筑实体的结构构造，包括屋盖、楼盖、梁、柱、支撑、墙体、连接接点和基础等。

上述规定中的承重结构，是指直接将本身自重与各种外加作用力系统地传递给基础地基的主要结构构件和其连接接点，包括承重墙体、立杆、柱、框架柱、支墩、楼板、梁、屋架、悬索等。

（2）装修人从事住宅室内装饰装修活动，未经批准，不得有下列行为：（一）搭建建筑物、构筑物；（二）改变住宅外立面，在非承重外墙上开门、窗；（三）拆改供暖管道和设施；（四）拆改燃气管道和设施。

其中搭建建筑物、构筑物和改变住宅外立面，在非承重外墙上开门、窗的行为，应当经城市规划行政主管部门批准；拆改供暖管道和设施行为，应当经供暖管理单位批准；拆改燃气管道和设施行为应当经燃气管理单位批准。

（3）住宅室内装饰装修超过设计标准或者规范增加楼面荷载的，应当经原设计单位或者具有相应资质等级的设计单位提出设计方案。

（4）改动卫生间、厨房间防水层的，应当按照防水标准制订施工方案，并做闭水试验。

（5）装修人经原设计单位或者具有相应资质等级的设计单位提出设计方案变动建筑主体和承重结构的，或者装修活动涉及搭建建筑物、构筑物；改变住宅外立面，在非承重外墙上开门、窗；拆改供暖管道和设施；拆改燃气管道和设施；住宅室内装饰装修超过设计标准，或者规范增加楼面荷载的及改动卫生间、厨房间防水层的；必须委托具有相应资质的装饰装修企业承担。

（6）装饰装修企业必须按照工程建设强制性标准和其他技术标准施工，不得偷工减料，确保装饰装修工程质量。应当遵守施工安全操作规程，按照规定采取必要的安全防护和消防措施，不得擅自动用明火和进行焊接作业，保证作业人员和周围住房及财产的安全。

（7）装修人和装饰装修企业从事住宅室内装饰装修活动，不得侵占公共空间，不得损害公共部位和设施。

3.2.2.2 住宅室内装饰装修协议

装修人，或者装修人和装饰装修企业，应当与物业管理单位签订住宅室内装饰装修管理服务协议。住宅室内装饰装修管理服务协议应当包括下列内容：（一）装饰装修工程的实施内容；（二）装饰装修工程的实施期限；（三）允许施工的时间；（四）废弃物的清运与处置；（五）住宅外立面设施及防盗窗的安装要求；（六）禁止行为和注意事项；（七）管理服务费用；（八）违约责任；（九）其他需要约定的事项。装饰装修流程如图3-2所示。

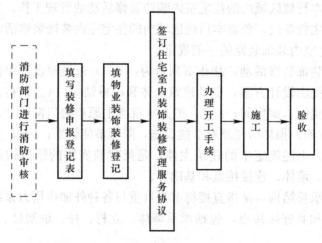

图 3-2 装饰装修流程

3.2.2.3 住宅室内装饰装修的开工申报与监督

（1）开工申报

装修人在住宅室内装饰装修工程开工前，应当向物业服务企业或者房屋管理机构（以下简称物业管理单位）申报登记。非业主的住宅使用人对住宅室内进行装饰装修，应当取得业主的书面同意。申报登记应当提交下列材料：（一）房屋所有权证（或者证明其合法权益的有效凭证）；（二）申请人身份证件；（三）装饰装修方案；（四）变动建筑主体或者承重结构的，需提交原设计单位或者具有相应资质等级的设计单位提出的设计方案；（五）涉及搭建建筑物、构筑物；改变住宅外立面，在非承重外墙上开门、窗；拆改供暖管道和设施；拆改燃气管道和设施行为的；需提交有关部门的批准文件；涉及住宅室内装饰装修超过设计标准或者规范增加楼面荷载的及改动卫生间、厨房间防水层的行为的，需提交设计方案或者施工方案；（六）委托装饰装修企业施工的，需提供该企业相关资质证书的复印件。

此外，非业主的住宅使用人，还需提供业主同意装饰装修的书面证明。

对于装修人的开工申报，物业管理单位应当将住宅室内装饰装修工程的禁止行为和注意事项告知装修人和装修人委托的装饰装修企业。装修人对住宅进行装饰装修前，应当告知邻里。

对于非住宅物业，在业主或租户递交的计划及图纸未得到装修管控方及消防主管部门审核批准前，业主或租户不允许开始装修施工。

(2) 工程的监督

物业服务企业应当按照住宅室内装饰装修管理服务协议实施管理，发现装修人或者装饰装修企业有住宅室内装饰装修活动禁止行为的，或者未经有关部门批准实施搭建建筑物、构筑物，改变住宅外立面，在非承重外墙上开门、窗，拆改供暖管道和设施，拆改燃气管道和设施行为的，或者有违反《住宅室内装饰装修管理办法》(住房和城乡建设部110号令)中第七条、第八条、第九条规定行为的，应当立即制止；已造成事实后果或者拒不改正的，应当及时报告有关部门依法处理。对装修人或者装饰装修企业违反住宅室内装饰装修管理服务协议的，追究违约责任。

有关部门接到物业服务企业关于装修人或者装饰装修企业有违反本办法行为的报告后，应当及时到现场检查核实，依法处理。物业管理单位在进行监督时，禁止向装修人指派装饰装修企业或者强行推销装饰装修材料。装修人不得拒绝和阻碍物业服务企业依据住宅室内装饰装修管理服务协议的约定，对住宅室内装饰装修活动的监督检查。

任何单位和个人对住宅室内装饰装修中出现的影响公众利益的质量事故、质量缺陷以及其他影响周围住户正常生活的行为，都有权检举、控告、投诉。

3.2.2.4 委托与承接

承接住宅室内装饰装修工程的装饰装修企业，必须经建设行政主管部门资质审查，取得相应的建筑业企业资质证书，并在其资质等级许可的范围内承揽工程。装修人委托企业承接其装饰装修工程的，应当选择具有相应资质等级的装饰装修企业。装修人与装饰装修企业应当签订住宅室内装饰装修书面合同，明确双方的权利和义务。

住宅室内装饰装修合同应当包括下列主要内容：(一)委托人和被委托人的姓名或者单位名称、住所地址、联系电话；(二)住宅室内装饰装修的房屋间数、建筑面积，装饰装修的项目、方式、规格、质量要求以及质量验收方式；(三)装饰装修工程的开工、竣工时间；(四)装饰装修工程保修的内容、期限；(五)装饰装修工程价格，计价和支付方式、时间；(六)合同变更和解除的条件；(七)违约责任及解决纠纷的途径；(八)合同的生效时间；(九)双方认为需要明确的其他条款。

3.2.2.5 室内环境质量

装饰装修企业从事住宅室内装饰装修活动，应当严格遵守规定的装饰装修施工时间，降低施工噪声，减少环境污染。住宅室内装饰装修过程中所形成的各种固体、可燃液体等废物，应当按照规定的位置、方式和时间堆放和清运。严禁违反规定将各种固体、可燃液体等废物堆放于住宅垃圾道、楼道或者其他地方。住宅室内装饰装修工程使用的材料和设备必须符合国家标准，有质量检验合格证明和有中文标识的产品名称、规格、型号、生产厂厂名、厂址等。禁止使用国家明令淘汰的建筑装饰装修材料和设备。装修人委托企业对住宅室内进行装饰装修的，装饰装修工程竣工后，空气质量应当符合国家有关标准。装修人可以委托有资格的检测单位对空气质量进行检测。检测不合格的，装饰装修企业应当返工，并由责任人承担相应损失。

3.2.2.6 竣工验收与保修

住宅室内装饰装修工程竣工后，装修人应当按照工程设计合同约定和相应的质量标准进行验收。验收合格后，装饰装修企业应当出具住宅室内装饰装修质量保修书。物业服务企业应当按照装饰装修管理服务协议进行现场检查，对违反法律、法规和装饰装修管理服务协议的，应当要求装修人和装饰装修企业纠正，并将检查记录存档。

住宅室内装饰装修工程竣工后，装饰装修企业负责采购装饰装修材料及设备的，应当向业主提交说明书、保修单和环保说明书。

在正常使用条件下，住宅室内装饰装修工程的最低保修期限为两年，有防水要求的厨房、卫生间和外墙面的防渗漏为五年。保修期自住宅室内装饰装修工程竣工验收合格之日起计算。

3.2.3 住宅室内装饰装修的法律责任

3.2.3.1 因住宅室内装饰装修活动造成相邻住宅的管道堵塞、渗水漏水、停水停电、物品毁坏等，装修人应当负责修复和赔偿；属于装饰装修企业责任的，装修人可以向装饰装修企业追偿。装修人擅自拆改供暖、燃气管道和设施造成损失的，由装修人负责赔偿。

3.2.3.2 装修人因住宅室内装饰装修活动侵占公共空间，对公共部位和设施造成损害的，由城市房地产行政主管部门责令改正，造成损失的，依法承担赔偿责任。

3.2.3.3 装修人未申报登记进行住宅室内装饰装修活动的，由城市房地产行政主管部门责令改正，处500元以上1000元以下的罚款。

3.2.3.4 装修人违反规定，将住宅室内装饰装修工程委托给不具有相应资质等级企业的，由城市房地产行政主管部门责令改正，处500元以上1000元以下的罚款。

3.2.3.5 装饰装修企业自行采购或者向装修人推荐使用不符合国家标准的装饰装修材料，造成空气污染超标的，由城市房地产行政主管部门责令改正，造成损失的，依法承担赔偿责任。

3.2.3.6 住宅室内装饰装修活动有下列行为之一的，由城市房地产行政主管部门责令改正，并处罚款：

（1）将没有防水要求的房间或者阳台改为卫生间、厨房间的，或者拆除连接阳台的砖、混凝土墙体的，对装修人处500元以上1000元以下的罚款，对装饰装修企业处1000元以上1万元以下的罚款；

（2）损坏房屋原有节能设施或者降低节能效果的，对装饰装修企业处1000元以上5000元以下的罚款；

（3）擅自拆改供暖、燃气管道和设施的，对装修人处500元以上1000元以下的罚款；

（4）未经原设计单位或者具有相应资质等级的设计单位提出设计方案，擅自超过设计标准或者规范增加楼面荷载的，对装修人处500元以上1000元以下的罚款，对装饰装修企业处1000元以上1万元以下的罚款。

3.2.3.7 未经城市规划行政主管部门批准，在住宅室内装饰装修活动中搭建建筑物、构筑物的，或者擅自改变住宅外立面，在非承重外墙上开门、窗的，由城市规划行政主管部门按照《城市规划法》及相关法规的规定处罚。

3.2.3.8 装修人或者装饰装修企业违反《建设工程质量管理条例》的，由建设行政主管部门按照有关规定处罚。

3.2.3.9 装饰装修企业违反国家有关安全生产规定和安全生产技术规程，不按照规定采取必要的安全防护和消防措施，擅自动用明火作业和进行焊接作业的，或者对建筑安全事故隐患不采取措施予以消除的，由建设行政主管部门责令改正，并处1000元以上1万元以下的罚款；情节严重的，责令停业整顿，并处1万元以上3万元以下的罚款；造成重大安全事故的，降低资质等级或者吊销资质证书。

3.2.3.10 物业服务企业发现装修人或者装饰装修企业有违反规定的行为不及时向有关部门报告的，由房地产行政主管部门给予警告，可处装饰装修管理服务协议约定的装饰装修管理服务费2至3倍的罚款。

3.2.3.11 有关部门的工作人员接到物业服务企业对装修人或者装饰装修企业违法行为的报告后，未及时处理，玩忽职守的，依法给予行政处分。

对于引入案例中提出的问题，我们可以从以下几个方面来考虑。

第一，自己的房屋是否全部是"自己的"？或者说，不进行装修管理是否可以？

要回答这个问题，首先必须正确理解和界定住宅的共用部位和自用部位。国家有关法规规定，建筑物包括共同部位和自用部位两个部分。

建筑物共同部分主要包括楼盖、屋顶、梁、柱、内外墙体和基础等承重结构部位和外墙面、楼梯间、走廊通道、门厅、电梯厅、楼内车库等。

房屋建筑公共设施、设备包括共用的上下水管道、落水管、邮政信箱、垃圾道、烟囱、供电干线、共用照明、天线、中央空调、暖气干线、供暖锅炉房、高压水泵房、楼内消防设备、电梯等。

业主自用物业建筑物部分和自用设备是指户门以内的部位和设备，包括水、电、气户表以内的管线和自用阳台等。

由此可见，即使是自己买的房子，也不是所有的部位都是自己的，还有很多部位是同一栋楼全体业主所共有、共用的，对于全体业主所共有、共用的部位，单个的业主显然没有权力去进行改变的。

第二，住宅小区临时管理规约或管理规约是否已经规定装修管理是物业管理公司的管理内容之一？

临时管理规约或管理规约是一种物业的产权人和使用人自我约束的文件。其主要目的是反映广大业主和使用人的共同意愿，满足其共同的安全、舒适、方便等要求。但是，临时管理规约或管理规约属于协议、合约，不是法律，不能约束业主和使用人的全部行为，而只能约束因物权而产生的客观行为，其目的是为了维护物业的正常使用。

临时管理规约或管理规约对全体业主以及管理者均有约束力。临时管理规约或管理规约应在入住时要求住用人签字或在购房时要求购房人签字确认，当这些人中有半数以上的人无异议并已签字时，临时管理规约或管理规约即可生效，对于未签字的住用人也必须遵守。

第三，装修是不是不需要提前申报？

很显然，物业服务企业必须从装修设计开始就进行装修审查与管理。如果不是这样，等装修完毕才开始，装修带来的损害实际上已形成，不但很难纠正和改变，而且也给广大业主的人身和财产安全带来了威胁。所以说，住户在进行装修之前，就应提前申报，向物业服务企业申请登记，物业服务企业要将装饰装修中的禁止行为告知业主，并签订装饰装修管理服务协议，这就是通常我们说的"双告知和一个协议"。而物业管理公司则必须从装修方案的审查开始就着手装修管理工作，以确保整个装修工程在规定范围内，并保护毗邻房产、结构安全、公共设施、卫生环境等。

3.3 典型案例分析

【案例一】

案情简介：2005年，某小区业主反映，小区项目部在未经业主同意的前提下，派人员进入其尚在装修的房屋内，将业主自行安装的窗框拆除并拿走，安装部位的外墙在拆除的同时也遭到破坏。业主认为：小区项目部虽出具了整改通知书，但无权擅自闯入私人住宅强行拆除，这种行为严重侵害了业主的利益，项目部人员缺乏最基本的法律常识。同时业主要求小区项目部对该事件给其造成的损失进行赔偿。

注：

1. 经有关部门认定，业主安装的窗框为违章搭建的构筑物；
2. 小区物业项目部之前已向业主发出《违约行为整改通知书》，但业主表示拒不整改。

分析：（1）小区项目部有没有对业主在装修过程中的行为进行必要管理的责任？

作为《物业服务合同》内约定的一项管理服务的内容，物业服务企业有责任对业主在装修过程中的行为进行监督管理。

首先，小区项目部应当审查业主的装修方案，将住宅装修工程的禁止行为和注意事项通过《住宅装修须知》的形式告知业主和业主委托的装修公司，并与业主签订《住宅装修管理服务协议》，如不得损坏房屋承重结构和破坏房屋外貌，改变房屋外部颜色；应考虑楼层楼板承载力；不影响毗邻房屋的安全使用；不影响其他业主的正常使用等。

其次，小区项目部应当按照协议，加强对日常装修现场的巡视和检查，监督业主或装修公司履行装修协议条款内容。如果发现业主或者装修公司有违反协议的行为，小区项目部应当及时制止，已造成事实后果或者拒不改正的，应当及时报告有关部门依法处理。

最后，装修完毕，小区项目部应当进行现场验收，凡有违反装修协议的行为，应要求业主或装修公司恢复或赔偿。

（2）小区项目部是否应对业主的违约行为承担管理不善的责任？

物业服务企业应当按照《物业服务合同》约定，履行相应的服务职责。但是，物业服务企业是一个民事主体而非行政管理机关，是不能采取强制措施的，它所能做的仅仅是在发现问题时向业主及使用人提出改进意见，而不能直接采取行政制裁手段。因此，只要小区项目部向业主提出了整改意见，应当说就已尽到了依装饰装修管理服务协议和物业服务合同而履行的义务，对于业主的违约行为物业服务企业不承担责任。但是，如果物业服务企业根本没有履行监督管理职责，没有能够及时发现问题并提出建议，也没有及时告知有关部门或业主委员会，物业服务企业就违背了《前期物业服务合同》、《物业管理服务合同》和《装饰装修管理服务协议》中的约定，此时应当承担相应的违约责任。

综上可知，本案中业主违章搭建的行为影响了小区这个整体商品的整体外观，且没履行对业主自身行为规范的约定，物业服务企业是有必要对其进行监管和限制的；但物业服务企业是没有进到室内进行强行拆除的权力的，物业服务企业拆除窗框的做法，超越了其管理权限，且不利于矛盾的解决。物业服务企业应把握好尺度，使用较为委婉的方法，融管理于服务中，设法得到业主的理解与支持。

【案例二】

王某与苏某将一辆别克车停在了距苏某居住的楼栋外阳台面墙体竖面侧不足1米处。未料，苏某家楼层阳台面墙皮突然脱落，将王某的车砸损。事发当日，王某便找到苏某家要求解决问题，后经协商，王某与苏某之母赵某签订了关于修车相关事宜的协议书。但后因协议赔偿未果，双方诉讼到法院，王某诉请苏某及其母赵某赔偿经济损失2.1万余元。法院受理该案后，应二被告的申请，追加该房屋的原房主田某及事发小区的物业服务企业为共同被告。

庭审中，原告王某变更诉讼要求，要求四被告共同承担赔偿责任。苏某当庭表示，愿在合理范围内赔偿王某，其余三被告则均不同意赔偿。

原审法院认为，公民、法人由于过错侵害国家的、集体的财产，侵害他人财产、人身的，应当承担民事责任。苏某是造成损害事实发生的房屋所有权人，具有财产损害赔偿的赔偿主体资格，因此对损害事实应承担主要的民事赔偿责任。

关于苏某提出的发生损害事实的房屋阳台是原房主田某自行封闭，苏某取得该房屋所有权时附着物存在，作为具有小区物业管理职能的被告物业服务企业亦未尽告知或提示义务，所以应由田某及物业服务企业共同承担赔偿责任的主张。因田某已于2004年8月将房屋卖与苏某，且在房屋转移过程中，房屋的附送物随房屋一同发生了转移，田某虽没有对苏某释明阳台自行封闭的部分，但苏某亦未对转移前的房屋现状提出异议。因财产权从财产交付时起转移，故苏某要求田某共同承担赔偿责任的主张没证据证实，法院不予支持。

被告物业服务企业作为事故发生地的小区物业服务部门，对该小区负有管理责任，应当对业主入住时的房屋装饰、装修进行监督管理，对不符合安全要求和影响公共利益的应当阻止，并责令限期改正。由于其对原房主田某自行封闭阳台的行为采取了放任态度，在物业服务企业合同续签后仍未对不符合物业管理规定的行为予以规范，故被告物业服务企业对事故发生负有管理不当的次要责任。

此外，王某虽在小区内居住，但所停车位置并不是小区物业服务企业规定的停车位置，所以，王某本人亦负有次要责任，应承担相应的车损损失。据此，法院做出如下判决：苏某承担主要责任，赔偿车主1.5万元，物业服务企业承担次要责任，赔偿4314元。

收到判决后，被告物业服务企业不服，提起上诉。上诉法院经审理认为，原审判决认定事实清楚，适用法律正确，遂判决驳回上诉，维持原判。

分析：本案所涉及物业管理问题应该是物业管理中的装修管理。在装修管理中，对业主装修的房屋有违反规定的地方一定要有书面整改通知，在规劝整改无效时要保留证据并书面上报主管机关。

复习思考题

1. 什么是物业的入住？
2. 简述物业入住的手续。

3. 建设单位的物业保修责任中的保修范围包括什么？
4. 室内装饰装修应注意哪些事项？
5. 子雅小区一位业主在装修时，向物业服务企业多次提出更改室内一根大梁的要求。其理由是此梁占用室内空间又不美观，并表示自己的朋友是位高级建筑师，已经计算了有关参数，设计出了图纸。

对于此业主的要求，该物业服务企业给予了回绝，并根据相关法律规定耐心进行解释和说服。然而，这位业主就是听不进去、态度固执，在三番五次要求都未得到同意的情况下，强硬表示，"不管你们同不同意，我都要改"。

你认为，业主的做法合理吗？

情境 4　物业日常管理服务

【学习目的与要求】

物业日常管理服务是提高物业服务质量的重要方面。本情境主要从物业管理服务的内涵、投诉的处理、共用设施设备的使用维护和秩序、绿化、清洁卫生等各项服务方面介绍物业日常管理服务，涉及物业修缮养护、环境卫生、绿化、秩序维护、消防、车辆和道路的管理等相关规定。在学习中，学生能理解物业的环境和安全对物业管理的重要性，提高解决问题的能力。

【引入案例】

杨先生是温馨小区里的一个业主，前不久，他看到小区里的一块花园荒废了，就把那块地开辟成菜地种些蔬菜供自己日常食用。最近，小区重新聘请了物业服务企业，物业服务企业想把这块地重新恢复成花园，就找杨先生要求他把菜地里的菜处理掉。杨先生不同意，称自己是小区的业主，有权使用这块地。因此，杨先生不肯退地，业委会和物业服务企业对此事不知该如何处理。

请分析：荒废花园，业主能占用种菜吗？

4.1　日常管理服务一

4.1.1　物业管理服务

4.1.1.1　物业管理服务的含义

所谓物业管理服务，就是人们对一个特定的物业进行的经营管理服务的活动。从物业效用的角度而言，任何能够增加物业效用，使物业保值和增值的活动，都是物业管理服务。这是广义的物业管理服务。狭义的物业管理服务是《物业管理条例》中所界定的概念。《条例》第二条明确规定，物业管理是指业主通过选聘物业服务企业，由业主和物业服务企业按照物业服务合同约定，对房屋、配套的设施设备和相关场地进行维修、养护、管理、维护相关区域内的环境卫生和秩序的活动。

对狭义的物业管理服务的概念的理解，要注意以下三点：

（1）物业管理服务是由业主通过选聘物业服务企业的方式来实现的活动；

（2）物业管理服务活动的基础是物业服务合同；

（3）物业管理服务的内容是对物业进行维修、养护、管理，对相关区域内的环境卫生和秩序进行维护。

4.1.1.2　物业管理服务的内容

物业管理服务，是物业管理的内容及其本质体现。其内容主要包括物业服务合同约定的内容和物业服务合同约定之外的内容。

(1) 物业服务合同约定的内容

概括而言，物业服务合同约定有两方面的内容：一是房屋及其配套设施设备和相关场地的维修、养护、管理；二是相关区域内的环境卫生和秩序的维护。具体而言，主要包括：房屋共用部位的维修、养护与管理服务；房屋公共设施设备的维修、养护与管理服务；物业管理区域内共用设施设备的维修、养护与管理服务；物业管理区域内的环境卫生与绿化管理服务；物业管理区域内公共秩序、消防、交通等协管事项服务；物业装饰装修管理服务；物业档案资料管理服务；专项维修资金的代管服务。合同约定的服务实质就是常规性的公共服务。

(2) 物业服务合同约定外的内容

为了增强业主的亲和力和认同感及自身创收增效，物业服务企业通常会提供合同外的服务，主要包括延伸性的专项服务、随机性的特约服务、委托性的代办服务。

延伸性的专项服务。物业服务企业在履行常规性服务时建立了相应单项服务组织机构。如工程维修部在满足为业主提供房屋及设备设施、共同共有部分和共用部分的相关维修、养护、管理服务外，还可以利用其服务的优势为业主提供专有部分的土建维修、装饰工程、家电维修、车辆保管、室内清洁等。延伸性专项服务必须符合相关的法律法规执行。有些项目按照相关的法律法规的规定实行政府指导价收费，有些项目则由业主和物业服务企业协商执行市场调节价。

特约服务。物业服务企业为了满足业主或使用人特别需要受其委托提供的随机性个别服务，这类服务范围非常广泛，如房屋代管，家庭护理和接送小孩，代收与分送报纸、杂志及信件，代换煤气，代送鲜花等。特约服务项目是有偿服务，其收费是由业主与物业公司协商确定。

委托性代办服务。物业服务企业受公用事业等单位的委托而提供的有偿服务，如代收水电煤气及供热费用、代收各种公用事业费等。物业服务企业提供这类服务，不得向业主收取手续费。

4.1.2 投诉的处理

4.1.2.1 投诉的概念

物业管理服务是于服务、管理、经营为一体的服务性行业，而作为服务性行业的物业服务企业要想杜绝业主住户投诉是完全不可能的。企业做得很出色，业主住户不一定会赞扬，而一旦企业做得不够好，业主就一定会投诉。

什么是投诉呢？投诉是指业主和物业使用人在使用物业或享受服务的过程中，由于对设施设备运行、毗邻关系以及服务质量、服务态度等产生不满情绪或抱怨，而提请物业服务企业解决处理，或者直接向有关主管部门反映的行为。

处理投诉，是物业服务企业日常管理与服务工作的一项重要任务，也是与业主直接交流与沟通的最佳方式。

投诉的方式有面谈、来电来访、来函和其他方式。

4.1.2.2 投诉的处理程序

认真对待物业管理中的投诉问题，是物业服务企业防范和解决物业管理纠纷的基础工作。为了处理好物业管理中的投诉问题，物业服务企业要设立专门部门或机构、确定专人、公布电话，做到24小时有人值班，在提高服务及时性上下工夫，把问题解决在萌芽状态。投诉处理机制方面,应"谁受理,谁跟进,谁回复",并且还要有一定的时间限制。

规范的物业管理服务投诉处理程序涉及接诉、处理和回复三个过程:

(1) 物业管理服务投诉的接诉

在物业管理服务投诉的接诉方面,物业服务企业可以设立投诉电话,受理投诉电话负责人在受理任何投诉的时候,应首先告知对方自己的部门及姓名(工号),要热情受理,正确引导并认真记录投诉的具体事项,如投诉的时间、地点、事由,耐心解答业主关于物业管理服务方面的疑问。受理投诉电话负责人还要根据不同的投诉性质,如是否是普通投诉、特殊或紧急投诉等采取相应的跟进处理方式,包括转到有关部门核实处理,或者是立即反映给当值的负责人,甚至直接向总经理汇报,以便及时、正确地处理。

物业管理投诉的接诉还可以通过设立投诉信箱的形式处理。投诉信箱应有专人管理,及时处理信箱中的投诉信件。另外,物业服务企业还可以在网上设立投诉频道,以更加方便、及时和更广泛地接受业主及业主组织的投诉。

(2) 物业管理服务投诉的处理

物业服务企业在处理投诉时一定要及时。普通投诉的处理一般不超过一个工作日,特殊投诉的处理一般不超过三个工作日。各部门负责人在处理完投诉以后,及时将处理的情况,反馈给有关管理部门,以便确认和统计。

物业服务企业在处理投诉时,应本着"耐心细致、公平公正、实事求是、依法合理"的原则。首先需要耐心听取或记录业主的投诉,不当面解释或反驳业主的意见,以免加剧对立情绪,甚至产生冲突。其次要对业主的遭遇或不幸,表示歉意或同情,让业主心理得以平衡,拉近与业主的心理距离。再次要站在"公平、公正、合理、互谅"的立场上向业主及业主组织提出处理意见,满足业主的合理要求。最后要感谢业主及业主组织的意见和建议,并及时督促相关部门处理业主及业主组织的有关投诉。

(3) 物业管理服务投诉的回复

当业主投诉的问题得到解决以后,有关具体责任人应尽快以电话或信函等形式反馈给投诉方。业主口头投诉可以电话回复,一般应不超过一个工作日;业主来函投诉则应回函答复,一般不超过三个工作日。回复业主可以向业主表明其投诉已得到重视,或者已经妥善处理。及时回复业主的投诉,不仅表明对业主投诉的重视,而且可以显示物业服务企业的工作时效。

4.2 日常管理服务二

4.2.1 物业设备管理

物业设备管理是指物业服务企业对物业中主体构造以外的附属于建筑物的各类设备的管理活动。物业设备管理水平的好坏,直接关系到人们正常的生活、工作或从事的其他活动能否顺利进行。物业设备的完善程度、合理程度、先进程度,标志着物业管理水平的高低,同时也决定了物业的使用价值和商业价值。

为加强物业设备的管理,国家先后颁布了一系列技术规范和技术标准,主要包括建设部1990年《从事电梯安装、维修业务的企业资质条件》、1992年的《关于提高电梯质量的若干规定》、1995年的《关于加强电梯管理的暂行规定实施细则》、1994年建设部、国家经济贸易委员会、国家技术监督局联合发布的《关于加强电梯管理的暂行规定》及2006年建设部印发的《电梯应急指南》等一系列规范性文件。

4.2.1.1 物业设备的概念

物业设备是附属于建筑的各类设备的总称，它是构成房屋建筑实体的不可分割的有机组成部分，是发挥物业功能和实现物业价值的物质基础和必要条件。现代化城市的发展，使人们对房屋建筑及附属设备的功能要求期望值更高，同时也对房屋设备的维修和管理提出了更高的要求。从物业管理的角度看，物业设备配套的完备性、合理性与先进性，为人们改善房屋建筑、居住环境提供了物质基础和条件。

随着经济的发展和科技的提高，新型的物业设备种类日益增多，使用领域不断拓宽，为人们的使用提供更加优越的条件。尤其是随着一些现代化高科技设备以及综合式智能房屋的出现，使房屋建筑及附属设备向多样化、综合化的设备系统发展。这些不同种类的房屋设备装置不仅要求与建筑结构、设计与施工等相协调，而且还要求科学的管理与维修，才能使房屋建筑物达到适用、经济、舒适的要求，高效地发挥房屋建筑物为生产和生活服务的作用。

4.2.1.2 电梯运行维护管理

现行电梯管理的法律依据主要有1994年由建设部、国家经济贸易委员会、国家技术监督局联合颁发的《关于电梯管理的暂行规定》、1995年建设部《关于加强电梯管理的暂行规定实施细则》、2003年2月国务院颁布的第373号令《特种设备安全监察条例》、2006年1月建设部颁布的《电梯应急指南》、2009年5月国家质量监督检疫总局颁布的《电梯使用管理与维护保养规则》等。各地依据国家的相关规定制定颁布了各地的具体管理办法，如南京市颁布了《电梯安全条例》、深圳市颁布了《电梯维修保养安全管理规定》、辽宁省和广东省颁布了《电梯安全管理办法》、天津市颁布了《电梯安全监督管理办法》等。

物业服务企业负责电梯的运行维护管理。在承接查验时，物业服务企业应做好电梯的相关资料的验收、电梯现场运行验收和相关资料的存档工作。在日常的服务管理中，物业服务企业的主要职责是加强电梯的日常运行和维护管理。

根据建设部《关于加强电梯管理的暂行规定实施细则》的规定，国家对电梯管理实行"一条龙"管理制度。"一条龙"管理制度就是把电梯制造、安装、维修等三个环节的质量责任全部落实在电梯生产企业，并将电梯大修、改造的质量责任也置于电梯生产企业的有效控制之下。对电梯销售、安装、运行中出现的质量问题，建设行政主管部门将追究电梯生产企业的责任。

(1)《电梯准用证》制度

电梯是建筑物内部上下垂直运输的交通工具，其质量的好坏，直接关系到业主的安全。如因电梯运行不正常而发生的事故，必定是涉及人身伤亡的重大事故。国家为了保护公共利益的安全，用强制行政许可的手段建立《电梯准用证》制度，以确保合格电梯投入运行。

在《关于加强电梯管理的暂行规定实施细则》中规定：电梯安装后，由安装单位出具电梯产品质量检测报告，交电梯使用单位。使用单位向建设行政主管部门提出验收，经建设行政主管部门验收合格后，发给全国统一的《电梯准用证》。未取得《电梯准用证》的电梯不可使用。

《电梯准用证》由住房和城乡建设部统一印制。各省、自治区、直辖市和各计划单列市建设行政主管部门要明确《电梯准用证》的发放机关，由专人签发，加盖专用章。《电梯准用证》自发放之日起，一年内有效。

(2) 电梯使用、保修和维修

电梯投入运行前，电梯生产企业或被委托代理企业应对电梯使用单位的电梯管理人员和电梯司机讲授电梯操作方法、注意事项和安全使用知识，应对电梯司机进行上岗培训。电梯使用单位必须制定电梯使用管理制度，指定专人负责管理工作；对需配备电梯司机的电梯，应配备合格的电梯司机。新安装电梯质量保修期，从验收合格之日起，由电梯生产企业保修一年，但不超过交货后18个月。由于电梯使用单位管理使用不当所造成的损坏，由电梯使用单位负责，生产企业可予以有偿修复。

电梯维修是保证电梯长期安全正常运行的重要环节，也是电梯生产企业售后服务的主要内容。所有电梯使用单位必须与其电梯生产企业或被委托代理企业签订维修合同。

根据《机电类特种设备安装改造维修许可规则》的规定，凡从事电梯、起重机械、客运索道和大型游乐设施等机电类特种设备安装、改造、维修和电梯日常维护保养的单位，必须取得《特种设备安装改造维修许可证》，并在许可的范围内从事相应工作。电梯日常维护保养单位必须取得电梯维修的资格许可。

使用单位必须按规定在每年的年检后，凭年检合格书、维修合同书到建设行政主管部门办理下一年度的《电梯准用证》。建设行政主管部门要在一周内派检测人员实地检查，合格后，发给新一年度《电梯准用证》。

使用单位发生变化，与电梯生产企业签订合同的单位移交或转售给另一单位时，原使用单位必须负责向电梯生产企业办理维修保养合同转让手续。

电梯生产企业或被委托代理企业必须按照维修合同及时处理电梯故障与事故；每个月对电梯的所有设备至少进行一次检修；一年进行一次电梯的年检。

电梯生产企业或被委托代理企业应根据本企业电梯产品销售情况和本企业在用电梯的情况，建立维修保养网络，负责本企业新装电梯和在用电梯的维修保养工作。维修网络的维修保养人员必须严格按照生产企业的《电梯维修技术规程》、《电梯保养技术规程和检验标准》和《维修保养合同》的规定按时维修保养，逐台电梯做好维修保养记录，建档备查。

电梯维修费用原则上由负责电梯维修的企业与电梯使用单位在维修合同中协商确定。

电梯的大修、改造和更新，均按《关于加强电梯管理的暂行规定实施细则》有关电梯安装的条款执行。

4.2.1.3 给水排水设备的管理

给水排水设施的状况好坏直接影响着给水排水系统的正常运行，也直接关系着未来管理工作的难度、好坏和成败。因此，物业服务企业一定要严格执行验收接管制度。

凡新接管的物业中给水排水设备不合格的，一律不能接收。对于使用中的给水排水设备，物业服务企业要制定完善的制度进行管理。

1998年12月国家技术监督局、卫生部颁布实施的中华人民共和国国家标准《二次供水设施卫生规范》，1996年7月9日建设部、卫生部令第53号发布的《生活饮用水卫生监督管理办法》，以此为依据，各地也相应出台政策；如1997年4月颁布的《北京市生活饮用水卫生监督管理条例》，2003年8月颁布的《天津市二次供水设备管理暂行办法》、2006年颁布的《二次供水管理办法》、2008年颁布的《天津市二次供水工程技术标准》，2014年2月颁布的《上海市生活饮用水卫生监督管理办法》等。

物业服务企业在给水排水设备设施管理主要是保证设备正常运转和水质的质量，比如水箱每年清洗2次，并用相关部门做水质检验，保证饮用水的安全。

2015年3月住房和城乡建设部、国家发展与改革委员会、公安部、国家卫生和计划生育委员会四部委联合下发通知要求加强改进二次供水设施建设管理，保障"最后一公里"，水质安全不符合要求设施5年完成改造，鼓励供水企业实施专业运行维护。

为解决城镇居民二次供水存在的跑冒滴漏严重、供水服务不规范、水质二次污染风险高等突出问题，住房和城乡建设部、国家发展与改革委员会、公安部、国家卫生和计划生育委员会，要求各地加强和改进城镇居民二次供水设施建设与管理，进一步创新运营机制，多渠道解决资金来源，落实监管责任，推动形成权责明晰、管理专业、监管到位的二次供水设施建设与管理工作新格局，解决好城镇供水"最后一公里"的水质安全问题，更好地保障生活饮用水质量。

(1) 供水、用水管理

供水单位供应的饮用水必须符合国家生活饮用水卫生标准。

集中式供水单位必须取得县级以上地方人民政府卫生行政部门签发的卫生许可证。城市自来水供水企业和自建设施对外供水的企业还必须取得建设行政主管部门颁发的《城市供水企业资质证书》，方可供水。

供水单位新建、改建、扩建的饮用水供水工程项目，应当符合卫生要求，选址、设计审查和竣工验收必须有建设、卫生行政主管部门参加。

供水单位应建立饮用水卫生管理规章制度，配备专职或兼职人员，负责饮用水卫生管理工作。集中式供水单位必须有水质净化消毒设施及必要的水质检验仪器、设备和人员，对水质进行日常性检验，并向当地人民政府卫生行政部门和建设行政主管部门报送检测资料。城市自来水供水企业和自建设施对外供水的企业，其生产管理制度的建立和执行、人员上岗的资格和水质日常检测工作由城市建设行政主管部门负责管理。

直接从事供、管水的人员必须取得体检合格证后方可上岗工作，并每年进行一次健康检查。凡患有痢疾、伤寒、甲型病毒性肝炎、戊型病毒性肝炎、活动性肺结核、化脓性或渗出性皮肤病及其他有碍饮用水卫生的疾病的和病原携带者，不得直接从事供、管水工作。

直接从事供、管水的人员，未经卫生知识培训不得上岗工作。

二次供水设施选址、设计、施工及所用材料，应保证不使饮用水水质受到污染，并有利于清洗和消毒。各类蓄水设施要加强卫生防护，定期清洗和消毒。具体管理办法由省、自治区、直辖市根据本地区情况另行规定。从事二次供水设施清洗消毒的单位必须取得当地人民政府卫生行政部门的卫生许可后，方可从事清洗消毒工作。清洗消毒人员，必须经卫生知识培训和健康检查，取得体检合格证后方可上岗。

当饮用水被污染，可能危及人体健康时，有关单位或责任人应立即采取措施，消除污染，并向当地人民政府卫生行政部门和建设行政主管部门报告。

(2) 排水系统管理

2006年12月建设部发布的《城市排水许可管理办法》和2013年9月18日国务院第

24次常务会议通过《城镇排水与污水处理条例》是物业服务企业在日常排水系统的维护管理工作中的主要法律依据。各地方也根据国家相应的法律规定出台了各自的管理规范；如1996年颁布2001、2003和2006年三次修订的《上海市排水管理条例》，1998年10月颁布的《天津市城市排水管理条例》，2000年3月颁布的《海口市城市排水与污水处理管理办法》等。

国务院建设主管部门负责全国城市排水许可的监督管理。省、自治区人民政府建设主管部门负责本行政区域内城市排水许可的监督管理。直辖市、市、县人民政府负责城市排水管理的部门负责本行政区域内城市排水许可证书的颁发和管理。

排水户需要向城市排水管网及其附属设施排放污水的，应当持有关材料向所在地排水管理部门申请办理城市排水许可证书。

因城镇排水设施维护或者检修可能对排水造成影响的，城镇排水设施维护运营单位应当提前24小时通知相关排水户；可能对排水造成严重影响的，应当事先向城镇排水主管部门报告，采取应急处理措施，并向社会公告。

城镇排水与污水处理设施维护运营单位应当建立健全安全生产管理制度，加强对窨井盖等城镇排水与污水处理设施的日常巡查、维修和养护，保障设施安全运行。从事管网维护、应急排水、井下及有限空间作业的，设施维护运营单位应当安排专门人员进行现场安全管理，设置醒目警示标志，采取有效措施避免人员坠落、车辆陷落，并及时复原窨井盖，确保操作规程的遵守和安全措施的落实。相关特种作业人员，应当按照国家有关规定取得相应的资格证书。

4.2.1.4 供电系统设备管理

电能是现代社会的基本能源，电力被视为生命线的核心。住宅小区或高层楼宇要保持正常使用功能，都离不开电力的正常供应。若电力供应中断，则其他系统的工作将随之停顿。供电的可靠与安全，关系到建筑物各项功能的正常运转和使用人员的安全。因此，物业管理部门必须做好房屋供电设备的管理和维护工作，在技术上保证其正常运行，不发生事故，不间断地供电。

《物业管理条例》第52条规定供水、供电、供气、供热、通信、有线电视等单位，应当依法承担物业管理区域内相关管线和设施设备维修、养护的责任。因此，需要明确供电系统的产权分界。

（1）供电系统的产权分界

供电系统产权分界的目的是分清供电系统维护的范围和事故的责任，根据《全国供用电规则》，维护管理与产权分界规定如下：

第一，低压供电的，以供电接户线的最后支持物为分界点，支持物属供电局；

第二，10千伏及以下高压供电的，以用户墙界外或配电室前的第一断路器或进线套管为分界点，第一断路器或进线套管的维护管理责任，由双方协商确定；

第三，35千伏及以上高压供电的，以用户厂界外或用户变电站外第一基电杆为分界点，第一基电杆属供电局；

第四，采用电缆供电的，本着便于维护管理的原则，由供电局与用户协商确定；

第五，产权属于用户的线路，以分支点或以供电局变电所外第一基电杆为分界点，第一基电杆维护管理责任由双方协商确定。

(2) 供电系统设施设备管理

1) 电气检测：必须符合国家规范，进行 1 次高压设备、10 千伏设备和变压器的预防性试验，每年进行 2 次高压个人防护用品的检测。直流屏和中央信号屏 3 年进行 1 次检测。必须符合国家规范，对 10 千伏电缆进行一次检测。对内部核算用的电能表进行定期检测。

2) 配备合格的专业工程技术人员和相应数量的操作和维修电工。

3) 制定严格的供配电运行制度和电气维修保养制度，同时建立相应的检查监督机制，保证各项制度的执行。

4) 建立供配电系统技术档案。

5) 配备各种必要的工具、仪器仪表和安全防护用品、常用零配件和易损易耗等，并建立零配件供应渠道和供应商名册。

6) 定期对用电计量仪表进行检查和校验，确保用电量计量的准确性。进行用电统计分析，做好用电调度和用电计划工作。

7) 建立临时用电管理制度，对任何新增加的用电都应进行用电负荷的计算，进行合理的负荷分配，尽可能保证三相平衡，任何情况下都不允许超负荷供电。

8) 要建立火警、火灾、台风、地震等灾害时的供电预防措施。

9) 做好节约用电工作，降低损耗。

10) 限电、停电要提前 2 小时通知业主、物业使用人。

11) 电站运行建立 24 小时值班制度，发生故障时应能及时组织力量抢修、尽快恢复电力供应。

12) 对备用电源进行检查，对蓄电池充电，对备用发电机进行运行试验。

13) 无功功率和补偿工作提高功率因数，改善用电质量。

14) 做好公共用电的测算和计量统计工作，为管理服务费的收取和调整提供依据。

4.2.2 物业修缮管理

4.2.2.1 物业修缮管理的概念

物业修缮指在物业使用过程中，为了修复因自然因素或人为因素造成的物业损坏，维护和改造物业的使用功能，延长物业的使用时间而进行的各种修缮活动。与此相对应，物业修缮管理指物业管理单位根据国家对物业维修管理的有关标准和要求，对所经营管理的房屋进行维护和修缮的技术管理。物业修缮是物业管理的基础性工作，物业修缮管理是物业管理的重要环节，它在物业管理全过程中占有相当重要的地位。

物业修缮管理的范围主要是建筑物的共有部分，其目的是为了保持、恢复和提高房屋的安全性，延长房屋的使用寿命，改善或改变房屋的使用功能。

建筑物的共有部分也称住宅共用部位，建设部、财政部颁布的自 2008 年 2 月 1 日起施行的《住宅专项维修资金管理办法》中规定，住宅共用部位，是指根据法律、法规和房屋买卖合同，由单幢住宅内业主或者单幢住宅内业主及与之结构相连的非住宅业主共有的部位，一般包括：住宅的基础、承重墙体、柱、梁、楼板、屋顶以及户外的墙面、门厅、楼梯间、走廊通道等。

4.2.2.2 物业修缮管理的内容

根据有关法规、规章的规定，物业修缮管理的内容主要包括对危险房屋的管理、修缮工程质量的管理、修缮企业的资质审查管理及修缮计划管理等。

(1) 危险房屋的管理

危险房屋指结构已严重损坏或承重构件已属危险构件，随时都有可能丧失结构稳定和承载能力，不能保证居住使用安全的房屋。

以房屋的危险程度为标准，危险房屋可以划分为以下三类：整幢危房指房屋结构大部分均有不同程度的损坏，并危及整幢房屋的安全，整幢房屋随时有倒塌的可能，已无维修价值；局部危房指房屋构件大部分结构尚好，只有局部结构损坏，一旦发生事故，整幢房屋无太大影响，只要排除局部危险，就可继续安全地使用；危险点指房屋某个承重构件或某项设施损坏，但对整幢房屋结构未构成直接威胁。

住房和城乡建设部负责全国的城市危险房屋管理工作；县级以上的地方人民政府房地产行政主管部门负责本辖区的城市危险房屋管理工作。

危险房屋的治理一般包括以下内容：（一）房屋所有人应定期对其房屋进行安全检查。在暴风、雨雪季节，房屋所有人应做好排险、解危的各项准备；市、县人民政府房地产行政主管部门要加强监督检查，并在当地政府统一领导下，做好抢险救灾工作。（二）房屋所有人对房屋能解危的，要及时解危；解危暂时有困难的，应采取安全措施。（三）房屋所有人对经鉴定的危险房屋，必须按照鉴定机构的处理建议，及时加固或修缮治理；若房屋所有人拒不按照处理建议修缮治理，或使用人有阻碍行为的，房地产行政主管部门有权指定有关部门代修，或采取其他强制措施。所发生的费用由责任人承担。（四）当房屋所有人进行抢险解危需要办理各项手续时，各有关部门应给予支持及时办理，以免因延误时间而发生事故。（五）当经鉴定机构鉴定为危险房屋，并需要拆除重建时，有关部门应酌情给予政策优惠。

(2) 修缮工程质量的管理

根据《城市房屋修缮管理规定》，修缮工程质量的管理主要包括以下内容：（一）实施中修以上的房屋修缮工程时，必须向房屋所在地的有关质量监督机构办理质量监督手续，未办理质量监督手续的，不得施工。（二）实施中修以下的房屋修缮工程时，应当先进行查勘设计，并严格按照设计组织施工。当修缮工程竣工后，由房屋管理部门或者房屋所在地的县级以上地方人民政府的房地产行政主管部门依照《房屋修缮工程质量检验评定标准》，组织质量检验评定。凡检验评定不合格的，不得交付使用。（三）房屋修缮工程实行质量保修制度，这属于修缮工程交付使用后，出现的质量问题采取的补救措施。修缮工程质量保修的内容和期限，应当在工程承包合同中载明。

(3) 修缮企业的资质审查管理

根据《城市房屋修缮管理规定》，房屋修缮企业的管理机关是县级以上地方政府的房地产行政主管部门。从事房屋修缮业务的企事业单位，应向当地政府房地产行政主管部门申请办理资质登记，并按照批准的资质等级承接修缮任务。对于已取得施工企业《资质等级证书》或《资质审查证书》的单位，凡从事房屋修缮业务的，可以不另行领取资质证书，但应办理核准等级手续。

(4) 修缮计划管理

根据《城市房屋修缮管理规定》，房屋修缮计划管理主要是指定房地产行政主管部门组织编制房屋修缮长期规划和近期计划，将房屋修缮近期计划纳入当地的城市建设计划，并进行资金和材料的平衡；指导和监督直管公房管理单位、自管房单位编制年度房屋修缮计划，并检查其执行情况。

(5) 修缮定额管理

根据《城市房屋修缮管理规定》，房屋修缮定额管理主要是指各级人民政府的房地产行政主管部门必须建立、健全房屋修缮工程的定额管理制度，对房屋修缮工程定额实行归口管理。县级以上地方人民政府的房地产行政主管部门应当对房屋修缮工程定额的执行情况进行检查，并组织对房屋修缮工程定额进行测定，为修订定额积累资料。

4.2.2.3 物业修缮的法律责任

凡违反相关规定，有下列行为之一的，由县级以上地方人民政府房地产行政主管部门给予行政处罚：（一）房屋所有人或者修缮责任人不按照国家和地方有关规定修缮房屋，造成房屋严重损坏或者危害他人生命财产的；（二）无故阻碍房屋修缮，造成严重后果的；（三）无证或者越级承担房屋修缮任务的；（四）中修以上的房屋修缮工程，不办理质量监督手续的；（五）房屋修缮工程发生质量、安全事故的。具体处罚办法由省、自治区、直辖市人民政府房地产行政主管部门制订，报同级人民政府批准后执行。当事人对行政处罚决定不服的，可以依照《中华人民共和国行政诉讼法》和《行政复议条例》的有关规定，申请行政复议或者向人民法院起诉。逾期不申请复议或者不向人民法院起诉，又不履行处罚决定的，由做出处罚决定的机关申请人民法院强行执行。

4.2.3 住宅专项维修资金

为了加强对住宅专项维修资金的管理，保障住宅共用部位、共用设施设备的维修和正常使用，维护住宅专项维修资金所有者的合法权益，建设部、财政部根据《物权法》、国务院《物业管理条例》等法律、行政法规，于2007年颁布了《住宅专项维修资金管理办法》。

商品住宅、售后公有住房住宅专项维修资金的交存、使用、管理和监督，适用本办法。

住宅专项维修资金，是指专项用于住宅共用部位、共用设施设备保修期满后的维修、更新和改造的资金。

住宅共用部位，是指根据法律、法规和房屋买卖合同，由单幢住宅内业主或者单幢住宅内业主及与之结构相连的非住宅业主共有的部位，一般包括：住宅的基础、承重墙体、柱、梁、楼板、屋顶以及户外的墙面、门厅、楼梯间、走廊通道等。

共用设施设备，是指根据法律、法规和房屋买卖合同，由住宅业主或者住宅业主及有关非住宅业主共有的附属设施设备，一般包括电梯、天线、照明、消防设施、绿地、道路、路灯、沟渠、池、井、非经营性车场车库、公益性文体设施和共用设施设备使用的房屋等。

住宅专项维修资金管理实行专户存储、专款专用、所有权人决策、政府监督的原则。国务院建设主管部门会同国务院财政部门负责全国住宅专项维修资金的指导和监督工作。县级以上地方人民政府建设（房地产）主管部门会同同级财政部门负责本行政区域内住宅专项维修资金的指导和监督工作。

4.2.3.1 住宅专项维修资金的交存

下列物业的业主应当按照《住宅专项维修资金管理办法》的规定交存住宅专项维修资

金：(一)住宅，但一个业主所有且与其他物业不具有共用部位、共用设施设备的除外；(二)住宅小区内的非住宅或者住宅小区外与单幢住宅结构相连的非住宅。前款所列物业属于出售公有住房的，售房单位应当按照本办法的规定交存住宅专项维修资金。

  商品住宅的业主、非住宅的业主按照所拥有物业的建筑面积交存住宅专项维修资金，每平方米建筑面积交存首期住宅专项维修资金的数额为当地住宅建筑安装工程每平方米造价的5%至8%。直辖市、市、县人民政府建设(房地产)主管部门应当根据本地区情况，合理确定、公布每平方米建筑面积交存首期住宅专项维修资金的数额，并适时调整。

  出售公有住房的，按照下列规定交存住宅专项维修资金：(一)业主按照所拥有物业的建筑面积交存住宅专项维修资金，每平方米建筑面积交存首期住宅专项维修资金的数额为当地房改成本价的2%。(二)售房单位按照多层住宅不低于售房款的20%、高层住宅不低于售房款的30%，从售房款中一次性提取住宅专项维修资金。

  业主交存的住宅专项维修资金属于业主所有。从公有住房售房款中提取的住宅专项维修资金属于公有住房售房单位所有。业主大会成立前，商品住宅业主、非住宅业主交存的住宅专项维修资金，由物业所在地直辖市、市、县人民政府建设(房地产)主管部门代管。

  直辖市、市、县人民政府建设(房地产)主管部门应当委托所在地一家商业银行，作为本行政区域内住宅专项维修资金的专户管理银行，开立住宅专项维修资金专户，应当以物业管理区域为单位设账，按房屋户门号设分户账；未划定物业管理区域的，以幢为单位设账，按房屋户门号设分户账。

  业主大会成立前，已售公有住房住宅专项维修资金，由物业所在地直辖市、市、县人民政府财政部门或者建设(房地产)主管部门负责管理。负责管理公有住房住宅专项维修资金的部门应当委托所在地一家商业银行，作为本行政区域内公有住房住宅专项维修资金的专户管理银行，并在专户管理银行开立公有住房住宅专项维修资金专户。开立公有住房住宅专项维修资金专户，应当按照售房单位设账，按幢设分账；其中，业主交存的住宅专项维修资金，按房屋户门号设分账户。

  商品住宅的业主应当在办理房屋入住手续前，将首期住宅专项维修资金存入住宅专项维修资金专户。已售公有住房的业主应当在办理房屋入住手续前，将首期住宅专项维修资金存入公有住房住宅专项维修资金专户或者交由售房单位存入公有住房住宅专项维修资金专户。公有住房售房单位应当在收到售房款之日起30日内，将提取的住宅专项维修资金存入公有住房住宅专项维修资金专户。

  未按本办法规定交存首期住宅专项维修资金的，开发建设单位或者公有住房售房单位不得将房屋交付购买人。

  专户管理银行、代收住宅专项维修资金的售房单位应当出具由财政部或者省、自治区、直辖市人民政府财政部门统一监制的住宅专项维修资金专用票据。

  业主大会成立后，应当按照下列规定划转业主交存的住宅专项维修资金：(一)业主大会应当委托所在地一家商业银行作为本物业管理区域内住宅专项维修资金的专户管理银行，开立住宅专项维修资金专户，应当以物业管理区域为单位设账，按房屋户门号设分户账。(二)业主委员会应当通知所在地直辖市、市、县人民政府建设(房地产)主管部门；涉及已售公有住房的，应当通知负责管理公有住房住宅专项维修资金的部门。(三)直辖市、市、县人民政府建设（房地产）主管部门或者负责管理公有住房住宅专项维修资金的部门应当在收到通知之日起 30 日内，通知专户管理银行将该物业管理区域内业主交存的住宅专项维修资金账面余额划转至业主大会开立的住宅专项维修资金账户，并将有关账目等移交业主委员会。

住宅专项维修资金划转后的账目管理单位，由业主大会决定。业主大会应当建立住宅专项维修资金管理制度。业主大会开立的住宅专项维修资金账户，应当接受所在地直辖市、市、县人民政府建设（房地产）主管部门的监督。

业主分户账面住宅专项维修资金余额不足首期交存额 30%的，应当及时续交。成立业主大会的，续交方案由业主大会决定。未成立业主大会的，续交的具体管理办法由直辖市、市、县人民政府建设（房地产）主管部门会同同级财政部门制定。

4.2.3.2 住宅专项维修资金的使用

住宅专项维修资金应当专项用于住宅共用部位、共用设施设备保修期满后的维修、更新和改造，不得挪作他用。住宅专项维修资金的使用，应当遵循方便快捷、公开透明、受益人和负担人相一致的原则。

住宅共用部位、共用设施设备的维修和更新、改造费用，按照下列规定分摊：（一）商品住宅之间或者商品住宅与非住宅之间共用部位、共用设施设备的维修、更新和改造费用，由相关业主按照各自拥有物业建筑面积的比例分摊。（二）售后公有住房之间共用部位、共用设施设备的维修、更新和改造费用，由相关业主和公有住房售房单位按照所交存住宅专项维修资金的比例分摊；其中，应由业主承担的，再由相关业主按照各自拥有物业建筑面积的比例分摊。（三）售后公有住房与商品住宅或者非住宅之间共用部位、共用设施设备的维修、更新和改造费用，先按照建筑面积比例分摊到各相关物业。其中，售后公有住房应分摊的费用，再由相关业主和公有住房售房单位按照所交存住宅专项维修资金的比例分摊。

住宅共用部位、共用设施设备维修、更新和改造，涉及尚未售出的商品住宅、非住宅或者公有住房的，开发建设单位或者公有住房单位应当按照尚未售出商品住宅或者公有住房的建筑面积，分摊维修、更新和改造费用。

住宅专项维修资金划转业主大会管理前，需要使用住宅专项维修资金的，按照以下程序办理：（一）物业服务企业根据维修、更新和改造项目提出使用建议；没有物业服务企业的，由相关业主提出使用建议；（二）住宅专项维修资金列支范围内专有部分占建筑物总面积三分之二以上的业主且占总人数三分之二以上的业主讨论通过使用建议；（三）物业服务企业或者相关业主组织实施使用方案；（四）物业服务企业或者相关业主持有关材料，向所在地直辖市、市、县人民政府建设（房地产）主管部门申请列支；其中，动用公有住房住宅专项维修资金的，向负责管理公有住房住宅专项维修资金的部门申请列支；（五）直辖市、市、县人民政府建设（房地产）主管部门或者负责管理公有住房住宅专项维修资金的部门审核同意后，向专户管理银行发出划转住宅专项维修资金的通知；（六）专户管理银行将所需住宅专项维修资金划转至维修单位。

住宅专项维修资金划转业主大会管理后，需要使用住宅专项维修资金的，按照以下程序办理：（一）物业服务企业提出使用方案，使用方案应当包括拟维修、更新和改造的项目、费用预算、列支范围、发生危及房屋安全等紧急情况以及其他需临时使用住宅专项维修资金的情况的处置办法等；（二）业主大会依法通过使用方案；（三）物业服务企业组织实施使用方案；（四）物业服务企业持有关材料向业主委员会提出列支住宅专项维修资金；同第二十二条第四项；（五）业主委员会依据使用方案审核同意，并报直辖市、市、县人民政府建设（房地产）主管部门备案；动用公有住房住宅专项维修资金的，经负责管理公有住房住宅专项维修资金的部门审核同意；直辖市、市、县人民政府建设（房地产）主管部门或者负责管理公有住房住宅专项维修资金的部门发现不符合有关法律、法规、规章和使用方案的，应当责令改正；（六）业主委员会、负责管理公有住房住宅专项维修资金的部门向专户管理银行发出划转住宅专项维修资金的通知；（七）专户管理银行将所需住宅专项维修资金划转至维修单位。

发生危及房屋安全等紧急情况，需要立即对住宅共用部位、共用设施设备进行维修、更新和改造的，按照以下规定列支住宅专项维修资金：（一）住宅专项维修资金划转业主大会管理前，按照本办法第二十二条第四项、第五项、第六项的规定办理；（二）住宅专项维修资金划转业主大会管理后，按照本办法第二十三条第四项、第五项、第六项和第七项的规定办理。发生前款情况后，未按规定实施维修、更新和改造的，直辖市、市、县人民政府建设（房地产）主管部门可以组织代修，维修费用从相关业主住宅专项维修资金分户账中列支；其中，涉及已售公有住房的，还应当从公有住房住宅专项维修资金中列支。

下列费用不得从住宅专项维修资金中列支：（一）依法应当由建设单位或者施工单位承担的住宅共用部位、共用设施设备维修、更新和改造费用；（二）依法应当由相关单位承担的供水、供电、供气、供热、通信、有线电视等管线和设施设备的维修、养护费用；（三）应当由当事人承担的因人为损坏住宅共用部位、共用设施设备所需的修复费用；（四）根据物业服务合同约定，应当由物业服务企业承担的住宅共用部位、共用设施设备的维修和养护费用。

在保证住宅专项维修资金正常使用的前提下，可以按照国家有关规定将住宅专项维修资金用于购买国债。利用住宅专项维修资金购买国债，应当在银行间债券市场或者商业银行柜台市场购买一级市场新发行的国债，并持有到期。利用业主交存的住宅专项维修资金购买国债的，应当经业主大会同意；未成立业主大会的，应当经专有部分占建筑物总面积三分之二以上的业主且占总人数三分之二以上业主同意。利用从公有住房售房款中提取的住宅专项维修资金购买国债的，应当根据售房单位的财政隶属关系，报经同级财政部门同意。禁止利用住宅专项维修资金从事国债回购、委托理财业务或者将购买的国债用于质押、抵押等担保行为。

下列资金应当转入住宅专项维修资金滚存使用：（一）住宅专项维修资金的存储利息；（二）利用住宅专项维修资金购买国债的增值收益；（三）利用住宅共用部位、共用设施设备进行经营的，业主所得收益，但业主大会另有决定的除外；（四）住宅共用设施设备报废后回收的残值。

4.2.3.3 监督管理

房屋所有权转让时，业主应当向受让人说明住宅专项维修资金交存和结余情况并出具有效证明，该房屋分户账中结余的住宅专项维修资金随房屋所有权同时过户。受让人应当持住宅专项维修资金过户的协议、房屋权属证书、身份证等到专户管理银行办理分户账更名手续。

房屋灭失的,按照以下规定返还住宅专项维修资金:(一)房屋分户账中结余的住宅专项维修资金返还业主;(二)售房单位交存的住宅专项维修资金账面余额返还售房单位;售房单位不存在的,按照售房单位财务隶属关系,收缴同级国库。

直辖市、市、县人民政府建设(房地产)主管部门,负责管理公有住房住宅专项维修资金的部门及业主委员会,应当每年至少一次与专户管理银行核对住宅专项维修资金账目,并向业主、公有住房售房单位公布下列情况:(一)住宅专项维修资金交存、使用、增值收益和结存的总额;(二)发生列支的项目、费用和分摊情况;(三)业主、公有住房售房单位分户账中住宅专项维修资金交存、使用、增值收益和结存的金额;(四)其他有关住宅专项维修资金使用和管理的情况。业主、公有住房售房单位对公布的情况有异议的,可以要求复核。

专户管理银行应当每年至少一次向直辖市、市、县人民政府建设(房地产)主管部门,负责管理公有住房住宅专项维修资金的部门及业主委员会发送住宅专项维修资金对账单。直辖市、市、县建设(房地产)主管部门,负责管理公有住房住宅专项维修资金的部门及业主委员会对资金账户变化情况有异议的,可以要求专户管理银行进行复核。专户管理银行应当建立住宅专项维修资金查询制度,接受业主、公有住房售房单位对其分户账中住宅专项维修资金使用、增值收益和账面余额的查询。

住宅专项维修资金的管理和使用,应当依法接受审计部门的审计监督。

住宅专项维修资金的财务管理和会计核算应当执行财政部有关规定。财政部门应当加强对住宅专项维修资金收支财务管理和会计核算制度执行情况的监督。

住宅专项维修资金专用票据的购领、使用、保存、核销管理,应当按照财政部以及省、自治区、直辖市人民政府财政部门的有关规定执行,并接受财政部门的监督检查。

4.3 日常管理服务三

4.3.1 物业环境管理

4.3.1.1 物业环境管理概述

物业环境是指在一个物业区域内,影响业主和使用人工作、正常生活的各种因素的总称。物业环境管理是整个物业管理的一个重要组成部分,物业环境管理水平的高低,直接关系到业主和使用人的生活质量、环境质量。物业服务企业通过绿化建设、环卫管理、环保手段,不仅可以为业主或使用人创造一个清洁的环境,而且还可以提高城市的整体形象。

物业环境包括以下两点:一是相对于全体业主和使用人来说,它是物业小区内所有公共场所周围的各种物质因素,包括空气、绿化、公共设施;二是相对于每一个业主和使用人来说,业主(或使用人)之间以及业主(或使用人)与各服务单位之间相互联系、相互影响的人为因素。

物业环境管理指物业服务企业通过物业区域环境的管理、宣传教育、监督检查,防止和控制已经发生和可能发生的对物业环境的损害,减少已经发生的环境损害对业主和使用人带来的消极影响。

国家为了加强物业环境管理,制定了一系列法律法规,主要有《城市市容和环境卫生管理条例》、《城市绿化条例》及《城市生活垃圾管理办法等》。

4.3.1.2 城市市容和环境卫生管理

为了加强城市市容和环境卫生管理，创造清洁、优美的城市工作、生活环境，促进城市社会主义物质文明和精神文明建设，国务院1992年颁布了《城市市容和环境卫生管理条例》。

该《条例》中规定，我国城市市容和环境卫生工作，实行统一领导、分区负责、专业人员管理与群众管理相结合的原则。一切单位和个人都必须遵守本条例。国务院城市建设行政主管部门主管全国城市市容和环境卫生工作。省、自治区人民政府城市建设行政主管部门负责本行政区域的城市市容和环境卫生管理工作。城市人民政府市容环境卫生行政主管部门，负责本行政区域的城市市容和环境卫生管理工作。

城市人民政府应当把城市市容和环境卫生事业纳入国民经济和社会发展计划，并组织实施。城市人民政府应当结合本地的实际情况，积极推行环境卫生用工制度的改革，并采取措施，逐步提高环境卫生工作人员的工资福利待遇。城市人民政府应当加强城市市容和环境卫生科学知识的宣传，提高公民的环境卫生意识，养成良好的卫生习惯。一切单位和个人，都应当尊重市容和环境卫生工作人员的劳动，不得妨碍、阻挠市容和环境卫生工作人员履行职务。国家鼓励城市市容和环境卫生的科学技术研究，推广先进技术，提高城市市容和环境卫生水平。

(1) 城市市容管理

城市中的建筑物和设施，应当符合国家规定的城市容貌标准。对外开放城市、风景旅游城市和有条件的其他城市，可以结合本地具体情况，制定严于国家规定的城市容貌标准；建制镇可以参照国家规定的城市容貌标准执行。

一切单位和个人都应当保持建筑物的整洁、美观。在城市人民政府规定的街道的临街建筑物的阳台和窗外，不得堆放、吊挂有碍市容的物品。搭建或者封闭阳台必须符合城市人民政府市容环境卫生行政主管部门的有关规定。

一切单位和个人，都不得在城市建筑物、设施以及树木上涂写、刻画。单位和个人在城市建筑物、设施上张挂、张贴宣传品等，须经城市人民政府市容环境卫生行政主管部门或者其他有关部门批准。

(2) 城市环境卫生管理

城市中的环境卫生设施，应当符合国家规定的城市环境卫生标准。

多层和高层建筑应当设置封闭式垃圾通道或者垃圾贮存设施，并修建清运车辆通道。城市街道两侧、居住区或者人流密集地区，应当设置封闭式垃圾容器、果皮箱等设施。城市人民政府市容环境卫生行政主管部门对城市生活废弃物的收集、运输和处理实施监督管理。一切单位和个人，都应当依照城市人民政府市容环境卫生行政主管部门规定的时间、地点、方式，倾倒垃圾、粪便。对垃圾、粪便应当及时清运，并逐步做到垃圾、粪便的无害化处理和综合利用。对城市生活废弃物应当逐步做到分类收集、运输和处理。

4.3.1.3 物业区域的清洁卫生管理

物业区域内的清洁卫生管理是指物业小区内的公共场所环境卫生与公共部位的卫生管理。它不仅包括小区环境保洁，还包括物业服务企业或政府有关部门依照一定的政策对居民进行宣传教育，加强对小区卫生环境、空气质量、水资源、噪声状况等检查、控制、监督和执法。

物业的清洁卫生是一项繁杂而又极具系统性的工作，为了使这项工作能够顺利进行且富有成效，物业服务企业应从以下三个方面对物业清洁卫生工作加以保证。

(1) 制定清洁卫生工作的管理目标

清洁卫生工作的管理目标首先应按照管理规约要求的标准来制定。我国目前尚没有专门有关物业环卫管理的规定。若管理规约无明确、具体的卫生清洁标准的，物业服务企业可参照本行业或其他行业相关标准及有关行政规章来制定本物业管理区域内的卫生清洁工作管理目标。如"五无"（无裸露垃圾、无垃圾死角、无积尘、无积垢、无"脏、乱、差"），住房和城乡建设部颁布的《全国城市马路清扫质量标准》中"六净"（路面净、人行道净、雨水净、树坑净、果皮箱净），都可以作为制定卫生清洁工作管理目标的依据。

(2) 制定清洁卫生工作的计划

要保证清洁卫生工作的质量，必须对每个区域内清洁工作都制定详细的计划和安排，其中应包括工作时间、打扫次数、清洁后的标准等内容。在具体的安排上，可以根据清洁区域的面积、清洁的难易程度，对物业形象影响的大小等因素来决定清扫周期和清扫的标准。如道路、草地、花木灌丛、建筑小品、电梯间地板、楼梯、走廊等经常有人出入、经过的场所应一日一扫或多扫，垃圾应一日一清。而天台、天井、沟渠等少有人至的部位可每周清扫一次。至于天花板、公用走廊玻璃窗及灯罩等清扫难度大且不易污损的部分，每月清扫一次即可。一些诸如建筑外墙等工作量及清扫难度都很大的部位，也可每季或每年清扫一次。

(3)《普通住宅小区物业管理服务等级标准》

为了提高物业服务管理水平，中国物业管理协会于2004年制定了《普通住宅小区物业管理服务等级标准》。把物业服务标准，按照由高到低分为一级、二级和三级。在每一等级中都包含对物业小区环境清洁卫生工作的要求。

4.3.1.4 绿化管理

为了促进城市绿化事业的发展，改善生态环境，美化生活环境，增进人民身心健康，目前我国实施的与物业区域绿化管理及服务有关的规范性文件主要有国务院1992年8月1日起施行的《城市绿化条例》，以及房地产主管部门颁布的行政规章等。这些法规和规章都明确了物业区域绿化管理的主要内容。

国家鼓励和加强城市绿化的科学研究，推广先进技术，提高城市绿化的科学技术和艺术水平。国务院设立全国绿化委员会，统一组织领导全国城乡绿化工作，其办公室设在国务院林业行政主管部门。国务院城市建设行政主管部门和国务院林业行政主管部门等，按照国务院规定的职权划分，负责全国城市绿化工作。地方绿化管理体制，由省、自治区、直辖市人民政府根据本地实际情况规定。城市人民政府城市绿化行政主管部门主管本行政区域内城市规划区的城市绿化工作。

城市绿化规划应当根据当地的特点，利用原有的地形、地貌、水体、植被和历史文化遗址等自然、人文条件，以方便群众为原则，合理设置公共绿地、居住区绿地、防护绿地、生产绿地和风景林地等。

城市绿化工程的设计，应当借鉴国内外先进经验，体现民族风格和地方特色。城市公共绿地和居住区绿地的建设，应当以植物造景为主，选用适合当地自然条件的树木花草，并适当配置泉、石、雕塑等景物。

单位附属绿地的绿化规划和建设，由该单位自行负责，城市人民政府城市绿化行政主管部门应当监督检查，并给予技术指导。城市的绿地管理单位，应当建立、健全管理制度，保持树木花草繁茂及绿化设施完好。

任何单位和个人都不得擅自改变城市绿化规划用地性质或者破坏绿化规划用地的地形、地貌、水体和植被。

为了让业主和物业使用者能始终在一个最接近自然的环境中生活与工作，对绿化植物及相关设施的保护至关重要。因此，物业服务企业可根据管理规约和有关的法律法规来行使其绿化职责，并制定相应的绿化管理规定，规定可包括以下内容：

（1）爱护绿地，人人有责。
（2）不准损坏和攀折花木。
（3）不准在树木上敲钉拉绳、晾晒衣物。
（4）不准在树木上及绿地内设置广告招牌。
（5）不准在绿地内违章搭建。
（6）不准在绿地内堆放物品和停放车辆。
（7）不准向绿地内倾倒污水或乱扔垃圾。
（8）不准行人或各种车辆践踏、跨越和通过绿地。
（9）不准损坏绿化的围栏设施和建筑小品。
（10）凡人为造成绿地及绿化设施损坏的，根据政府的有关规定和服务合同的有关条文进行赔偿和罚款处理。如属儿童所为，应由家长负责支付款项。

4.3.2 物业秩序维护

物业秩序维护服务是基于业主与物业服务企业按照物业服务合同约定，为维护物业服务相关区域内的秩序而产生的，是物业管理服务的一项重要内容。这项服务在住宅小区直接涉及居民的"安居"，在工作单位直接涉及职工的"乐业"。

4.3.2.1 秩序维护员管理

（1）秩序维护员概述

秩序维护员是指受聘于物业服务企业，按有关规定、行业规范（标准）或管理企业规章制度，具体实施维护管理区域公共秩序的工作人员。负责维护管理区域内的公共秩序，协助做好安全监控、巡视、门岗执勤等防范工作。

《物业管理条例》第二条规定："物业管理，是指业主通过选聘物业服务企业，由业主和物业服务企业按照物业服务合同约定，对房屋及配套的设施设备和相关场地进行维修、养护、管理，维护物业管理区域内的环境卫生和相关秩序的活动。"第四十七条规定："物业服务企业应当协助做好物业管理区域内的安全防范工作。发生安全事故时，物业服务企业在采取应急措施的同时，应当及时向有关行政管理部门报告，协助做好救助工作。"

从以上两条规定可以看出，物业管理服务的内容包括"维护相关区域内秩序的活动"，物业服务企业的职责包括"协助做好物业管理区域的安全防范工作"。另外，从《物业服务收费管理办法》和《物业服务定价成本监审办法（试行）》的相关规定来看，均明确物业服务成本中包含"秩序维护费"的内容。

实际工作中，物业服务企业对从事维护公共秩序和协助安全防范岗位的工作人员，大多习惯称之为"保安员",业主及使用人也沿用这种称谓。但是,由"保安"一词隐含"保证安全"、"保护安全"之意,与物业服务企业维护公共秩序和协助安全防范的职责并不相符。同时,物业服务企业从事的守望、守护以及公共秩序维护工作,与配有防卫器械和枪支从事武装守护、护卫服务等各种保安服务有着本质区别。物业服务企业的秩序管理人员使用"保安员"称谓,容易引起误解,产生物业服务企业承担"保证业主人身和财产安全"的错觉,以往也曾出现过业主以"保安员"为由追究物业服务企业管理责任的案例,引发诸多矛盾和纠纷,给管理服务工作造成被动,给行业健康发展带来不利影响。

为消除不必要的误解,准确界定行业责任,物协〔2008〕1号《关于使用"秩序维护员"称谓的指导意见》指出物业服务企业对从事物业管理区域内的秩序维护和协助开展安全防范的工作人员应使用"秩序维护员"称谓,不再使用"保安员"的称谓。物业服务企业在签订物业服务合同时,应与业主进行充分协商,确定"秩序维护管理"的内容,尽量避免使用"保安服务"、"提供安全防范服务"、"维护社区治安"等用语,以减少管理服务纠纷,规避企业风险。

物业服务企业雇请秩序维护员的,应当遵守国家有关规定。

(2) 秩序维护员的职业道德

1) 忠于职守、勇于奉献

秩序维护员服务职业的特性要求秩序维护员在任何时候、任何情况下都必须忠于职守,严守工作纪律,对工作极端负责,认真履行秩序维护员的义务,在工作中要以国家利益、人民利益、服务单位的利益为重,关键时刻能够挺身而出,同扰乱社会秩序、侵害国家和人民利益的行为进行斗争。

2) 热爱本职工作,精益求精

高尚的职业道德和良好的职业修养既来自秩序维护员对自身职业的深刻理解和执着热爱,也来自于对专业知识的认真钻研和刻苦学习,它要求秩序维护员在工作发扬敬业精神,认真学习和钻研业务,对工作精益求精。

3) 热心服务,礼貌待人

全心全意为业主服务,为使用人服务,是秩序维护员服务的宗旨,也是秩序维护员能够为公司赢得信誉的前提。

4) 清正廉洁,奉公守法

秩序维护员作为协助公安机关维护社会治安的一支辅助力量,应具有较强的遵纪守法意识和清正廉洁的高尚品质,要求别人遵守的规章制度首先自身要严格遵守,不属于自己职权范围内的事情绝不越权去做,监守自盗、以权谋私、徇私舞弊、贪污受贿等行为是国家法律所不允许的。

5) 遵守社会公德

职业道德是社会公德在各个职业领域的延伸,秩序维护员无论在工作岗位上,还是在日常社会活动中,都应该以职业道德为基础模范地遵守社会公德。

4.3.2.2 消防管理

为了预防火灾和减少火灾危害,加强应急救援工作,保护人身、财产安全,维护公共安全,全国人民代表大会常务委员会第五次会议于2008年10月28日修订《中华人民共和国消防法》,自2009年5月1日起施行。

(1) 消防管理的基本内容

我国的消防方针是"预防为主，防消结合"。2008年10月颁布的《中华人民共和国消防法》是物业服务企业在日常的消防管理中的主要法律依据。

其中关于火灾预防的规定有：机关、团体、企业、事业等单位应当履行消防安全职责，落实消防安全责任制，制定本单位的消防安全制度、消防安全操作规程，制定灭火和应急疏散预案；按照国家标准、行业标准配置消防设施、器材，设置消防安全标志，并定期组织检验、维修，确保完好有效；对建筑消防设施每年至少进行一次全面检测，确保完好有效，检测记录应当完整准确，存档备查；保障疏散通道、安全出口、消防车通道畅通，保证防火防烟分区、防火间距符合消防技术标准；组织防火检查，及时消除火灾隐患；组织进行有针对性的消防演练。单位的主要负责人是本单位的消防安全责任人。

消防安全重点单位除应当履行上述职责外，还应当履行下列消防安全职责：确定消防安全管理人，组织实施本单位的消防安全管理工作；建立消防档案，确定消防安全重点部位，设置防火标志，实行严格管理；实行每日防火巡查，并建立巡查记录；对职工进行岗前消防安全培训，定期组织消防安全培训和消防演练。

同一建筑物由两个以上单位管理或者使用的，应当明确各方的消防安全责任，并确定责任人对共用的疏散通道、安全出口、建筑消防设施和消防车通道进行统一管理。住宅区的物业服务企业应当对管理区域内的共用消防设施进行维护管理，提供消防安全防范服务。

负责公共消防设施维护管理的单位，应当保持消防供水、消防通信、消防车通道等公共消防设施的完好有效。在修建道路以及停电、停水、截断通信线路时有可能影响消防队灭火救援的，有关单位必须事先通知当地公安机关消防机构。

消防产品质量认证、消防设施检测、消防安全监测等消防技术服务机构和执业人员，应当依法获得相应的资质、资格；依照法律、行政法规、国家标准、行业标准和执业准则，接受委托提供消防安全技术服务，并对服务质量负责。

关于消防组织和灭火救援的规定有：机关、团体、企业、事业等单位以及村民委员会、居民委员会根据需要，建立志愿消防队等多种形式的消防组织，开展群众性自防自救工作；任何人发现火灾都应当立即报警；任何单位、个人都应当无偿为报警提供便利，不得阻拦报警。严禁谎报火警；人员密集场所发生火灾，该场所的现场工作人员应当立即组织、引导在场人员疏散；任何单位发生火灾，必须立即组织力量扑救；邻近单位应当给予支援。

关于监督检查的规定有：公安机关消防机构应当对机关、团体、企业、事业等单位遵守消防法律、法规的情况依法进行监督检查；公安派出所可以负责日常消防监督检查、开展消防宣传教育，具体办法由国务院公安部门规定。

(2) 地方性法规

《北京市消防条例》第二十四条规定住宅区的物业服务企业或者其他管理人应当做好下列消防安全工作：（一）开展日常消防安全宣传教育，提示火灾隐患，组织居民进行灭火和应急疏散演练；（二）组织安全巡查，发现火灾隐患及时采取措施；（三）对管理区域内的共用消防设施、器材进行维护管理，确保完好有效；（四）保障疏散通道、安全出口、消防车通道畅通，划定和设置停车泊位及设施时不得占用、堵塞消防车通道；（五）对占用、堵塞、封闭疏散通道、安全出口、消防车通道的行为予以劝阻并督促改正；对拒不改正的，及时向公安机关消防机构或者公安派出所报告；（六）对初起火灾采取必要的处置措施。

《天津市消防条例》第二十五条规定综合楼、商住楼和住宅区的物业服务企业，应当对管理区域内的共用消防设施进行维护管理，保障疏散通道、安全出口、消防车通道畅通和消防设施、器材完好有效，提供消防安全防范服务。物业服务企业承接物业项目时，应当查验共用消防设施的完好状况，做好查验、交接记录，并将查验结果书面告知业主委员会。物业服务企业对搭盖违章建筑或者堆放杂物占用、堵塞、封闭疏散通道、安全出口、消防车通道的行为，应当予以劝阻、制止；对不听劝阻、制止的，应当及时向公安机关消防机构、公安派出所报告。公安机关消防机构、公安派出所应当依法予以处理。

《重庆市消防条例》第二十八条规定建筑物的业主委托物业服务企业管理的，物业服务合同中应当明确消防安全责任、维护和管理共用消防设施、保障安全出口和消防通道畅通、开展防火安全巡查、组织消防宣传教育、制定并组织灭火和应急疏散预案的演练等消防安全防范的内容。物业服务企业应当按照物业服务合同，在委托管理的范围内履行消防安全管理责任，提供消防安全防范服务。

4.3.2.3 车辆交通管理

（1）车辆管理

1）机动车辆管理规定

对于物业区域内的机动车管理的常用规定有：所有外来车辆未经许可不得进入辖区；进入辖区的车辆不得乱停乱放；车辆必须按规定的行驶路线行驶，不得逆行，不得在人行道、绿化道上行驶，不得高速行驶和按喇叭，进入车位时限速5km/h以下；对长期在辖区内停放的车辆，要办理立户定位手续，办理车辆保险，领取停放证，对号停放，凭证出入，按月缴费。如停止使用车位，应及时办理注销手续；车辆停放后，应关好门窗，注意车辆和车位清洁。不准停放漏水、漏油和携带易燃、易爆、腐蚀及污染的车辆；车辆如损坏路面和公共设施，应照价赔偿等。

2）摩托车、助动车及自行车管理规定

车主应到小区管理处办理立户登记手续，领取存车牌，挂于车上，凭此享受按月收费待遇。当车辆进入管理范围时，车主应向门卫领取车号牌挂于车上，并按车位存放，当车辆离开时交回车号牌。

（2）出入口的管理

物业小区的出入口管理制度包括大门出入管理制度和停车场出入管理制度。

物业小区的大门出入管理制度主要目的是控制进入物业区域的车辆，除救护车、消防车、警车、清洁车、各商业网点送货车等特许车辆外，其他外来车辆必须经门卫验证允许后方可驶入、驶出，对可疑车辆要拒绝通行，并报有关部门处理。

停车场出入管理制度主要是做好停车场的车辆的出入、停放。

以下是出入口管理员的主要职责：

1）严格履行交接班制度。

2）指挥车辆的进出和停放，对违章车辆及时制止和纠正。

3）对进出车辆做好登记、收费和车况检查记录。

4) 搞好停车场的清洁卫生，发现停放车辆有漏水、漏油等现象要及时通知车主。

5) 定期检查消防设施，如有损坏，要及时申报维修更换，保证100%完好状态。不准使用消防水源洗车。

6) 不做与值班执勤无关的事。勤巡逻、细观察，随时注意进入车辆及车主情况，发现问题，及时处理或上报。

(3) 小区道路管理

1) 小区内道路不准乱占、乱堆、乱放、乱挖。

2) 不可在路边、坡边挖坑取土。

3) 不可在路上试刹车、学倒车或路中停车。

4) 不可在公共通道上私自修筑车辆出入通道或私设摊位。

5) 不可在道路范围内修筑地下构筑物。

6) 小区干道路基承载力一般在 2t 左右，所以载重车不准进入。损坏路面，照价赔偿。

7) 临时占用及开挖公共道路，物业服务企业需报市政管理部门审批，经批准后方可施工，并按规定缴纳费用。

8) 临时占用和开挖道路，应设明显标志，污泥杂物按规定堆放，并按规定时间清理场地，分层回填夯实。

本情境引入案例中，小区内按照规划建设的共用设施（包括花园、绿地、道路灯），属小区内的全体业主共同所有，国务院颁布的《物业管理条例》第五十一条明确规定："业主、物业服务企业不得占用、挖掘物业管理区域内的道路、场地，损害业主的共同利益。"杨先生在小区花园地上开辟菜地自用，违反了《物业管理条例》的规定，依法应予纠正。若杨先生不听劝阻，一意孤行，依照《物业管理条例》的规定，将受到包括罚款、没收菜地收益等行政处罚。

4.4 典型案例分析

【案例一】

案情简介：随着物业管理行业的不断发展，各种因物业管理而引起的纠纷也随之出现。其中因车辆停放发生丢失而诉请赔偿案件也日益增多，很多物管企业陷入不公平的索赔纠纷中，严重影响物业管理的健康、和谐发展。

2004年10月11日下午，某小区业主郭先生将一价值23.5万元新买的小轿车停放在本小区物业服务企业指定的露天停车位上，并按物业服务企业的要求交了8元临时停车费，10月12日上午当郭先生欲开车出去办牌照，发现此车已不翼而飞，随即向物业服务企业及派出所报案。经公安干警多方追查，至今该车尚未找到。2005年9月郭先生以该车已向物业服务企业缴纳了临时停车费，物业服务企业有责任保管车辆，要求物业服务企业赔偿丢失损失共计183000元。该区法院一审判决，认定双方之间构成保管合同关系，物业服务企业应赔偿业主183000元。该物业服务企业不服提起上诉，二审判决无证据证明物业服务企业疏于管理，原审判决缺乏事实及法律依据，依法改判撤销原审判决，驳回郭先生的诉讼请求，两审诉讼费均由郭负担。

分析：在这起丢车诉讼案件的审理过程中，二审主要依据的是《中华人民共和国合同法》中关于保管合同的有关条款。

（一）第三百六十五条："保管合同是保管人保管寄存人交付的保管物，并返还该物的合同。"

（二）第三百七十四条："保管期内，因保管人保管不善造成保管物毁损、丢失的，保管人应当承担损害赔偿责任，但保管是无偿的，保管人证明自己没有重大过失的，不承担损害赔偿责任。"

（三）第三百六十七条："保管合同自保管物交付时成立，但当事人双方另有约定的除外。"

从上述条款看，保管物的交付实际就是将保管物的实际控制权的排他性占有权交付给保管人。上述案件中双方当事人就车辆保管的意思表示并不一致。郭先生停车时并未将车辆行驶证交给物业服务企业，而物业服务企业也从未对郭先生出具存车凭证，所以不具备保管合同中保管物交付的法律内涵。另外根据物价部门核准该物业服务企业的收费项目和收费标准，及物业服务企业与小区业主委员会签订的委托合同中，关于露天停车场地经营收入，物管与业主委员会双方分成约定情况分析，可以得出该物管公司对其露天停车场地与车辆停放人之间仅构成场地租赁关系，物管公司只对交通及车辆秩序进行管理，而不构成车辆保管关系。

对小区内业主车辆的管理属于特约管理服务，如果双方在物业服务合同中约定了车辆保管费，那么车辆丢失的，物业服务企业应承担赔偿责任；如果没有约定但有证据证明物业服务企业疏于管理，未尽起码的安全防范义务或未配备应有的安全防范设备，对车辆丢失有重大过失的，物业服务企业也应承担赔偿责任；如果物业服务企业履行了正常的安全防范义务，没有重大过失的，物业服务企业可以不承担赔偿责任。假如物业服务企业对停放车辆收取保管费，并接受了车辆的实际控制权的移交，就应按保管合同的规定承担赔偿责任。

物业服务企业应从上述案件中吸取教训，增强法律意识和自我保护意识，在平等互利的基础上谨慎订立车辆保管合同。同时严格车辆登记管理制度，完善车辆停取程序，加强对管理物的监管力度，明确管理权责，对物业管理区域内可能发生的人身及财产安全事故要努力做好认真防范，及时报告和积极协助工作，增强停车风险的防控意识，在职责范围内切实维护企业、业主和使用人的合法权益。

【案例二】

案情简介：某小区业主反映，有一天他携带了一个袋子和一个箱子出外，物业服务企业的秩序维护员见到后，强行要求检查，否则不允许他走出小区。该业主出于无奈，只好从命。但看着秩序维护员把自己整理好的东西翻乱，该业主生气的同时也感到疑惑：物业服务企业的秩序维护员人员有权检查业主进出小区时所携带的物品吗？

分析：物业服务企业是被业主委员会聘请来提供服务的单位，它和业主及业主委员会之间是服务与被服务、聘用与被聘用、委托与被委托的关系，不是管理业主以及业主委员会的机关。物业服务企业只能依照与业主委员会签订的物业管理委托合同以及物业管理的制度、规定行使授予的物业管理权，而不是行政管理权。超越授权范围外的一切行为，都是不恰当的、错误的，甚至是违法的。

秩序维护员人员不是执法者，秩序维护员检查业主的私人物品没有法律依据，检查业主和非小区居民的私人物品都必须经过被检查人的允许，否则属于违法行为。但如果物业服务企业的秩序维护员人员有合法的、充分的理由怀疑某人因携带有涉案、危禁物品等而可能危害社区利益时，可以采取必要的措施，但应及时交由有关部门处理。

【案例三】

案情简介：2011年4月19日清晨5点左右，某小区一住户家中起火，住在屋里的租户发现火情后，立即灭火，然而楼道消火栓没水，以致火势扩大。

报警后，尽管物业服务企业和消防及时赶到现场，但仍因消防栓没水拖延了扑救时间。火灾烧毁了房屋内的大部分家具、家电等物品，并致室内新装潢毁于一旦。事后，消防部门对火灾成因作出了认定，结论为"居住人员未采用有效措施控制火势及消防栓系统故障"。

事发后，业主将小区物业服务企业告上法庭，要求被告物业服务企业赔偿财物损失58.34万元及其他损失6.45万元。原告称，其与被告物业服务企业签订了物业服务合同，合同中明确约定"各类消防措施完好、有效，消防水泵供水率达100%，其他消防设备实施完好率98%以上"，而事发时消防栓却没水，被告的不作为导致原告损失扩大，应承担赔偿责任。

案件审理中，原告、被告对火灾责任及赔偿额度存有争议，法庭调解失败。法院在前期质证、庭审，已掌握案件事实的基础上，对案件作出一审宣判。

分析：原告损失经评估机构评估后，认定火灾财物损失的市场价值为23.83万元，租金损失按每月3500元计算，6个月为2.1万元，两者相加总损失为25.93万元。根据消防部门的现场勘验材料及火灾事故认定书，居住人疏忽大意是火灾损失发生的主要原因；被告物业服务企业未按照物业服务合同保证消防栓供水，导致火情扩大，因被告未建立完善的消防组织，导致未能有效、及时地扑灭火灾，故被告的不作为行为是火灾损失发生的次要原因。依据本案案情，法院酌定被告方承担30%的赔偿责任。法院判决被告物业服务企业赔偿原告损失77812元。一审宣判后双方均未上诉，判决产生法律效力。

复习思考题

1. 物业管理的日常管理包括哪些方面？在这些管理中应遵守哪些法律法规？
2. 物业投诉的处理程序是什么？
3. 消防管理的基本内容有什么？
4. 如何做好小区的车辆管理？
5. 给水排水设备管理的主要法律依据有哪些？
6. 原告杨某某小区业主，被告系该小区物业服务企业。2014年5月至2015年5月，原告一直未缴纳物业费。2015年5月5日原告房屋失火，消防员虽及时赶到现场，但消防栓缺水，20分钟后，被告才打开消防泵供水系统。原告认为，被告未管理好消防设施设备，导致灭火迟延给其造成损失，要求被告赔偿。被告辩称，原告已拖欠13个月的物业费，被告有权拒绝为其提供物业服务，对其损失不应承担责任。

请思考：物业服务企业的理由合法吗？

情境 5　物业管理项目退出

【学习目的与要求】

物业管理项目退出是一个完整物业管理活动过程的结束，牵涉物业管理相关法律文书与资料的交接等一系列后续问题。掌握物业服务企业退出项目的相关法律规定对物业管理工作的顺利完成至关重要。本章主要通过对《物业管理条例》及各地方相继出台的《物业服务企业退出项目管理办法》相关内容的学习，使学生了解物业管理项目退出的方式，重点掌握物业管理项目退出的程序要求。

【引入案例】

某小区今年物业服务合同期满，业主大会经商议决定通过物业管理招投标方式选聘一家新的物业服务企业。原物业服务企业得知这一情况后，也参加了投标，结果该市一家知名物业服务企业中标。原物业服务企业自觉面上无光，执意不肯退出项目，3个月后，中标的新聘物业服务企业将原物业服务企业告上法庭，要求赔偿其因不能进驻项目履行物业服务合同而造成的各项经济损失。

请思考：原物业服务企业是否应退出该项目？退出项目时需要完成哪些移交程序？在僵持的这3个月里，对新聘物业服务企业造成的各项经济损失，是否应当给予赔偿？

5.1　物业管理项目退出概述

5.1.1　物业管理项目退出的概念

正常情况下，物业管理项目退出是指物业管理服务的供需双方在履行合同期满后或经双方协商提前解除合同，按照程序办理交接手续后终止管理服务的行为。

5.1.2　物业管理项目退出的原因

物业服务企业退出项目的原因很复杂，表面上看，大部分是由于物业服务费用收费标准低、收缴困难，致使物业服务企业入不敷出造成物业服务企业退出项目，而实际上还有深层次的原因。譬如，一些开发建设单位前期遗留问题、业主行为规范的差异、业委会的专业程度参差不齐；如果业主及业主委员会对物业相关法律法规、设备设施管护等了解程度不高，一味追求价低质高的服务，必定会制约物业服务的正常开展。此外，物业服务企业在埋怨业主拖欠物业费的同时，往往忽视自身服务质量的提高，使业主失去对物业服务企业的信任，也是造成企业退出项目的重要因素。

5.1.2.1　因政策方面等外部原因引起的物业管理项目退出

（1）物业管理服务费收费价格机制不合理

物业管理是一种特殊的服务行业，受传统体制的影响，大多数地区服务收费标准仍实行政府定价或指导价。而政府价格主管部门在制订价格时考虑物业管理基本现状、物业管理的服务水平以及物业服务费动态变动等情况并不多，往往出于稳定社会秩序或其他考虑，一般对住宅小区物业管理收费标准定得很低。使得物业管理服务的付出与收费标准存在差异，企业利益得不到保证，各企业为了使盈亏平衡就只能降低服务标准。直接导致物业服务企业长期亏损，最后不得不选择退出物业管理项目。

(2) 物业服务企业承担的社会责任过重

在物业发展过程中，很多业主认为物业管理应该对住宅区的公共事务全权负责，不切实际地拓宽物业管理的外延和内涵，把社会治安、环境治理、邻里纠纷等全部加到物业服务企业身上。住宅区业主动辄就以拒交物业管理费或向行政管理部门投诉来向物业服务企业施加压力，而部分行政管理部门由于对物业管理行业不了解或为了息事宁人，将责任全部推向物业服务企业一方。导致物业服务企业不合理地承担过多责任，背离了企业市场运作原则。

(3) 物业管理纠纷协调机制滞后，纠纷解决方式单一

物业管理管理区域内发生的矛盾和纠纷覆盖面广，涉及业主之间，业主与物业服务企业、开发建设单位之间，物业服务企业与公用事业单位之间，以及物业管理各方主体与政府之间的复杂关系。但目前我国的纠纷解决机制还不健全，很多问题单靠物业服务企业出面难以得到妥善解决。在相关管理机构之间缺乏充分沟通，以及有关方面与业主不能及时协调的情况下，一些原本在萌芽状态就可以消除的矛盾不断升级，最后发展到尖锐的冲突，在社会上引起较大反响。作为基层行政管理单位的乡镇人民政府、街道办事处，因职权、职责模糊，尚未发挥应有的作用。即使在调处纠纷时，也往往重业主诉求，轻企业利益，对业主大会、业主委员会的指导作用流于形式。当双方的矛盾比较尖锐和突出时，直接推向诉讼解决，而诉讼解决物业管理矛盾成本高、周期长，最终既损害了业主的合法权益，也损害了物业服务企业的利益，最终导致物业服务企业不得不退出在管项目。

(4) 垄断性专项服务企业不作为给物业服务企业带来的负担

不少城市的供水、供电、供气、供热等单位至今仍违反《物业管理条例》规定，没有做到在物业管理区域内向最终用户收取相关费用。为了填补"表损"和"线损"，逼迫物业服务企业替自己消化有关费用，加大了物业管理的运营成本。此外，一些城市的自来水、供电、燃气和供暖等专业部门只收费却不肯承担相关管线与管道的维修费用，发生损坏时推诿责任，使得处在面对业主第一线的物业服务企业陷入被动局面。

5.1.2.2 因物业服务企业自身原因导致物业管理项目退出

(1) 缺乏经营风险的有效评估，盲目接管项目，人员稳定性差，因管理服务水平跟不上而退出

少数物业服务企业为了实现短期的商业目的，不顾自身实际状况，盲目地追求市场占有率，将扩大企业管理规模误认为是企业发展最终目标，通过低价策略赢得管理权。随着人工工资等管理成本的不断上涨，运作中经费捉襟见肘的窘况日益凸显，直至陷入亏损后或降低服务标准或选择退出。

(2) 缺乏诚信，不履行物业服务合同约定而退出

个别物业服务企业违背物业服务合同，侵害业主的合法权益，出现了多收费、少服务、管理服务不到位等问题。有的物业服务企业关于物业费、车位费等的使用情况缺乏透明度，不愿向业主公开，业主只见收费，不了解支出，感觉享受不到合同约定的管理和服务，造成业主对物业管理服务工作的认可度和信誉度低下，使得业主在合同到期后不再选

择原物业服务企业。随着前期物业管理阶段的结束，有的企业不能坦然面对业主大会关于更换物业服务企业的决定，影响物业管理项目的顺利交接，引发新的矛盾和纠纷。

(3) 企业自身包袱沉重，无力履行物业服务合同而退出

物业管理的社会化、物业管理的专业化、市场化新体制虽然已初步确立，但"建管合一"在行业内还较为普遍。相当一部分物业服务企业是由房地产开发建设单位组建，隶属于开发建设单位的子公司。这类物业服务企业出于其母公司的制约或观念的守旧，没有扩大管理规模的意识。有的物业服务企业是在以前老的国有企业基础上整合起来的，接纳了许多原企业的多余人员，这些人员素质低、管理服务水平不高，但是工龄长，一般不宜采取解除合同的方式，因而在物业服务企业自身造血能力不足的情况下，企业的包袱越来越沉重。有的物业服务企业不具有成本转嫁能力，当物业服务成本上升时，只能被动接受并由自己吸收增量部分。最终导致无力继续履行物业服务合同，因而退出物业管理项目。

5.1.2.3 因开发建设单位原因导致物业管理项目退出

(1) 前期承诺不兑现

开发建设单位在商品房的销售阶段作出的前期承诺，到业主入住后不兑现是一个普遍问题。物业服务企业在承接项目时，没有与房地产开发建设单位就前期承诺的责任承担问题交割清楚，造成很多后遗症。业主对于这些问题的解决方案往往就是拒缴物业费，据中国社会调查事务所用计算机辅助电话进行的市场调查资料显示，在遇到物业管理纠纷时，有20.2%的消费者采取选择拒交物业管理服务费。而物业服务企业迫于种种压力，一般不敢公开向开发建设单位主张权利，最后往往选择退出项目管理服务的方式进行逃避。

(2) 遗留问题不解决

物业服务企业代替开发建设单位解决项目遗留问题，是现在很多"父子关系"的物业服务企业的一项工作，然而很多开发建设单位的遗留问题往往不是一朝一夕形成的，解决起来比较复杂，且成本费用非常高。北京市宣武法院近年审理的上千件物业管理纠纷案中，有七成是因开发企业遗留问题引发。在开发建设单位对物业服务企业资金支持不足的情况下，物业服务企业单靠自身的力量往往很难达到业主满意。在遗留问题迟迟得不到解决的情况下，业主往往将责任归责于物业服务企业，以拒缴物业服务费的方式来"维权"。

5.1.2.4 因业主原因导致物业管理项目退出

(1) 业主消费意识差，物业服务企业因物业费收缴率低而退出项目

现阶段，部分业主的思想还停留在计划经济时代，习惯了"只享受，不（少）付费"，在住房消费上花钱买服务的观念还未建立起来。有些业主不清楚物业管理服务运行的全过程、管理服务工作量和各项费用的开支情况，日常进出看到的只是秩序维护员、保洁员在工作，于是凭直觉作出简单判断，认为质价不符。由于物业管理服务具有广泛性，服务的对象是一个物业区域内的全体业主而不是某一家，某一户。物业服务企业不会因为少数业主不交物业费就停止服务活动，所以一些贪图小利的业主就"逃费"、"躲费"。他们不交费，仍然可以享受到和其他业主一样的服务，这样很容易使更多的业主效仿他们的做法，长此以往就会形成这样的恶性循环：业主欠费——物业服务企业亏损——服务质量下降——业主长期拒交物业服务费用。而目前的业主拖欠物业费尚未与我国的个人信用体系相挂钩，物业服务企业除了诉讼解决以外没有其他途径来强力救济。

(2) 业主对于物业管理的政策了解存在偏颇，与物业服务企业无法就某些问题达成一致

由于目前业主对物业服务的消费观念尚未完全形成，但是随着公众法律意识、维权意识增强和媒体对物业服务负面消息报道增多，业主对物业服务的要求和期望却很高，很多业主希望用缴纳低廉的物业费换来无限的管家贴身服务，加上一些物业服务企业在自身宣传时没有讲清楚服务的内涵与外延，往往让业主在理想与现实之间形成较大反差。物业管理法律关系中某些共性问题，如小区停车收费问题、业主财产损失纠纷、共用部位出租、物业收费标准及服务内容有欠协商问题等长期存在并到达了矛盾多发时期。同时物业管理纠纷具有很强的示范效应，一个小区内某几名业主起诉或被诉，经过媒体报道渲染后，往往会牵连其他有同样情况的业主起诉或被诉，在矛盾激化的情况下，有的物业服务企业会选择退出在管项目。

（3）业主之间矛盾突出，业主大会（业主委员会）履约能力不强，物业服务企业无法实施正常管理

我国的业主委员会制度，由于没能充分考虑到我国物业管理产生的背景和社会需求，从开始自发的发起后，基本没有经过一定时间的磨合和实践，就在政府的规定和各地的推动下进入了快车道，这样就自然缺乏了市场基础和适合的土壤，形成履约能力不足的局面。在现实中，一些运作不规范的业主委员会将自己的权利凌驾于众多业主和业主大会之上，擅自以业主大会的名义解聘物业服务企业，当物业服务企业质疑业主委员会的解聘程序是否合法时，双方便产生争议，最终导致"恶炒物业服务企业"的事件发生。同时由于目前法律上对业主大会（或业主委员会）这一自治组织法律地位规定的缺失，加之没有一定的办公经费支持，使得其无法为过失甚至违法行为承担相应责任。

5.2　物业管理项目退出的方式

物业管理项目退出的方式有正常退出和非正常退出两种。

5.2.1　正常退出

正常退出是指合同期满，业主大会不再续聘，物业服务企业撤出物业管理项目；或合同未满供求双方经过协商达成一致意见，同意提前终止合同，物业服务企业撤出物业管理项目。

5.2.1.1　前期物业服务合同到期后，供需双方不再续订物业服务合同

根据《物业管理条例》的规定："前期物业服务合同可以约定期限。期限未满，业主委员会与物业服务企业签订的物业服务合同生效的，前期物业服务合同终止。"这里表述的物业服务企业，可以是原物业服务企业，也可以是业主大会新选聘的物业服务企业。业主大会与原物业服务企业是否续订合同，取决于双方的意思表示。任意一方不同意继续履行合同的，其他方均不得要求强制履行。在这种情况，前期物业服务企业（原物业服务企业）办理好移交手续后退出项目管理服务。

5.2.1.2　履约期间供需双方协商终止合同

合同是双方当事人意思表示一致的协议。根据合同自愿原则，当事人在法律规定范围内享有自愿解除合同的权利。"选聘和解聘物业服务企业"属于全体业主共同决定的事项，在物业服务合同期限内，当业主大会和物业服务企业就合同的终止问题达成一致意见时，物业服务合同即时终止。

5.2.2 非正常退出

非正常退出是指物业服务企业在履约过程中,未经双方协商不辞而别,或被业主委员会逐出物业管理项目。此外,因地震、台风、洪水等不可抗力以及因为政府规划、拆迁等原因导致物业灭失的,也必然产生物业服务企业退出项目的情况。

5.3 物业管理项目退出的步骤(流程见图5-1)

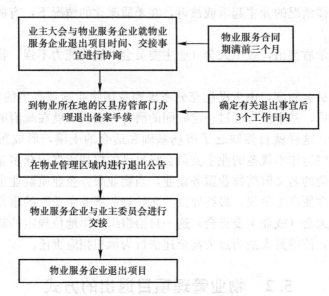

图 5-1 物业服务企业退出项目流程图

5.3.1 退出预警报告

为避免出现物业服务企业因无法正常经营等原因单方面退出,而造成垃圾成堆、绿地荒芜、设备停运等影响居民正常生活的问题,物业管理项目退出必须预警报告,即企业退出前必须上报物业管理行业的行政主管部门。

天津市为规范物业服务企业退出项目管理的活动,维护当事人的合法权益,做好物业项目管理的衔接,于2015年3月1日颁布实施《天津市物业服务企业退出项目管理办法》(以下简称《办法》)。今后,无论是物业企业服务合同期满不再续约,还是小区居民不满意物业企业服务要求辞退,都应按照《办法》规定,依法有序,平稳交接。根据《办法》规定,天津实行物业服务企业退出项目预警报告制度。物业服务合同期满不再续约或者提前解除合同的,物业服务企业与业主大会应当在合同终止3个月前做好下列工作:

第一,业主大会决定物业服务合同期满不再续约或者提前解除合同的,业主委员会应当在业主大会作出决定后3日内将不再续约或者提前解除合同的原因和时间书面告知物业服务企业;物业服务企业提出物业服务合同期满不再续约或者提前解除合同的,应当将不再续约或者提前解除合同的原因和时间书面告知业主委员会。在接到书面告知后,双方应当就物业服务企业退出项目时间、交接事宜进行协商。

第二,物业服务企业在与业主大会确定有关退出事宜3个工作日内,应当将拟退出原因、退出时间和有关事宜书面告知所在街道办事处(乡镇人民政府)和居民委员会(村民委员会），并到物业所在地的区县房管部门办理退出备案手续，后在物业管理区域内公告。

第三，业主委员会应当做好选聘新物业服务企业的准备工作。

第四，区县房管部门接到物业服务企业预警报告后5个工作日内，应当会同街道办事处（乡镇人民政府）和居民委员会（村民委员会）到物业项目听取业主委员会、业主及物业服务企业的意见，并就继续管理服务做好协调沟通工作，指导业主大会选聘物业服务企业。

5.3.2 退出方案拟订及实施

物业服务企业需要拟订全面的退出方案，就退出时间、资料移交、共用设施设备交接、人员安置、财务移交等拟订详细计划，在与物业所有人协商一致的前提下，按照程序进行退出工作。物业服务合同期满不再续约或者提前解除合同，业主大会重新选聘新物业服务企业接管的，应当按照下列程序做好移交工作：

原物业服务企业应当继续按照合同约定做好服务，并积极协助业主大会选聘新物业服务企业；业主应当按时交纳物业管理服务费至合同终止或者双方约定之日。

业主委员会应当组织召开业主大会会议，对选聘新物业服务企业等事宜进行表决，在物业服务终止之日1个月前依法完成选聘工作，并在物业管理区域内公告。业主委员会应当及时与新物业服务企业签订物业服务合同。

原物业服务企业应当在退出之日起10日内，向业主委员会办理移交事宜。

原物业服务企业在征得业主委员会同意后，也可向新物业服务企业直接办理移交，并由业主委员会监督确认。原物业服务企业与业主委员会办理交接的，新物业服务企业接管后，业主委员会应当将需移交事项及资料转交新物业服务企业。

新物业服务企业应当自物业服务合同签订之日起30日内，到物业所在地的区县房管部门办理备案手续。

5.3.3 退出后遗留问题的处理原则确定

物业服务企业、业主和业主大会应当按照物业服务合同约定的期限或解除合同条件终止合同，任何一方不得擅自解除合同。物业服务企业不按照规定履行退出程序和相应义务的，按照《物业管理条例》的有关规定处理。同时，作为企业信用等级评定的重要依据，记入企业诚信档案，向社会公布。

由于物业管理项目退出涉及单位及部门较多，一个环节出现问题就会为日后的纠纷埋下隐患。因此，在拟订退出计划时，需要将移交时未发生或者未涉及的问题，商定处理原则，以避免在移交工作中因为个别问题耽误整体移交工作。

5.4 项目退出移交资料内容

5.4.1 物业基本资料的移交

5.4.1.1 物业产权资料、综合竣工图纸及竣工资料、工程验收资料、施工设计资料、机电设备资料等。

5.4.1.2 业主资料。包括：

（1）业主入住资料：入住通知书、入住登记表、身份证复印件、相片。

（2）房屋装修资料：装修申请表、装修验收表、装修图纸、消防审批、验收报告、违章记录等。

(3) 业主专有部分维修及特约服务记录等。

5.4.1.3 管理资料。各类物业基础管理档案、值班记录、巡检记录、运行日志、设备维修记录、水质化验报告、专业检测报告、房屋设施设备完好率评定等各类服务质量的原始记录。

5.4.1.4 财务资料。固定资产清单、收支账目表、债权债务移交清单、水电抄表记录及费用代收代缴明细、物业服务费收缴明细表、维修资金使用审批资料及记录、其他需移交的各类凭证表格清单。

5.4.1.5 合同协议书。对内对外签订的合同、协议原件。

5.4.1.6 人事档案资料。双方同意移交留用的在职人员的人事档案、培训、考试记录等。

5.4.1.7 其他需要移交的物业基本资料。

5.4.2 物业共用部位及共用设施设备管理工作的移交

5.4.2.1 房屋建筑工程共用部位及共用设施设备,包括消防、电梯、空调、给水排水、供配电等机电设备及附属配件,共用部位的门窗,各类设备房、管道井、公共门窗的钥匙等。

5.4.2.2 共用配套设施,包括环境卫生设施(垃圾桶、箱、车等)、绿化设施、公共秩序与消防安全的管理设施(值班室、岗亭、监控设施、车辆道闸、消防配件等)、文娱活动设施(会所、游泳池、各类球场等)。

5.4.2.3 物业管理用房,包括办公用房、活动室、员工宿舍、食堂(包括设施)、仓库等。停车场、会所等需要经营许可证和资质的,移交单位应协助办理变更手续。

5.4.3 其他相关人、财、物的移交

5.4.3.1 人员。在进行物业管理权移交时,有可能会有原有本项目的服务人员继续留用的情况,新选聘的物业服务企业应与原有物业服务企业进行友好协商,达成共识,进行有关人员的交接或移交工作。

5.4.3.2 财务。移交双方应做好账务清结、资产盘点等相关移交准备工作。移交的主要内容包括物业服务费、维修资金、业主各类押金、停车费、欠收款项、代收代缴的水电费、应付款项、债务等。

5.4.3.3 物资财产。物资财产包括建设单位提供和以物业服务费购置的物资财产等,主要有办公设备、交通工具、通信器材、维修设备工具、备品备件、卫生及绿化养护工具、物业管理软件、财务软件等。

资料移交应按资料分类列出目录,根据目录名称、数量逐一清点是否相符完好,移交后双方在目录清单上盖章、签名。

通过学习,不难发现分析开篇引入案例所需要的法律依据,正是本章物业管理项目退出的原因、方式以及程序等知识点。根据《物业管理条例》第三十九条和第五十九条规定:物业服务合同终止时,物业服务企业应当将物业管理用房和需移交的资料交还给业主委员会。物业服务合同终止时,业主大会选聘了新的物业服务企业的,物业服务企业之间应当做好交接工作。违反本条例的规定,不移交有关资料的,由县级以上地方人民政府房地产行政主管部门责令限期改正;逾期仍不移交有关资料的,对建设单位、物业服务企予以通报，处 1 万元以上 10 万元以下的罚款。

因此，原物业服务企业理应在合同期满终止时退出该项目，退出项目时需将本章 5.4 所涉及的全部资料移交给业主委员会，再由业主委员会移交给新聘物业服务企业。最后，原物业服务企业不但应赔偿新聘物业服务企业的经济损失，还应依法承担 1 万元以上 10 万元以下的行政罚款。

复习思考题

1. 简述物业管理项目退出的方式。
2. 简述物业管理项目退出的步骤。
3. 物业管理项目退出移交资料涉及的主体有哪些？
4. 物业管理项目退出移交资料具体内容包括什么？
5. 某小区成立业主大会后，决定重新选聘物业服务企业。经过招投标后，业主委员会与中标的新物业服务企业签订了物业服务合同。此时，开发建设单位与前期物业服务企业签订的前期物业管理合同还未到期，前期物业服务企业据此不肯从该物业管理项目退出。

现阶段此类案例比比皆是，请思考：前期物业服务企业能否依据前期物业管理合同未到期，而拒绝从物业项目退出？相关法律依据是什么？

情境 6　物业管理纠纷的处理与防范

【学习目的与要求】

物业管理涉及相关各方的切身利益，极其容易引起矛盾和纠纷。本情境简要介绍物业管理纠纷的含义、特征和类型，着重讲解处理物业管理纠纷的程序、依据和方法以及物业管理纠纷防范的若干工作。学生在学习的过程中应注意理论与实践相结合，在处理物业管理纠纷时灵活运用。

【引入案例】

人才公寓小区的业主赵某、钱某、孙某等人没有按照物业服务合同的约定交纳物业服务费，该小区的物业服务企业多次催促，赵某等人总以种种理由回避。该物业服务企业遂将此事向业主委员会反映。业主委员会了解情况之后，明确了物业服务企业与小区业主赵某等人的争议焦点，遂组织相关工作人员做业主的工作。经过业主委员会的调解，业主赵某等人按照规定交纳了物业服务费用；物业服务企业也在日常的管理中提高了服务的质量。这次业主与物业服务企业的纠纷，经过业主委员会的调解，得到了圆满的解决。

请思考：
1. 本案中物业管理民事纠纷有哪些解决途径？
2. 本案中业主委员会是否有权进行调解，为什么？
3. 本案中业主赵某等人的行为正确吗，为什么？

6.1　物业管理纠纷概述

6.1.1　物业管理纠纷的含义

物业管理纠纷指物业服务企业、业主、非业主使用人、物业管理行政主管部门及其他有关自然人、法人或组织，在物业的使用、维修维护、管理中所产生的矛盾和争执。

6.1.2　物业管理纠纷的特征

6.1.2.1　物业管理纠纷发生在物业管理活动中，即发生在物业的使用、维修维护、管理过程中，这是它与其他纠纷的区别。

6.1.2.2　物业管理纠纷可能发生在物业服务企业与业主之间、物业服务企业与非业主使用人之间、物业服务企业与物业管理行政主管部门之间、业主与业主之间、业主与非业主使用人之间，纠纷主体呈复杂多样化。

6.1.2.3　由于物业管理活动主体多，关系复杂，导致物业管理纠纷呈现多样化、复杂化的特点，包括了物业使用纠纷、物业维修维护纠纷、物业管理服务纠纷、物业行政管理纠纷等。

6.1.3 物业管理纠纷的类型

按照不同的标准，可以把物业管理纠纷划分为不同的类型。

6.1.3.1 按照不同的法律关系性质，可以划分为三类：

（1）物业管理民事纠纷，指在物业管理活动中，物业管理企业、业主、非业主使用人以及其他有关的自然人、法人、组织之间的物业管理合同争议及物业管理侵权争议。物业使用纠纷、物业维修纠纷、物业租赁纠纷、物业服务纠纷等都属于物业管理民事纠纷。

（2）物业管理行政纠纷，指房地产、工商、税务、环境等与物业管理相关的行政机关同物业管理企业、业主、非业主使用人、其他有关的自然人、法人、组织等之间因行政机关及其工作人员违法行使管理职权而发生的物业管理行政争议。物业管理行政纠纷的重要特征在于一方必须是拥有行政职权的行政纠纷。

（3）物业管理刑事纠纷。民事纠纷如果不能得到及时的解决或者不能得到公正、公平、合理的解决，就很容易升级，当事人矛盾冲突尖锐化，最后演变成刑事纠纷。例如，物业服务中秩序维护人员与业主发生争吵，最后殴打业主或者业主冲撞、殴打物业管理员工，致其重伤或死亡等。

6.1.3.2 按照纠纷的内容，可以划分为：

（1）前期物业管理纠纷。如物业出售单位即房地产开发公司物业保修期限和保修范围的责任的纠纷，前期物业管理服务费用承担的纠纷等。

（2）物业使用纠纷。如业主、非业主使用人是否依法合理、安全使用物业的纠纷，业主、非业主使用人是否有法律规定的物业使用中的禁止行为（如损坏房屋承重结构和破坏房屋外貌，占用或损坏住宅的共用部位、共用设备等）的纠纷，业主或非业主使用人在装修物业时的纠纷，是否非法改变物业使用性质的纠纷等。

（3）物业维修纠纷。如物业维修基金的设立和管理纠纷，物业维修、更新费用承担的纠纷，因物业维修、装修造成相邻业主、非业主使用人的自用部位、自用设备损坏或者其他财产损失而引起的纠纷等。

（4）物业服务纠纷。如根据物业管理委托合同中所约定的有关条款：物业服务企业是否履行或完全履行其职责的纠纷，物业服务企业对物业服务收费是否合理、规范的纠纷等。

（5）物业服务企业与各专业管理部门职责分工的纠纷。如居住小区环境卫生管理职责和费用的纠纷，居住小区内供水设施管理职责的纠纷等。

（6）异产毗邻房屋管理的纠纷。如异产毗邻房屋修缮责任的纠纷等。

（7）城市危险房屋管理的纠纷。如造成危险房屋责任的纠纷等。

（8）政府有关部门在行政管理实施过程中发生的纠纷。如因有关部门对物业管理区域内违反市容、环境卫生、环境保护、市政设施、绿化等城市管理法律、法规规定的行为，做出处罚和处理而引起的纠纷等。

6.2 物业管理纠纷的处理

6.2.1 物业管理纠纷的处理依据

物业管理纠纷一旦发生，必须给予正确的处理。正确的处理物业管理纠纷的关键，必须有充分的根据。适用于处理物业管理纠纷的主要根据就是国家的法律法规、国家有关政策以及物业服务合同与管理规约等。

6.2.1.1　国家有关法律法规

国家有关法律法规是处理物业管理纠纷最根本的依据。

首先是《宪法》。《宪法》是国家根本大法，它以我国的社会制度和国家制度的基本原则为内容，规定了国家的国体、政体、经济制度、国家机构、公民的权利与义务等，是制定其他法律，包括物业管理及其市场管理运作法律的根据和立法基础。当然也是处理物业管理纠纷的最重要的依据。

其次是《民法通则》。《民法通则》是仅次于《宪法》的一部重要的基本法。主要是调整平等主体即公民之间、法人之间、公民和法人之间的财产关系和人身关系的法律规范。物业服务既涉及了公民之间、法人之间、公民与法人之间的财产关系，又涉及了人身关系，因此，《民法通则》也是处理物业管理纠纷的一个重要法律。

再次是《合同法》。《合同法》是为了保护合同当事人的合法权益，维护社会经济秩序，是法人之间、法人与社会经济团体之间为实现一定的经济目的，明确双方的权利与义务关系的法律规范。物业管理中的经济活动应该以合同的形式进行，因此，《合同法》中有关合同的订立和履行、合同的变更和解除，以及违反合同的责任等，在物业服务合同中都必须遵守。

此外，还有《公司法》、《环境保护法》、《诉讼法》等。

6.2.1.2　《中华人民共和国物权法》

《中华人民共和国物权法》是民法的重要组成部分，是调整财产关系的基本法。法律对物权的调整范围、原则、所有权、用益物权、登记制度、物权的保护等都作出了详细规定。具体地说，明确了物权调整的对象和保护的目标；规范了建筑物区分所有权，明确了业主专有权与共有权；规范了建筑区划内共有权及其使用权利；规范了业主大会和业主委员会的设立与职权；明确了维修基金及其分摊的原则；阐述了物业管理模式；规范了相邻权，保护"采光权"等。《物权法》的颁布和实施，为物业管理和物业纠纷的处理提供了重要的法律依据。

6.2.1.3　有关房地产业的法律法规

有关房地产业的法律法规主要是《城市房地产管理法》。《城市房地产管理法》是城市房地产管理的权威法律，其主要内容是关于房地产开发用地、房地产开发、房地产交易、房地产权属登记管理等。特别是对房地产交易部分包括房地产转让、抵押、租赁以及中介服务机构等作出了明确的规定。这些内容与物业管理有着一定的联系。比如，物业管理市场中的中介机构，其操作就应该严格遵守《城市房地产管理法》的有关规定。此外，《城市房地产中介服务管理规定》、《租赁房屋治安管理规定》、《建筑装饰装修管理规定》以及《土地管理法》等，都是处理物业管理纠纷的重要依据。

6.2.1.4　物业管理法律法规

物业管理法律法规主要有《物业管理条例》、《物业管理企业资质管理办法》、《物业服务收费明码标价规定》、《住宅专项维修资金管理办法》、《业主大会规程》、《城市异产毗连房屋管理规定》、《物业服务收费管理办法》、《关于加强商品房销售、房改售房与物业管理衔接工作的通知》、《物业服务定价成本监审办法》《住宅专项维修资金管理办法》、《最高人民法院关于审理物业服务纠纷案件具体应用法律若干问题的解释》等。

6.2.1.5 其他

此外，物业服务合同和管理规约也是处理物业管理纠纷的重要依据。物业服务合同是业主与物业服务企业双方的真实意思表示。一旦签订了物业服务合同，业主和物业服务企业就必须遵守。管理规约是物业区域最高的管理规范，对全体业主均有约束力。

6.2.2 物业管理纠纷的处理途径

当物业管理纠纷发生后，当事人可以根据具体情况选择不同的途径来解决纠纷。根据物业管理纠纷、法律责任的种类和处理方法的不同，物业管理纠纷的处理方式主要有协商、调解、行政裁决和行政复议、仲裁、诉讼五类。纠纷一经立案，就成为案件，对案件的合法处理属于事后解决纠纷的办法。

6.2.2.1 协商

当事人自行协商和解是物业管理民事纠纷的当事人在自愿互谅的基础上，按照国家有关法律、政策和有关合同的约定讲明事实道理，以达成和解协议，自行解决物业管理民事纠纷的一种方式。物业管理民事纠纷双方当事人之间自行协商解决纠纷，应当遵守平等自愿和合法原则。不允许任何一方以行政命令手段，强迫对方进行协商，也不能以断绝业务关系、终止合作关系相威胁。而且和解协议的内容应当符合法律和政策的规定动作，不得损害国家、社会和他人的利益。

6.2.2.2 调解

调解是指当事人之间发生物业管理纠纷时，由国家规定的有管辖权的第三人来主持引导当事人进行协商活动，坚持自愿原则和合法原则，运用对当事人进行利害分析、说服教育的方法促使当事人双方相互谅解，自愿达成协议，平息纠纷争端的一种方式。

按调解主持人的身份不同可分为民间调解、行政调解和司法调解三种。调解达成协议的，调解主持人应制作调解书，在调解书中写明当事人的情况、纠纷的主要事实和责任、协议的内容和责任的承担方式、承担者，然后由当事人签字盖章，主持调解人员署名并加盖公章。双方当事人对送达的调解书都要自觉履行。

(1) 民间调解广义上包括人民调解委员会调解、律师调解、当事人请调停人调解；狭义上仅指人民调解委员会调解民间纠纷，具有民间性质。

此类调解虽有一定的约束力，但要靠当事人自觉履行，一方不履行调解书内容，人民调解委员会和另一方当事人皆不能强制其执行。

(2) 行政调解

行政调解是根据一方或双方当事人的申请，当事人在物业管理主管部门主持下，通过说服教育，自愿达成协议，从而解决纠纷的一种方式。达成调解协议的，要采用书面形式写成调解书作为解决纠纷的依据，但这是借助物业管理主管部门的管理优势而进行的调解处理，一方如不服，仍可借助司法手段解决。

(3) 司法调解

司法调解广义上包括仲裁调解和法院调解，狭义上仅指法院调解，又称为诉讼内调解，具有司法性质。

仲裁调解是合同当事人在发生纠纷时依照合同的仲裁条款或者事先达成的仲裁协议，向仲裁机构提出申请，在仲裁机构的主持下，根据自愿协商、互谅互让的原则，达成解决合同纠纷的协议。仲裁调解书与仲裁裁决书具有同等法律效力，生效后的调解书，一方当事人如不执行，另一方可向法院提出申请，强制执行。

法院调解又称诉讼内调解，是在人民法院的主持下，双方当事人平等协商，达成协议，经人民法院认可后，终结诉讼程序的活动。在诉讼审理中，法院首先要进行调解，在人民法院主持下达成调解协议，人民法院据此制作调解书，与判决书具有同等法律效力，一方如不执行，另一方可以申请法院强制执行。

在各地物业管理纠纷的处理实践活动中，为充分发挥人民调解工作在预防、化解物业管理纠纷中的作用，探索人民调解、行政调解、司法调解相互衔接的物业管理纠纷调解工作新模式，各地方正在积极探索由司法、房管、民政参与的物业管理纠纷四方联动调解工作机制，逐步构建起基层为主、分级负责、依法高效、四方联动的物业管理纠纷大调解工作格局。

6.2.2.3 行政复议和行政裁决

物业管理纠纷的行政复议也是物业管理纠纷的处理方式中的一种。

《中华人民共和国行政复议法》于1999年4月29日经第九届全国人民代表大会常务委员会第九次会议通过，自1999年10月1日起施行，共计7章43条。行政复议机关受理行政复议申请，不得向申请人收取任何费用。

我国的行政复议是指行政机关根据上级行政机关对下级行政机关的监督权，在当事人的申请和参加下，按照行政复议程序对具体行政行为进行合法性和适当性审查，并作出裁决解决行政侵权争议的活动。行政复议是为公民、法人和其他组织提供法律救济的行政监督制度。

我国现行的复议制度是作为行政诉讼的配套制度于1990年建立的，1990年12月24日国务院发布了行政复议条例，1994年10月9日国务院发布了关于修正该条例的决定。1999年4月第九届全国人大常委会第九次会议颁布了行政复议法，使行政复议脱离行政诉讼配套制度框架，建立起独立的国家行政复议制度。

行政裁决是指对违反行政法规的行为，国家有关行政机关或上级部门对违法者所作的处罚和处分的决定。如果对行政处罚或处理决定不服，在一定期限内当事人依法向上级行政管理机关提出重新处理申请，上级行政管理机关依法重新进行复查、复审、复核、复验等一系列活动。根据复议的情况，可以作出维持、变更或撤销、部分撤销原行政处罚或行政处理决定。在处理物业管理法律责任中，上级房地产管理机关通过行政复议对下级机关所作的行政处罚和行政处理决定进行复查，维持正确、合法的行政决定，纠正和撤销不合法的、不适当的行政决定，这种复查过程就是实施监督的过程。这样做有利于房地产管理机关依法行政，正确贯彻国家的物业管理政策，正确实施物业管理法律法规，做好物业管理工作。

6.2.2.4 仲裁

仲裁是指纠纷当事人在自愿基础上达成协议，将纠纷提交非司法机构的仲裁机构审理，由仲裁机构作出争议各方均有约束力的裁决。根据仲裁法第二条、第三条的规定，平等主体的公民、法人和其他组织之间发生的合同纠纷和其他财产纠纷、权益纠纷，可以仲裁。但婚姻、收养、监护、扶养、继承纠纷和依法由行政机关处理的行政争议不能仲裁。

仲裁委员会在收到一方当事人提交的仲裁申请书后5日内做出决定立案或不立案；立

案后在规定的期限内将仲裁规则和仲裁员名册送交申请人,并将仲裁申请书副本和仲裁规则、仲裁员名册送达被申请人。以普通程序审理时由 3 名仲裁员组成仲裁庭,当事人双方按照名册各选一名,第 3 名仲裁员作为首席仲裁员由当事人共同选定或者共同委托仲裁委员会主任指定,案情简单、争议标的小的,可以使用简易程序,由 1 名仲裁员审理。仲裁不公开进行。

开庭后经过庭审调查质证、辩论,在做出裁决前,可以现行调解,然后制作调解书,调解不成时制作裁决书。调解书和裁决书具有同等的法律效力,调解书经过双方当事人签收即发生法律效力,裁决书自发出之日起发生法律效力。

6.2.2.5 诉讼

当事人通过诉讼方式解决民事、行政纠纷是较常见的方式。诉讼的管辖机关是人民法院。与仲裁明显不同,人民法院依法对已提交诉讼的当事人管辖是强制性的。民事诉讼是人民法院在当事人和其他诉讼参与人的参加下,审理和解决平等地位的民事主体案件的司法活动。行政诉讼是法院应公民、法人或其他组织的请求,通过审查政府机关的行政行为合法性的方式,解决特定范围内的行政争议的司法活动。

物业管理民事纠纷的诉讼程序大体如下:当事人一方提交起诉状,起诉至法院;法院立案审查后将起诉副本送达被告;被告提交答辩状;开庭,法院调查,辩论,调解;制作调解书或一审判决书;双方均不上诉,则判决书生效,或一方不服提起上诉而进入第二审程序;第二审审理,制作二审调解书或审理后下达二审判决书,二审程序是终审判决,不得上诉;若一方仍不服则可申诉或由检察院抗诉进入审判监督程序。

6.3 物业管理纠纷的防范

物业管理纠纷的产生虽然难以杜绝,但一般可以通过以下途径加以防范。

6.3.1 进一步完善物业管理立法

完善的物业管理法规体系是防范物业管理纠纷的重要保障。虽然这些年来国家和地方出台了一系列规范物业管理的法规、政策,但由于缺乏层次高和权威性的大法、行政法规,致使在物业管理中产生的大量纠纷得不到及时解决。因此加快物业管理立法步伐,已成当务之急。完善物业管理法规,对物业服务企业在规划、设计、施工等阶段的提前介入,物业管理的招投标条件和程序,管理基金和维修基金的拨付,物业服务企业的法定权利和义务等做出明确规定,在很大程度上可以防止纠纷的出现。

6.3.2 加强行业规范化管理

首先,要对物业服务企业的资质进行严格审查,提高设立物业服务企业的条件,尽可能实行规模化管理。其次,创造和维护公平竞争的物业管理市场环境,在适当时候可以全面推行公开招标的形式,由业主自己选择物业服务企业。最后,还要对物业服务企业实行随时抽查和定期年检制度,对不合格的物业服务企业进行相应惩罚和制裁措施,对物业服务企业与业主之间的纠纷可以进行必要的调解工作。

6.3.3 合理确定权利和义务

公平、合理、完善的物业服务合同是防范物业管理纠纷的重要手段。多数物业服务企业在订立物业服务合同时,不重视保护自身应有的权益,不仔细研究合同免责条款的约定，不注意风险的规避，为日后纠纷的产生埋下了伏笔。目前，在商品房的发售过程中律师的介入很常见，但在物业服务合同拟订、合同签订的过程中律师的介入相对较少。在物业服务合同生效以前由熟悉有关法律、政策的律师对合同进行审查，对合同中规定的不公平、不合理条款进行修改，可以有效防止物业管理纠纷的产生。

此外，物业管理协会可提出指导性意见，提供内容详尽的合同示范文本，便于物业管理企业操作，同时也可以维护行业利益。

6.3.4 端正服务态度，提高人员素质

物业服务企业要树立"业主第一、服务至上"的经营意识，加强对员工的思想教育和技能培训，使服务人员具有较高的管理水平、文化水平和专业技术水平，而且还有良好的思想作风、职业道德和服务态度，为业主提供更多、更优质的服务，这是解决物业管理纠纷的重要保障。

6.3.5 加强宣传教育

一方面物业服务企业要努力改善服务，以优良的服务来满足业主，另一方面政府、物业管理协会、物业服务企业要采取多种宣传手段进行宣传教育，使广大的业主从思想上接受物业服务，彻底改变福利意识，把"你要来管"转变成"我要你来管"，积极履行缴费等义务，不实施法律、业主公约、物业服务合同所禁止的行为，配合物业服务企业的管理。

6.3.6 协调与其他管理部门的关系

物业服务企业首先要在物业服务合同中明确物业服务的内容，其次可以把水、电、有线电视等部门的职责、联络方式等以住户手册的形式或公示的方法公布于众，使住户明了。再次，可以积极参与，配合有关部门解决与住户密切相关的设施、设备的维修维护问题。

对本情境的引入案例中提出的问题分析如下：

（1）物业管理纠纷的解决方式有多种，一般认为包括：协商、调解、行政处理、仲裁、诉讼。争议额比较小的纠纷可以选择协商和调解，但是事实繁琐、法律关系复杂且争议额比较大的案件，还是选择仲裁或诉讼，更能有力公正的处理。

（2）本案中，业主委员会的调解行为在性质上属于民间调解。业主委员会是有资格进行调解的，理由如下：首先，业主委员会作为第三方是争议一方物业服务企业选择的；其次，根据《物业管理条例》第十五规定："业主委员会执行业主大会的决定事项，履行下列职责：……（三）及时了解业主、物业使用人的意见和建议，监督和协助物业服务企业履行物业服务合同；（四）监督管理规约的实施。"

本案中，业主不交纳物业服务费用，是违反管理规约的行为，而业主委员会依法可以监督管理规约的实施。

（3）《物业管理条例》第七条规定："业主有缴纳物业服务费的义务。"本案赵某等人总以物业服务企业没有提供高质量的物业服务作为借口，逃避交纳物业费用的行为是违法行为，也是违反合同约定的，要承担相应的违约责任。

6.4 典型案例分析

【案例一】

案情简介：2015年2月，张某到小区地下车库取物，途径过道时，由于车库光线有些

昏暗，而张某年事已高，在途经过道时不慎被过道门槛绊倒受伤。小区秩序维护员通过监控发现张某摔倒在地，立即与张某家人取得联系。张某在家人陪同下送医，经医院诊断，张某为右骨骨折，先后花去治疗费用 4.5 万元。张某家人认为，自己每个月都向物业服务企业支付物业费，在收取报酬的情况下，物业服务企业却对小区内公共设施未尽到基本的管理、维护职责，对于张某受伤物业服务企业应当承担全部责任。张某向法院提起诉讼，要求物业服务企业赔偿各项损失 6.2 万元。

法院审理认为，物业服务企业作为小区管理人，对小区公共设施负有维修、保养、管理义务，因事发时光线昏暗，客观上导致行人通行不便，在一定程度上存在安全隐患，法院认定物业服务企业在尽到一般管理义务上存在瑕疵。此外，张某作为成年人，在经常出入的小区地下车库，理应注意到进出过道上有门槛，但因自身未能充分注意，自身过错明显。法院最终判决物业服务企业承担 15% 的责任，张某本人承担 85% 的责任。

分析：其实在小区内发生摔倒受伤是很常见的事情，但由于发生的地点在小区内，业主往往会一味地认为是物业服务企业管理不到位造成，而要求物业服务企业承担全额赔偿责任。法官表示，物业对服务范围的公共设施在一定的合理限度范围内负有保障管理义务，但管理义务范围是有限的，并不能无限地夸大物业服务企业的责任，依照侵权责任法相关规定，侵害人因过错造成他人人身损害的，应承担赔偿责任，受害人亦有过错的，可减轻侵害人的赔偿责任。据此，人民法院根据双方提供的证据材料和案件的实际情况来划分责任。

【案例二】

案情简介：王女士居住在某高层住宅 23 层。2014 年，王女士楼上住户钱某对住宅进行装修，并在北露台上搭建假山景观水系等设施，而北露台正是王女士家房屋的房顶。钱某装修完不久，王女士发现自家厨房有渗水现象，渐渐的，渗水从厨房蔓延至客厅、卫生间、阳台，王女士房屋的地板、墙壁也逐渐变烂发黑，严重影响到王女士的居住环境。王女士将情况反映给小区物业，要求物业服务企业拆除违法建筑。物业服务企业在了解情况后向钱某发出了整改通知书，但钱某置若罔闻。为此王女士还停缴了物业服务费向物业公司抗议。然而，情况并未得到好转。

王女士最终决定通过法律途径维权。2015 年，王女士向市人民法院起诉，要求钱某拆除搭建设施，并赔偿损失 10 万元。同时，王女士认为物业服务企业应对钱某的这种行为加以制止，但是物业服务企业只是发送了整改通知书，并未采取实质行动加以制止，应当承担连带责任。

法院经审理认为，钱某未经批准在北露台搭建景观水系等设施，导致楼层渗水，损坏了王女士房屋内装修和部分财产，判令钱某拆除违法建筑，赔偿王女士各项损失 3500 元。而物业服务企业对钱某的行为已进行了劝告，且已尽到了物业服务管理职能，无须承担赔偿责任。

分析：由于房价一直居高不下，很多业主在买房装修时考虑如何将自己的居住利益最大化，从搭建空中楼阁到挤占绿化用地，这样的行为却损害了小区其他业主权益。在小区违法建筑问题上，业主往往存在一个误区，他们认为物业服务企业作为小区管理单位理应承担起强拆职责。实际上，物业服务企业作为一个民事主体，并没有拆除违法建设的强制执法权。对于违法建筑，物业服务企业仅限于向搭建违法建筑的业主予以劝阻、制止，在劝阻、制止无效的情况下，应及时报告政府主管部门，最终的执法权在政府相关职能部门。

韩某在北露台所搭建的景观水系确实属于违法建筑，理应拆除，但物业服务企业无权强行拆除。韩某作为景观水系的搭建人，其建筑材料、人工费及景观水系生活设施、物品系其合法财产，理应受法律保护。如果物业服务企业擅自闯入韩某住宅强行拆除，应属于毁坏财物的行为。物业服务企业在行使管理权时要想有章可循，在签订物业合同时应当明确双方的权利义务，通过增加规章条款达到约束业主私搭乱建行为的效果。

复习思考题

1. 物业管理纠纷的特点是什么？
2. 简述物业管理纠纷的主要种类。
3. 简述物业管理纠纷处理中的调解。
4. 怎样有效防范物业管理纠纷？
5. 老杨所在的海浪小区成立业主大会并依法选举了业主委员，业主委员会作为业主们的维权代表，严格按照规定履行其职责，受到小区业主们的好评。业主大会解聘了前期物业管理阶段由建设单位聘请的一家物业服务企业之后，业主委员会又依据业主大会的决议与另一家物业服务企业签订了物业服务合同。合同中对争议解决的方式也作了约定，即通过某市 A 仲裁委员会仲裁解决。其后，物业服务企业在物业管理服务中，并没有严格按照物业服务合同的约定履行其义务。该小区的业主们投诉较多，意见较大。因此，业主委员会代表小区业主们向人民法院提起诉讼。法院受理后，物业服务企业提出法院无权管辖此案，因物业服务合同中有仲裁条款的约定，所以法院应当依法驳回起诉。

请回答：（1）物业服务合同中仲裁条款的约定是否有效？
（2）法院驳回业主的起诉是否正确，为什么？

附　　录

中华人民共和国物权法（节选）

(2007年3月16日第十届全国人民代表大会第五次会议通过)

第六章　业主的建筑物区分所有权

第七十条　业主对建筑物内的住宅、经营性用房等专有部分享有所有权，对专有部分以外的共有部分享有共有和共同管理的权利。

第七十一条　业主对其建筑物专有部分享有占有、使用、收益和处分的权利。业主行使权利不得危及建筑物的安全，不得损害其他业主的合法权益。

第七十二条　业主对建筑物专有部分以外的共有部分，享有权利，承担义务；不得以放弃权利不履行义务。

业主转让建筑物内的住宅、经营性用房，其对共有部分享有的共有和共同管理的权利一并转让。

第七十三条　建筑区划内的道路，属于业主共有，但属于城镇公共道路的除外。建筑区划内的绿地，属于业主共有，但属于城镇公共绿地或者明示属于个人的除外。建筑区划内的其他公共场所、公用设施和物业服务用房，属于业主共有。

第七十四条　建筑区划内，规划用于停放汽车的车位、车库应当首先满足业主的需要。

建筑区划内，规划用于停放汽车的车位、车库的归属，由当事人通过出售、附赠或者出租等方式约定。

占用业主共有的道路或者其他场地用于停放汽车的车位，属于业主共有。

第七十五条　业主可以设立业主大会，选举业主委员会。

地方人民政府有关部门应当对设立业主大会和选举业主委员会给予指导和协助。

第七十六条　下列事项由业主共同决定：

（一）制定和修改业主大会议事规则；

（二）制定和修改建筑物及其附属设施的管理规约；

（三）选举业主委员会或者更换业主委员会成员；

（四）选聘和解聘物业服务企业或者其他管理人；

（五）筹集和使用建筑物及其附属设施的维修资金；

（六）改建、重建建筑物及其附属设施；

（七）有关共有和共同管理权利的其他重大事项。

决定前款第五项和第六项规定的事项，应当经专有部分占建筑物总面积三分之二以上的业主且占总人数三分之二以上的业主同意。决定前款其他事项,应当经专有部分占建筑物总面积过半数的业主且占总人数过半数的业主同意。

第七十七条　业主不得违反法律、法规以及管理规约,将住宅改变为经营性用房。业主将住宅改变为经营性用房的,除遵守法律、法规以及管理规约外,应当经有利害关系的业主同意。

第七十八条　业主大会或者业主委员会的决定,对业主具有约束力。

业主大会或者业主委员会作出的决定侵害业主合法权益的,受侵害的业主可以请求人民法院予以撤销。

第七十九条　建筑物及其附属设施的维修资金,属于业主共有。经业主共同决定,可以用于电梯、水箱等共有部分的维修。维修资金的筹集、使用情况应当公布。

第八十条　建筑物及其附属设施的费用分摊、收益分配等事项,有约定的,按照约定;没有约定或者约定不明确的,按照业主专有部分占建筑物总面积的比例确定。

第八十一条　业主可以自行管理建筑物及其附属设施,也可以委托物业服务企业或者其他管理人管理。

对建设单位聘请的物业服务企业或者其他管理人,业主有权依法更换。

第八十二条　物业服务企业或者其他管理人根据业主的委托管理建筑区划内的建筑物及其附属设施,并接受业主的监督。

第八十三条　业主应当遵守法律、法规以及管理规约。

业主大会和业主委员会,对任意弃置垃圾、排放污染物或者噪声、违反规定饲养动物、违章搭建、侵占通道、拒付物业费等损害他人合法权益的行为,有权依照法律、法规以及管理规约,要求行为人停止侵害、消除危险、排除妨害、赔偿损失。业主对侵害自己合法权益的行为,可以依法向人民法院提起诉讼。

第七章　相邻关系

第八十四条　不动产的相邻权利人应当按照有利生产、方便生活、团结互助、公平合理的原则,正确处理相邻关系。

第八十五条　法律、法规对处理相邻关系有规定的,依照其规定;法律、法规没有规定的,可以按照当地习惯。

第八十六条　不动产权利人应当为相邻权利人用水、排水提供必要的便利。

对自然流水的利用,应当在不动产的相邻权利人之间合理分配。对自然流水的排放,应当尊重自然流向。

第八十七条　不动产权利人对相邻权利人因通行等必须利用其土地的,应当提供必要的便利。

第八十八条　不动产权利人因建造、修缮建筑物以及铺设电线、电缆、水管、暖气和燃气管线等必须利用相邻土地、建筑物的,该土地、建筑物的权利人应当提供必要的便利。

第八十九条　建造建筑物,不得违反国家有关工程建设标准,妨碍相邻建筑物的通风、采光和日照。

第九十条　不动产权利人不得违反国家规定弃置固体废物,排放大气污染物、水污染物、噪声、光、电磁波辐射等有害物质。

第九十一条　不动产权利人挖掘土地、建造建筑物、铺设管线以及安装设备等，不得危及相邻不动产的安全。

第九十二条　不动产权利人因用水、排水、通行、铺设管线等利用相邻不动产的，应当尽量避免对相邻的不动产权利人造成损害；造成损害的，应当给予赔偿。

第八章　共有

第九十三条　不动产或者动产可以由两个以上单位、个人共有。共有包括按份共有和共同共有。

第九十四条　按份共有人对共有的不动产或者动产按照其份额享有所有权。

第九十五条　共同共有人对共有的不动产或者动产共同享有所有权。

第九十六条　共有人按照约定管理共有的不动产或者动产；没有约定或者约定不明确的，各共有人都有管理的权利和义务。

第九十七条　处分共有的不动产或者动产以及对共有的不动产或者动产作重大修缮的，应当经占份额三分之二以上的按份共有人或者全体共同共有人同意，但共有人之间另有约定的除外。

第九十八条　对共有物的管理费用以及其他负担，有约定的，按照约定；没有约定或者约定不明确的，按份共有人按照其份额负担，共同共有人共同负担。

第九十九条　共有人约定不得分割共有的不动产或者动产，以维持共有关系的，应当按照约定，但共有人有重大理由需要分割的，可以请求分割；没有约定或者约定不明确的，按份共有人可以随时请求分割，共同共有人在共有的基础丧失或者有重大理由需要分割时可以请求分割。因分割对其他共有人造成损害的，应当给予赔偿。

第一百条　共有人可以协商确定分割方式。达不成协议，共有的不动产或者动产可以分割并且不会因分割减损价值的，应当对实物予以分割；难以分割或者因分割会减损价值的，应当对折价或者拍卖、变卖取得的价款予以分割。

共有人分割所得的不动产或者动产有瑕疵的，其他共有人应当分担损失。

第一百零一条　按份共有人可以转让其享有的共有的不动产或者动产份额。其他共有人在同等条件下享有优先购买的权利。

第一百零二条　因共有的不动产或者动产产生的债权债务，在对外关系上，共有人享有连带债权、承担连带债务，但法律另有规定或者第三人知道共有人不具有连带债权债务关系的除外；在共有人内部关系上，除共有人另有约定外，按份共有人按照份额享有债权、承担债务，共同共有人共同享有债权、承担债务。偿还债务超过自己应当承担份额的按份共有人，有权向其他共有人追偿。

第一百零三条　共有人对共有的不动产或者动产没有约定为按份共有或者共同共有，或者约定不明确的，除共有人具有家庭关系等外，视为按份共有。

第一百零四条　按份共有人对共有的不动产或者动产享有的份额，没有约定或者约定不明确的，按照出资额确定；不能确定出资额的，视为等额享有。

第一百零五条　两个以上单位、个人共同享有用益物权、担保物权的，参照本章规定。

第九章　所有权取得的特别规定

第一百零六条　无处分权人将不动产或者动产转让给受让人的，所有权人有权追回；

除法律另有规定外，符合下列情形的，受让人取得该不动产或者动产的所有权：

（一）受让人受让该不动产或者动产时是善意的；

（二）以合理的价格转让；

（三）转让的不动产或者动产依照法律规定应当登记的已经登记，不需要登记的已经交付给受让人。

受让人依照前款规定取得不动产或者动产的所有权的，原所有权人有权向无处分权人请求赔偿损失。

当事人善意取得其他物权的，参照前两款规定。

第一百零七条　所有权人或者其他权利人有权追回遗失物。该遗失物通过转让被他人占有的，权利人有权向无处分权人请求损害赔偿，或者自知道或者应当知道受让人之日起二年内向受让人请求返还原物，但受让人通过拍卖或者向具有经营资格的经营者购得该遗失物的，权利人请求返还原物时应当支付受让人所付的费用。权利人向受让人支付所付费用后，有权向无处分权人追偿。

第一百零八条　善意受让人取得动产后，该动产上的原有权利消灭，但善意受让人在受让时知道或者应当知道该权利的除外。

第一百零九条　拾得遗失物，应当返还权利人。拾得人应当及时通知权利人领取，或者送交公安等有关部门。

第一百一十条　有关部门收到遗失物，知道权利人的，应当及时通知其领取；不知道的，应当及时发布招领公告。

第一百一十一条　拾得人在遗失物送交有关部门前，有关部门在遗失物被领取前，应当妥善保管遗失物。因故意或者重大过失致使遗失物毁损、灭失的，应当承担民事责任。

第一百一十二条　权利人领取遗失物时，应当向拾得人或者有关部门支付保管遗失物等支出的必要费用。

权利人悬赏寻找遗失物的，领取遗失物时应当按照承诺履行义务。

拾得人侵占遗失物的，无权请求保管遗失物等支出的费用，也无权请求权利人按照承诺履行义务。

第一百一十三条　遗失物自发布招领公告之日起六个月内无人认领的，归国家所有。

第一百一十四条　拾得漂流物、发现埋藏物或者隐藏物的，参照拾得遗失物的有关规定。文物保护法等法律另有规定的，依照其规定。

第一百一十五条　主物转让的，从物随主物转让，但当事人另有约定的除外。

第一百一十六条　天然孳息，由所有权人取得；既有所有权人又有用益物权人的，由用益物权人取得。当事人另有约定的，按照约定。

法定孳息，当事人有约定的，按照约定取得；没有约定或者约定不明确的，按照交易习惯取得。

第三编　用益物权

第十章　一般规定

第一百一十七条　用益物权人对他人所有的不动产或者动产，依法享有占有、使用和收益的权利。

第一百一十八条　国家所有或者国家所有由集体使用以及法律规定属于集体所有的自

然资源，单位、个人依法可以占有、使用和收益。

第一百一十九条 国家实行自然资源有偿使用制度，但法律另有规定的除外。

第一百二十条 用益物权人行使权利，应当遵守法律有关保护和合理开发利用资源的规定。所有权人不得干涉用益物权人行使权利。

第一百二十一条 因不动产或者动产被征收、征用致使用益物权消灭或者影响用益物权行使的，用益物权人有权依照本法第四十二条、第四十四条的规定获得相应补偿。

第一百二十二条 依法取得的海域使用权受法律保护。

第一百二十三条 依法取得的探矿权、采矿权、取水权和使用水域、滩涂从事养殖、捕捞的权利受法律保护。

第十一章 土地承包经营权

第一百二十四条 农村集体经济组织实行家庭承包经营为基础、统分结合的双层经营体制。

农民集体所有和国家所有由农民集体使用的耕地、林地、草地以及其他用于农业的土地，依法实行土地承包经营制度。

第一百二十五条 土地承包经营权人依法对其承包经营的耕地、林地、草地等享有占有、使用和收益的权利，有权从事种植业、林业、畜牧业等农业生产。

第一百二十六条 耕地的承包期为三十年。草地的承包期为三十年至五十年。林地的承包期为三十年至七十年；特殊林木的林地承包期，经国务院林业行政主管部门批准可以延长。

前款规定的承包期届满，由土地承包经营权人按照国家有关规定继续承包。

第一百二十七条 土地承包经营权自土地承包经营权合同生效时设立。

县级以上地方人民政府应当向土地承包经营权人发放土地承包经营权证、林权证、草原使用权证，并登记造册，确认土地承包经营权。

第一百二十八条 土地承包经营权人依照农村土地承包法的规定，有权将土地承包经营权采取转包、互换、转让等方式流转。流转的期限不得超过承包期的剩余期限。未经依法批准，不得将承包地用于非农建设。

第一百二十九条 土地承包经营权人将土地承包经营权互换、转让，当事人要求登记的，应当向县级以上地方人民政府申请土地承包经营权变更登记；未经登记，不得对抗善意第三人。

第一百三十条 承包期内发包人不得调整承包地。

因自然灾害严重毁损承包地等特殊情形，需要适当调整承包的耕地和草地的，应当依照农村土地承包法等法律规定办理。

第一百三十一条 承包期内发包人不得收回承包地。农村土地承包法等法律另有规定的，依照其规定。

第一百三十二条 承包地被征收的，土地承包经营权人有权依照本法第四十二条第二款的规定获得相应补偿。

第一百三十三条 通过招标、拍卖、公开协商等方式承包荒地等农村土地，依照农村土地承包法等法律和国务院的有关规定，其土地承包经营权可以转让、入股、抵押或者以其他方式流转。

第一百三十四条 国家所有的农用地实行承包经营的,参照本法的有关规定。

第十二章 建设用地使用权

第一百三十五条 建设用地使用权人依法对国家所有的土地享有占有、使用和收益的权利,有权利用该土地建造建筑物、构筑物及其附属设施。

第一百三十六条 建设用地使用权可以在土地的地表、地上或者地下分别设立。新设立的建设用地使用权,不得损害已设立的用益物权。

第一百三十七条 设立建设用地使用权,可以采取出让或者划拨等方式。

工业、商业、旅游、娱乐和商品住宅等经营性用地以及同一土地有两个以上意向用地者的,应当采取招标、拍卖等公开竞价的方式出让。

严格限制以划拨方式设立建设用地使用权。采取划拨方式的,应当遵守法律、行政法规关于土地用途的规定。

第一百三十八条 采取招标、拍卖、协议等出让方式设立建设用地使用权的,当事人应当采取书面形式订立建设用地使用权出让合同。

建设用地使用权出让合同一般包括下列条款:

(一) 当事人的名称和住所;
(二) 土地界址、面积等;
(三) 建筑物、构筑物及其附属设施占用的空间;
(四) 土地用途;
(五) 使用期限;
(六) 出让金等费用及其支付方式;
(七) 解决争议的方法。

第一百三十九条 设立建设用地使用权的,应当向登记机构申请建设用地使用权登记。建设用地使用权自登记时设立。登记机构应当向建设用地使用权人发放建设用地使用权证书。

第一百四十条 建设用地使用权人应当合理利用土地,不得改变土地用途;需要改变土地用途的,应当依法经有关行政主管部门批准。

第一百四十一条 建设用地使用权人应当依照法律规定以及合同约定支付出让金等费用。

第一百四十二条 建设用地使用权人建造的建筑物、构筑物及其附属设施的所有权属于建设用地使用权人,但有相反证据证明的除外。

第一百四十三条 建设用地使用权人有权将建设用地使用权转让、互换、出资、赠予或者抵押,但法律另有规定的除外。

第一百四十四条 建设用地使用权转让、互换、出资、赠予或者抵押的,当事人应当采取书面形式订立相应的合同。使用期限由当事人约定,但不得超过建设用地使用权的剩余期限。

第一百四十五条 建设用地使用权转让、互换、出资或者赠予的,应当向登记机构申请变更登记。

第一百四十六条 建设用地使用权转让、互换、出资或者赠予的,附着于该土地上的建筑物、构筑物及其附属设施一并处分。

第一百四十七条　建筑物、构筑物及其附属设施转让、互换、出资或者赠予的，该建筑物、构筑物及其附属设施占用范围内的建设用地使用权一并处分。

第一百四十八条　建设用地使用权期间届满前，因公共利益需要提前收回该土地的，应当依照本法第四十二条的规定对该土地上的房屋及其他不动产给予补偿，并退还相应的出让金。

第一百四十九条　住宅建设用地使用权期间届满的，自动续期。

非住宅建设用地使用权期间届满后的续期，依照法律规定办理。该土地上的房屋及其他不动产的归属，有约定的，按照约定；没有约定或者约定不明确的，依照法律、行政法规的规定办理。

第一百五十条　建设用地使用权消灭的，出让人应当及时办理注销登记。登记机构应当收回建设用地使用权证书。

第一百五十一条　集体所有的土地作为建设用地的，应当依照土地管理法等法律规定办理。

第十三章　宅基地使用权

第一百五十二条　宅基地使用权人依法对集体所有的土地享有占有和使用的权利，有权依法利用该土地建造住宅及其附属设施。

第一百五十三条　宅基地使用权的取得、行使和转让，适用土地管理法等法律和国家有关规定。

第一百五十四条　宅基地因自然灾害等原因灭失的，宅基地使用权消灭。对失去宅基地的村民，应当重新分配宅基地。

第一百五十五条　已经登记的宅基地使用权转让或者消灭的，应当及时办理变更登记或者注销登记。

第十四章　地役权

第一百五十六条　地役权人有权按照合同约定，利用他人的不动产，以提高自己的不动产的效益。

前款所称他人的不动产为供役地，自己的不动产为需役地。

第一百五十七条　设立地役权，当事人应当采取书面形式订立地役权合同。

地役权合同一般包括下列条款：

（一）当事人的姓名或者名称和住所；
（二）供役地和需役地的位置；
（三）利用目的和方法；
（四）利用期限；
（五）费用及其支付方式；
（六）解决争议的方法。

第一百五十八条　地役权自地役权合同生效时设立。当事人要求登记的，可以向登记机构申请地役权登记；未经登记，不得对抗善意第三人。

第一百五十九条　供役地权利人应当按照合同约定，允许地役权人利用其土地，不得妨害地役权人行使权利。

第一百六十条　地役权人应当按照合同约定的利用目的和方法利用供役地，尽量减少对供役地权利人物权的限制。

第一百六十一条 地役权的期限由当事人约定，但不得超过土地承包经营权、建设用地使用权等用益物权的剩余期限。

第一百六十二条 土地所有权人享有地役权或者负担地役权的，设立土地承包经营权、宅基地使用权时，该土地承包经营权人、宅基地使用权人继续享有或者负担已设立的地役权。

第一百六十三条 土地上已设立土地承包经营权、建设用地使用权、宅基地使用权等权利的，未经用益物权人同意，土地所有权人不得设立地役权。

第一百六十四条 地役权不得单独转让。土地承包经营权、建设用地使用权等转让的，地役权一并转让，但合同另有约定的除外。

第一百六十五条 地役权不得单独抵押。土地承包经营权、建设用地使用权等抵押的，在实现抵押权时，地役权一并转让。

第一百六十六条 需役地以及需役地上的土地承包经营权、建设用地使用权部分转让时，转让部分涉及地役权的，受让人同时享有地役权。

第一百六十七条 供役地以及供役地上的土地承包经营权、建设用地使用权部分转让时，转让部分涉及地役权的，地役权对受让人具有约束力。

第一百六十八条 地役权人有下列情形之一的，供役地权利人有权解除地役权合同，地役权消灭：

（一）违反法律规定或者合同约定，滥用地役权；

（二）有偿利用供役地，约定的付款期间届满后在合理期限内经两次催告未支付费用。

第一百六十九条 已经登记的地役权变更、转让或者消灭的，应当及时办理变更登记或者注销登记。

第四编 担保物权

第十五章 一般规定

第一百七十条 担保物权人在债务人不履行到期债务或者发生当事人约定的实现担保物权的情形，依法享有就担保财产优先受偿的权利，但法律另有规定的除外。

第一百七十一条 债权人在借贷、买卖等民事活动中，为保障实现其债权，需要担保的，可以依照本法和其他法律的规定设立担保物权。

第三人为债务人向债权人提供担保的，可以要求债务人提供反担保。反担保适用本法和其他法律的规定。

第一百七十二条 设立担保物权，应当依照本法和其他法律的规定订立担保合同。担保合同是主债权债务合同的从合同。主债权债务合同无效，担保合同无效，但法律另有规定的除外。

担保合同被确认无效后，债务人、担保人、债权人有过错的，应当根据其过错各自承担相应的民事责任。

第一百七十三条 担保物权的担保范围包括主债权及其利息、违约金、损害赔偿金、保管担保财产和实现担保物权的费用。当事人另有约定的，按照约定。

第一百七十四条 担保期间，担保财产毁损、灭失或者被征收等，担保物权人可以就获得的保险金、赔偿金或者补偿金等优先受偿。被担保债权的履行期未届满的，也可以提存该保险金、赔偿金或者补偿金等。

第一百七十五条 第三人提供担保，未经其书面同意，债权人允许债务人转移全部或者部分债务的，担保人不再承担相应的担保责任。

第一百七十六条 被担保的债权既有物的担保又有人的担保的，债务人不履行到期债务或者发生当事人约定的实现担保物权的情形，债权人应当按照约定实现债权；没有约定或者约定不明确，债务人自己提供物的担保的，债权人应当先就该物的担保实现债权；第三人提供物的担保的，债权人可以就物的担保实现债权，也可以要求保证人承担保证责任。提供担保的第三人承担担保责任后，有权向债务人追偿。

第一百七十七条 有下列情形之一的，担保物权消灭：

（一）主债权消灭；

（二）担保物权实现；

（三）债权人放弃担保物权；

（四）法律规定担保物权消灭的其他情形。

第一百七十八条 担保法与本法的规定不一致的，适用本法。

第十六章 抵押权

第一节 一般抵押权

第一百七十九条 为担保债务的履行，债务人或者第三人不转移财产的占有，将该财产抵押给债权人的，债务人不履行到期债务或者发生当事人约定的实现抵押权的情形，债权人有权就该财产优先受偿。

前款规定的债务人或者第三人为抵押人，债权人为抵押权人，提供担保的财产为抵押财产。

第一百八十条 债务人或者第三人有权处分的下列财产可以抵押：

（一）建筑物和其他土地附着物；

（二）建设用地使用权；

（三）以招标、拍卖、公开协商等方式取得的荒地等土地承包经营权；

（四）生产设备、原材料、半成品、产品；

（五）正在建造的建筑物、船舶、航空器；

（六）交通运输工具；

（七）法律、行政法规未禁止抵押的其他财产。

抵押人可以将前款所列财产一并抵押。

第一百八十一条 经当事人书面协议，企业、个体工商户、农业生产经营者可以将现有的以及将有的生产设备、原材料、半成品、产品抵押，债务人不履行到期债务或者发生当事人约定的实现抵押权的情形，债权人有权就实现抵押权时的动产优先受偿。

第一百八十二条 以建筑物抵押的，该建筑物占用范围内的建设用地使用权一并抵押。以建设用地使用权抵押的，该土地上的建筑物一并抵押。

抵押人未依照前款规定一并抵押的，未抵押的财产视为一并抵押。

第一百八十三条 乡镇、村企业的建设用地使用权不得单独抵押。以乡镇、村企业的厂房等建筑物抵押的，其占用范围内的建设用地使用权一并抵押。

第一百八十四条 下列财产不得抵押：

（一）土地所有权；

（二）耕地、宅基地、自留地、自留山等集体所有的土地使用权，但法律规定可以抵押的除外；

（三）学校、幼儿园、医院等以公益为目的的事业单位、社会团体的教育设施、医疗卫生设施和其他社会公益设施；

（四）所有权、使用权不明或者有争议的财产；

（五）依法被查封、扣押、监管的财产；

（六）法律、行政法规规定不得抵押的其他财产。

第一百八十五条　设立抵押权，当事人应当采取书面形式订立抵押合同。

抵押合同一般包括下列条款：

（一）被担保债权的种类和数额；

（二）债务人履行债务的期限；

（三）抵押财产的名称、数量、质量、状况、所在地、所有权归属或者使用权归属；

（四）担保的范围。

第一百八十六条　抵押权人在债务履行期届满前，不得与抵押人约定债务人不履行到期债务时抵押财产归债权人所有。

第一百八十七条　以本法第一百八十条第一款第一项至第三项规定的财产或者第五项规定的正在建造的建筑物抵押的，应当办理抵押登记。抵押权自登记时设立。

第一百八十八条　以本法第一百八十条第一款第四项、第六项规定的财产或者第五项规定的正在建造的船舶、航空器抵押的，抵押权自抵押合同生效时设立；未经登记，不得对抗善意第三人。

第一百八十九条　企业、个体工商户、农业生产经营者以本法第一百八十一条规定的动产抵押的，应当向抵押人住所地的工商行政管理部门办理登记。抵押权自抵押合同生效时设立；未经登记，不得对抗善意第三人。

依照本法第一百八十一条规定抵押的，不得对抗正常经营活动中已支付合理价款并取得抵押财产的买受人。

第一百九十条　订立抵押合同前抵押财产已出租的，原租赁关系不受该抵押权的影响。抵押权设立后抵押财产出租的，该租赁关系不得对抗已登记的抵押权。

第一百九十一条　抵押期间，抵押人经抵押权人同意转让抵押财产的，应当将转让所得的价款向抵押权人提前清偿债务或者提存。转让的价款超过债权数额的部分归抵押人所有，不足部分由债务人清偿。

抵押期间，抵押人未经抵押权人同意，不得转让抵押财产，但受让人代为清偿债务消灭抵押权的除外。

第一百九十二条　抵押权不得与债权分离而单独转让或者作为其他债权的担保。债权转让的，担保该债权的抵押权一并转让，但法律另有规定或者当事人另有约定的除外。

第一百九十三条　抵押人的行为足以使抵押财产价值减少的，抵押权人有权要求抵押人停止其行为。抵押财产价值减少的，抵押权人有权要求恢复抵押财产的价值，或者提供与减少的价值相应的担保。抵押人不恢复抵押财产的价值也不提供担保的，抵押权人有权要求债务人提前清偿债务。

第一百九十四条 抵押权人可以放弃抵押权或者抵押权的顺位。抵押权人与抵押人可以协议变更抵押权顺位以及被担保的债权数额等内容，但抵押权的变更，未经其他抵押权人书面同意，不得对其他抵押权人产生不利影响。

债务人以自己的财产设定抵押，抵押权人放弃该抵押权、抵押权顺位或者变更抵押权的，其他担保人在抵押权人丧失优先受偿权益的范围内免除担保责任，但其他担保人承诺仍然提供担保的除外。

第一百九十五条 债务人不履行到期债务或者发生当事人约定的实现抵押权的情形，抵押权人可以与抵押人协议以抵押财产折价或者以拍卖、变卖该抵押财产所得的价款优先受偿。协议损害其他债权人利益的，其他债权人可以在知道或者应当知道撤销事由之日起一年内请求人民法院撤销该协议。

抵押权人与抵押人未就抵押权实现方式达成协议的，抵押权人可以请求人民法院拍卖、变卖抵押财产。

抵押财产折价或者变卖的，应当参照市场价格。

第一百九十六条 依照本法第一百八十一条规定设定抵押的，抵押财产自下列情形之一发生时确定：

（一）债务履行期届满，债权未实现；

（二）抵押人被宣告破产或者被撤销；

（三）当事人约定的实现抵押权的情形；

（四）严重影响债权实现的其他情形。

第一百九十七条 债务人不履行到期债务或者发生当事人约定的实现抵押权的情形，致使抵押财产被人民法院依法扣押的，自扣押之日起抵押权人有权收取该抵押财产的天然孳息或者法定孳息，但抵押权人未通知应当清偿法定孳息的义务人的除外。

前款规定的孳息应当先充抵收取孳息的费用。

第一百九十八条 抵押财产折价或者拍卖、变卖后，其价款超过债权数额的部分归抵押人所有，不足部分由债务人清偿。

第一百九十九条 同一财产向两个以上债权人抵押的，拍卖、变卖抵押财产所得的价款依照下列规定清偿：

（一）抵押权已登记的，按照登记的先后顺序清偿；顺序相同的，按照债权比例清偿；

（二）抵押权已登记的先于未登记的受偿；

（三）抵押权未登记的，按照债权比例清偿。

第二百条 建设用地使用权抵押后，该土地上新增的建筑物不属于抵押财产。该建设用地使用权实现抵押权时，应当将该土地上新增的建筑物与建设用地使用权一并处分，但新增建筑物所得的价款，抵押权人无权优先受偿。

第二百零一条 依照本法第一百八十条第一款第三项规定的土地承包经营权抵押的，或者依照本法第一百八十三条规定以乡镇、村企业的厂房等建筑物占用范围内的建设用地使用权一并抵押的，实现抵押权后，未经法定程序，不得改变土地所有权的性质和土地用途。

第二百零二条 抵押权人应当在主债权诉讼时效期间行使抵押权；未行使的，人民法院不予保护。

第二节 最高额抵押权

第二百零三条 为担保债务的履行，债务人或者第三人对一定期间内将要连续发生的债权提供担保财产的，债务人不履行到期债务或者发生当事人约定的实现抵押权的情形，抵押权人有权在最高债权额限度内就该担保财产优先受偿。

最高额抵押权设立前已经存在的债权，经当事人同意，可以转入最高额抵押担保的债权范围。

第二百零四条 最高额抵押担保的债权确定前，部分债权转让的，最高额抵押权不得转让，但当事人另有约定的除外。

第二百零五条 最高额抵押担保的债权确定前，抵押权人与抵押人可以通过协议变更债权确定的期间、债权范围以及最高债权额，但变更的内容不得对其他抵押权人产生不利影响。

第二百零六条 有下列情形之一的，抵押权人的债权确定：

（一）约定的债权确定期间届满；

（二）没有约定债权确定期间或者约定不明确，抵押权人或者抵押人自最高额抵押权设立之日起满二年后请求确定债权；

（三）新的债权不可能发生；

（四）抵押财产被查封、扣押；

（五）债务人、抵押人被宣告破产或者被撤销；

（六）法律规定债权确定的其他情形。

第二百零七条 最高额抵押权除适用本节规定外，适用本章第一节一般抵押权的规定。

第十七章 质权

第一节 动产质权

第二百零八条 为担保债务的履行，债务人或者第三人将其动产出质给债权人占有的，债务人不履行到期债务或者发生当事人约定的实现质权的情形，债权人有权就该动产优先受偿。

前款规定的债务人或者第三人为出质人，债权人为质权人，交付的动产为质押财产。

第二百零九条 法律、行政法规禁止转让的动产不得出质。

第二百一十条 设立质权，当事人应当采取书面形式订立质权合同。

质权合同一般包括下列条款：

（一）被担保债权的种类和数额；

（二）债务人履行债务的期限；

（三）质押财产的名称、数量、质量、状况；

（四）担保的范围；

（五）质押财产交付的时间。

第二百一十一条 质权人在债务履行期届满前，不得与出质人约定，债务人不履行到期债务时质押财产归债权人所有。

第二百一十二条 质权自出质人交付质押财产时设立。

第二百一十三条 质权人有权收取质押财产的孳息，但合同另有约定的除外。

前款规定的孳息应当先充抵收取孳息的费用。

第二百一十四条　质权人在质权存续期间，未经出质人同意，擅自使用、处分质押财产，给出质人造成损害的，应当承担赔偿责任。

第二百一十五条　质权人负有妥善保管质押财产的义务；因保管不善致使质押财产毁损、灭失的，应当承担赔偿责任。

质权人的行为可能使质押财产毁损、灭失的，出质人可以要求质权人将质押财产提存，或者要求提前清偿债务并返还质押财产。

第二百一十六条　因不能归责于质权人的事由可能使质押财产毁损或者价值明显减少，足以危害质权人权利的，质权人有权要求出质人提供相应的担保；出质人不提供的，质权人可以拍卖、变卖质押财产，并与出质人通过协议将拍卖、变卖所得的价款提前清偿债务或者提存。

第二百一十七条　质权人在质权存续期间，未经出质人同意转质，造成质押财产毁损、灭失的，应当向出质人承担赔偿责任。

第二百一十八条　质权人可以放弃质权。债务人以自己的财产出质，质权人放弃该质权的，其他担保人在质权人丧失优先受偿权益的范围内免除担保责任，但其他担保人承诺仍然提供担保的除外。

第二百一十九条　债务人履行债务或者出质人提前清偿所担保的债权的，质权人应当返还质押财产。

债务人不履行到期债务或者发生当事人约定的实现质权的情形，质权人可以与出质人协议以质押财产折价，也可以就拍卖、变卖质押财产所得的价款优先受偿。

质押财产折价或者变卖的，应当参照市场价格。

第二百二十条　出质人可以请求质权人在债务履行期届满后及时行使质权；质权人不行使的，出质人可以请求人民法院拍卖、变卖质押财产。

出质人请求质权人及时行使质权，因质权人怠于行使权利造成损害的，由质权人承担赔偿责任。

第二百二十一条　质押财产折价或者拍卖、变卖后，其价款超过债权数额的部分归出质人所有，不足部分由债务人清偿。

第二百二十二条　出质人与质权人可以协议设立最高额质权。

最高额质权除适用本节有关规定外，参照本法第十六章第二节最高额抵押权的规定。

第二节　权利质权

第二百二十三条　债务人或者第三人有权处分的下列权利可以出质：

（一）汇票、支票、本票；

（二）债券、存款单；

（三）仓单、提单；

（四）可以转让的基金份额、股权；

（五）可以转让的注册商标专用权、专利权、著作权等知识产权中的财产权；

（六）应收账款；

（七）法律、行政法规规定可以出质的其他财产权利。

第二百二十四条　以汇票、支票、本票、债券、存款单、仓单、提单出质的，当事人应当订立书面合同。质权自权利凭证交付质权人时设立；没有权利凭证的，质权自有关部门办理出质登记时设立。

第二百二十五条 汇票、支票、本票、债券、存款单、仓单、提单的兑现日期或者提货日期先于主债权到期的，质权人可以兑现或者提货，并与出质人协议将兑现的价款或者提取的货物提前清偿债务或者提存。

第二百二十六条 以基金份额、股权出质的，当事人应当订立书面合同。以基金份额、证券登记结算机构登记的股权出质的，质权自证券登记结算机构办理出质登记时设立；以其他股权出质的，质权自工商行政管理部门办理出质登记时设立。

基金份额、股权出质后，不得转让，但经出质人与质权人协商同意的除外。出质人转让基金份额、股权所得的价款，应当向质权人提前清偿债务或者提存。

第二百二十七条 以注册商标专用权、专利权、著作权等知识产权中的财产权出质的，当事人应当订立书面合同。质权自有关主管部门办理出质登记时设立。

知识产权中的财产权出质后，出质人不得转让或者许可他人使用，但经出质人与质权人协商同意的除外。出质人转让或者许可他人使用出质的知识产权中的财产权所得的价款，应当向质权人提前清偿债务或者提存。

第二百二十八条 以应收账款出质的，当事人应当订立书面合同。质权自信贷征信机构办理出质登记时设立。

应收账款出质后，不得转让，但经出质人与质权人协商同意的除外。出质人转让应收账款所得的价款，应当向质权人提前清偿债务或者提存。

第二百二十九条 权利质权除适用本节规定外，适用本章第一节动产质权的规定。

第十八章 留置权

第二百三十条 债务人不履行到期债务，债权人可以留置已经合法占有的债务人的动产，并有权就该动产优先受偿。

前款规定的债权人为留置权人，占有的动产为留置财产。

第二百三十一条 债权人留置的动产，应当与债权属于同一法律关系，但企业之间留置的除外。

第二百三十二条 法律规定或者当事人约定不得留置的动产，不得留置。

第二百三十三条 留置财产为可分物的，留置财产的价值应当相当于债务的金额。

第二百三十四条 留置权人负有妥善保管留置财产的义务；因保管不善致使留置财产毁损、灭失的，应当承担赔偿责任。

第二百三十五条 留置权人有权收取留置财产的孳息。

前款规定的孳息应当先充抵收取孳息的费用。

第二百三十六条 留置权人与债务人应当约定留置财产后的债务履行期间；没有约定或者约定不明确的，留置权人应当给债务人两个月以上履行债务的期间，但鲜活易腐等不易保管的动产除外。债务人逾期未履行的，留置权人可以与债务人协议以留置财产折价，也可以就拍卖、变卖留置财产所得的价款优先受偿。

留置财产折价或者变卖的，应当参照市场价格。

第二百三十七条 债务人可以请求留置权人在债务履行期届满后行使留置权；留置权人不行使的，债务人可以请求人民法院拍卖、变卖留置财产。

第二百三十八条 留置财产折价或者拍卖、变卖后，其价款超过债权数额的部分归债务人所有，不足部分由债务人清偿。

第二百三十九条 同一动产上已设立抵押权或者质权，该动产又被留置的，留置权人优先受偿。

第二百四十条 留置权人对留置财产丧失占有或者留置权人接受债务人另行提供担保的，留置权消灭。

第五编 占有

第十九章 占有

第二百四十一条 基于合同关系等产生的占有，有关不动产或者动产的使用、收益、违约责任等，按照合同约定；合同没有约定或者约定不明确的，依照有关法律规定。

第二百四十二条 占有人因使用占有的不动产或者动产，致使该不动产或者动产受到损害的，恶意占有人应当承担赔偿责任。

第二百四十三条 不动产或者动产被占有人占有的，权利人可以请求返还原物及其孳息，但应当支付善意占有人因维护该不动产或者动产支出的必要费用。

第二百四十四条 占有的不动产或者动产毁损、灭失，该不动产或者动产的权利人请求赔偿的，占有人应当将因毁损、灭失取得的保险金、赔偿金或者补偿金等返还给权利人；权利人的损害未得到足够弥补的，恶意占有人还应当赔偿损失。

第二百四十五条 占有的不动产或者动产被侵占的，占有人有权请求返还原物；对妨害占有的行为，占有人有权请求排除妨害或者消除危险；因侵占或者妨害造成损害的，占有人有权请求损害赔偿。

占有人返还原物的请求权，自侵占发生之日起一年内未行使的，该请求权消灭。

附则

第二百四十六条 法律、行政法规对不动产统一登记的范围、登记机构和登记办法作出规定前，地方性法规可以依照本法有关规定作出规定。

第二百四十七条 本法自 2007 年 10 月 1 日起施行。

中华人民共和国城乡规划法

(2007年10月28日第十届全国人民代表大会常务委员会第三十次会议通过)

第一章 总则

第一条 为了加强城乡规划管理，协调城乡空间布局，改善人居环境，促进城乡经济社会全面协调可持续发展，制定本法。

第二条 制定和实施城乡规划，在规划区内进行建设活动，必须遵守本法。

本法所称城乡规划，包括城镇体系规划、城市规划、镇规划、乡规划和村庄规划。城市规划、镇规划分为总体规划和详细规划。详细规划分为控制性详细规划和修建性详细规划。

本法所称规划区，是指城市、镇和村庄的建成区以及因城乡建设和发展需要，必须实行规划控制的区域。规划区的具体范围由有关人民政府在组织编制的城市总体规划、镇总体规划、乡规划和村庄规划中，根据城乡经济社会发展水平和统筹城乡发展的需要划定。

第三条 城市和镇应当依照本法制定城市规划和镇规划。城市、镇规划区内的建设活动应当符合规划要求。

县级以上地方人民政府根据本地农村经济社会发展水平，按照因地制宜、切实可行的原则，确定应当制定乡规划、村庄规划的区域。在确定区域内的乡、村庄，应当依照本法制定规划，规划区内的乡、村庄建设应当符合规划要求。

县级以上地方人民政府鼓励、指导前款规定以外的区域的乡、村庄制定和实施乡规划、村庄规划。

第四条 制定和实施城乡规划，应当遵循城乡统筹、合理布局、节约土地、集约发展和先规划后建设的原则，改善生态环境，促进资源、能源节约和综合利用，保护耕地等自然资源和历史文化遗产，保持地方特色、民族特色和传统风貌，防止污染和其他公害，并符合区域人口发展、国防建设、防灾减灾、公共卫生和公共安全的需要。

在规划区内进行建设活动，应当遵守土地管理、自然资源和环境保护等法律、法规的规定。

县级以上地方人民政府应当根据当地经济社会发展的实际，在城市总体规划、镇总体规划中合理确定城市、镇的发展规模、步骤和建设标准。

第五条 城市总体规划、镇总体规划以及乡规划和村庄规划的编制，应当依据国民经济和社会发展规划，并与土地利用总体规划相衔接。

第六条 各级人民政府应当将城乡规划的编制和管理经费纳入本级财政预算。

第七条 经依法批准的城乡规划，是城乡建设和规划管理的依据，未经法定程序不得修改。

第八条 城乡规划组织编制机关应当及时公布经依法批准的城乡规划。但是，法律、行政法规规定不得公开的内容除外。

第九条 任何单位和个人都应当遵守经依法批准并公布的城乡规划，服从规划管理，并有权就涉及其利害关系的建设活动是否符合规划的要求向城乡规划主管部门查询。

任何单位和个人都有权向城乡规划主管部门或者其他有关部门举报或者控告违反城乡规划的行为。城乡规划主管部门或者其他有关部门对举报或者控告，应当及时受理并组织核查、处理。

第十条 国家鼓励采用先进的科学技术，增强城乡规划的科学性，提高城乡规划实施及监督管理的效能。

第十一条 国务院城乡规划主管部门负责全国的城乡规划管理工作。

县级以上地方人民政府城乡规划主管部门负责本行政区域内的城乡规划管理工作。

第二章　城乡规划的制定

第十二条 国务院城乡规划主管部门会同国务院有关部门组织编制全国城镇体系规划，用于指导省域城镇体系规划、城市总体规划的编制。

全国城镇体系规划由国务院城乡规划主管部门报国务院审批。

第十三条 省、自治区人民政府组织编制省域城镇体系规划，报国务院审批。

省域城镇体系规划的内容应当包括：城镇空间布局和规模控制，重大基础设施的布局，为保护生态环境、资源等需要严格控制的区域。

第十四条 城市人民政府组织编制城市总体规划。

直辖市的城市总体规划由直辖市人民政府报国务院审批。省、自治区人民政府所在地的城市以及国务院确定的城市的总体规划，由省、自治区人民政府审查同意后，报国务院审批。其他城市的总体规划，由城市人民政府报省、自治区人民政府审批。

第十五条 县人民政府组织编制县人民政府所在地镇的总体规划，报上一级人民政府审批。其他镇的总体规划由镇人民政府组织编制，报上一级人民政府审批。

第十六条 省、自治区人民政府组织编制的省域城镇体系规划，城市、县人民政府组织编制的总体规划，在报上一级人民政府审批前，应当先经本级人民代表大会常务委员会审议，常务委员会组成人员的审议意见交由本级人民政府研究处理。

镇人民政府组织编制的镇总体规划，在报上一级人民政府审批前，应当先经镇人民代表大会审议，代表的审议意见交由本级人民政府研究处理。

规划的组织编制机关报送审批省域城镇体系规划、城市总体规划或者镇总体规划，应当将本级人民代表大会常务委员会组成人员或者镇人民代表大会代表的审议意见和根据审议意见修改规划的情况一并报送。

第十七条 城市总体规划、镇总体规划的内容应当包括：城市、镇的发展布局，功能分区，用地布局，综合交通体系，禁止、限制和适宜建设的地域范围，各类专项规划等。

规划区范围、规划区内建设用地规模、基础设施和公共服务设施用地、水源地和水系、基本农田和绿化用地、环境保护、自然与历史文化遗产保护以及防灾减灾等内容，应当作为城市总体规划、镇总体规划的强制性内容。

城市总体规划、镇总体规划的规划期限一般为二十年。城市总体规划还应当对城市更长远的发展作出预测性安排。

第十八条 乡规划、村庄规划应当从农村实际出发，尊重村民意愿，体现地方和农村特色。

乡规划、村庄规划的内容应当包括：规划区范围，住宅、道路、供水、排水、供电、垃圾收集、畜禽养殖场所等农村生产、生活服务设施、公益事业等各项建设的用地布局、建设要求，以及对耕地等自然资源和历史文化遗产保护、防灾减灾等的具体安排。乡规划还应当包括本行政区域内的村庄发展布局。

第十九条 城市人民政府城乡规划主管部门根据城市总体规划的要求，组织编制城市的控制性详细规划，经本级人民政府批准后，报本级人民代表大会常务委员会和上一级人民政府备案。

第二十条 镇人民政府根据镇总体规划的要求，组织编制镇的控制性详细规划，报上一级人民政府审批。县人民政府所在地镇的控制性详细规划，由县人民政府城乡规划主管部门根据镇总体规划的要求组织编制，经县人民政府批准后，报本级人民代表大会常务委员会和上一级人民政府备案。

第二十一条 城市、县人民政府城乡规划主管部门和镇人民政府可以组织编制重要地块的修建性详细规划。修建性详细规划应当符合控制性详细规划。

第二十二条 乡、镇人民政府组织编制乡规划、村庄规划，报上一级人民政府审批。村庄规划在报送审批前，应当经村民会议或者村民代表会议讨论同意。

第二十三条 首都的总体规划、详细规划应当统筹考虑中央国家机关用地布局和空间安排的需要。

第二十四条 城乡规划组织编制机关应当委托具有相应资质等级的单位承担城乡规划的具体编制工作。

从事城乡规划编制工作应当具备下列条件，并经国务院城乡规划主管部门或者省、自治区、直辖市人民政府城乡规划主管部门依法审查合格，取得相应等级的资质证书后，方可在资质等级许可的范围内从事城乡规划编制工作：

（一）有法人资格；

（二）有规定数量的经国务院城乡规划主管部门注册的规划师；

（三）有规定数量的相关专业技术人员；

（四）有相应的技术装备；

（五）有健全的技术、质量、财务管理制度。

规划师执业资格管理办法，由国务院城乡规划主管部门会同国务院人事行政部门制定。

编制城乡规划必须遵守国家有关标准。

第二十五条 编制城乡规划，应当具备国家规定的勘察、测绘、气象、地震、水文、环境等基础资料。

县级以上地方人民政府有关主管部门应当根据编制城乡规划的需要，及时提供有关基础资料。

第二十六条 城乡规划报送审批前，组织编制机关应当依法将城乡规划草案予以公告，并采取论证会、听证会或者其他方式征求专家和公众的意见。公告的时间不得少于三十日。

组织编制机关应当充分考虑专家和公众的意见，并在报送审批的材料中附具意见采纳情况及理由。

第二十七条 省域城镇体系规划、城市总体规划、镇总体规划批准前，审批机关应当组织专家和有关部门进行审查。

第三章 城乡规划的实施

第二十八条 地方各级人民政府应当根据当地经济社会发展水平，量力而行，尊重群众意愿，有计划、分步骤地组织实施城乡规划。

第二十九条 城市的建设和发展，应当优先安排基础设施以及公共服务设施的建设，妥善处理新区开发与旧区改建的关系，统筹兼顾进城务工人员生活和周边农村经济社会发展、村民生产与生活的需要。

镇的建设和发展，应当结合农村经济社会发展和产业结构调整，优先安排供水、排水、供电、供气、道路、通信、广播电视等基础设施和学校、卫生院、文化站、幼儿园、福利院等公共服务设施的建设，为周边农村提供服务。

乡、村庄的建设和发展，应当因地制宜、节约用地，发挥村民自治组织的作用，引导村民合理进行建设，改善农村生产、生活条件。

第三十条 城市新区的开发和建设，应当合理确定建设规模和时序，充分利用现有市政基础设施和公共服务设施，严格保护自然资源和生态环境，体现地方特色。

在城市总体规划、镇总体规划确定的建设用地范围以外，不得设立各类开发区和城市新区。

第三十一条 旧城区的改建，应当保护历史文化遗产和传统风貌，合理确定拆迁和建设规模，有计划地对危房集中、基础设施落后等地段进行改建。

历史文化名城、名镇、名村的保护以及受保护建筑物的维护和使用，应当遵守有关法律、行政法规和国务院的规定。

第三十二条 城乡建设和发展，应当依法保护和合理利用风景名胜资源，统筹安排风景名胜区及周边乡、镇、村庄的建设。

风景名胜区的规划、建设和管理，应当遵守有关法律、行政法规和国务院的规定。

第三十三条 城市地下空间的开发和利用，应当与经济和技术发展水平相适应，遵循统筹安排、综合开发、合理利用的原则，充分考虑防灾减灾、人民防空和通信等需要，并符合城市规划，履行规划审批手续。

第三十四条 城市、县、镇人民政府应当根据城市总体规划、镇总体规划、土地利用总体规划和年度计划以及国民经济和社会发展规划，制定近期建设规划，报总体规划审批机关备案。

近期建设规划应当以重要基础设施、公共服务设施和中低收入居民住房建设以及生态环境保护为重点内容，明确近期建设的时序、发展方向和空间布局。近期建设规划的规划期限为五年。

第三十五条 城乡规划确定的铁路、公路、港口、机场、道路、绿地、输配电设施及输电线路走廊、通信设施、广播电视设施、管道设施、河道、水库、水源地、自然保护区、防汛通道、消防通道、核电站、垃圾填埋场及焚烧厂、污水处理厂和公共服务设施的用地以及其他需要依法保护的用地，禁止擅自改变用途。

第三十六条 按照国家规定需要有关部门批准或者核准的建设项目，以划拨方式提供国有土地使用权的，建设单位在报送有关部门批准或者核准前，应当向城乡规划主管部门申请核发选址意见书。

前款规定以外的建设项目不需要申请选址意见书。

第三十七条 在城市、镇规划区内以划拨方式提供国有土地使用权的建设项目，经有关部门批准、核准、备案后，建设单位应当向城市、县人民政府城乡规划主管部门提出建设用地规划许可申请，由城市、县人民政府城乡规划主管部门依据控制性详细规划核定建设用地的位置、面积、允许建设的范围，核发建设用地规划许可证。

建设单位在取得建设用地规划许可证后，方可向县级以上地方人民政府土地主管部门申请用地，经县级以上人民政府审批后，由土地主管部门划拨土地。

第三十八条 在城市、镇规划区内以出让方式提供国有土地使用权的，在国有土地使用权出让前，城市、县人民政府城乡规划主管部门应当依据控制性详细规划，提出出让地块的位置、使用性质、开发强度等规划条件，作为国有土地使用权出让合同的组成部分。未确定规划条件的地块，不得出让国有土地使用权。

以出让方式取得国有土地使用权的建设项目，在签订国有土地使用权出让合同后，建设单位应当持建设项目的批准、核准、备案文件和国有土地使用权出让合同，向城市、县人民政府城乡规划主管部门领取建设用地规划许可证。

城市、县人民政府城乡规划主管部门不得在建设用地规划许可证中，擅自改变作为国有土地使用权出让合同组成部分的规划条件。

第三十九条 规划条件未纳入国有土地使用权出让合同的，该国有土地使用权出让合同无效；对未取得建设用地规划许可证的建设单位批准用地的，由县级以上人民政府撤销有关批准文件；占用土地的，应当及时退回；给当事人造成损失的，应当依法给予赔偿。

第四十条 在城市、镇规划区内进行建筑物、构筑物、道路、管线和其他工程建设的，建设单位或者个人应当向城市、县人民政府城乡规划主管部门或者省、自治区、直辖市人民政府确定的镇人民政府申请办理建设工程规划许可证。

申请办理建设工程规划许可证，应当提交使用土地的有关证明文件、建设工程设计方案等材料。需要建设单位编制修建性详细规划的建设项目，还应当提交修建性详细规划。对符合控制性详细规划和规划条件的，由城市、县人民政府城乡规划主管部门或者省、自治区、直辖市人民政府确定的镇人民政府核发建设工程规划许可证。

城市、县人民政府城乡规划主管部门或者省、自治区、直辖市人民政府确定的镇人民政府应当依法将经审定的修建性详细规划、建设工程设计方案的总平面图予以公布。

第四十一条 在乡、村庄规划区内进行乡镇企业、乡村公共设施和公益事业建设的，建设单位或者个人应当向乡、镇人民政府提出申请，由乡、镇人民政府报城市、县人民政府城乡规划主管部门核发乡村建设规划许可证。

在乡、村庄规划区内使用原有宅基地进行农村村民住宅建设的规划管理办法，由省、自治区、直辖市制定。

在乡、村庄规划区内进行乡镇企业、乡村公共设施和公益事业建设以及农村村民住宅建设，不得占用农用地；确需占用农用地的，应当依照《中华人民共和国土地管理法》有关规定办理农用地转用审批手续后，由城市、县人民政府城乡规划主管部门核发乡村建设规划许可证。

建设单位或者个人在取得乡村建设规划许可证后，方可办理用地审批手续。

第四十二条 城乡规划主管部门不得在城乡规划确定的建设用地范围以外作出规划许可。

第四十三条　建设单位应当按照规划条件进行建设；确需变更的，必须向城市、县人民政府城乡规划主管部门提出申请。变更内容不符合控制性详细规划的，城乡规划主管部门不得批准。城市、县人民政府城乡规划主管部门应当及时将依法变更后的规划条件通报同级土地主管部门并公示。

建设单位应当及时将依法变更后的规划条件报有关人民政府土地主管部门备案。

第四十四条　在城市、镇规划区内进行临时建设的，应当经城市、县人民政府城乡规划主管部门批准。临时建设影响近期建设规划或者控制性详细规划的实施以及交通、市容、安全等的，不得批准。

临时建设应当在批准的使用期限内自行拆除。

临时建设和临时用地规划管理的具体办法，由省、自治区、直辖市人民政府制定。

第四十五条　县级以上地方人民政府城乡规划主管部门按照国务院规定对建设工程是否符合规划条件予以核实。未经核实或者经核实不符合规划条件的，建设单位不得组织竣工验收。

建设单位应当在竣工验收后六个月内向城乡规划主管部门报送有关竣工验收资料。

第四章　城乡规划的修改

第四十六条　省域城镇体系规划、城市总体规划、镇总体规划的组织编制机关，应当组织有关部门和专家定期对规划实施情况进行评估，并采取论证会、听证会或者其他方式征求公众意见。组织编制机关应当向本级人民代表大会常务委员会、镇人民代表大会和原审批机关提出评估报告并附具征求意见的情况。

第四十七条　有下列情形之一的，组织编制机关方可按照规定的权限和程序修改省域城镇体系规划、城市总体规划、镇总体规划：

（一）上级人民政府制定的城乡规划发生变更，提出修改规划要求的；

（二）行政区划调整确需修改规划的；

（三）因国务院批准重大建设工程确需修改规划的；

（四）经评估确需修改规划的；

（五）城乡规划的审批机关认为应当修改规划的其他情形。

修改省域城镇体系规划、城市总体规划、镇总体规划前，组织编制机关应当对原规划的实施情况进行总结，并向原审批机关报告；修改涉及城市总体规划、镇总体规划强制性内容的，应当先向原审批机关提出专题报告，经同意后，方可编制修改方案。

修改后的省域城镇体系规划、城市总体规划、镇总体规划，应当依照本法第十三条、第十四条、第十五条和第十六条规定的审批程序报批。

第四十八条　修改控制性详细规划的，组织编制机关应当对修改的必要性进行论证，征求规划地段内利害关系人的意见，并向原审批机关提出专题报告，经原审批机关同意后，方可编制修改方案。修改后的控制性详细规划，应当依照本法第十九条、第二十条规定的审批程序报批。控制性详细规划修改涉及城市总体规划、镇总体规划的强制性内容的，应当先修改总体规划。

修改乡规划、村庄规划的，应当依照本法第二十二条规定的审批程序报批。

第四十九条　城市、县、镇人民政府修改近期建设规划的，应当将修改后的近期建设规划报总体规划审批机关备案。

第五十条 在选址意见书、建设用地规划许可证、建设工程规划许可证或者乡村建设规划许可证发放后,因依法修改城乡规划给被许可人合法权益造成损失的,应当依法给予补偿。

经依法审定的修建性详细规划、建设工程设计方案的总平面图不得随意修改;确需修改的,城乡规划主管部门应当采取听证会等形式,听取利害关系人的意见;因修改给利害关系人合法权益造成损失的,应当依法给予补偿。

第五章 监督检查

第五十一条 县级以上人民政府及其城乡规划主管部门应当加强对城乡规划编制、审批、实施、修改的监督检查。

第五十二条 地方各级人民政府应当向本级人民代表大会常务委员会或者乡、镇人民代表大会报告城乡规划的实施情况,并接受监督。

第五十三条 县级以上人民政府城乡规划主管部门对城乡规划的实施情况进行监督检查,有权采取以下措施:

(一)要求有关单位和人员提供与监督事项有关的文件、资料,并进行复制;

(二)要求有关单位和人员就监督事项涉及的问题作出解释和说明,并根据需要进入现场进行勘测;

(三)责令有关单位和人员停止违反有关城乡规划的法律、法规的行为。

城乡规划主管部门的工作人员履行前款规定的监督检查职责,应当出示执法证件。被监督检查的单位和人员应当予以配合,不得妨碍和阻挠依法进行的监督检查活动。

第五十四条 监督检查情况和处理结果应当依法公开,供公众查阅和监督。

第五十五条 城乡规划主管部门在查处违反本法规定的行为时,发现国家机关工作人员依法应当给予行政处分的,应当向其任免机关或者监察机关提出处分建议。

第五十六条 依照本法规定应当给予行政处罚,而有关城乡规划主管部门不给予行政处罚的,上级人民政府城乡规划主管部门有权责令其作出行政处罚决定或者建议有关人民政府责令其给予行政处罚。

第五十七条 城乡规划主管部门违反本法规定作出行政许可的,上级人民政府城乡规划主管部门有权责令其撤销或者直接撤销该行政许可。因撤销行政许可给当事人合法权益造成损失的,应当依法给予赔偿。

第六章 法律责任

第五十八条 对依法应当编制城乡规划而未组织编制,或者未按法定程序编制、审批、修改城乡规划的,由上级人民政府责令改正,通报批评;对有关人民政府负责人和其他直接责任人员依法给予处分。

第五十九条 城乡规划组织编制机关委托不具有相应资质等级的单位编制城乡规划的,由上级人民政府责令改正,通报批评;对有关人民政府负责人和其他直接责任人员依法给予处分。

第六十条 镇人民政府或者县级以上人民政府城乡规划主管部门有下列行为之一的,由本级人民政府、上级人民政府城乡规划主管部门或者监察机关依据职权责令改正,通报批评;对直接负责的主管人员和其他直接责任人员依法给予处分:

(一)未依法组织编制城市的控制性详细规划、县人民政府所在地镇的控制性详细规划的；

（二）超越职权或者对不符合法定条件的申请人核发选址意见书、建设用地规划许可证、建设工程规划许可证、乡村建设规划许可证的；

（三）对符合法定条件的申请人未在法定期限内核发选址意见书、建设用地规划许可证、建设工程规划许可证、乡村建设规划许可证的；

（四）未依法对经审定的修建性详细规划、建设工程设计方案的总平面图予以公布的；

（五）同意修改修建性详细规划、建设工程设计方案的总平面图前未采取听证会等形式听取利害关系人的意见的；

（六）发现未依法取得规划许可或者违反规划许可的规定在规划区内进行建设的行为，而不予查处或者接到举报后不依法处理的。

第六十一条　县级以上人民政府有关部门有下列行为之一的，由本级人民政府或者上级人民政府有关部门责令改正，通报批评；对直接负责的主管人员和其他直接责任人员依法给予处分：

（一）对未依法取得选址意见书的建设项目核发建设项目批准文件的；

（二）未依法在国有土地使用权出让合同中确定规划条件或者改变国有土地使用权出让合同中依法确定的规划条件的；

（三）对未依法取得建设用地规划许可证的建设单位划拨国有土地使用权的。

第六十二条　城乡规划编制单位有下列行为之一的，由所在地城市、县人民政府城乡规划主管部门责令限期改正，处合同约定的规划编制费一倍以上二倍以下的罚款；情节严重的，责令停业整顿，由原发证机关降低资质等级或者吊销资质证书；造成损失的，依法承担赔偿责任：

（一）超越资质等级许可的范围承揽城乡规划编制工作的；

（二）违反国家有关标准编制城乡规划的。

未依法取得资质证书承揽城乡规划编制工作的，由县级以上地方人民政府城乡规划主管部门责令停止违法行为，依照前款规定处以罚款；造成损失的，依法承担赔偿责任。

以欺骗手段取得资质证书承揽城乡规划编制工作的，由原发证机关吊销资质证书，依照本条第一款规定处以罚款；造成损失的，依法承担赔偿责任。

第六十三条　城乡规划编制单位取得资质证书后，不再符合相应的资质条件的，由原发证机关责令限期改正；逾期不改正的，降低资质等级或者吊销资质证书。

第六十四条　未取得建设工程规划许可证或者未按照建设工程规划许可证的规定进行建设的，由县级以上地方人民政府城乡规划主管部门责令停止建设；尚可采取改正措施消除对规划实施的影响的，限期改正，处建设工程造价百分之五以上百分之十以下的罚款；无法采取改正措施消除影响的，限期拆除，不能拆除的，没收实物或者违法收入，可以并处建设工程造价百分之十以下的罚款。

第六十五条　在乡、村庄规划区内未依法取得乡村建设规划许可证或者未按照乡村建设规划许可证的规定进行建设的，由乡、镇人民政府责令停止建设、限期改正；逾期不改正的，可以拆除。

第六十六条　建设单位或者个人有下列行为之一的，由所在地城市、县人民政府城乡规划主管部门责令限期拆除，可以并处临时建设工程造价一倍以下的罚款：

（一）未经批准进行临时建设的；

（二）未按照批准内容进行临时建设的；

（三）临时建筑物、构筑物超过批准期限不拆除的。

第六十七条 建设单位未在建设工程竣工验收后六个月内向城乡规划主管部门报送有关竣工验收资料的，由所在地城市、县人民政府城乡规划主管部门责令限期补报；逾期不补报的，处一万元以上五万元以下的罚款。

第六十八条 城乡规划主管部门作出责令停止建设或者限期拆除的决定后，当事人不停止建设或者逾期不拆除的，建设工程所在地县级以上地方人民政府可以责成有关部门采取查封施工现场、强制拆除等措施。

第六十九条 违反本法规定，构成犯罪的，依法追究刑事责任。

第七章　附则

第七十条 本法自 2008 年 1 月 1 日起施行。《中华人民共和国城市规划法》同时废止。

中华人民共和国城市房地产管理法（2007 修正）

（中华人民共和国主席令第七十二号）

第一章 总则

第一条 为了加强对城市房地产的管理，维护房地产市场秩序，保障房地产权利人的合法权益，促进房地产业的健康发展，制定本法。

第二条 在中华人民共和国城市规划区国有土地（以下简称国有土地）范围内取得房地产开发用地的土地使用权，从事房地产开发、房地产交易，实施房地产管理，应当遵守本法。

本法所称房屋，是指土地上的房屋等建筑物及构筑物。

本法所称房地产开发，是指在依据本法取得国有土地使用权的土地上进行基础设施、房屋建设的行为。

本法所称房地产交易，包括房地产转让、房地产抵押和房屋租赁。

第三条 国家依法实行国有土地有偿、有限期使用制度。但是，国家在本法规定的范围内划拨国有土地使用权的除外。

第四条 国家根据社会、经济发展水平，扶持发展居民住宅建设，逐步改善居民的居住条件。

第五条 房地产权利人应当遵守法律和行政法规，依法纳税。房地产权利人的合法权益受法律保护，任何单位和个人不得侵犯。

第六条 为了公共利益的需要，国家可以征收国有土地上单位和个人的房屋，并依法给予拆迁补偿，维护被征收人的合法权益；征收个人住宅的，还应当保障被征收人的居住条件。具体办法由国务院规定。

第七条 国务院建设行政主管部门、土地管理部门依照国务院规定的职权划分，各司其职，密切配合，管理全国房地产工作。

县级以上地方人民政府房产管理、土地管理部门的机构设置及其职权由省、自治区、直辖市人民政府确定。

第二章 房地产开发用地

第一节 土地使用权出让

第八条 土地使用权出让，是指国家将国有土地使用权（以下简称土地使用权）在一定年限内出让给土地使用者，由土地使用者向国家支付土地使用权出让金的行为。

第九条 城市规划区内的集体所有的土地，经依法征用转为国有土地后，该幅国有土地的使用权方可有偿出让。

第十条 土地使用权出让，必须符合土地利用总体规划、城市规划和年度建设用地计划。

第十一条 县级以上地方人民政府出让土地使用权用于房地产开发的，须根据省级以上人民政府下达的控制指标，拟订年度出让土地使用权总面积方案，按照国务院规定，报国务院或者省级人民政府批准。

第十二条　土地使用权出让，由市、县人民政府有计划、有步骤地进行。出让的每幅地块、用途、年限和其他条件，由市、县人民政府土地管理部门会同城市规划、建设、房产管理部门共同拟订方案，按照国务院规定，报经有批准权的人民政府批准后，由市、县人民政府土地管理部门实施。

直辖市的县人民政府及其有关部门行使前款规定的权限，由直辖市人民政府规定。

第十三条　土地使用权出让，可以采取拍卖、招标或者双方协议的方式。

商业、旅游、娱乐和豪华住宅用地，有条件的，必须采取拍卖、招标方式；没有条件，不能采取拍卖、招标方式的，可以采取双方协议的方式。

采取双方协议方式出让土地使用权的出让金，不得低于按国家规定所确定的最低价。

第十四条　土地使用权出让最高年限由国务院规定。

第十五条　土地使用权出让，应当签订书面出让合同。

土地使用权出让合同由市、县人民政府土地管理部门与土地使用者签订。

第十六条　土地使用者必须按照出让合同约定，支付土地使用权出让金；未按照出让合同约定支付土地使用权出让金的，土地管理部门有权解除合同，并可以请求违约赔偿。

第十七条　土地使用者按照出让合同约定支付土地使用权出让金的，市、县人民政府土地管理部门必须按照出让合同约定，提供出让的土地；未按照出让合同约定提供出让的土地的，土地使用者有权解除合同，由土地管理部门返还土地使用权出让金，土地使用者并可以请求违约赔偿。

第十八条　土地使用者需要改变土地使用权出让合同约定的土地用途的，必须取得出让方和市、县人民政府城市规划行政主管部门的同意，签订土地使用权出让合同变更协议或者重新签订土地使用权出让合同，相应调整土地使用权出让金。

第十九条　土地使用权出让金应当全部上缴财政，列入预算，用于城市基础设施建设和土地开发。土地使用权出让金上缴和使用的具体办法由国务院规定。

第二十条　国家对土地使用者依法取得的土地使用权，在出让合同约定的使用年限届满前不收回；在特殊情况下，根据社会公共利益的需要，可以依照法律程序提前收回，并根据土地使用者使用土地的实际年限和开发土地的实际情况给予相应的补偿。

第二十一条　土地使用权因土地灭失而终止。

第二十二条　土地使用权出让合同约定的使用年限届满，土地使用者需要继续使用土地的，应当至迟于届满前一年申请续期，除根据社会公共利益需要收回该幅土地的，应当予以批准。经批准准予续期的，应当重新签订土地使用权出让合同，依照规定支付土地使用权出让金。

土地使用权出让合同约定的使用年限届满，土地使用者未申请续期或者虽申请续期但依照前款规定未获批准的，土地使用权由国家无偿收回。

第二节　土地使用权划拨

第二十三条　土地使用权划拨，是指县级以上人民政府依法批准，在土地使用者缴纳补偿、安置等费用后将该幅土地交付其使用，或者将土地使用权无偿交付给土地使用者使用的行为。

依照本法规定以划拨方式取得土地使用权的，除法律、行政法规另有规定外，没有使用期限的限制。

第二十四条 下列建设用地的土地使用权，确属必需的，可以由县级以上人民政府依法批准划拨：

（一）国家机关用地和军事用地；

（二）城市基础设施用地和公益事业用地；

（三）国家重点扶持的能源、交通、水利等项目用地；

（四）法律、行政法规规定的其他用地。

第三章 房地产开发

第二十五条 房地产开发必须严格执行城市规划，按照经济效益、社会效益、环境效益相统一的原则，实行全面规划、合理布局、综合开发、配套建设。

第二十六条 以出让方式取得土地使用权进行房地产开发的，必须按照土地使用权出让合同约定的土地用途、动工开发期限开发土地。超过出让合同约定的动工开发日期满一年未动工开发的，可以征收相当于土地使用权出让金百分之二十以下的土地闲置费；满二年未动工开发的，可以无偿收回土地使用权；但是，因不可抗力或者政府、政府有关部门的行为或者动工开发必需的前期工作造成动工开发迟延的除外。

第二十七条 房地产开发项目的设计、施工，必须符合国家的有关标准和规范。

房地产开发项目竣工，经验收合格后，方可交付使用。

第二十八条 依法取得的土地使用权，可以依照本法和有关法律、行政法规的规定，作价入股，合资、合作开发经营房地产。

第二十九条 国家采取税收等方面的优惠措施鼓励和扶持房地产开发企业开发建设居民住宅。

第三十条 房地产开发企业是以营利为目的，从事房地产开发和经营的企业。设立房地产开发企业，应当具备下列条件：

（一）有自己的名称和组织机构；

（二）有固定的经营场所；

（三）有符合国务院规定的注册资本；

（四）有足够的专业技术人员；

（五）法律、行政法规规定的其他条件。

设立房地产开发企业，应当向工商行政管理部门申请设立登记。工商行政管理部门对符合本法规定条件的，应当予以登记，发给营业执照；对不符合本法规定条件的，不予登记。

设立有限责任公司、股份有限公司，从事房地产开发经营的，还应当执行公司法的有关规定。

房地产开发企业在领取营业执照后的一个月内，应当到登记机关所在地的县级以上地方人民政府规定的部门备案。

第三十一条 房地产开发企业的注册资本与投资总额的比例应当符合国家有关规定。

房地产开发企业分期开发房地产的，分期投资额应当与项目规模相适应，并按照土地使用权出让合同的约定，按期投入资金，用于项目建设。

第四章 房地产交易

第一节 一般规定

第三十二条 房地产转让、抵押时，房屋的所有权和该房屋占用范围内的土地使用权同时转让、抵押。

第三十三条 基准地价、标定地价和各类房屋的重置价格应当定期确定并公布。具体办法由国务院规定。

第三十四条 国家实行房地产价格评估制度。

房地产价格评估，应当遵循公正、公平、公开的原则，按照国家规定的技术标准和评估程序，以基准地价、标定地价和各类房屋的重置价格为基础，参照当地的市场价格进行评估。

第三十五条 国家实行房地产成交价格申报制度。

房地产权利人转让房地产，应当向县级以上地方人民政府规定的部门如实申报成交价，不得瞒报或者作不实的申报。

第三十六条 房地产转让、抵押，当事人应当依照本法第五章的规定办理权属登记。

第二节 房地产转让

第三十七条 房地产转让，是指房地产权利人通过买卖、赠予或者其他合法方式将其房地产转移给他人的行为。

第三十八条 下列房地产，不得转让：

（一）以出让方式取得土地使用权的，不符合本法第三十九条规定的条件的；

（二）司法机关和行政机关依法裁定、决定查封或者以其他形式限制房地产权利的；

（三）依法收回土地使用权的；

（四）共有房地产，未经其他共有人书面同意的；

（五）权属有争议的；

（六）未依法登记领取权属证书的；

（七）法律、行政法规规定禁止转让的其他情形。

第三十九条 以出让方式取得土地使用权的，转让房地产时，应当符合下列条件：

（一）按照出让合同约定已经支付全部土地使用权出让金，并取得土地使用权证书；

（二）按照出让合同约定进行投资开发，属于房屋建设工程的，完成开发投资总额的百分之二十五以上，属于成片开发土地的，形成工业用地或者其他建设用地条件。

转让房地产时房屋已经建成的，还应当持有房屋所有权证书。

第四十条 以划拨方式取得土地使用权的，转让房地产时，应当按照国务院规定，报有批准权的人民政府审批。有批准权的人民政府准予转让的，应当由受让方办理土地使用权出让手续，并依照国家有关规定缴纳土地使用权出让金。

以划拨方式取得土地使用权的，转让房地产报批时，有批准权的人民政府按照国务院规定决定可以不办理土地使用权出让手续的，转让方应当按照国务院规定将转让房地产所获收益中的土地收益上缴国家或者作其他处理。

第四十一条 房地产转让，应当签订书面转让合同，合同中应当载明土地使用权取得的方式。

第四十二条 房地产转让时，土地使用权出让合同载明的权利、义务随之转移。

第四十三条 以出让方式取得土地使用权的，转让房地产后，其土地使用权的使用年限为原土地使用权出让合同约定的使用年限减去原土地使用者已经使用年限后的剩余年限。

第四十四条 以出让方式取得土地使用权的，转让房地产后，受让人改变原土地使用权出让合同约定的土地用途的，必须取得原出让方和市、县人民政府城市规划行政主管部门的同意，签订土地使用权出让合同变更协议或者重新签订土地使用权出让合同，相应调整土地使用权出让金。

第四十五条 商品房预售，应当符合下列条件：

（一）已交付全部土地使用权出让金，取得土地使用权证书；

（二）持有建设工程规划许可证；

（三）按提供预售的商品房计算，投入开发建设的资金达到工程建设总投资的百分之二十五以上，并已经确定施工进度和竣工交付日期；

（四）向县级以上人民政府房产管理部门办理预售登记，取得商品房预售许可证明。

商品房预售人应当按照国家有关规定将预售合同报县级以上人民政府房产管理部门和土地管理部门登记备案。

商品房预售所得款项，必须用于有关的工程建设。

第四十六条 商品房预售的，商品房预购人将购买的未竣工的预售商品房再行转让的问题，由国务院规定。

第三节 房地产抵押

第四十七条 房地产抵押，是指抵押人以其合法的房地产以不转移占有的方式向抵押权人提供债务履行担保的行为。债务人不履行债务时，抵押权人有权依法以抵押的房地产拍卖所得的价款优先受偿。

第四十八条 依法取得的房屋所有权连同该房屋占用范围内的土地使用权，可以设定抵押权。

以出让方式取得的土地使用权，可以设定抵押权。

第四十九条 房地产抵押，应当凭土地使用权证书、房屋所有权证书办理。

第五十条 房地产抵押，抵押人和抵押权人应当签订书面抵押合同。

第五十一条 设定房地产抵押权的土地使用权是以划拨方式取得的，依法拍卖该房地产后，应当从拍卖所得的价款中缴纳相当于应缴纳的土地使用权出让金的款额后，抵押权人方可优先受偿。

第五十二条 房地产抵押合同签订后，土地上新增的房屋不属于抵押财产。需要拍卖该抵押的房地产时，可以依法将土地上新增的房屋与抵押财产一同拍卖，但对拍卖新增房屋所得，抵押权人无权优先受偿。

第四节 房屋租赁

第五十三条 房屋租赁，是指房屋所有权人作为出租人将其房屋出租给承租人使用，由承租人向出租人支付租金的行为。

第五十四条 房屋租赁，出租人和承租人应当签订书面租赁合同，约定租赁期限、租赁用途、租赁价格、修缮责任等条款，以及双方的其他权利和义务，并向房产管理部门登记备案。

第五十五条　住宅用房的租赁，应当执行国家和房屋所在城市人民政府规定的租赁政策。租用房屋从事生产、经营活动的，由租赁双方协商议定租金和其他租赁条款。

第五十六条　以营利为目的，房屋所有权人将以划拨方式取得使用权的国有土地上建成的房屋出租的，应当将租金中所含土地收益上缴国家。具体办法由国务院规定。

第五节　中介服务机构

第五十七条　房地产中介服务机构包括房地产咨询机构、房地产价格评估机构、房地产经纪机构等。

第五十八条　房地产中介服务机构应当具备下列条件：

（一）有自己的名称和组织机构；

（二）有固定的服务场所；

（三）有必要的财产和经费；

（四）有足够数量的专业人员；

（五）法律、行政法规规定的其他条件。

设立房地产中介服务机构，应当向工商行政管理部门申请设立登记，领取营业执照后，方可开业。

第五十九条　国家实行房地产价格评估人员资格认证制度。

第五章　房地产权属登记管理

第六十条　国家实行土地使用权和房屋所有权登记发证制度。

第六十一条　以出让或者划拨方式取得土地使用权，应当向县级以上地方人民政府土地管理部门申请登记，经县级以上地方人民政府土地管理部门核实，由同级人民政府颁发土地使用权证书。

在依法取得的房地产开发用地上建成房屋的，应当凭土地使用权证书向县级以上地方人民政府房产管理部门申请登记，由县级以上地方人民政府房产管理部门核实并颁发房屋所有权证书。

房地产转让或者变更时，应当向县级以上地方人民政府房产管理部门申请房产变更登记，并凭变更后的房屋所有权证书向同级人民政府土地管理部门申请土地使用权变更登记，经同级人民政府土地管理部门核实，由同级人民政府更换或者更改土地使用权证书。

法律另有规定的，依照有关法律的规定办理。

第六十二条　房地产抵押时，应当向县级以上地方人民政府规定的部门办理抵押登记。

因处分抵押房地产而取得土地使用权和房屋所有权的，应当依照本章规定办理过户登记。

第六十三条　经省、自治区、直辖市人民政府确定，县级以上地方人民政府由一个部门统一负责房产管理和土地管理工作的，可以制作、颁发统一的房地产权证书，依照本法第六十一条的规定，将房屋的所有权和该房屋占用范围内的土地使用权的确认和变更，分别载入房地产权证书。

第六章　法律责任

第六十四条　违反本法第十一条、第十二条的规定，擅自批准出让或者擅自出让土地使用权用于房地产开发的，由上级机关或者所在单位给予有关责任人员行政处分。

第六十五条 违反本法第三十条的规定，未取得营业执照擅自从事房地产开发业务的，由县级以上人民政府工商行政管理部门责令停止房地产开发业务活动，没收违法所得，可以并处罚款。

第六十六条 违反本法第三十九条第一款的规定转让土地使用权的，由县级以上人民政府土地管理部门没收违法所得，可以并处罚款。

第六十七条 违反本法第四十条第一款的规定转让房地产的，由县级以上人民政府土地管理部门责令缴纳土地使用权出让金，没收违法所得，可以并处罚款。

第六十八条 违反本法第四十五条第一款的规定预售商品房的，由县级以上人民政府房产管理部门责令停止预售活动，没收违法所得，可以并处罚款。

第六十九条 违反本法第五十八条的规定，未取得营业执照擅自从事房地产中介服务业务的，由县级以上人民政府工商行政管理部门责令停止房地产中介服务业务活动，没收违法所得，可以并处罚款。

第七十条 没有法律、法规的依据，向房地产开发企业收费的，上级机关应当责令退回所收取的钱款；情节严重的，由上级机关或者所在单位给予直接责任人员行政处分。

第七十一条 房产管理部门、土地管理部门工作人员玩忽职守、滥用职权，构成犯罪的，依法追究刑事责任；不构成犯罪的，给予行政处分。

房产管理部门、土地管理部门工作人员利用职务上的便利，索取他人财物，或者非法收受他人财物为他人谋取利益，构成犯罪的，依照惩治贪污罪、贿赂罪的补充规定追究刑事责任；不构成犯罪的，给予行政处分。

第七章 附则

第七十二条 在城市规划区外的国有土地范围内取得房地产开发用地的土地使用权，从事房地产开发、交易活动以及实施房地产管理，参照本法执行。

第七十三条 本法自1995年1月1日起施行。

物业管理条例

(2003年6月8日中华人民共和国国务院令第379号公布
根据2007年8月26日《国务院关于修改〈物业管理条例〉的决定》修订)

第一章 总则

第一条 为了规范物业管理活动,维护业主和物业服务企业的合法权益,改善人民群众的生活和工作环境,制定本条例。

第二条 本条例所称物业管理,是指业主通过选聘物业服务企业,由业主和物业服务企业按照物业服务合同约定,对房屋及配套的设施设备和相关场地进行维修、养护、管理,维护物业管理区域内的环境卫生和相关秩序的活动。

第三条 国家提倡业主通过公开、公平、公正的市场竞争机制选择物业服务企业。

第四条 国家鼓励采用新技术、新方法,依靠科技进步提高物业管理和服务水平。

第五条 国务院建设行政主管部门负责全国物业管理活动的监督管理工作。

县级以上地方人民政府房地产行政主管部门负责本行政区域内物业管理活动的监督管理工作。

第二章 业主及业主大会

第六条 房屋的所有权人为业主。

业主在物业管理活动中,享有下列权利:

(一)按照物业服务合同的约定,接受物业服务企业提供的服务;

(二)提议召开业主大会会议,并就物业管理的有关事项提出建议;

(三)提出制定和修改管理规约、业主大会议事规则的建议;

(四)参加业主大会会议,行使投票权;

(五)选举业主委员会成员,并享有被选举权;

(六)监督业主委员会的工作;

(七)监督物业服务企业,履行物业服务合同;

(八)对物业共用部位、共用设施设备和相关场地使用情况享有知情权和监督权;

(九)监督物业共用部位、共用设施设备专项维修资金(以下简称专项维修资金)的管理和使用;

(十)法律、法规规定的其他权利。

第七条 业主在物业管理活动中,履行下列义务:

(一)遵守管理规约、业主大会议事规则;

(二)遵守物业管理区域内物业共用部位和共用设施设备的使用、公共秩序和环境卫生的维护等方面的规章制度;

(三)执行业主大会的决定和业主大会授权业主委员会作出的决定;

(四)按照国家有关规定交纳专项维修资金;

(五)按时交纳物业服务费用;

(六)法律、法规规定的其他义务。

第八条 物业管理区域内全体业主组成业主大会。

业主大会应当代表和维护物业管理区域内全体业主在物业管理活动中的合法权益。

第九条 一个物业管理区域成立一个业主大会。

物业管理区域的划分应当考虑物业的共用设施设备、建筑物规模、社区建设等因素。具体办法由省、自治区、直辖市制定。

第十条 同一个物业管理区域内的业主，应当在物业所在地的区、县人民政府房地产行政主管部门或者街道办事处、乡镇人民政府的指导下成立业主大会，并选举产生业主委员会。但是，只有一个业主的，或者业主人数较少且经全体业主一致同意，决定不成立业主大会的，由业主共同履行业主大会、业主委员会职责。

第十一条 下列事项由业主共同决定：

（一）制定和修改业主大会会议事规则；

（二）制定和修改管理规约；

（三）选举业主委员会或者更换业主委员会成员；

（四）选聘和解聘物业服务企业；

（五）筹集和使用专项维修资金；

（六）改建、重建建筑物及其附属设施；

（七）有关共有和共同管理权利的其他重大事项。

第十二条 业主大会会议可以采用集体讨论的形式，也可以采用书面征求意见的形式；但是，应当有物业管理区域内专有部分占建筑物总面积过半数的业主且占总人数过半数的业主参加。

业主可以委托代理人参加业主大会会议。

业主大会决定本条例第十一条第（五）项和第（六）项规定的事项，应当经专有部分占建筑物总面积 2/3 以上的业主且占总人数 2/3 以上的业主同意；决定本条例第十一条规定的其他事项，应当经专有部分占建筑物总面积过半数的业主且占总人数过半数的业主同意。

业主大会或者业主委员会的决定，对业主具有约束力。

业主大会或者业主委员会作出的决定侵害业主合法权益的，受侵害的业主可以请求人民法院予以撤销。

第十三条 业主大会会议分为定期会议和临时会议。

业主大会定期会议应当按照业主大会议事规则的规定召开。经20%以上的业主提议，业主委员会应当组织召开业主大会临时会议。

第十四条 召开业主大会会议，应当于会议召开 15 日以前通知全体业主。

住宅小区的业主大会会议，应当同时告知相关的居民委员会。

业主委员会应当做好业主大会会议记录。

第十五条 业主委员会执行业主大会的决定事项，履行下列职责：

（一）召集业主大会会议，报告物业管理的实施情况；

（二）代表业主与业主大会选聘的物业服务企业签订物业服务合同；

（三）及时了解业主、物业使用人的意见和建议，监督和协助物业服务企业履行物业服务合同；

（四）监督管理规约的实施；

（五）业主大会赋予的其他职责。

第十六条 业主委员会应当自选举产生之日起30日内，向物业所在地的区、县人民政府房地产行政主管部门和街道办事处、乡镇人民政府备案。

业主委员会委员应当由热心公益事业、责任心强、具有一定组织能力的业主担任。

业主委员会主任、副主任在业主委员会成员中推选产生。

第十七条 管理规约应当对有关物业的使用、维护、管理，业主的共同利益，业主应当履行的义务，违反管理规约应当承担的责任等事项依法作出约定。

管理规约应当尊重社会公德，不得违反法律、法规或者损害社会公共利益。

管理规约对全体业主具有约束力。

第十八条 业主大会议事规则应当就业主大会的议事方式、表决程序、业主委员会的组成和成员任期等事项作出约定。

第十九条 业主大会、业主委员会应当依法履行职责，不得作出与物业管理无关的决定，不得从事与物业管理无关的活动。

业主大会、业主委员会作出的决定违反法律、法规的，物业所在地的区、县人民政府房地产行政主管部门或者街道办事处、乡镇人民政府，应当责令限期改正或者撤销其决定，并通告全体业主。

第二十条 业主大会、业主委员会应当配合公安机关，与居民委员会相互协作，共同做好维护物业管理区域内的社会治安等相关工作。

在物业管理区域内，业主大会、业主委员会应当积极配合相关居民委员会依法履行自治管理职责，支持居民委员会开展工作，并接受其指导和监督。

住宅小区的业主大会、业主委员会作出的决定，应当告知相关的居民委员会，并认真听取居民委员会的建议。

第三章 前期物业管理

第二十一条 在业主、业主大会选聘物业服务企业之前，建设单位选聘物业服务企业的，应当签订书面的前期物业服务合同。

第二十二条 建设单位应当在销售物业之前，制定临时管理规约，对有关物业的使用、维护、管理，业主的共同利益，业主应当履行的义务，违反临时管理规约应当承担的责任等事项依法作出约定。

建设单位制定的临时管理规约，不得侵害物业买受人的合法权益。

第二十三条 建设单位应当在物业销售前将临时管理规约向物业买受人明示，并予以说明。

物业买受人在与建设单位签订物业买卖合同时，应当对遵守临时管理规约予以书面承诺。

第二十四条 国家提倡建设单位按照房地产开发与物业管理相分离的原则，通过招投标的方式选聘具有相应资质的物业服务企业。

住宅物业的建设单位，应当通过招投标的方式选聘具有相应资质的物业服务企业；投标人少于3个或者住宅规模较小的，经物业所在地的区、县人民政府房地产行政主管部门批准，可以采用协议方式选聘具有相应资质的物业服务企业。

第二十五条 建设单位与物业买受人签订的买卖合同应当包含前期物业服务合同约定的内容。

第二十六条 前期物业服务合同可以约定期限；但是，期限未满、业主委员会与物业服务企业签订的物业服务合同生效的，前期物业服务合同终止。

第二十七条 业主依法享有的物业共用部位、共用设施设备的所有权或者使用权，建设单位不得擅自处分。

第二十八条 物业服务企业承接物业时，应当对物业共用部位、共用设施设备进行查验。

第二十九条 在办理物业承接验收手续时，建设单位应当向物业服务企业移交下列资料：

（一）竣工总平面图，单体建筑、结构、设备竣工图，配套设施、地下管网工程竣工图等竣工验收资料；

（二）设施设备的安装、使用和维护保养等技术资料；

（三）物业质量保修文件和物业使用说明文件；

（四）物业管理所必需的其他资料。

物业服务企业应当在前期物业服务合同终止时，将上述资料移交给业主委员会。

第三十条 建设单位应当按照规定在物业管理区域内，配置必要的物业管理用房。

第三十一条 建设单位应当按照国家规定的保修期限和保修范围，承担物业的保修责任。

第四章 物业管理服务

第三十二条 从事物业管理活动的企业应当具有独立的法人资格。国家对从事物业管理活动的企业实行资质管理制度。具体办法由国务院建设行政主管部门制定。

第三十三条 从事物业管理的人员应当按照国家有关规定，取得职业资格证书。

第三十四条 一个物业管理区域由一个物业服务企业实施物业管理。

第三十五条 业主委员会应当与业主大会选聘的物业服务企业订立书面的物业服务合同。

物业服务合同应当对物业管理事项、服务质量、服务费用、双方的权利义务、专项维修资金的管理与使用、物业管理用房、合同期限、违约责任等内容进行约定。

第三十六条 物业服务企业应当按照物业服务合同的约定，提供相应的服务。

物业服务企业未能履行物业服务合同的约定，导致业主人身、财产安全受到损害的，应当依法承担相应的法律责任。

第三十七条 物业服务企业承接物业时，应当与业主委员会办理物业验收手续。

业主委员会应当向物业服务企业移交本条例第二十九条第一款规定的资料。

第三十八条 物业管理用房的所有权依法属于业主。未经业主大会同意，物业服务企业不得改变物业管理用房的用途。

第三十九条 物业服务合同终止时，物业服务企业应当将物业管理用房和本条例第二十九条第一款规定的资料交还给业主委员会。

物业服务合同终止时，业主大会选聘了新的物业服务企业的，物业服务企业之间应当做好交接工作。

第四十条　物业服务企业可以将物业管理区域内的专项服务业务委托给专业性服务企业，但不得将该区域内的全部物业管理一并委托给他人。

第四十一条　物业服务收费应当遵循合理、公开以及费用与服务水平相适应的原则，区别不同物业的性质和特点，由业主和物业服务企业按照国务院价格主管部门会同国务院建设行政主管部门制定的物业服务收费办法，在物业服务合同中约定。

第四十二条　业主应当根据物业服务合同的约定交纳物业服务费用。业主与物业使用人约定由物业使用人交纳物业服务费用的，从其约定，业主负连带交纳责任。

已竣工但尚未出售或者尚未交给物业买受人的物业，物业服务费用由建设单位交纳。

第四十三条　县级以上人民政府价格主管部门会同同级房地产行政主管部门，应当加强对物业服务收费的监督。

第四十四条　物业服务企业可以根据业主的委托，提供物业服务合同约定以外的服务项目，服务报酬由双方约定。

第四十五条　物业管理区域内，供水、供电、供气、供热、通信、有线电视等单位应当向最终用户收取有关费用。

物业服务企业接受委托代收前款费用的，不得向业主收取手续费等额外费用。

第四十六条　对物业管理区域内违反有关治安、环保、物业装饰装修和使用等方面法律、法规规定的行为，物业服务企业应当制止，并及时向有关行政管理部门报告。

有关行政管理部门在接到物业服务企业的报告后，应当依法对违法行为予以制止或者依法处理。

第四十七条　物业服务企业应当协助做好物业管理区域内的安全防范工作。发生安全事故时，物业服务企业在采取应急措施的同时，应当及时向有关行政管理部门报告，协助做好救助工作。

物业服务企业雇请保安人员的，应当遵守国家有关规定。保安人员在维护物业管理区域内的公共秩序时，应当履行职责，不得侵害公民的合法权益。

第四十八条　物业使用人在物业管理活动中的权利义务由业主和物业使用人约定，但不得违反法律、法规和管理规约的有关规定。

物业使用人违反本条例和管理规约的规定，有关业主应当承担连带责任。

第四十九条　县级以上地方人民政府房地产行政主管部门应当及时处理业主、业主委员会、物业使用人和物业服务企业在物业管理活动中的投诉。

第五章　物业的使用与维护

第五十条　物业管理区域内按照规划建设的公共建筑和共用设施，不得改变用途。

业主依法确需改变公共建筑和共用设施用途的，应当在依法办理有关手续后告知物业服务企业；物业服务企业确需改变公共建筑和共用设施用途的，应当提请业主大会讨论决定同意后，由业主依法办理有关手续。

第五十一条　业主、物业服务企业不得擅自占用、挖掘物业管理区域内的道路、场地，损害业主的共同利益。

因维修物业或者公共利益，业主确需临时占用、挖掘道路、场地的，应当征得业主委员会和物业服务企业的同意；物业服务企业确需临时占用、挖掘道路、场地的，应当征得业主委员会的同意。

业主、物业服务企业应当将临时占用、挖掘的道路、场地，在约定期限内恢复原状。

第五十二条 供水、供电、供气、供热、通信、有线电视等单位，应当依法承担物业管理区域内相关管线和设施设备维修、养护的责任。

前款规定的单位因维修、养护等需要，临时占用、挖掘道路、场地的，应当及时恢复原状。

第五十三条 业主需要装饰装修房屋的，应当事先告知物业服务企业。

物业服务企业应当将房屋装饰装修中的禁止行为和注意事项告知业主。

第五十四条 住宅物业、住宅小区内的非住宅物业或者与单幢住宅楼结构相连的非住宅物业的业主，应当按照国家有关规定交纳专项维修资金。

专项维修资金属于业主所有，专项用于物业保修期满后物业共用部位、共用设施设备的维修、更新和改造，不得挪作他用。

专项维修资金收取、使用、管理的办法由国务院建设行政主管部门会同国务院财政部门制定。

第五十五条 利用物业共用部位、共用设施设备进行经营的，应当在征得相关业主、业主大会、物业服务企业的同意后，按照规定办理有关手续。业主所得收益应当主要用于补充专项维修资金，也可以按照业主大会的决定使用。

第五十六条 物业存在安全隐患，危及公共利益及他人合法权益时，责任人应当及时维修养护，有关业主应当给予配合。

责任人不履行维修养护义务的，经业主大会同意，可以由物业服务企业维修养护，费用由责任人承担。

第六章 法律责任

第五十七条 违反本条例的规定，住宅物业的建设单位未通过招投标的方式选聘物业服务企业或者未经批准，擅自采用协议方式选聘物业服务企业的，由县级以上地方人民政府房地产行政主管部门责令限期改正，给予警告，可以并处10万元以下的罚款。

第五十八条 违反本条例的规定，建设单位擅自处分属于业主的物业共用部位、共用设施设备的所有权或者使用权的，由县级以上地方人民政府房地产行政主管部门处5万元以上20万元以下的罚款；给业主造成损失的，依法承担赔偿责任。

第五十九条 违反本条例的规定，不移交有关资料的，由县级以上地方人民政府房地产行政主管部门责令限期改正；逾期仍不移交有关资料的，对建设单位、物业服务企业予以通报，处1万元以上10万元以下的罚款。

第六十条 违反本条例的规定，未取得资质证书从事物业管理的，由县级以上地方人民政府房地产行政主管部门没收违法所得，并处5万元以上20万元以下的罚款；给业主造成损失的，依法承担赔偿责任。

以欺骗手段取得资质证书的，依照本条第一款规定处罚，并由颁发资质证书的部门吊销资质证书。

第六十一条 违反本条例的规定，物业服务企业聘用未取得物业管理职业资格证书的人员从事物业管理活动的，由县级以上地方人民政府房地产行政主管部门责令停止违法行为，处5万元以上20万元以下的罚款；给业主造成损失的，依法承担赔偿责任。

第六十二条 违反本条例的规定，物业服务企业将一个物业管理区域内的全部物业管理一并委托给他人的,由县级以上地方人民政府房地产行政主管部门责令限期改正,处委托合同价款30%以上50%以下的罚款;情节严重的,由颁发资质证书的部门吊销资质证书。委托所得收益,用于物业管理区域内物业共用部位、共用设施设备的维修、养护,剩余部分按照业主大会的决定使用;给业主造成损失的,依法承担赔偿责任。

第六十三条 违反本条例的规定,挪用专项维修资金的,由县级以上地方人民政府房地产行政主管部门追回挪用的专项维修资金,给予警告,没收违法所得,可以并处挪用数额2倍以下的罚款;物业服务企业挪用专项维修资金,情节严重的,并由颁发资质证书的部门吊销资质证书;构成犯罪的,依法追究直接负责的主管人员和其他直接责任人员的刑事责任。

第六十四条 违反本条例的规定,建设单位在物业管理区域内不按照规定配置必要的物业管理用房的,由县级以上地方人民政府房地产行政主管部门责令限期改正,给予警告,没收违法所得,并处10万元以上50万元以下的罚款。

第六十五条 违反本条例的规定,未经业主大会同意,物业服务企业擅自改变物业管理用房的用途的,由县级以上地方人民政府房地产行政主管部门责令限期改正,给予警告,并处1万元以上10万元以下的罚款;有收益的,所得收益用于物业管理区域内物业共用部位、共用设施设备的维修、养护,剩余部分按照业主大会的决定使用。

第六十六条 违反本条例的规定,有下列行为之一的,由县级以上地方人民政府房地产行政主管部门责令限期改正,给予警告,并按照本条第二款的规定处以罚款;所得收益,用于物业管理区域内物业共用部位、共用设施设备的维修、养护,剩余部分按照业主大会的决定使用:

(一)擅自改变物业管理区域内按照规划建设的公共建筑和共用设施用途的;

(二)擅自占用、挖掘物业管理区域内道路、场地,损害业主共同利益的;

(三)擅自利用物业共用部位、共用设施设备进行经营的。

个人有前款规定行为之一的,处1000元以上1万元以下的罚款;单位有前款规定行为之一的,处5万元以上20万元以下的罚款。

第六十七条 违反物业服务合同约定,业主逾期不交纳物业服务费用的,业主委员会应当督促其限期交纳;逾期仍不交纳的,物业服务企业可以向人民法院起诉。

第六十八条 业主以业主大会或者业主委员会的名义,从事违反法律、法规的活动,构成犯罪的,依法追究刑事责任;尚不构成犯罪的,依法给予治安管理处罚。

第六十九条 违反本条例的规定,国务院建设行政主管部门、县级以上地方人民政府房地产行政主管部门或者其他有关行政管理部门的工作人员利用职务上的便利,收受他人财物或者其他好处,不依法履行监督管理职责,或者发现违法行为不予查处,构成犯罪的,依法追究刑事责任;尚不构成犯罪的,依法给予行政处分。

第七章 附则

第七十条 本条例自2003年9月1日起施行。(国务院办公厅)

不动产登记暂行条例

（中华人民共和国国务院令第656号公布，自2015年3月1日起施行）

第一章　总则

第一条　为整合不动产登记职责，规范登记行为，方便群众申请登记，保护权利人合法权益，根据《中华人民共和国物权法》等法律，制定本条例。

第二条　本条例所称不动产登记，是指不动产登记机构依法将不动产权利归属和其他法定事项记载于不动产登记簿的行为。

本条例所称不动产，是指土地、海域以及房屋、林木等定着物。

第三条　不动产首次登记、变更登记、转移登记、注销登记、更正登记、异议登记、预告登记、查封登记等，适用本条例。

第四条　国家实行不动产统一登记制度。

不动产登记遵循严格管理、稳定连续、方便群众的原则。

不动产权利人已经依法享有的不动产权利，不因登记机构和登记程序的改变而受到影响。

第五条　下列不动产权利，依照本条例的规定办理登记：

（一）集体土地所有权；

（二）房屋等建筑物、构筑物所有权；

（三）森林、林木所有权；

（四）耕地、林地、草地等土地承包经营权；

（五）建设用地使用权；

（六）宅基地使用权；

（七）海域使用权；

（八）地役权；

（九）抵押权；

（十）法律规定需要登记的其他不动产权利。

第六条　国务院国土资源主管部门负责指导、监督全国不动产登记工作。

县级以上地方人民政府应当确定一个部门为本行政区域的不动产登记机构，负责不动产登记工作，并接受上级人民政府不动产登记主管部门的指导、监督。

第七条　不动产登记由不动产所在地的县级人民政府不动产登记机构办理；直辖市、设区的市人民政府可以确定本级不动产登记机构统一办理所属各区的不动产登记。

跨县级行政区域的不动产登记，由所跨县级行政区域的不动产登记机构分别办理。不能分别办理的，由所跨县级行政区域的不动产登记机构协商办理；协商不成的，由共同的上一级人民政府不动产登记主管部门指定办理。

国务院确定的重点国有林区的森林、林木和林地，国务院批准项目用海、用岛，中央国家机关使用的国有土地等不动产登记，由国务院国土资源主管部门会同有关部门规定。

第二章　不动产登记簿

第八条　不动产以不动产单元为基本单位进行登记。不动产单元具有唯一编码。

不动产登记机构应当按照国务院国土资源主管部门的规定设立统一的不动产登记簿。

不动产登记簿应当记载以下事项：

（一）不动产的坐落、界址、空间界限、面积、用途等自然状况；

（二）不动产权利的主体、类型、内容、来源、期限、权利变化等权属状况；

（三）涉及不动产权利限制、提示的事项；

（四）其他相关事项。

第九条 不动产登记簿应当采用电子介质，暂不具备条件的，可以采用纸质介质。不动产登记机构应当明确不动产登记簿唯一、合法的介质形式。

不动产登记簿采用电子介质的，应当定期进行异地备份，并具有唯一、确定的纸质转化形式。

第十条 不动产登记机构应当依法将各类登记事项准确、完整、清晰地记载于不动产登记簿。任何人不得损毁不动产登记簿，除依法予以更正外不得修改登记事项。

第十一条 不动产登记工作人员应当具备与不动产登记工作相适应的专业知识和业务能力。

不动产登记机构应当加强对不动产登记工作人员的管理和专业技术培训。

第十二条 不动产登记机构应当指定专人负责不动产登记簿的保管，并建立健全相应的安全责任制度。

采用纸质介质不动产登记簿的，应当配备必要的防盗、防火、防渍、防有害生物等安全保护设施。

采用电子介质不动产登记簿的，应当配备专门的存储设施，并采取信息网络安全防护措施。

第十三条 不动产登记簿由不动产登记机构永久保存。不动产登记簿损毁、灭失的，不动产登记机构应当依据原有登记资料予以重建。

行政区域变更或者不动产登记机构职能调整的，应当及时将不动产登记簿移交相应的不动产登记机构。

第三章 登记程序

第十四条 因买卖、设定抵押权等申请不动产登记的，应当由当事人双方共同申请。

属于下列情形之一的，可以由当事人单方申请：

（一）尚未登记的不动产首次申请登记的；

（二）继承、接受遗赠取得不动产权利的；

（三）人民法院、仲裁委员会生效的法律文书或者人民政府生效的决定等设立、变更、转让、消灭不动产权利的；

（四）权利人姓名、名称或者自然状况发生变化，申请变更登记的；

（五）不动产灭失或者权利人放弃不动产权利，申请注销登记的；

（六）申请更正登记或者异议登记的；

（七）法律、行政法规规定可以由当事人单方申请的其他情形。

第十五条 当事人或者其代理人应当到不动产登记机构办公场所申请不动产登记。

不动产登记机构将申请登记事项记载于不动产登记簿前，申请人可以撤回登记申请。

第十六条 申请人应当提交下列材料，并对申请材料的真实性负责：

（一）登记申请书；
（二）申请人、代理人身份证明材料、授权委托书；
（三）相关的不动产权属来源证明材料、登记原因证明文件、不动产权属证书；
（四）不动产界址、空间界限、面积等材料；
（五）与他人利害关系的说明材料；
（六）法律、行政法规以及本条例实施细则规定的其他材料。

不动产登记机构应当在办公场所和门户网站公开申请登记所需材料目录和示范文本等信息。

第十七条　不动产登记机构收到不动产登记申请材料，应当分别按照下列情况办理：
（一）属于登记职责范围，申请材料齐全、符合法定形式，或者申请人按照要求提交全部补正申请材料的，应当受理并书面告知申请人；
（二）申请材料存在可以当场更正的错误的，应当告知申请人当场更正，申请人当场更正后，应当受理并书面告知申请人；
（三）申请材料不齐全或者不符合法定形式的，应当当场书面告知申请人不予受理并一次性告知需要补正的全部内容；
（四）申请登记的不动产不属于本机构登记范围的，应当当场书面告知申请人不予受理并告知申请人向有登记权的机构申请。

不动产登记机构未当场书面告知申请人不予受理的，视为受理。

第十八条　不动产登记机构受理不动产登记申请的，应当按照下列要求进行查验：
（一）不动产界址、空间界限、面积等材料与申请登记的不动产状况是否一致；
（二）有关证明材料、文件与申请登记的内容是否一致；
（三）登记申请是否违反法律、行政法规规定。

第十九条　属于下列情形之一的，不动产登记机构可以对申请登记的不动产进行实地查看：
（一）房屋等建筑物、构筑物所有权首次登记；
（二）在建建筑物抵押权登记；
（三）因不动产灭失导致的注销登记；
（四）不动产登记机构认为需要实地查看的其他情形。

对可能存在权属争议，或者可能涉及他人利害关系的登记申请，不动产登记机构可以向申请人、利害关系人或者有关单位进行调查。

不动产登记机构进行实地查看或者调查时，申请人、被调查人应当予以配合。

第二十条　不动产登记机构应当自受理登记申请之日起 30 个工作日内办结不动产登记手续，法律另有规定的除外。

第二十一条　登记事项自记载于不动产登记簿时完成登记。

不动产登记机构完成登记，应当依法向申请人核发不动产权属证书或者登记证明。

第二十二条　登记申请有下列情形之一的，不动产登记机构应当不予登记，并书面告知申请人：
（一）违反法律、行政法规规定的；
（二）存在尚未解决的权属争议的；

（三）申请登记的不动产权利超过规定期限的；
（四）法律、行政法规规定不予登记的其他情形。

第四章 登记信息共享与保护

第二十三条 国务院国土资源主管部门应当会同有关部门，建立统一的不动产登记信息管理基础平台。

各级不动产登记机构登记的信息应当纳入统一的不动产登记信息管理基础平台，确保国家、省、市、县四级登记信息的实时共享。

第二十四条 不动产登记有关信息与住房城乡建设、农业、林业、海洋等部门审批信息、交易信息等应当实时互通共享。

不动产登记机构能够通过实时互通共享取得的信息，不得要求不动产登记申请人重复提交。

第二十五条 国土资源、公安、民政、财政、税务、工商、金融、审计、统计等部门应当加强不动产登记有关信息互通共享。

第二十六条 不动产登记机构、不动产登记信息共享单位及其工作人员应当对不动产登记信息保密；涉及国家秘密的不动产登记信息，应当依法采取必要的安全保密措施。

第二十七条 权利人、利害关系人可以依法查询、复制不动产登记资料，不动产登记机构应当提供。

有关国家机关可以依照法律、行政法规的规定查询、复制与调查处理事项有关的不动产登记资料。

第二十八条 查询不动产登记资料的单位、个人应当向不动产登记机构说明查询目的，不得将查询获得的不动产登记资料用于其他目的；未经权利人同意，不得泄露查询获得的不动产登记资料。

第五章 法律责任

第二十九条 不动产登记机构登记错误给他人造成损害，或者当事人提供虚假材料申请登记给他人造成损害的，依照《中华人民共和国物权法》的规定承担赔偿责任。

第三十条 不动产登记机构工作人员进行虚假登记，损毁、伪造不动产登记簿，擅自修改登记事项，或者有其他滥用职权、玩忽职守行为的，依法给予处分；给他人造成损害的，依法承担赔偿责任；构成犯罪的，依法追究刑事责任。

第三十一条 伪造、变造不动产权属证书、不动产登记证明，或者买卖、使用伪造、变造的不动产权属证书、不动产登记证明的，由不动产登记机构或者公安机关依法予以收缴；有违法所得的，没收违法所得；给他人造成损害的，依法承担赔偿责任；构成违反治安管理行为的，依法给予治安管理处罚；构成犯罪的，依法追究刑事责任。

第三十二条 不动产登记机构、不动产登记信息共享单位及其工作人员，查询不动产登记资料的单位或者个人违反国家规定，泄露不动产登记资料、登记信息，或者利用不动产登记资料、登记信息进行不正当活动，给他人造成损害的，依法承担赔偿责任；对有关责任人员依法给予处分；有关责任人员构成犯罪的，依法追究刑事责任。

第六章 附则

第三十三条 本条例施行前依法颁发的各类不动产权属证书和制作的不动产登记簿继

续有效。

不动产统一登记过渡期内，农村土地承包经营权的登记按照国家有关规定执行。

第三十四条 本条例实施细则由国务院国土资源主管部门会同有关部门制定。

第三十五条 本条例自 2015 年 3 月 1 日起施行。本条例施行前公布的行政法规有关不动产登记的规定与本条例规定不一致的，以本条例规定为准。

物业承接查验办法

(建房 [2010] 165 号)

第一条 为了规范物业承接查验行为，加强前期物业管理活动的指导和监督，维护业主的合法权益，根据《中华人民共和国物权法》、《中华人民共和国合同法》和《物业管理条例》等法律法规的规定，制定本办法。

第二条 本办法所称物业承接查验，是指承接新建物业前，物业服务企业和建设单位按照国家有关规定和前期物业服务合同的约定，共同对物业共用部位、共用设施设备进行检查和验收的活动。

第三条 物业承接查验应当遵循诚实信用、客观公正、权责分明以及保护业主共有财产的原则。

第四条 鼓励物业服务企业通过参与建设工程的设计、施工、分户验收和竣工验收等活动，向建设单位提供有关物业管理的建议，为实施物业承接查验创造有利条件。

第五条 国务院住房和城乡建设主管部门负责全国物业承接查验活动的指导和监督工作。

县级以上地方人民政府房地产行政主管部门负责本行政区域内物业承接查验活动的指导和监督工作。

第六条 建设单位与物业买受人签订的物业买卖合同，应当约定其所交付物业的共用部位、共用设施设备的配置和建设标准。

第七条 建设单位制定的临时管理规约，应当对全体业主同意授权物业服务企业代为查验物业共用部位、共用设施设备的事项作出约定。

第八条 建设单位与物业服务企业签订的前期物业服务合同，应当包含物业承接查验的内容。

前期物业服务合同就物业承接查验的内容没有约定或者约定不明确的，建设单位与物业服务企业可以协议补充。

不能达成补充协议的，按照国家标准、行业标准履行；没有国家标准、行业标准的，按照通常标准或者符合合同目的的特定标准履行。

第九条 建设单位应当按照国家有关规定和物业买卖合同的约定，移交权属明确、资料完整、质量合格、功能完备、配套齐全的物业。

第十条 建设单位应当在物业交付使用15日前，与选聘的物业服务企业完成物业共用部位、共用设施设备的承接查验工作。

第十一条 实施承接查验的物业，应当具备以下条件：

(一) 建设工程竣工验收合格，取得规划、消防、环保等主管部门出具的认可或者准许使用文件，并经建设行政主管部门备案；

(二) 供水、排水、供电、供气、供热、通信、公共照明、有线电视等市政公用设施设备按规划设计要求建成，供水、供电、供气、供热已安装独立计量表具；

(三) 教育、邮政、医疗卫生、文化体育、环卫、社区服务等公共服务设施已按规划设计要求建成；

（四）道路、绿地和物业服务用房等公共配套设施按规划设计要求建成，并满足使用功能要求；

（五）电梯、二次供水、高压供电、消防设施、压力容器、电子监控系统等共用设施设备取得使用合格证书；

（六）物业使用、维护和管理的相关技术资料完整齐全；

（七）法律、法规规定的其他条件。

第十二条　实施物业承接查验，主要依据下列文件：

（一）物业买卖合同；

（二）临时管理规约；

（三）前期物业服务合同；

（四）物业规划设计方案；

（五）建设单位移交的图纸资料；

（六）建设工程质量法规、政策、标准和规范。

第十三条　物业承接查验按照下列程序进行：

（一）确定物业承接查验方案；

（二）移交有关图纸资料；

（三）查验共用部位、共用设施设备；

（四）解决查验发现的问题；

（五）确认现场查验结果；

（六）签订物业承接查验协议；

（七）办理物业交接手续。

第十四条　现场查验 20 日前，建设单位应当向物业服务企业移交下列资料：

（一）竣工总平面图，单体建筑、结构、设备竣工图，配套设施、地下管网工程竣工图等竣工验收资料；

（二）共用设施设备清单及其安装、使用和维护保养等技术资料；

（三）供水、供电、供气、供热、通信、有线电视等准许使用文件；

（四）物业质量保修文件和物业使用说明文件；

（五）承接查验所必需的其他资料。

未能全部移交前款所列资料的，建设单位应当列出未移交资料的详细清单并书面承诺补交的具体时限。

第十五条　物业服务企业应当对建设单位移交的资料进行清点和核查，重点核查共用设施设备出厂、安装、试验和运行的合格证明文件。

第十六条　物业服务企业应当对下列物业共用部位、共用设施设备进行现场检查和验收：

（一）共用部位：一般包括建筑物的基础、承重墙体、柱、梁、楼板、屋顶以及外墙、门厅、楼梯间、走廊、楼道、扶手、护栏、电梯井道、架空层及设备间等；

（二）共用设备：一般包括电梯、水泵、水箱、避雷设施、消防设备、楼道灯、电视天线、发电机、变配电设备、给水排水管线、电线、供暖及空调设备等；

（三）共用设施：一般包括道路、绿地、人造景观、围墙、大门、信报箱、宣传栏、路灯、排水沟、渠、池、污水井、化粪池、垃圾容器、污水处理设施、机动车（非机动车）停车设施、休闲娱乐设施、消防设施、安防监控设施、人防设施、垃圾转运设施以及物业服务用房等。

第十七条　建设单位应当依法移交有关单位的供水、供电、供气、供热、通信和有线电视等共用设施设备，不作为物业服务企业现场检查和验收的内容。

第十八条　现场查验应当综合运用核对、观察、使用、检测和试验等方法，重点查验物业共用部位、共用设施设备的配置标准、外观质量和使用功能。

第十九条　现场查验应当形成书面记录。查验记录应当包括查验时间、项目名称、查验范围、查验方法、存在问题、修复情况以及查验结论等内容，查验记录应当由建设单位和物业服务企业参加查验的人员签字确认。

第二十条　现场查验中，物业服务企业应当将物业共用部位、共用设施设备的数量和质量不符合约定或者规定的情形，书面通知建设单位，建设单位应当及时解决并组织物业服务企业复验。

第二十一条　建设单位应当委派专业人员参与现场查验，与物业服务企业共同确认现场查验的结果，签订物业承接查验协议。

第二十二条　物业承接查验协议应当对物业承接查验基本情况、存在问题、解决方法及其时限、双方权利义务、违约责任等事项作出明确约定。

第二十三条　物业承接查验协议作为前期物业服务合同的补充协议，与前期物业服务合同具有同等法律效力。

第二十四条　建设单位应当在物业承接查验协议签订后 10 日内办理物业交接手续，向物业服务企业移交物业服务用房以及其他物业共用部位、共用设施设备。

第二十五条　物业承接查验协议生效后，当事人一方不履行协议约定的交接义务，导致前期物业服务合同无法履行的，应当承担违约责任。

第二十六条　交接工作应当形成书面记录。交接记录应当包括移交资料明细，物业共用部位、共用设施设备明细、交接时间、交接方式等内容。交接记录应当由建设单位和物业服务企业共同签章确认。

第二十七条　分期开发建设的物业项目，可以根据开发进度，对符合交付使用条件的物业分期承接查验。建设单位与物业服务企业应当在承接最后一期物业时，办理物业项目整体交接手续。

第二十八条　物业承接查验费用的承担，由建设单位和物业服务企业在前期物业服务合同中约定。没有约定或者约定不明确的，由建设单位承担。

第二十九条　物业服务企业应当自物业交接后 30 日内，持下列文件向物业所在地的区、县（市）房地产行政主管部门办理备案手续：

（一）前期物业服务合同；

（二）临时管理规约；

（三）物业承接查验协议；

（四）建设单位移交资料清单；

（五）查验记录；

（六）交接记录；

（七）其他承接查验有关的文件。

第三十条 建设单位和物业服务企业应当将物业承接查验备案情况书面告知业主。

第三十一条 物业承接查验可以邀请业主代表以及物业所在地房地产行政主管部门参加，可以聘请相关专业机构协助进行，物业承接查验的过程和结果可以公证。

第三十二条 物业交接后，建设单位未能按照物业承接查验协议的约定，及时解决物业共用部位、共用设施设备存在的问题，导致业主人身、财产安全受到损害的，应当依法承担相应的法律责任。

第三十三条 物业交接后，发现隐蔽工程质量问题，影响房屋结构安全和正常使用的，建设单位应当负责修复；给业主造成经济损失的，建设单位应当依法承担赔偿责任。

第三十四条 自物业交接之日起，物业服务企业应当全面履行前期物业服务合同约定的、法律法规规定的以及行业规范确定的维修、养护和管理义务，承担因管理服务不当致使物业共用部位、共用设施设备毁损或者灭失的责任。

第三十五条 物业服务企业应当将承接查验有关的文件、资料和记录建立档案并妥善保管。

物业承接查验档案属于全体业主所有。前期物业服务合同终止，业主大会选聘新的物业服务企业的，原物业服务企业应当在前期物业服务合同终止之日起 10 日内，向业主委员会移交物业承接查验档案。

第三十六条 建设单位应当按照国家规定的保修期限和保修范围，承担物业共用部位、共用设施设备的保修责任。

建设单位可以委托物业服务企业提供物业共用部位、共用设施设备的保修服务，服务内容和费用由双方约定。

第三十七条 建设单位不得凭借关联关系滥用股东权利，在物业承接查验中免除自身责任，加重物业服务企业的责任，损害物业买受人的权益。

第三十八条 建设单位不得以物业交付期限届满为由，要求物业服务企业承接不符合交用条件或者未经查验的物业。

第三十九条 物业服务企业擅自承接未经查验的物业，因物业共用部位、共用设施设备缺陷给业主造成损害的，物业服务企业应当承担相应的赔偿责任。

第四十条 建设单位与物业服务企业恶意串通、弄虚作假，在物业承接查验活动中共同侵害业主利益的，双方应当共同承担赔偿责任。

第四十一条 物业承接查验活动，业主享有知情权和监督权。物业所在地房地产行政主管部门应当及时处理业主对建设单位和物业服务企业承接查验行为的投诉。

第四十二条 建设单位、物业服务企业未按本办法履行承接查验义务的，由物业所在地房地产行政主管部门责令限期改正；逾期仍不改正的，作为不良经营行为记入企业信用档案，并予以通报。

第四十三条 建设单位不移交有关承接查验资料的，由物业所在地房地产行政主管部门责令限期改正；逾期仍不移交的，对建设单位予以通报，并按照《物业管理条例》第五十九条的规定处罚。

第四十四条 物业承接查验中发生的争议，可以申请物业所在地房地产行政主管部门调解，也可以委托有关行业协会调解。

第四十五条 前期物业服务合同终止后,业主委员会与业主大会选聘的物业服务企业之间的承接查验活动,可以参照执行本办法。

第四十六条 省、自治区、直辖市人民政府住房和城乡建设主管部门可以依据本办法,制定实施细则。

第四十七条 本办法由国务院住房和城乡建设主管部门负责解释。

第四十八条 本办法自2011年1月1日起施行。

物业服务企业资质管理办法

（2004年3月17日建设部令第125号，2007年11月26日根据《建设部关于修改〈物业管理企业资质管理办法〉的决定》修正）

第一条 为了加强对物业管理活动的监督管理，规范物业管理市场秩序，提高物业管理服务水平，根据《物业管理条例》，制定本办法。

第二条 在中华人民共和国境内申请物业服务企业资质，实施对物业服务企业资质管理，适用本办法。

本办法所称物业服务企业，是指依法设立、具有独立法人资格，从事物业管理服务活动的企业。

第三条 物业服务企业资质等级分为一、二、三级。

第四条 国务院建设主管部门负责一级物业服务企业资质证书的颁发和管理。

省、自治区人民政府建设主管部门负责二级物业服务企业资质证书的颁发和管理，直辖市人民政府房地产主管部门负责二级和三级物业服务企业资质证书的颁发和管理，并接受国务院建设主管部门的指导和监督。

设区的市的人民政府房地产主管部门负责三级物业服务企业资质证书的颁发和管理，并接受省、自治区人民政府建设主管部门的指导和监督。

第五条 各资质等级物业服务企业的条件如下：

（一）一级资质

1. 注册资本人民币500万元以上；

2. 物业管理专业人员以及工程、管理、经济等相关专业类的专职管理和技术人员不少于30人。其中，具有中级以上职称的人员不少于20人，工程、财务等业务负责人具有相应专业中级以上职称；

3. 物业管理专业人员按照国家有关规定取得职业资格证书；

4. 管理两种类型以上物业，并且管理各类物业的房屋建筑面积分别占下列相应计算基数的百分比之和不低于100%：

（1）多层住宅200万平方米；

（2）高层住宅100万平方米；

（3）独立式住宅（别墅）15万平方米；

（4）办公楼、工业厂房及其他物业50万平方米。

5. 建立并严格执行服务质量、服务收费等企业管理制度和标准，建立企业信用档案系统，有优良的经营管理业绩。

（二）二级资质

1. 注册资本人民币300万元以上；

2. 物业管理专业人员以及工程、管理、经济等相关专业类的专职管理和技术人员不少于20人。其中，具有中级以上职称的人员不少于10人，工程、财务等业务负责人具有相应专业中级以上职称；

3. 物业管理专业人员按照国家有关规定取得职业资格证书；

4. 管理两种类型以上物业，并且管理各类物业的房屋建筑面积分别占下列相应计算基数的百分比之和不低于100%：

（1）多层住宅100万平方米；

（2）高层住宅50万平方米；

（3）独立式住宅（别墅）8万平方米；

（4）办公楼、工业厂房及其他物业20万平方米。

5. 建立并严格执行服务质量、服务收费等企业管理制度和标准，建立企业信用档案系统，有良好的经营管理业绩。

（三）三级资质

1. 注册资本人民币50万元以上；

2. 物业管理专业人员以及工程、管理、经济等相关专业类的专职管理和技术人员不少于10人。其中，具有中级以上职称的人员不少于5人，工程、财务等业务负责人具有相应专业中级以上职称；

3. 物业管理专业人员按照国家有关规定取得职业资格证书；

4. 有委托的物业管理项目；

5. 建立并严格执行服务质量、服务收费等企业管理制度和标准，建立企业信用档案系统。

第六条 新设立的物业服务企业应当自领取营业执照之日起30日内，持下列文件向工商注册所在地直辖市、设区的市的人民政府房地产主管部门申请资质：

（一）营业执照；

（二）企业章程；

（三）验资证明；

（四）企业法定代表人的身份证明；

（五）物业管理专业人员的职业资格证书和劳动合同，管理和技术人员的职称证书和劳动合同。

第七条 新设立的物业服务企业，其资质等级按照最低等级核定，并设一年的暂定期。

第八条 一级资质物业服务企业可以承接各种物业管理项目。

二级资质物业服务企业可以承接30万平方米以下的住宅项目和8万平方米以下的非住宅项目的物业管理业务。

三级资质物业服务企业可以承接20万平方米以下的住宅项目和5万平方米以下的非住宅项目的物业管理业务。

第九条 申请核定资质等级的物业服务企业，应当提交下列材料：

（一）企业资质等级申报表；

（二）营业执照；

（三）企业资质证书正、副本；

（四）物业管理专业人员的职业资格证书和劳动合同，管理和技术人员的职称证书和劳动合同，工程、财务负责人的职称证书和劳动合同；

（五）物业服务合同复印件；

（六）物业管理业绩材料。

第十条 资质审批部门应当自受理企业申请之日起 20 个工作日内，对符合相应资质等级条件的企业核发资质证书；一级资质审批前，应当由省、自治区人民政府建设主管部门或者直辖市人民政府房地产主管部门审查，审查期限为 20 个工作日。

第十一条 物业服务企业申请核定资质等级，在申请之日前一年内有下列行为之一的，资质审批部门不予批准：

（一）聘用未取得物业管理职业资格证书的人员从事物业管理活动的；

（二）将一个物业管理区域内的全部物业管理业务一并委托给他人的；

（三）挪用专项维修资金的；

（四）擅自改变物业管理用房用途的；

（五）擅自改变物业管理区域内按照规划建设的公共建筑和共用设施用途的；

（六）擅自占用、挖掘物业管理区域内道路、场地，损害业主共同利益的；

（七）擅自利用物业共用部位、共用设施设备进行经营的；

（八）物业服务合同终止时，不按照规定移交物业管理用房和有关资料的；

（九）与物业管理招标人或者其他物业管理投标人相互串通，以不正当手段谋取中标的；

（十）不履行物业服务合同，业主投诉较多，经查证属实的；

（十一）超越资质等级承接物业管理业务的；

（十二）出租、出借、转让资质证书的；

（十三）发生重大责任事故的。

第十二条 资质证书分为正本和副本，由国务院建设主管部门统一印制，正、副本具有同等法律效力。

第十三条 任何单位和个人不得伪造、涂改、出租、出借、转让资质证书。

企业遗失资质证书，应当在新闻媒体上声明后，方可申请补领。

第十四条 企业发生分立、合并的，应当在向工商行政管理部门办理变更手续后 30 日内，到原资质审批部门申请办理资质证书注销手续，并重新核定资质等级。

第十五条 企业的名称、法定代表人等事项发生变更的，应当在办理变更手续后 30 日内，到原资质审批部门办理资质证书变更手续。

第十六条 企业破产、歇业或者因其他原因终止业务活动的，应当在办理营业执照注销手续后 15 日内，到原资质审批部门办理资质证书注销手续。

第十七条 物业服务企业取得资质证书后，不得降低企业的资质条件，并应当接受资质审批部门的监督检查。

资质审批部门应当加强对物业服务企业的监督检查。

第十八条 有下列情形之一的，资质审批部门或者其上级主管部门，根据利害关系人的请求或者根据职权可以撤销资质证书：

（一）审批部门工作人员滥用职权、玩忽职守作出物业服务企业资质审批决定的；

（二）超越法定职权作出物业服务企业资质审批决定的；

（三）违反法定程序作出物业服务企业资质审批决定的；

（四）对不具备申请资格或者不符合法定条件的物业服务企业颁发资质证书的；

（五）依法可以撤销审批的其他情形。

第十九条 物业服务企业超越资质等级承接物业管理业务的，由县级以上地方人民政府房地产主管部门予以警告，责令限期改正，并处1万元以上3万元以下的罚款。

第二十条 物业服务企业出租、出借、转让资质证书的，由县级以上地方人民政府房地产主管部门予以警告，责令限期改正，并处1万元以上3万元以下的罚款。

第二十一条 物业服务企业不按照本办法规定及时办理资质变更手续的，由县级以上地方人民政府房地产主管部门责令限期改正，可处2万元以下的罚款。

第二十二条 资质审批部门有下列情形之一的，由其上级主管部门或者监察机关责令改正，对直接负责的主管人员和其他直接责任人员依法给予行政处分；构成犯罪的，依法追究刑事责任：

（一）对不符合法定条件的企业颁发资质证书的；

（二）对符合法定条件的企业不予颁发资质证书的；

（三）对符合法定条件的企业未在法定期限内予以审批的；

（四）利用职务上的便利，收受他人财物或者其他好处的；

（五）不履行监督管理职责，或者发现违法行为不予查处的。

第二十三条 本办法自2004年5月1日起施行。

住宅室内装饰装修管理办法

第一章 总则

第一条 为加强住宅室内装饰装修管理，保证装饰装修工程质量和安全，维护公共安全和公众利益，根据有关法律、法规，制定本办法。

第二条 在城市从事住宅室内装饰装修活动，实施对住宅室内装饰装修活动的监督管理，应当遵守本办法。

本办法所称住宅室内装饰装修，是指住宅竣工验收合格后，业主或者住宅使用人（以下简称装修人）对住宅室内进行装饰装修的建筑活动。

第三条 住宅室内装饰装修应当保证工程质量和安全，符合工程建设强制性标准。

第四条 国务院建设行政主管部门负责全国住宅室内装饰装修活动的管理工作。

省、自治区人民政府建设行政主管部门负责本行政区域内的住宅室内装饰装修活动的管理工作。

直辖市、市、县人民政府房地产行政主管部门负责本行政区域内的住宅室内装饰装修活动的管理工作。

第二章 一般规定

第五条 住宅室内装饰装修活动，禁止下列行为：

（一）未经原设计单位或者具有相应资质等级的设计单位提出设计方案，变动建筑主体和承重结构；

（二）将没有防水要求的房间或者阳台改为卫生间、厨房间；

（三）扩大承重墙上原有的门窗尺寸，拆除连接阳台的砖、混凝土墙体；

（四）损坏房屋原有节能设施，降低节能效果；

（五）其他影响建筑结构和使用安全的行为。

本办法所称建筑主体，是指建筑实体的结构构造，包括屋盖、楼盖、梁、柱、支撑、墙体、连接接点和基础等。

本办法所称承重结构，是指直接将本身自重与各种外加作用力系统地传递给基础地基的主要结构构件和其连接接点，包括承重墙体、立杆、柱、框架柱、支墩、楼板、梁、屋架、悬索等。

第六条 装修人从事住宅室内装饰装修活动，未经批准，不得有下列行为：

（一）搭建建筑物、构筑物；

（二）改变住宅外立面，在非承重外墙上开门、窗；

（三）拆改供暖管道和设施；

（四）拆改燃气管道和设施。

本条所列第（一）项、第（二）项行为，应当经城市规划行政主管部门批准；第（三）项行为，应当经供暖管理单位批准；第（四）项行为应当经燃气管理单位批准。

第七条 住宅室内装饰装修超过设计标准或者规范增加楼面荷载的，应当经原设计单位或者具有相应资质等级的设计单位提出设计方案。

第八条 改动卫生间、厨房间防水层的，应当按照防水标准制订施工方案，并做闭水试验。

第九条　装修人经原设计单位或者具有相应资质等级的设计单位提出设计方案变动建筑主体和承重结构的，或者装修活动涉及本办法第六条、第七条、第八条内容的，必须委托具有相应资质的装饰装修企业承担。

第十条　装饰装修企业必须按照工程建设强制性标准和其他技术标准施工，不得偷工减料，确保装饰装修工程质量。

第十一条　装饰装修企业从事住宅室内装饰装修活动，应当遵守施工安全操作规程，按照规定采取必要的安全防护和消防措施，不得擅自动用明火和进行焊接作业，保证作业人员和周围住房及财产的安全。

第十二条　装修人和装饰装修企业从事住宅室内装饰装修活动，不得侵占公共空间，不得损害公共部位和设施。

第三章　开工申报与监督

第十三条　装修人在住宅室内装饰装修工程开工前，应当向物业管理企业或者房屋管理机构（以下简称物业管理单位）申报登记。

非业主的住宅使用人对住宅室内进行装饰装修，应当取得业主的书面同意。

第十四条　申报登记应当提交下列材料：

（一）房屋所有权证（或者证明其合法权益的有效凭证）；

（二）申请人身份证件；

（三）装饰装修方案；

（四）变动建筑主体或者承重结构的，需提交原设计单位或者具有相应资质等级的设计单位提出的设计方案；

（五）涉及本办法第六条行为的，需提交有关部门的批准文件，涉及本办法第七条、第八条行为的，需提交设计方案或者施工方案；

（六）委托装饰装修企业施工的，需提供该企业相关资质证书的复印件。

非业主的住宅使用人，还需提供业主同意装饰装修的书面证明。

第十五条　物业管理单位应当将住宅室内装饰装修工程的禁止行为和注意事项告知装修人和装修人委托的装饰装修企业。

装修人对住宅进行装饰装修前，应当告知邻里。

第十六条　装修人或者装修人和装饰装修企业，应当与物业管理单位签订住宅室内装饰装修管理服务协议。

住宅室内装饰装修管理服务协议应当包括下列内容：

（一）装饰装修工程的实施内容；

（二）装饰装修工程的实施期限；

（三）允许施工的时间；

（四）废弃物的清运与处置；

（五）住宅外立面设施及防盗窗的安装要求；

（六）禁止行为和注意事项；

（七）管理服务费用；

（八）违约责任；

（九）其他需要约定的事项。

第十七条　物业管理单位应当按照住宅室内装饰装修管理服务协议，实施管理，发现装修人或者装饰装修企业有本办法第五条行为的，或者未经有关部门批准实施本办法第六条所列行为的，或者有违反本办法第七条、第八条、第九条规定行为的，应当立即制止；已造成事实后果或者拒不改正的，应当及时报告有关部门依法处理。对装修人或者装饰装修企业违反住宅室内装饰装修管理服务协议的，追究违约责任。

第十八条　有关部门接到物业管理单位关于装修人或者装饰装修企业有违反本办法行为的报告后，应当及时到现场检查核实，依法处理。

第十九条　禁止物业管理单位向装修人，指派装饰装修企业或者强行推销装饰装修材料。

第二十条　装修人不得拒绝和阻碍物业管理单位依据住宅室内装饰装修管理服务协议的约定，对住宅室内装饰装修活动的监督检查。

第二十一条　任何单位和个人对住宅室内装饰装修中出现的影响公众利益的质量事故、质量缺陷以及其他影响周围住户正常生活的行为，都有权检举、控告、投诉。

第四章　委托与承接

第二十二条　承接住宅室内装饰装修工程的装饰装修企业，必须经建设行政主管部门资质审查，取得相应的建筑业企业资质证书，并在其资质等级许可的范围内承揽工程。

第二十三条　装修人委托企业承接其装饰装修工程的，应当选择具有相应资质等级的装饰装修企业。

第二十四条　装修人与装饰装修企业应当签订住宅室内装饰装修书面合同，明确双方的权利和义务。

住宅室内装饰装修合同应当包括下列主要内容：

（一）委托人和被委托人的姓名或者单位名称、住所地址、联系电话；

（二）住宅室内装饰装修的房屋间数、建筑面积，装饰装修的项目、方式、规格、质量要求以及质量验收方式；

（三）装饰装修工程的开工、竣工时间；

（四）装饰装修工程保修的内容、期限；

（五）装饰装修工程价格、计价和支付方式、时间；

（六）合同变更和解除的条件；

（七）违约责任及解决纠纷的途径；

（八）合同的生效时间；

（九）双方认为需要明确的其他条款。

第二十五条　住宅室内装饰装修工程发生纠纷的，可以协商或者调解解决。不愿协商、调解或者协商、调解不成的，可以依法申请仲裁或者向人民法院起诉。

第五章　室内环境质量

第二十六条　装饰装修企业从事住宅室内装饰装修活动，应当严格遵守规定的装饰装修施工时间，降低施工噪声，减少环境污染。

第二十七条　住宅室内装饰装修过程中所形成的各种固体、可燃液体等废物，应当按照规定的位置、方式和时间堆放和清运。严禁违反规定将各种固体、可燃液体等废物堆放于住宅垃圾道、楼道或者其他地方。

第二十八条 住宅室内装饰装修工程使用的材料和设备必须符合国家标准，有质量检验合格证明和有中文标识的产品名称、规格、型号、生产厂厂名、厂址等。禁止使用国家明令淘汰的建筑装饰装修材料和设备。

第二十九条 装修人委托企业对住宅室内进行装饰装修的，装饰装修工程竣工后，空气质量应当符合国家有关标准。装修人可以委托有资格的检测单位对空气质量进行检测。检测不合格的，装饰装修企业应当返工，并由责任人承担相应损失。

第六章 竣工验收与保修

第三十条 住宅室内装饰装修工程竣工后，装修人应当按照工程设计合同约定和相应的质量标准进行验收。验收合格后，装饰装修企业应当出具住宅室内装饰装修质量保修书。

物业管理单位应当按照装饰装修管理服务协议进行现场检查，对违反法律、法规和装饰装修管理服务协议的，应当要求装修人和装饰装修企业纠正，并将检查记录存档。

第三十一条 住宅室内装饰装修工程竣工后，装饰装修企业负责采购装饰装修材料及设备的，应当向业主提交说明书、保修单和环保说明书。

第三十二条 在正常使用条件下，住宅室内装饰装修工程的最低保修期限为二年，有防水要求的厨房、卫生间和外墙面的防渗漏为五年。保修期自住宅室内装饰装修工程竣工验收合格之日起计算。

第七章 法律责任

第三十三条 因住宅室内装饰装修活动造成相邻住宅的管道堵塞、渗漏水、停水停电、物品毁坏等，装修人应当负责修复和赔偿；属于装饰装修企业责任的，装修人可以向装饰装修企业追偿。

装修人擅自拆改供暖、燃气管道和设施造成损失的，由装修人负责赔偿。

第三十四条 装修人因住宅室内装饰装修活动侵占公共空间，对公共部位和设施造成损害的，由城市房地产行政主管部门责令改正，造成损失的，依法承担赔偿责任。

第三十五条 装修人未申报登记进行住宅室内装饰装修活动的，由城市房地产行政主管部门责令改正，处500以上1000元以下的罚款。

第三十六条 装修人违反本办法规定，将住宅室内装饰装修工程委托给不具有相应资质等级企业的，由城市房地产行政主管部门责令改正，处500元以上1000元以下的罚款。

第三十七条 装饰装修企业自行采购或者向装修人推荐使用不符合国家标准的装饰装修材料，造成空气污染超标的，由城市房地产行政主管部门责令改正，造成损失的，依法承担赔偿责任。

第三十八条 住宅室内装饰装修活动有下列行为之一的，由城市房地产行政主管部门责令改正，并处罚款：

（一）将没有防水要求的房间或者阳台改为卫生间、厨房间的，或者拆除连接阳台的砖、混凝土墙体的，对装修人处500以上1000元以下的罚款，对装饰装修企业处1000元以上1万元以下的罚款；

（二）损坏房屋原有节能设施或者降低节能效果的，对装饰装修企业处1000元以上

5000元以下的罚款;

(三)擅自拆改供暖、燃气管道和设施的,对装修人处500元以上1000元以下的罚款;

(四)未经原设计单位或者具有相应资质等级的设计单位提出设计方案,擅自超过设计标准或者规范增加楼面荷载的,对装修人处500元以上1000元以下的罚款,对装饰装修企业处1000元以上1万元以下的罚款。

第三十九条 未经城市规划行政主管部门批准,在住宅室内装饰装修活动中搭建建筑物、构筑物的,或者擅自改变住宅外立面,在非承重外墙上开门、窗的,由城市规划行政主管部门按照《城市规划法》及相关法规的规定处罚。

第四十条 装修人或者装饰装修企业违反《建设工程质量管理条例》的,由建设行政主管部门按照有关规定处罚。

第四十一条 装饰装修企业违反国家有关安全生产规定和安全生产技术规程,不按照规定采取必要的安全防护和消防措施,擅自动用明火作业和进行焊接作业的,或者对建筑安全事故隐患不采取措施予以消除的,由建设行政主管部门责令改正,并处1000元以上1万元以下的罚款;情节严重的,责令停业整顿,并处1万元以上3万元以下的罚款;造成重大安全事故的,降低资质等级或者吊销资质证书。

第四十二条 物业管理单位发现装修人或者装饰装修企业有违反本办法规定的行为,不及时向有关部门报告的,由房地产行政主管部门给予警告,可处装饰装修管理服务协议约定的装饰装修管理服务费2至3倍的罚款。

第四十三条 有关部门的工作人员接到物业管理单位对装修人或者装饰装修企业违法行为的报告后,未及时处理、玩忽职守的,依法给予行政处分。

第八章 附则

第四十四条 工程投资额在30万元以下或者建筑面积在300平方米以下,可以不申请办理施工许可证的非住宅装饰装修活动参照本办法执行。

第四十五条 住宅竣工验收合格前的装饰装修工程管理,按照《建设工程质量管理条例》执行。

第四十六条 省、自治区、直辖市人民政府建设行政主管部门可以依据本办法,制定实施细则。

第四十七条 本办法由国务院建设行政主管部门负责解释。

第四十八条 本办法自2002年5月1日起施行。

物业服务收费管理办法

第一条 为规范物业服务收费行为，保障业主和物业管理企业的合法权益，根据《中华人民共和国价格法》和《物业管理条例》，制定本办法。

第二条 本办法所称物业服务收费，是指物业管理企业按照物业服务合同的约定，对房屋及配套的设施设备和相关场地进行维修、养护、管理，维护相关区域内的环境卫生和秩序，向业主所收取的费用。

第三条 国家提倡业主通过公开、公平、公正的市场竞争机制选择物业管理企业；鼓励物业管理企业开展正当的价格竞争，禁止价格欺诈，促进物业服务收费通过市场竞争形成。

第四条 国务院价格主管部门会同国务院建设行政主管部门负责全国物业服务收费的监督管理工作。

县级以上地方人民政府价格主管部门会同同级房地产行政主管部门负责本行政区域内物业服务收费的监督管理工作。

第五条 物业服务收费应当遵循合理、公开以及费用与服务水平相适应的原则。

第六条 物业服务收费应当区分不同物业的性质和特点分别实行政府指导价和市场调节价。具体定价形式由省、自治区、直辖市人民政府价格主管部门会同房地产行政主管部门确定。

第七条 物业服务收费实行政府指导价的，有定价权限的人民政府价格主管部门应当会同房地产行政主管部门根据物业管理服务等级标准等因素，制定相应的基准价及其浮动幅度，并定期公布。具体收费标准由业主与物业管理企业根据规定的基准价和浮动幅度在物业服务合同中约定。

实行市场调节价的物业服务收费，由业主与物业管理企业在物业服务合同中约定。

第八条 物业管理企业应当按照政府价格主管部门的规定实行明码标价，在物业管理区域内的显著位置，将服务内容、服务标准以及收费项目、收费标准等有关情况进行公示。

第九条 业主与物业管理企业可以采取包干制或者酬金制等形式约定物业服务费用。

包干制是指由业主向物业管理企业支付固定物业服务费用，盈余或者亏损均由物业管理企业享有或者承担的物业服务计费方式。

酬金制是指在预收的物业服务资金中按约定比例或者约定数额提取酬金支付给物业管理企业，其余全部用于物业服务合同约定的支出，结余或者不足均由业主享有或者承担的物业服务计费方式。

第十条 建设单位与物业买受人签订的买卖合同，应当约定物业管理服务内容、服务标准、收费标准、计费方式及计费起始时间等内容，涉及物业买受人共同利益的约定应当一致。

第十一条 实行物业服务费用包干制的，物业服务费用的构成包括物业服务成本、法定税费和物业管理企业的利润。

实行物业服务费用酬金制的，预收的物业服务资金包括物业服务支出和物业管理企业的酬金。

物业服务成本或者物业服务支出构成一般包括以下部分：
1. 管理服务人员的工资、社会保险和按规定提取的福利费等；
2. 物业共用部位、共用设施设备的日常运行、维护费用；
3. 物业管理区域清洁卫生费用；
4. 物业管理区域绿化养护费用；
5. 物业管理区域秩序维护费用；
6. 办公费用；
7. 物业管理企业固定资产折旧；
8. 物业共用部位、共用设施设备及公众责任保险费用；
9. 经业主同意的其他费用。

物业共用部位、共用设施设备的大修、中修和更新、改造费用，应当通过专项维修资金予以列支，不得计入物业服务支出或者物业服务成本。

第十二条 实行物业服务费用酬金制的，预收的物业服务支出属于代管性质，为所交纳的业主所有，物业管理企业不得将其用于物业服务合同约定以外的支出。

物业管理企业应当向业主大会或者全体业主公布物业服务资金年度预决算，并每年不少于一次公布物业服务资金的收支情况。

业主或者业主大会对公布的物业服务资金年度预决算和物业服务资金的收支情况提出质询时，物业管理企业应当及时答复。

第十三条 物业服务收费采取酬金制方式，物业管理企业或者业主大会可以按照物业服务合同约定聘请专业机构对物业服务资金年度预决算和物业服务资金的收支情况进行审计。

第十四条 物业管理企业在物业服务中应当遵守国家的价格法律法规，严格履行物业服务合同，为业主提供质价相符的服务。

第十五条 业主应当按照物业服务合同的约定，按时足额交纳物业服务费用或者物业服务资金。业主违反物业服务合同约定逾期不交纳服务费用或者物业服务资金的，业主委员会应当督促其限期交纳；逾期仍不交纳的，物业管理企业可以依法追缴。

业主与物业使用人约定由物业使用人交纳物业服务费用或者物业服务资金的，从其约定，业主负连带交纳责任。

物业发生产权转移时，业主或者物业使用人应当结清物业服务费用或者物业服务资金。

第十六条 纳入物业管理范围的已竣工但尚未出售，或者因开发建设单位原因未按时交给物业买受人的物业，物业服务费用或者物业服务资金由开发建设单位全额交纳。

第十七条 物业管理区域内，供水、供电、供气、供热、通信、有线电视等单位应当向最终用户收取有关费用。物业管理企业接受委托代收上述费用的，可向委托单位收取手续费，不得向业主收取手续费等额外费用。

第十八条 利用物业共用部位、共用设施设备进行经营的，应当在征得相关业主、业主大会、物业管理企业的同意后，按照规定办理有关手续。业主所得收益应当主要用于补充专项维修资金，也可以按照业主大会的决定使用。

第十九条 物业管理企业已接受委托实施物业服务并相应收取服务费用的，其他部门和单位不得重复收取性质和内容相同的费用。

第二十条 物业管理企业根据业主的委托提供物业服务合同约定以外的服务，服务收费由双方约定。

第二十一条 政府价格主管部门会同房地产行政主管部门，应当加强对物业管理企业的服务内容、标准和收费项目、标准的监督。物业管理企业违反价格法律、法规和规定，由政府价格主管部门依据《中华人民共和国价格法》和《价格违法行为行政处罚规定》予以处罚。

第二十二条 各省、自治区、直辖市人民政府价格主管部门、房地产行政主管部门可以依据本办法制定具体实施办法，并报国家发展和改革委员会、住房和城乡建设部备案。

第二十三条 本办法由国家发展和改革委员会会同住房和城乡建设部负责解释。

第二十四条 本办法自 2004 年 1 月 1 日起执行，原国家计委、建设部印发的《城市住宅小区物业管理服务收费暂行办法》（计价费［1996］266 号）同时废止。

物业服务收费明码标价规定

第一条 为进一步规范物业服务收费行为，提高物业服务收费透明度，维护业主和物业管理企业的合法权益，促进物业管理行业的健康发展，根据《中华人民共和国价格法》、《物业管理条例》和《关于商品和服务实行明码标价的规定》，制定本规定。

第二条 物业管理企业向业主提供服务（包括按照物业服务合同约定提供物业服务以及根据业主委托提供物业服务合同约定以外的服务），应当按照本规定实行明码标价，标明服务项目、收费标准等有关情况。

第三条 物业管理企业实行明码标价，应当遵循公开、公平和诚实信用的原则，遵守国家价格法律、法规、规章和政策。

第四条 政府价格主管部门应当会同同级房地产主管部门对物业服务收费明码标价进行管理。政府价格主管部门对物业管理企业执行明码标价规定的情况实施监督检查。

第五条 物业管理企业实行明码标价应当做到价目齐全，内容真实，标示醒目，字迹清晰。

第六条 物业服务收费明码标价的内容包括：物业管理企业名称、收费对象、服务内容、服务标准、计费方式、计费起始时间、收费项目、收费标准、价格管理形式、收费依据、价格举报电话12358等。

实行政府指导价的物业服务收费应当同时标明基准收费标准、浮动幅度，以及实际收费标准。

第七条 物业管理企业在其服务区域内的显著位置或收费地点，可采取公示栏、公示牌、收费表、收费清单、收费手册、多媒体终端查询等方式实行明码标价。

第八条 物业管理企业接受委托代收供水、供电、供气、供热、通信、有线电视等有关费用的，也应当依照本规定第六条、第七条的有关内容和方式实行明码标价。

第九条 物业管理企业根据业主委托提供的物业服务合同约定以外的服务项目，其收费标准在双方约定后应当以适当的方式向业主进行明示。

第十条 实行明码标价的物业服务收费的标准等发生变化时，物业管理企业应当在执行新标准前一个月，将所标示的相关内容进行调整，并应标示新标准开始实行的日期。

第十一条 物业管理企业不得利用虚假的或者使人误解的标价内容、标价方式进行价格欺诈。不得在标价之外，收取任何未予标明的费用。

第十二条 对物业管理企业不按规定明码标价或者利用标价进行价格欺诈的行为，由政府价格主管部门依照《中华人民共和国价格法》、《价格违法行为行政处罚规定》、《关于商品和服务实行明码标价的规定》、《禁止价格欺诈行为的规定》进行处罚。

第十三条 本规定自2004年10月1日起施行。

住宅专项维修资金管理办法

第一章 总则

第一条 为了加强对住宅专项维修资金的管理，保障住宅共用部位、共用设施设备的维修和正常使用，维护住宅专项维修资金所有者的合法权益，根据《物权法》、《物业管理条例》等法律、行政法规，制定本办法。

第二条 商品住宅、售后公有住房住宅专项维修资金的交存、使用、管理和监督，适用本办法。

本办法所称住宅专项维修资金，是指专项用于住宅共用部位、共用设施设备保修期满后的维修和更新、改造的资金。

第三条 本办法所称住宅共用部位，是指根据法律、法规和房屋买卖合同，由单幢住宅内业主或者单幢住宅内业主及与之结构相连的非住宅业主共有的部位，一般包括：住宅的基础、承重墙体、柱、梁、楼板、屋顶以及户外的墙面、门厅、楼梯间、走廊通道等。

本办法所称共用设施设备，是指根据法律、法规和房屋买卖合同，由住宅业主或者住宅业主及有关非住宅业主共有的附属设施设备，一般包括电梯、天线、照明、消防设施、绿地、道路、路灯、沟渠、池、井、非经营性车场车库、公益性文体设施和共用设施设备使用的房屋等。

第四条 住宅专项维修资金管理实行专户存储、专款专用、所有权人决策、政府监督的原则。

第五条 国务院建设主管部门会同国务院财政部门负责全国住宅专项维修资金的指导和监督工作。

县级以上地方人民政府建设（房地产）主管部门会同同级财政部门负责本行政区域内住宅专项维修资金的指导和监督工作。

第二章 交存

第六条 下列物业的业主应当按照本办法的规定交存住宅专项维修资金：

（一）住宅，但一个业主所有且与其他物业不具有共用部位、共用设施设备的除外；

（二）住宅小区内的非住宅或者住宅小区外与单幢住宅结构相连的非住宅。

前款所列物业属于出售公有住房的，售房单位应当按照本办法的规定交存住宅专项维修资金。

第七条 商品住宅的业主、非住宅的业主按照所拥有物业的建筑面积交存住宅专项维修资金，每平方米建筑面积交存首期住宅专项维修资金的数额为当地住宅建筑安装工程每平方米造价的5%至8%。

直辖市、市、县人民政府建设（房地产）主管部门应当根据本地区情况，合理确定、公布每平方米建筑面积交存首期住宅专项维修资金的数额，并适时调整。

第八条 出售公有住房的，按照下列规定交存住宅专项维修资金：

（一）业主按照所拥有物业的建筑面积交存住宅专项维修资金，每平方米建筑面积交存首期住宅专项维修资金的数额为当地房改成本价的2%。

（二）售房单位按照多层住宅不低于售房款的20%、高层住宅不低于售房款的30%，从售房款中一次性提取住宅专项维修资金。

第九条 业主交存的住宅专项维修资金属于业主所有。

从公有住房售房款中提取的住宅专项维修资金，属于公有住房售房单位所有。

第十条 业主大会成立前，商品住宅业主、非住宅业主交存的住宅专项维修资金，由物业所在地直辖市、市、县人民政府建设（房地产）主管部门代管。

直辖市、市、县人民政府建设（房地产）主管部门应当委托所在地一家商业银行，作为本行政区域内住宅专项维修资金的专户管理银行，并在专户管理银行开立住宅专项维修资金专户。

开立住宅专项维修资金专户，应当以物业管理区域为单位设账，按房屋户门号设分户账；未划定物业管理区域的，以幢为单位设账，按房屋户门号设分户账。

第十一条 业主大会成立前，已售公有住房住宅专项维修资金，由物业所在地直辖市、市、县人民政府财政部门或者建设（房地产）主管部门负责管理。

负责管理公有住房住宅专项维修资金的部门应当委托所在地一家商业银行，作为本行政区域内公有住房住宅专项维修资金的专户管理银行，并在专户管理银行开立公有住房住宅专项维修资金专户。

开立公有住房住宅专项维修资金专户，应当按照售房单位设账，按幢设分账；其中，业主交存的住宅专项维修资金，按房屋户门号设分户账。

第十二条 商品住宅的业主应当在办理房屋入住手续前，将首期住宅专项维修资金存入住宅专项维修资金专户。

已售公有住房的业主应当在办理房屋入住手续前，将首期住宅专项维修资金存入公有住房住宅专项维修资金专户或者交由售房单位存入公有住房住宅专项维修资金专户。

公有住房售房单位应当在收到售房款之日起30日内，将提取的住宅专项维修资金存入公有住房住宅专项维修资金专户。

第十三条 未按本办法规定交存首期住宅专项维修资金的，开发建设单位或者公有住房售房单位不得将房屋交付购买人。

第十四条 专户管理银行、代收住宅专项维修资金的售房单位应当出具由财政部或者省、自治区、直辖市人民政府财政部门统一监制的住宅专项维修资金专用票据。

第十五条 业主大会成立后，应当按照下列规定划转业主交存的住宅专项维修资金：

（一）业主大会应当委托所在地一家商业银行作为本物业管理区域内住宅专项维修资金的专户管理银行，并在专户管理银行开立住宅专项维修资金专户。

开立住宅专项维修资金专户，应当以物业管理区域为单位设账，按房屋户门号设分户账。

（二）业主委员会应当通知所在地直辖市、市、县人民政府建设（房地产）主管部门；涉及已售公有住房的，应当通知负责管理公有住房住宅专项维修资金的部门。

（三）直辖市、市、县人民政府建设（房地产）主管部门或者负责管理公有住房住宅专项维修资金的部门应当在收到通知之日起30日内，通知专户管理银行将该物业管理区域内业主交存的住宅专项维修资金账面余额划转至业主大会开立的住宅专项维修资金账户，并将有关账目等移交业主委员会。

第十六条 住宅专项维修资金划转后的账目管理单位，由业主大会决定。业主大会应当建立住宅专项维修资金管理制度。

业主大会开立的住宅专项维修资金账户,应当接受所在地直辖市、市、县人民政府建设(房地产)主管部门的监督。

第十七条 业主分户账面住宅专项维修资金余额不足首期交存额30%的,应当及时续交。

成立业主大会的,续交方案由业主大会决定。

未成立业主大会的,续交的具体管理办法由直辖市、市、县人民政府建设(房地产)主管部门会同同级财政部门制定。

第三章 使用

第十八条 住宅专项维修资金应当专项用于住宅共用部位、共用设施设备保修期满后的维修、更新和改造,不得挪作他用。

第十九条 住宅专项维修资金的使用,应当遵循方便快捷、公开透明、受益人和负担人相一致的原则。

第二十条 住宅共用部位、共用设施设备的维修、更新和改造费用,按照下列规定分摊:

(一)商品住宅之间或者商品住宅与非住宅之间共用部位、共用设施设备的维修、更新和改造费用,由相关业主按照各自拥有物业建筑面积的比例分摊。

(二)售后公有住房之间共用部位、共用设施设备的维修、更新和改造费用,由相关业主和公有住房售房单位按照所交存住宅专项维修资金的比例分摊;其中,应由业主承担的,再由相关业主按照各自拥有物业建筑面积的比例分摊。

(三)售后公有住房与商品住宅或者非住宅之间共用部位、共用设施设备的维修、更新和改造费用,先按照建筑面积比例分摊到各相关物业。其中,售后公有住房应分摊的费用,再由相关业主和公有住房售房单位按照所交存住宅专项维修资金的比例分摊。

第二十一条 住宅共用部位、共用设施设备维修、更新和改造,涉及尚未售出的商品住宅、非住宅或者公有住房的,开发建设单位或者公有住房单位应当按照尚未售出商品住宅或者公有住房的建筑面积,分摊维修、更新和改造费用。

第二十二条 住宅专项维修资金划转业主大会管理前,需要使用住宅专项维修资金的,按照以下程序办理:

(一)物业服务企业根据维修、更新和改造项目提出使用建议;没有物业服务企业的,由相关业主提出使用建议;

(二)住宅专项维修资金列支范围内专有部分占建筑物总面积三分之二以上的业主且占总人数三分之二以上的业主讨论通过使用建议;

(三)物业服务企业或者相关业主组织实施使用方案;

(四)物业服务企业或者相关业主持有关材料,向所在地直辖市、市、县人民政府建设(房地产)主管部门申请列支;其中,动用公有住房住宅专项维修资金的,向负责管理公有住房住宅专项维修资金的部门申请列支;

(五)直辖市、市、县人民政府建设(房地产)主管部门或者负责管理公有住房住宅专项维修资金的部门审核同意后,向专户管理银行发出划转住宅专项维修资金的通知;

(六)专户管理银行将所需住宅专项维修资金划转至维修单位。

第二十三条 住宅专项维修资金划转业主大会管理后，需要使用住宅专项维修资金的，按照以下程序办理：

（一）物业服务企业提出使用方案，使用方案应当包括拟维修、更新和改造的项目、费用预算、列支范围、发生危及房屋安全等紧急情况以及其他需临时使用住宅专项维修资金的情况的处置办法等；

（二）业主大会依法通过使用方案；

（三）物业服务企业组织实施使用方案；

（四）物业服务企业持有关材料向业主委员会提出列支住宅专项维修资金；其中，动用公有住房住宅专项维修资金的，向负责管理公有住房住宅专项维修资金的部门申请列支；

（五）业主委员会依据使用方案审核同意，并报直辖市、市、县人民政府建设（房地产）主管部门备案；动用公有住房住宅专项维修资金的，经负责管理公有住房住宅专项维修资金的部门审核同意；直辖市、市、县人民政府建设（房地产）主管部门或者负责管理公有住房住宅专项维修资金的部门发现不符合有关法律、法规、规章和使用方案的，应当责令改正；

（六）业主委员会、负责管理公有住房住宅专项维修资金的部门向专户管理银行发出划转住宅专项维修资金的通知；

（七）专户管理银行将所需住宅专项维修资金划转至维修单位。

第二十四条 发生危及房屋安全等紧急情况，需要立即对住宅共用部位、共用设施设备进行维修、更新和改造的，按照以下规定列支住宅专项维修资金：

（一）住宅专项维修资金划转业主大会管理前，按照本办法第二十二条第四项、第五项、第六项的规定办理；

（二）住宅专项维修资金划转业主大会管理后，按照本办法第二十三条第四项、第五项、第六项和第七项的规定办理。

发生前款情况后，未按规定实施维修、更新和改造的，直辖市、市、县人民政府建设（房地产）主管部门可以组织代修，维修费用从相关业主住宅专项维修资金分户账中列支；其中，涉及已售公有住房的，还应当从公有住房住宅专项维修资金中列支。

第二十五条 下列费用不得从住宅专项维修资金中列支：

（一）依法应当由建设单位或者施工单位承担的住宅共用部位、共用设施设备维修、更新和改造费用；

（二）依法应当由相关单位承担的供水、供电、供气、供热、通信、有线电视等管线和设施设备的维修、养护费用；

（三）应当由当事人承担的因人为损坏住宅共用部位、共用设施设备所需的修复费用；

（四）根据物业服务合同约定，应当由物业服务企业承担的住宅共用部位、共用设施设备的维修和养护费用。

第二十六条 在保证住宅专项维修资金正常使用的前提下，可以按照国家有关规定将住宅专项维修资金用于购买国债。

利用住宅专项维修资金购买国债，应当在银行间债券市场或者商业银行柜台市场购买一级市场新发行的国债，并持有到期。

利用业主交存的住宅专项维修资金购买国债的,应当经业主大会同意;未成立业主大会的,应当经专有部分占建筑物总面积三分之二以上的业主且占总人数三分之二以上业主同意。

利用从公有住房售房款中提取的住宅专项维修资金购买国债的,应当根据售房单位的财政隶属关系,报经同级财政部门同意。

禁止利用住宅专项维修资金从事国债回购、委托理财业务或者将购买的国债用于质押、抵押等担保行为。

第二十七条 下列资金应当转入住宅专项维修资金滚存使用:

(一)住宅专项维修资金的存储利息;

(二)利用住宅专项维修资金购买国债的增值收益;

(三)利用住宅共用部位、共用设施设备进行经营的,业主所得收益,但业主大会另有决定的除外;

(四)住宅共用设施设备报废后回收的残值。

第四章 监督管理

第二十八条 房屋所有权转让时,业主应当向受让人说明住宅专项维修资金交存和结余情况并出具有效证明,该房屋分户账中结余的住宅专项维修资金随房屋所有权同时过户。

受让人应当持住宅专项维修资金过户的协议、房屋权属证书、身份证等到专户管理银行办理分户账更名手续。

第二十九条 房屋灭失的,按照以下规定返还住宅专项维修资金:

(一)房屋分户账中结余的住宅专项维修资金返还业主;

(二)售房单位交存的住宅专项维修资金账面余额返还售房单位;售房单位不存在的,按照售房单位财务隶属关系,收缴同级国库。

第三十条 直辖市、市、县人民政府建设(房地产)主管部门,负责管理公有住房住宅专项维修资金的部门及业主委员会,应当每年至少一次与专户管理银行核对住宅专项维修资金账目,并向业主、公有住房售房单位公布下列情况:

(一)住宅专项维修资金交存、使用、增值收益和结存的总额;

(二)发生列支的项目、费用和分摊情况;

(三)业主、公有住房售房单位分户账中住宅专项维修资金交存、使用、增值收益和结存的金额;

(四)其他有关住宅专项维修资金使用和管理的情况。

业主、公有住房售房单位对公布的情况有异议的,可以要求复核。

第三十一条 专户管理银行应当每年至少一次向直辖市、市、县人民政府建设(房地产)主管部门,负责管理公有住房住宅专项维修资金的部门及业主委员会发送住宅专项维修资金对账单。

直辖市、市、县建设(房地产)主管部门,负责管理公有住房住宅专项维修资金的部门及业主委员会对资金账户变化情况有异议的,可以要求专户管理银行进行复核。

专户管理银行应当建立住宅专项维修资金查询制度,接受业主、公有住房售房单位对其分户账中住宅专项维修资金使用、增值收益和账面余额的查询。

第三十二条　住宅专项维修资金的管理和使用，应当依法接受审计部门的审计监督。

第三十三条　住宅专项维修资金的财务管理和会计核算应当执行财政部有关规定。

财政部门应当加强对住宅专项维修资金收支财务管理和会计核算制度执行情况的监督。

第三十四条　住宅专项维修资金专用票据的购领、使用、保存、核销管理，应当按照财政部以及省、自治区、直辖市人民政府财政部门的有关规定执行，并接受财政部门的监督检查。

第五章　法律责任

第三十五条　公有住房售房单位有下列行为之一的，由县级以上地方人民政府财政部门会同同级建设（房地产）主管部门责令限期改正：

（一）未按本办法第八条、第十二条第三款规定交存住宅专项维修资金的；

（二）违反本办法第十三条规定将房屋交付买受人的；

（三）未按本办法第二十一条规定分摊维修、更新和改造费用的。

第三十六条　开发建设单位违反本办法第十三条规定将房屋交付买受人的，由县级以上地方人民政府建设（房地产）主管部门责令限期改正；逾期不改正的，处以3万元以下的罚款。

开发建设单位未按本办法第二十一条规定分摊维修、更新和改造费用的，由县级以上地方人民政府建设（房地产）主管部门责令限期改正；逾期不改正的，处以1万元以下的罚款。

第三十七条　违反本办法规定，挪用住宅专项维修资金的，由县级以上地方人民政府建设（房地产）主管部门追回挪用的住宅专项维修资金，没收违法所得，可以并处挪用金额2倍以下的罚款；构成犯罪的，依法追究直接负责的主管人员和其他直接责任人员的刑事责任。

物业服务企业挪用住宅专项维修资金，情节严重的，除按前款规定予以处罚外，还应由颁发资质证书的部门吊销资质证书。

直辖市、市、县人民政府建设（房地产）主管部门挪用住宅专项维修资金的，由上一级人民政府建设（房地产）主管部门追回挪用的住宅专项维修资金，对直接负责的主管人员和其他直接责任人员依法给予处分；构成犯罪的，依法追究刑事责任。

直辖市、市、县人民政府财政部门挪用住宅专项维修资金的，由上一级人民政府财政部门追回挪用的住宅专项维修资金，对直接负责的主管人员和其他直接责任人员依法给予处分；构成犯罪的，依法追究刑事责任。

第三十八条　直辖市、市、县人民政府建设（房地产）主管部门违反本办法第二十六条规定的，由上一级人民政府建设（房地产）主管部门责令限期改正，对直接负责的主管人员和其他直接责任人员依法给予处分；造成损失的，依法赔偿；构成犯罪的，依法追究刑事责任。

直辖市、市、县人民政府财政部门违反本办法第二十六条规定的，由上一级人民政府财政部门责令限期改正，对直接负责的主管人员和其他直接责任人员依法给予处分；造成损失的，依法赔偿；构成犯罪的，依法追究刑事责任。

业主大会违反本办法第二十六条规定的，由直辖市、市、县人民政府建设（房地产）

主管部门责令改正。

第三十九条 对违反住宅专项维修资金专用票据管理规定的行为，按照《财政违法行为处罚处分条例》的有关规定追究法律责任。

第四十条 县级以上人民政府建设（房地产）主管部门、财政部门及其工作人员利用职务上的便利，收受他人财物或者其他好处，不依法履行监督管理职责，或者发现违法行为不予查处的，依法给予处分；构成犯罪的，依法追究刑事责任。

第六章 附则

第四十一条 省、自治区、直辖市人民政府建设（房地产）主管部门会同同级财政部门可以依据本办法，制定实施细则。

第四十二条 本办法实施前，商品住宅、公有住房已经出售但未建立住宅专项维修资金的，应当补建。具体办法由省、自治区、直辖市人民政府建设（房地产）主管部门会同同级财政部门依据本办法制定。

第四十三条 本办法由国务院建设主管部门、财政部门共同解释。

第四十四条 本办法自2008年2月1日起施行，1998年12月16日建设部、财政部发布的《住宅共用部位共用设施设备维修基金管理办法》（建住房〔1998〕213号）同时废止。

最高人民法院关于审理建筑物区分所有权纠纷案件具体应用法律若干问题的解释

(2009年3月23日最高人民法院审判委员会第1464次会议通过)

为正确审理建筑物区分所有权纠纷案件，依法保护当事人的合法权益，根据《中华人民共和国物权法》等法律的规定，结合民事审判实践，制定本解释。

第一条 依法登记取得或者根据物权法第二章第三节规定取得建筑物专有部分所有权的人，应当认定为物权法第六章所称的业主。基于与建设单位之间的商品房买卖民事法律行为，已经合法占有建筑物专有部分，但尚未依法办理所有权登记的人，可以认定为物权法第六章所称的业主。

第二条 建筑区划内符合下列条件的房屋，以及车位、摊位等特定空间，应当认定为物权法第六章所称的专有部分：

（一）具有构造上的独立性，能够明确区分；
（二）具有利用上的独立性，可以排他使用；
（三）能够登记成为特定业主所有权的客体。

规划上专属于特定房屋，且建设单位销售时已经根据规划列入该特定房屋买卖合同中的露台等，应当认定为物权法第六章所称专有部分的组成部分。

本条第一款所称房屋，包括整栋建筑物。

第三条 除法律、行政法规规定的共有部分外，建筑区划内的以下部分，也应当认定为物权法第六章所称的共有部分：

（一）建筑物的基础、承重结构、外墙、屋顶等基本结构部分，通道、楼梯、大堂等公共通行部分，消防、公共照明等附属设施、设备，避难层、设备层或者设备间等结构部分；
（二）其他不属于业主专有部分，也不属于市政公用部分或者其他权利人所有的场所及设施等。

建筑区划内的土地，依法由业主共同享有建设用地使用权，但属于业主专有的整栋建筑物的规划占地或者城镇公共道路、绿地占地除外。

第四条 业主基于对住宅、经营性用房等专有部分特定使用功能的合理需要，无偿利用屋顶以及与其专有部分相对应的外墙面等共有部分的，不应认定为侵权。但违反法律、法规、管理规约，损害他人合法权益的除外。

第五条 建设单位按照配置比例将车位、车库，以出售、附赠或者出租等方式处分给业主的，应当认定其行为符合物权法第七十四条第一款有关"应当首先满足业主的需要"的规定。

前款所称配置比例是指规划确定的建筑区划内规划用于停放汽车的车位、车库与房屋套数的比例。

第六条 建筑区划内在规划用于停放汽车的车位之外，占用业主共有道路或者其他场地增设的车位，应当认定为物权法第七十四条第三款所称的车位。

第七条　改变共有部分的用途、利用共有部分从事经营性活动、处分共有部分，以及业主大会依法决定或者管理规约依法确定应由业主共同决定的事项，应当认定为物权法第七十六条第一款第（七）项规定的有关共有和共同管理权利的"其他重大事项"。

第八条　物权法第七十六条第二款和第八十条规定的专有部分面积和建筑物总面积，可以按照下列方法认定：

（一）专有部分面积，按照不动产登记簿记载的面积计算；尚未进行物权登记的，暂按测绘机构的实测面积计算；尚未进行实测的，暂按房屋买卖合同记载的面积计算；

（二）建筑物总面积，按照前项的统计总和计算。

第九条　物权法第七十六条第二款规定的业主人数和总人数，可以按照下列方法认定：

（一）业主人数，按照专有部分的数量计算，一个专有部分按一人计算。但建设单位尚未出售和虽已出售但尚未交付的部分，以及同一买受人拥有一个以上专有部分的，按一人计算；

（二）总人数，按照前项的统计总和计算。

第十条　业主将住宅改变为经营性用房，未按照物权法第七十七条的规定经有利害关系的业主同意，有利害关系的业主请求排除妨害、消除危险、恢复原状或者赔偿损失的，人民法院应予支持。

将住宅改变为经营性用房的业主以多数有利害关系的业主同意其行为进行抗辩的，人民法院不予支持。

第十一条　业主将住宅改变为经营性用房，本栋建筑物内的其他业主，应当认定为物权法第七十七条所称"有利害关系的业主"。建筑区划内，本栋建筑物之外的业主，主张与自己有利害关系的，应证明其房屋价值、生活质量受到或者可能受到不利影响。

第十二条　业主以业主大会或者业主委员会作出的决定侵害其合法权益或者违反了法律规定的程序为由，依据物权法第七十八条第二款的规定请求人民法院撤销该决定的，应当在知道或者应当知道业主大会或者业主委员会作出决定之日起一年内行使。

第十三条　业主请求公布、查阅下列应当向业主公开的情况和资料的，人民法院应予支持：

（一）建筑物及其附属设施的维修资金的筹集、使用情况；

（二）管理规约、业主大会议事规则，以及业主大会或者业主委员会的决定及会议记录；

（三）物业服务合同、共有部分的使用和收益情况；

（四）建筑区划内规划用于停放汽车的车位、车库的处分情况；

（五）其他应当向业主公开的情况和资料。

第十四条　建设单位或者其他行为人擅自占用、处分业主共有部分、改变其使用功能或者进行经营性活动，权利人请求排除妨害、恢复原状、确认处分行为无效或者赔偿损失的，人民法院应予支持。

属于前款所称擅自进行经营性活动的情形，权利人请求行为人将扣除合理成本之后的收益用于补充专项维修资金或者业主共同决定的其他用途的，人民法院应予支持。行为人对成本的支出及其合理性承担举证责任。

第十五条　业主或者其他行为人违反法律、法规、国家相关强制性标准、管理规约，或者违反业主大会、业主委员会依法作出的决定，实施下列行为的，可以认定为物权法第八十三条第二款所称的其他"损害他人合法权益的行为"：

（一）损害房屋承重结构，损害或者违章使用电力、燃气、消防设施，在建筑物内放置危险、放射性物品等危及建筑物安全或者妨碍建筑物正常使用；

（二）违反规定破坏、改变建筑物外墙面的形状、颜色等损害建筑物外观；

（三）违反规定进行房屋装饰装修；

（四）违章加建、改建，侵占、挖掘公共通道、道路、场地或者其他共有部分。

第十六条　建筑物区分所有权纠纷涉及专有部分的承租人、借用人等物业使用人的，参照本解释处理。

专有部分的承租人、借用人等物业使用人，根据法律、法规、管理规约、业主大会或者业主委员会依法作出的决定，以及其与业主的约定，享有相应权利，承担相应义务。

第十七条　本解释所称建设单位，包括包销期满，按照包销合同约定的包销价格购买尚未销售的物业后，以自己名义对外销售的包销人。

第十八条　人民法院审理建筑物区分所有权案件中，涉及有关物权归属争议的，应当以法律、行政法规为依据。

第十九条　本解释自2009年10月1日起施行。

因物权法施行后实施的行为引起的建筑物区分所有权纠纷案件，适用本解释。

本解释施行前已经终审，本解释施行后当事人申请再审或者按照审判监督程序决定再审的案件，不适用本解释。

最高人民法院关于审理物业服务纠纷案件具体应用法律若干问题的解释

(2009年4月20日最高人民法院审判委员会第1466次会议通过)

为正确审理物业服务纠纷案件,依法保护当事人的合法权益,根据《中华人民共和国民法通则》、《中华人民共和国物权法》、《中华人民共和国合同法》等法律规定,结合民事审判实践,制定本解释。

第一条 建设单位依法与物业服务企业签订的前期物业服务合同,以及业主委员会与业主大会依法选聘的物业服务企业签订的物业服务合同,对业主具有约束力。业主以其并非合同当事人为由提出抗辩的,人民法院不予支持。

第二条 符合下列情形之一,业主委员会或者业主请求确认合同或者合同相关条款无效的,人民法院应予支持:

(一)物业服务企业将物业服务区域内的全部物业服务业务一并委托他人而签订的委托合同;

(二)物业服务合同中免除物业服务企业责任、加重业主委员会或者业主责任、排除业主委员会或者业主主要权利的条款。

前款所称物业服务合同包括前期物业服务合同。

第三条 物业服务企业不履行或者不完全履行物业服务合同约定的,或者法律、法规规定以及相关行业规范确定的维修、养护、管理和维护义务的,业主请求物业服务企业承担继续履行、采取补救措施或者赔偿损失等违约责任的,人民法院应予支持。

物业服务企业公开作出的服务承诺及制定的服务细则,应当认定为物业服务合同的组成部分。

第四条 业主违反物业服务合同或者法律、法规、管理规约,实施妨害物业服务与管理的行为,物业服务企业请求业主承担恢复原状、停止侵害、排除妨害等相应民事责任的,人民法院应予支持。

第五条 物业服务企业违反物业服务合同约定或者法律、法规、部门规章规定,擅自扩大收费范围、提高收费标准或者重复收费,业主以违规收费为由提出抗辩的,人民法院应予支持。

业主请求物业服务企业退还其已收取的违规费用的,人民法院应予支持。

第六条 经书面催交,业主无正当理由拒绝交纳或者在催告的合理期限内仍未交纳物业费,物业服务企业请求业主支付物业费的,人民法院应予支持。物业服务企业已经按照合同约定以及相关规定提供服务,业主仅以未享受或者无须接受相关物业服务为抗辩理由的,人民法院不予支持。

第七条 业主与物业的承租人、借用人或者其他物业使用人约定由物业使用人交纳物业费,物业服务企业请求业主承担连带责任的,人民法院应予支持。

第八条 业主大会按照物权法第七十六条规定的程序作出解聘物业服务企业的决定后,业主委员会请求解除物业服务合同的,人民法院应予支持。

物业服务企业向业主委员会提出物业费主张的，人民法院应当告知其向拖欠物业费的业主另行主张权利。

第九条 物业服务合同的权利义务终止后，业主请求物业服务企业退还已经预收，但尚未提供物业服务期间的物业费的，人民法院应予支持。

物业服务企业请求业主支付拖欠的物业费的，按照本解释第六条规定处理。

第十条 物业服务合同的权利义务终止后，业主委员会请求物业服务企业退出物业服务区域、移交物业服务用房和相关设施，以及物业服务所必需的相关资料和由其代管的专项维修资金的，人民法院应予支持。

物业服务企业拒绝退出、移交，并以存在事实上的物业服务关系为由，请求业主支付物业服务合同权利义务终止后的物业费的，人民法院不予支持。

第十一条 本解释涉及物业服务企业的规定，适用于物权法第七十六条、第八十一条、第八十二条所称其他管理人。

第十二条 因物业的承租人、借用人或者其他物业使用人实施违反物业服务合同，以及法律、法规或者管理规约的行为引起的物业服务纠纷，人民法院应当参照本解释关于业主的规定处理。

第十三条 本解释自2009年10月1日起施行。

本解释施行前已经终审，本解释施行后当事人申请再审或者按照审判监督程序决定再审的案件，不适用本解释。

业主大会和业主委员会指导规则

第一章 总则

第一条 为了规范业主大会和业主委员会的活动,维护业主的合法权益,根据《中华人民共和国物权法》、《物业管理条例》等法律法规的规定,制定本规则。

第二条 业主大会由物业管理区域内的全体业主组成,代表和维护物业管理区域内全体业主在物业管理活动中的合法权利,履行相应的义务。

第三条 业主委员会由业主大会依法选举产生,履行业主大会赋予的职责,执行业主大会决定的事项,接受业主的监督。

第四条 业主大会或者业主委员会的决定,对业主具有约束力。

业主大会和业主委员会应当依法履行职责,不得作出与物业管理无关的决定,不得从事与物业管理无关的活动。

第五条 业主大会和业主委员会,对业主损害他人合法权益和业主共同利益的行为,有权依照法律、法规以及管理规约,要求停止侵害、消除危险、排除妨害、赔偿损失。

第六条 物业所在地的区、县房地产行政主管部门和街道办事处、乡镇人民政府负责对设立业主大会和选举业主委员会给予指导和协助,负责对业主大会和业主委员会的日常活动进行指导和监督。

第二章 业主大会

第七条 业主大会根据物业管理区域的划分成立,一个物业管理区域成立一个业主大会。

只有一个业主的,或者业主人数较少且经全体业主同意,不成立业主大会的,由业主共同履行业主大会、业主委员会职责。

第八条 物业管理区域内,已交付的专有部分面积超过建筑物总面积50%时,建设单位应当按照物业所在地的区、县房地产行政主管部门或者街道办事处、乡镇人民政府的要求,及时报送下列筹备首次业主大会会议所需的文件资料:

(一)物业管理区域证明;

(二)房屋及建筑物面积清册;

(三)业主名册;

(四)建筑规划总平面图;

(五)交付使用共用设施设备的证明;

(六)物业服务用房配置证明;

(七)其他有关的文件资料。

第九条 符合成立业主大会条件的,区、县房地产行政主管部门或者街道办事处、乡镇人民政府应当在收到业主提出筹备业主大会书面申请后60日内,负责组织、指导成立首次业主大会会议筹备组。

第十条 首次业主大会会议筹备组由业主代表、建设单位代表、街道办事处、乡镇人民政府代表和居民委员会代表组成。筹备组成员人数应为单数,其中业主代表人数不低于筹备组总人数的一半,筹备组组长由街道办事处、乡镇人民政府代表担任。

第十一条　筹备组中业主代表的产生，由街道办事处、乡镇人民政府或者居民委员会组织业主推荐。

筹备组应当将成员名单以书面形式在物业管理区域内公告。业主对筹备组成员有异议的，由街道办事处、乡镇人民政府协调解决。

建设单位和物业服务企业应当配合协助筹备组开展工作。

第十二条　筹备组应当做好以下筹备工作：

（一）确认并公示业主身份、业主人数以及所拥有的专有部分面积；

（二）确定首次业主大会会议召开的时间、地点、形式和内容；

（三）草拟管理规约、业主大会议事规则；

（四）依法确定首次业主大会会议表决规则；

（五）制定业主委员会委员候选人产生办法，确定业主委员会委员候选人名单；

（六）制定业主委员会选举办法；

（七）完成召开首次业主大会会议的其他准备工作。

前款内容应当在首次业主大会会议召开15日前以书面形式在物业管理区域内公告。业主对公告内容有异议的，筹备组应当记录并作出答复。

第十三条　依法登记取得或者根据物权法第二章第三节规定取得建筑物专有部分所有权的人，应当认定为业主。

基于房屋买卖等民事法律行为，已经合法占有建筑物专有部分，但尚未依法办理所有权登记的人，可以认定为业主。

业主的投票权数由专有部分面积和业主人数确定。

第十四条　业主委员会委员候选人由业主推荐或者自荐。筹备组应当核查参选人的资格，根据物业规模、物权份额、委员的代表性和广泛性等因素，确定业主委员会委员候选人名单。

第十五条　筹备组应当自组成之日起90日内完成筹备工作，组织召开首次业主大会会议。

业主大会自首次业主大会会议表决通过管理规约、业主大会议事规则，并选举产生业主委员会之日起成立。

第十六条　划分为一个物业管理区域的分期开发的建设项目，先期开发部分符合条件的，可以成立业主大会，选举产生业主委员会。首次业主大会会议应当根据分期开发的物业面积和进度等因素，在业主大会议事规则中明确增补业主委员会委员的办法。

第十七条　业主大会决定以下事项：

（一）制定和修改业主大会议事规则；

（二）制定和修改管理规约；

（三）选举业主委员会或者更换业主委员会委员；

（四）制定物业服务内容、标准以及物业服务收费方案；

（五）选聘和解聘物业服务企业；

（六）筹集和使用专项维修资金；

（七）改建、重建建筑物及其附属设施；

（八）改变共有部分的用途；

（九）利用共有部分进行经营以及所得收益的分配与使用；

（十）法律法规或者管理规约确定应由业主共同决定的事项。

第十八条 管理规约应当对下列主要事项作出规定：

（一）物业的使用、维护、管理；

（二）专项维修资金的筹集、管理和使用；

（三）物业共用部分的经营与收益分配；

（四）业主共同利益的维护；

（五）业主共同管理权的行使；

（六）业主应尽的义务；

（七）违反管理规约应当承担的责任。

第十九条 业主大会议事规则应当对下列主要事项作出规定：

（一）业主大会名称及相应的物业管理区域；

（二）业主委员会的职责；

（三）业主委员会议事规则；

（四）业主大会会议召开的形式、时间和议事方式；

（五）业主投票权数的确定方法；

（六）业主代表的产生方式；

（七）业主大会会议的表决程序；

（八）业主委员会委员的资格、人数和任期等；

（九）业主委员会换届程序、补选办法等；

（十）业主大会、业主委员会工作经费的筹集、使用和管理；

（十一）业主大会、业主委员会印章的使用和管理。

第二十条 业主拒付物业服务费，不缴存专项维修资金以及实施其他损害业主共同权益行为的，业主大会可以在管理规约和业主大会议事规则中对其共同管理权的行使予以限制。

第二十一条 业主大会会议分为定期会议和临时会议。

业主大会定期会议应当按照业主大会议事规则的规定由业主委员会组织召开。

有下列情况之一的，业主委员会应当及时组织召开业主大会临时会议：

（一）经专有部分占建筑物总面积 20% 以上且占总人数 20% 以上业主提议的；

（二）发生重大事故或者紧急事件需要及时处理的；

（三）业主大会议事规则或者管理规约规定的其他情况。

第二十二条 业主大会会议可以采用集体讨论的形式，也可以采用书面征求意见的形式；但应当有物业管理区域内专有部分占建筑物总面积过半数的业主且占总人数过半数的业主参加。

采用书面征求意见形式的，应当将征求意见书送交每一位业主；无法送达的，应当在物业管理区域内公告。凡需投票表决的，表决意见应由业主本人签名。

第二十三条 业主大会确定业主投票权数，可以按照下列方法认定专有部分面积和建筑物总面积：

（一）专有部分面积按照不动产登记簿记载的面积计算；尚未进行登记的，暂按测绘机构的实测面积计算；尚未进行实测的，暂按房屋买卖合同记载的面积计算；

（二）建筑物总面积，按照前项的统计总和计算。

第二十四条 业主大会确定业主投票权数，可以按照下列方法认定业主人数和总人数：

（一）业主人数，按照专有部分的数量计算，一个专有部分按一人计算。但建设单位尚未出售和虽已出售但尚未交付的部分，以及同一买受人拥有一个以上专有部分的，按一人计算；

（二）总人数，按照前项的统计总和计算。

第二十五条 业主大会应当在业主大会议事规则中约定车位、摊位等特定空间，是否计入用于确定业主投票权数的专有部分面积。

一个专有部分有两个以上所有权人的，应当推选一人行使表决权，但共有人所代表的业主人数为一人。

业主为无民事行为能力人或者限制民事行为能力人的，由其法定监护人行使投票权。

第二十六条 业主因故不能参加业主大会会议的，可以书面委托代理人参加业主大会会议。

未参与表决的业主，其投票权数是否可以计入已表决的多数票，由管理规约或者业主大会议事规则规定。

第二十七条 物业管理区域内业主人数较多的，可以幢、单元、楼层为单位，推选一名业主代表参加业主大会会议，推选及表决办法应当在业主大会议事规则中规定。

第二十八条 业主可以书面委托的形式，约定由其推选的业主代表在一定期限内代其行使共同管理权，具体委托内容、期限、权限和程序由业主大会议事规则规定。

第二十九条 业主大会会议决定筹集和使用专项维修资金以及改造、重建建筑物及其附属设施的，应当经专有部分占建筑物总面积三分之二以上的业主且占总人数三分之二以上的业主同意；决定本规则第十七条规定的其他共有和共同管理权利事项的，应当经专有部分占建筑物总面积过半数且占总人数过半数的业主同意。

第三十条 业主大会会议应当由业主委员会作出书面记录并存档。

业主大会的决定应当以书面形式在物业管理区域内及时公告。

第三章 业主委员会

第三十一条 业主委员会由业主大会会议选举产生，由5至11人单数组成。业主委员会委员应当是物业管理区域内的业主，并符合下列条件：

（一）具有完全民事行为能力；

（二）遵守国家有关法律、法规；

（三）遵守业主大会议事规则、管理规约，模范履行业主义务；

（四）热心公益事业，责任心强，公正廉洁；

（五）具有一定的组织能力；

（六）具备必要的工作时间。

第三十二条 业主委员会委员实行任期制，每届任期不超过5年，可连选连任。业主委员会委员具有同等表决权。

业主委员会应当自选举之日起7日内召开首次会议，推选业主委员会主任和副主任。

第三十三条　业主委员会应当自选举产生之日起 30 日内,持下列文件向物业所在地的区、县房地产行政主管部门和街道办事处、乡镇人民政府办理备案手续:
（一）业主大会成立和业主委员会选举的情况;
（二）管理规约;
（三）业主大会议事规则;
（四）业主大会决定的其他重大事项。

第三十四条　业主委员会办理备案手续后,可持备案证明向公安机关申请刻制业主大会印章和业主委员会印章。

业主委员会任期内,备案内容发生变更的,业主委员会应当自变更之日起 30 日内将变更内容书面报告备案部门。

第三十五条　业主委员会履行以下职责:
（一）执行业主大会的决定和决议;
（二）召集业主大会会议,报告物业管理实施情况;
（三）与业主大会选聘的物业服务企业签订物业服务合同;
（四）及时了解业主、物业使用人的意见和建议,监督和协助物业服务企业履行物业服务合同;
（五）监督管理规约的实施;
（六）督促业主交纳物业服务费及其他相关费用;
（七）组织和监督专项维修资金的筹集和使用;
（八）调解业主之间因物业使用、维护和管理产生的纠纷;
（九）业主大会赋予的其他职责。

第三十六条　业主委员会应当向业主公布下列情况和资料:
（一）管理规约、业主大会议事规则;
（二）业主大会和业主委员会的决定;
（三）物业服务合同;
（四）专项维修资金的筹集、使用情况;
（五）物业共有部分的使用和收益情况;
（六）占用业主共有的道路或者其他场地用于停放汽车车位的处分情况;
（七）业主大会和业主委员会工作经费的收支情况;
（八）其他应当向业主公开的情况和资料。

第三十七条　业主委员会应当按照业主大会议事规则的规定及业主大会的决定召开会议。经三分之一以上业主委员会委员的提议,应当在 7 日内召开业主委员会会议。

第三十八条　业主委员会会议由主任召集和主持,主任因故不能履行职责,可以委托副主任召集。

业主委员会会议应有过半数的委员出席,作出的决定必须经全体委员半数以上同意。

业主委员会委员不能委托代理人参加会议。

第三十九条　业主委员会应当于会议召开 7 日前,在物业管理区域内公告业主委员会会议的内容和议程,听取业主的意见和建议。

业主委员会会议应当制作书面记录并存档,业主委员会会议作出的决定,应当有参会委员的签字确认，并自作出决定之日起3日内在物业管理区域内公告。

第四十条 业主委员会应当建立工作档案，工作档案包括以下主要内容：

（一）业主大会、业主委员会的会议记录；

（二）业主大会、业主委员会的决定；

（三）业主大会议事规则、管理规约和物业服务合同；

（四）业主委员会选举及备案资料；

（五）专项维修资金筹集及使用账目；

（六）业主及业主代表的名册；

（七）业主的意见和建议。

第四十一条 业主委员会应当建立印章管理规定，并指定专人保管印章。

使用业主大会印章，应当根据业主大会议事规则的规定或者业主大会会议的决定；使用业主委员会印章，应当根据业主委员会会议的决定。

第四十二条 业主大会、业主委员会工作经费由全体业主承担。工作经费可以由业主分摊，也可以从物业共有部分经营所得收益中列支。工作经费的收支情况，应当定期在物业管理区域内公告，接受业主监督。

工作经费筹集、管理和使用的具体办法由业主大会决定。

第四十三条 有下列情况之一的，业主委员会委员资格自行终止：

（一）因物业转让、灭失等原因不再是业主的；

（二）丧失民事行为能力的；

（三）依法被限制人身自由的；

（四）法律、法规以及管理规约规定的其他情形。

第四十四条 业主委员会委员有下列情况之一的，由业主委员会三分之一以上委员或者持有20%以上投票权数的业主提议，业主大会或者业主委员会根据业主大会的授权，可以决定是否终止其委员资格：

（一）以书面方式提出辞职请求的；

（二）不履行委员职责的；

（三）利用委员资格谋取私利的；

（四）拒不履行业主义务的；

（五）侵害他人合法权益的；

（六）因其他原因不宜担任业主委员会委员的。

第四十五条 业主委员会委员资格终止的，应当自终止之日起3日内将其保管的档案资料、印章及其他属于全体业主所有的财物移交业主委员会。

第四十六条 业主委员会任期内，委员出现空缺时，应当及时补足。业主委员会委员候补办法由业主大会决定或者在业主大会议事规则中规定。业主委员会委员人数不足总数的二分之一时，应当召开业主大会临时会议，重新选举业主委员会。

第四十七条 业主委员会任期届满前3个月，应当组织召开业主大会会议，进行换届选举，并报告物业所在地的区、县房地产行政主管部门和街道办事处、乡镇人民政府。

第四十八条 业主委员会应当自任期届满之日起10日内，将其保管的档案资料、印章及其他属于业主大会所有的财物移交新一届业主委员会。

第四章　指导和监督

第四十九条　物业所在地的区、县房地产行政主管部门和街道办事处、乡镇人民政府应当积极开展物业管理政策法规的宣传和教育活动，及时处理业主、业主委员会在物业管理活动中的投诉。

第五十条　已交付使用的专有部分面积超过建筑物总面积50%，建设单位未按要求报送筹备首次业主大会会议相关文件资料的，物业所在地的区、县房地产行政主管部门或者街道办事处、乡镇人民政府有权责令建设单位限期改正。

第五十一条　业主委员会未按业主大会议事规则的规定组织召开业主大会定期会议，或者发生应当召开业主大会临时会议的情况，业主委员会不履行组织召开会议职责的，物业所在地的区、县房地产行政主管部门或者街道办事处、乡镇人民政府可以责令业主委员会限期召开；逾期仍不召开的，可以由物业所在地的居民委员会在街道办事处、乡镇人民政府的指导和监督下组织召开。

第五十二条　按照业主大会议事规则的规定或者三分之一以上委员提议，应当召开业主委员会会议的，业主委员会主任、副主任无正当理由不召集业主委员会会议的，物业所在地的区、县房地产行政主管部门或者街道办事处、乡镇人民政府可以指定业主委员会其他委员召集业主委员会会议。

第五十三条　召开业主大会会议，物业所在地的区、县房地产行政主管部门和街道办事处、乡镇人民政府应当给予指导和协助。

第五十四条　召开业主委员会会议，应当告知相关的居民委员会，并听取居民委员会的建议。

在物业管理区域内，业主大会、业主委员会应当积极配合相关居民委员会依法履行自治管理职责，支持居民委员会开展工作，并接受其指导和监督。

第五十五条　违反业主大会议事规则或者未经业主大会会议和业主委员会会议的决定，擅自使用业主大会印章、业主委员会印章的，物业所在地的街道办事处、乡镇人民政府应当责令限期改正，并通告全体业主；造成经济损失或者不良影响的，应当依法追究责任人的法律责任。

第五十六条　业主委员会委员资格终止，拒不移交所保管的档案资料、印章及其他属于全体业主所有的财物的，其他业主委员会委员可以请求物业所在地的公安机关协助移交。

业主委员会任期届满后，拒不移交所保管的档案资料、印章及其他属于全体业主所有的财物的，新一届业主委员会可以请求物业所在地的公安机关协助移交。

第五十七条　业主委员会在规定时间内不组织换届选举的，物业所在地的区、县房地产行政主管部门或者街道办事处、乡镇人民政府应当责令其限期组织换届选举；逾期仍不组织的，可以由物业所在地的居民委员会在街道办事处、乡镇人民政府的指导和监督下，组织换届选举工作。

第五十八条　因客观原因未能选举产生业主委员会或者业主委员会委员人数不足总数的二分之一的，新一届业主委员会产生之前，可以由物业所在地的居民委员会在街道办事处、乡镇人民政府的指导和监督下，代行业主委员会的职责。

第五十九条　业主大会、业主委员会作出的决定违反法律法规的，物业所在地的区、县房地产行政主管部门和街道办事处、乡镇人民政府应当责令限期改正或者撤销其决定，并通告全体业主。

第六十条 业主不得擅自以业主大会或者业主委员会的名义从事活动。业主以业主大会或者业主委员会的名义，从事违反法律、法规的活动，构成犯罪的，依法追究刑事责任；尚不构成犯罪的，依法给予治安管理处罚。

第六十一条 物业管理区域内，可以召开物业管理联席会议。物业管理联席会议由街道办事处、乡镇人民政府负责召集，由区、县房地产行政主管部门、公安派出所、居民委员会、业主委员会和物业服务企业等方面的代表参加，共同协调解决物业管理中遇到的问题。

第五章 附则

第六十二条 业主自行管理或者委托其他管理人管理物业，成立业主大会，选举业主委员会的，可参照执行本规则。

第六十三条 物业所在地的区、县房地产行政主管部门与街道办事处、乡镇人民政府在指导、监督业主大会和业主委员会工作中的具体职责分工，按各省、自治区、直辖市人民政府有关规定执行。

第六十四条 本规则自2010年1月1日起施行。《业主大会规程》（建住房〔2003〕131号）同时废止。

普通住宅小区物业管理服务等级标准（试行）

一 级

项目	内容与标准
（一）基本要求	1. 服务与被服务双方签订规范的物业服务合同，双方权利义务关系明确。 2. 承接项目时，对住宅小区共用部位、共用设施设备进行认真查验，验收手续齐全。 3. 管理人员、专业操作人员按照国家有关规定取得物业管理职业资格证书或者岗位证书。 4. 有完善的物业管理方案，质量管理、财务管理、档案管理等制度健全。 5. 管理服务人员统一着装、佩戴标志，行为规范，服务主动、热情。 6. 设有服务接待中心，公示24小时服务电话。急修半小时内、其他报修按双方约定时间到达现场，有完整的报修、维修和回访记录。 7. 根据业主需求，提供物业服务合同之外的特约服务和代办服务的，公示服务项目与收费价目。 8. 按有关规定和合同约定公布物业服务费用或者物业服务资金的收支情况。 9. 按合同约定规范使用住房专项维修资金。 10. 每年至少1次征询业主对物业服务的意见，满意率80%以上。
（二）房屋管理	1. 对房屋共用部位进行日常管理和维修养护，检修记录和保养记录齐全。 2. 根据房屋实际使用年限，定期检查房屋共用部位的使用状况，需要维修，属于小修范围的，及时组织修复；属于大、中修范围的，及时编制维修计划和住房专项维修资金使用计划，向业主大会或者业主委员会提出报告与建议，根据业主大会的决定，组织维修。 3. 每日巡查1次小区房屋单元门、楼梯通道以及其他共用部位的门窗、玻璃等，做好巡查记录，并及时维修养护。 4. 按照住宅装饰装修管理有关规定和业主公约（业主临时公约）要求，建立完善的住宅装饰装修管理制度。装修前，依规定审核业主（使用人）的装修方案，告知装修人有关装饰装修的禁止行为和注意事项。每日巡查1次装修施工现场，发现影响房屋外观、危及房屋结构安全及拆改共用管线等损害公共利益现象的，及时劝阻并报告业主委员会和有关主管部门。 5. 对违反规划私搭乱建和擅自改变房屋用途的行为及时劝阻，并报告业主委员会和有关主管部门。 6. 小区主出入口设有小区平面示意图，主要路口设有路标。各组团、栋及单元（门）、户和公共配套设施、场地有明显标志。
（三）共用设施设备维修养护	1. 对共用设施设备进行日常管理和维修养护（依法应由专业部门负责的除外）。 2. 建立共用设施设备档案（设备台账），设施设备的运行、检查、维修、保养等记录齐全。 3. 设施设备标志齐全、规范，责任人明确；操作维护人员严格执行设施设备操作规程及保养规范；设施设备运行正常。 4. 对共用设施设备定期组织巡查，做好巡查记录，需要维修，属于小修范围的，及时组织修复；属于大、中修范围或者需要更新改造的，及时编制维修、更新改造计划和住房专项维修资金使用计划，向业主大会或业主委员会提出报告与建议，根据业主大会的决定，组织维修或者更新改造。 5. 载人电梯24小时正常运行。 6. 消防设施设备完好，可随时启用；消防通道畅通。 7. 设备房保持整洁、通风，无跑、冒、滴、漏和鼠害现象。 8. 小区道路平整，主要道路及停车场交通标志齐全、规范。 9. 路灯、楼道灯完好率不低于95%。 10. 容易危及人身安全的设施设备有明显警示标志和防范措施；对可能发生的各种突发设备故障有应急方案。

续表

项目	内容与标准
（四）协助维护公共秩序	1. 小区主出入口 24 小时站岗值勤。 2. 对重点区域、重点部位每 1 小时至少巡查 1 次；配有安全监控设施的，实施 24 小时监控。 3. 对进出小区的车辆实施证、卡管理，引导车辆有序通行、停放。 4. 对进出小区的装修、家政等劳务人员实行临时出入证管理。 5. 对火灾、治安、公共卫生等突发事件有应急预案，事发时及时报告业主委员会和有关部门，并协助采取相应措施。
（五）保洁服务	1. 高层按层、多层按幢设置垃圾桶，每日清运 2 次。垃圾袋装化，保持垃圾桶清洁、无异味。 2. 合理设置果壳箱或者垃圾桶，每日清运 2 次。 3. 小区道路、广场、停车场、绿地等每日清扫 2 次；电梯厅、楼道每日清扫 2 次，每周拖洗 1 次；一层共用大厅每日拖洗 1 次；楼梯扶手每日擦洗 1 次；共用部位玻璃每周清洁 1 次；路灯、楼道灯每月清洁 1 次。及时清除道路积水、积雪。 4. 共用雨污水管道每年疏通 1 次；雨污水井每月检查 1 次，视检查情况及时清掏；化粪池每月检查 1 次，每半年清掏 1 次，发现异常及时清掏。 5. 二次供水水箱按规定清洗，定时巡查，水质符合卫生要求。 6. 根据当地实际情况定期进行消毒和灭虫除害。
（六）绿化养护管理	1. 有专业人员实施绿化养护管理。 2. 草坪生长良好，及时修剪和补栽补种，无杂草、杂物。 3. 花卉、绿篱、树木应根据其品种和生长情况，及时修剪整形，保持观赏效果。 4. 定期组织浇灌、施肥和松土，做好防涝、防冻。 5. 定期喷洒药物，预防病虫害。

二 级

项目	内容与标准
（一）基本要求	1. 服务与被服务双方签订规范的物业服务合同，双方权利义务关系明确。 2. 承接项目时，对住宅小区共用部位、共用设施设备进行认真查验，验收手续齐全。 3. 管理人员、专业操作人员按照国家有关规定取得物业管理职业资格证书或者岗位证书。 4. 有完善的物业管理方案，质量管理、财务管理、档案管理等制度健全。 5. 管理服务人员统一着装、佩戴标志，行为规范，服务主动、热情。 6. 公示 16 小时服务电话。急修 1 小时内、其他报修按双方约定时间到达现场，有报修、维修和回访记录。 7. 根据业主需求，提供物业服务合同之外的特约服务和代办服务的，公示服务项目与收费价目。 8. 按有关规定和合同约定公布物业服务费用或者物业服务资金的收支情况。 9. 按合同约定规范使用住房专项维修资金。 10. 每年至少 1 次征询业主对物业服务的意见，满意率 75% 以上。
（二）房屋管理	1. 对房屋共用部位进行日常管理和维修养护，检修记录和保养记录齐全。 2. 根据房屋实际使用年限，适时检查房屋共用部位的使用状况，需要维修，属于小修范围的，及时组织修复；属于大、中修范围的，及时编制维修计划和住房专项维修资金使用计划，向业主大会或者业主委员会提出报告与建议，根据业主大会的决定，组织维修。 3. 每 3 日巡查 1 次小区房屋单元门、楼梯通道以及其他共用部位的门窗、玻璃等，做好巡查记录，并及时维修养护。 4. 按照住宅装饰装修管理有关规定和业主公约（业主临时公约）要求，建立完善的住宅装饰装修管理制度。装修前，依规定审核业主（使用人）的装修方案，告知装修人有关装饰装修的禁止行为和注意事项。每 3 日巡查 1 次装修施工现场，发现影响房屋外观、危及房屋结构安全及拆改共用管线等损害公共利益现象的，及时劝阻并报告业主委员会和有关主管部门。 5. 对违反规划私搭乱建和擅自改变房屋用途的行为及时劝阻，并报告业主委员会和有关主管部门。 6. 小区主出入口设有小区平面示意图，各组团、栋及单元（门）、户有明显标志。

续表

项目	内容与标准
（三）共用设施设备维修养护	1. 对共用设施设备进行日常管理和维修养护（依法应由专业部门负责的除外）。 2. 建立共用设施设备档案（设备台账），设施设备的运行、检查、维修、保养等记录齐全。 3. 设施设备标志齐全、规范，责任人明确；操作维护人员严格执行设施设备操作规程及保养规范；设施设备运行正常。 4. 对共用设施设备定期组织巡查，做好巡查记录，需要维修，属于小修范围的，及时组织修复；属于大、中修范围或者需要更新改造的，及时编制维修、更新改造计划和住房专项维修资金使用计划，向业主大会或业主委员会提出报告与建议，根据业主大会的决定，组织维修或者更新改造。 5. 载人电梯早6点至晚12点正常运行。 6. 消防设施设备完好，可随时启用；消防通道畅通。 7. 设备房保持整洁、通风，无跑、冒、滴、漏和鼠害现象。 8. 小区主要道路及停车场交通标志齐全。 9. 路灯、楼道灯完好率不低于90%。 10. 容易危及人身安全的设施设备有明显警示标志和防范措施；对可能发生的各种突发设备故障有应急方案。
（四）协助维护公共秩序	1. 小区主出入口24小时值勤。 2. 对重点区域、重点部位每2小时至少巡查1次。 3. 对进出小区的车辆进行管理，引导车辆有序通行、停放。 4. 对进出小区的装修等劳务人员实行登记管理。 5. 对火灾、治安、公共卫生等突发事件有应急预案，事发时及时报告业主委员会和有关部门，并协助采取相应措施。
（五）保洁服务	1. 按幢设置垃圾桶，生活垃圾每天清运1次。 2. 小区道路、广场、停车场、绿地等每日清扫1次；电梯厅、楼道每日清扫1次，半月拖洗1次；楼梯扶手每周擦洗2次；共用部位玻璃每月清洁1次；路灯、楼道灯每季度清洁1次。及时清除道路主要道路积水、积雪。 3. 区内公共雨污水管道每年疏通1次；雨污水井每季度检查1次，并视检查情况及时清掏；化粪池每2个月检查1次，每年清掏1次，发现异常及时清掏。 4. 二次供水水箱按规定定期清洗，定时巡查，水质符合卫生要求。 5. 根据当地实际情况定期进行消毒和灭虫除害。
（六）绿化养护管理	1. 有专业人员实施绿化养护管理。 2. 对草坪、花卉、绿篱、树木定期进行修剪、养护。 3. 定期清除绿地杂草、杂物。 4. 适时组织浇灌、施肥和松土，做好防涝、防冻。 5. 适时喷洒药物，预防病虫害。

三 级

项目	内容与标准
（一）基本要求	1. 服务与被服务双方签订规范的物业服务合同，双方权利义务关系明确。 2. 承接项目时，对住宅小区共用部位、共用设施设备进行认真查验，验收手续齐全。 3. 管理人员、专业操作人员按照国家有关规定取得物业管理职业资格证书或者岗位证书。 4. 有完善的物业管理方案，质量管理、财务管理、档案管理等制度健全。 5. 管理服务人员佩戴标志，行为规范，服务主动、热情。 6. 公示8小时服务电话。报修按双方约定时间到达现场，有报修、维修记录。 7. 按有关规定和合同约定公布物业服务费用或者物业服务资金的收支情况。 8. 按合同约定规范使用住房专项维修资金。 9. 每年至少1次征询业主对物业服务的意见，满意率70%以上。

续表

项目	内容与标准
（二）房屋管理	1. 对房屋共用部位进行日常管理和维修养护，检修记录和保养记录齐全。 2. 根据房屋实际使用年限，检查房屋共用部位的使用状况，需要维修，属于小修范围的，及时组织修复；属于大、中修范围的，及时编制维修计划和住房专项维修资金使用计划，向业主大会或者业主委员会提出报告与建议，根据业主大会的决定，组织维修。 3. 每周巡查1次小区房屋单元门、楼梯通道以及其他共用部位的门窗、玻璃等，定期维修养护。 4. 按照住宅装饰装修管理有关规定和业主公约（业主临时公约）要求，建立完善的住宅装饰装修管理制度。装修前，依规定审核业主（使用人）的装修方案，告知装修人有关装饰装修的禁止行为和注意事项。至少两次巡查装修施工现场，发现影响房屋外观、危及房屋结构安全及拆改共用管线等损害公共利益现象的，及时劝阻并报告业主委员会和有关主管部门。 5. 对违反规划私搭乱建和擅自改变房屋用途的行为及时劝阻，并报告业主委员会和有关主管部门。 6. 各组团、栋、单元（门）、户有明显标志。
（三）共用设施设备维修养护	1. 对共用设施设备进行日常管理和维修养护（依法应由专业部门负责的除外）。 2. 建立共用设施设备档案（设备台账），设施设备的运行、检修等记录齐全。 3. 操作维修人员严格执行设施设备操作规程及保养规范；设施设备运行正常。 4. 对共用设施设备定期组织巡查，做好巡查记录，需要维修，属于小修范围的，及时组织修复；属于大、中修范围或者需要更新改造的，及时编制维修、更新改造计划和住房专项维修资金使用计划，向业主大会或业主委员会提出报告与建议，根据业主大会的决定，组织维修或者更新改造。 5. 载人电梯早6点至晚12点正常运行。 6. 消防设施设备完好，可随时启用；消防通道畅通。 7. 路灯、楼道灯完好率不低于80%。 8. 容易危及人身安全的设施设备有明显警示标志和防范措施；对可能发生的各种突发设备故障有应急方案。
（四）协助维护公共秩序	1. 小区24小时值勤。 2. 对重点区域、重点部位每3小时至少巡查1次。 3. 车辆停放有序。 4. 对火灾、治安、公共卫生等突发事件有应急预案，事发时及时报告业主委员会和有关部门，并协助采取相应措施。
（五）保洁服务	1. 小区内设有垃圾收集点，生活垃圾每天清运1次。 2. 小区公共场所每日清扫1次；电梯厅、楼道每日清扫1次；共用部位玻璃每季度清洁1次；路灯、楼道灯每半年清洁1次。 3. 区内公共雨污水管道每年疏通1次；雨污水井每半年检查1次，并视检查情况及时清掏；化粪池每季度检查1次，每年清掏1次，发现异常及时清掏。 4. 二次供水水箱按规定清洗，水质符合卫生要求。
（六）绿化养护管理	1. 对草坪、花卉、绿篱、树木定期进行修剪、养护。 2. 定期清除绿地杂草、杂物。 3. 预防花草、树木病虫害。

北京市物业管理办法

（2010年4月6日市人民政府第64次常务会议审议通过，2010年10月1日起施行）

目录

第一章　总则
第二章　前期物业管理
第三章　业主、业主大会与业主委员会
第四章　物业服务
第五章　物业的使用与维护
第六章　法律责任
第七章　附则

第一章　总则

第一条　为了规范本市物业管理活动，维护物业管理各方的合法权益，促进和谐社区建设，根据《中华人民共和国物权法》和《物业管理条例》，结合本市实际情况，制定本办法。

第二条　本办法所称物业管理，是指业主自行或者通过他人对物业管理区域内的建筑物、构筑物及配套的设施设备和相关场地进行维修、养护、管理，维护环境卫生和相关秩序的活动。

第三条　市房屋行政主管部门负责全市物业管理活动的监督管理工作。区县房屋行政主管部门负责本行政区域内物业管理活动的监督管理工作。

供水、排水、供电、供气、供热、环境卫生、园林绿化、停车管理、秩序维护、设施设备维护等专项服务的行业主管部门和专业监管部门，依法按照职责负责相关监督管理工作。

第四条　区县人民政府应当做好辖区内物业管理以及和谐社区建设的相关工作。

街道办事处、乡镇人民政府负责对辖区内业主大会、业主委员会的成立及活动进行协助、指导和监督，协调处理纠纷。

第二章　前期物业管理

第五条　建设单位应当在销售房屋前，结合物业的共用设施设备、建筑物规模、社区建设等因素划分物业管理区域，并在房屋买卖合同中明示。

物业主要配套设施设备和相关场地共用的，应当划分为一个物业管理区域；住宅区和非住宅区原则上应当划分为不同的物业管理区域。

第六条　业主共同决定对物业管理区域进行分立或者合并的，应当向物业所在地街道办事处、乡镇人民政府提出申请，由街道办事处、乡镇人民政府会同区县房屋行政主管部门等相关部门进行审查，确需调整的，予以确认并公告。

第七条　新建住宅物业，建设单位应当配建物业服务用房，包括客服接待、项目档案资料保存、工具物料存放、人员值班备勤、业主大会及业主委员会办公用房等，并在房屋买卖合同中明确物业服务用房的坐落位置（具体到楼栋、房号）。物业服务用房建筑面积不得低于150平方米，其中地上房屋不得低于100平方米，业主大会及业主委员会办公用房建筑面积30至60平方米。

规划行政主管部门在规划许可、验收过程中，应当审查物业服务用房建筑面积、位置、配置等是否符合规划设计指标。房屋行政主管部门在办理房产测绘成果备案时，应当核查物业服务用房配置情况。

第八条　建设单位承担前期物业服务责任。销售房屋时，前期物业服务合同应当作为房屋买卖合同的附件。

前期物业服务合同关于物业服务是否收费、收费标准以及服务标准的约定应当符合本市相关规定。

建设单位可以将全部专项服务委托给物业服务企业，也可以将专项服务委托给专业性服务企业。

第九条　建设单位在销售物业前，应当制定临时管理规约，并在销售场所公示，对有关物业的使用、维护、管理，业主的共同利益，业主应当履行的义务，违反临时管理规约应当承担的责任等事项依法作出约定。临时管理规约不得侵害物业买受人的合法权益。

市房屋行政主管部门应当制定并发布临时管理规约的示范文本。

第十条　业主共同决定解除前期物业服务合同的，建设单位应当与全体业主进行物业共用部分查验交接，撤出物业管理区域，并移交下列资料：

（一）物业管理区域划分资料；

（二）建设用地规划许可证和建设工程规划许可证的附件、附图；

（三）竣工验收报告及竣工总平面图，单体建筑、结构、设备竣工图，配套设施、地下管网工程竣工图、消防验收等竣工验收资料；

（四）设施设备的出厂随机资料，安装、验收、使用、维护保养和定期检验等技术资料，运行、维护保养记录；

（五）物业质量保修文件和物业使用说明文件；

（六）业主名册；

（七）物业管理必需的其他资料。

全体业主承接前应当对物业共用部分进行查验，可以委托选聘的物业服务企业进行查验。全体业主与建设单位也可以共同委托物业服务评估监理机构进行查验。

第三章　业主、业主大会与业主委员会

第十一条　业主对物业管理区域共用部分实施共同管理。下列事项由业主共同决定：

（一）制定或者修改管理规约、业主大会议事规则；

（二）选举或者更换业主委员会委员；

（三）确定或者变更物业管理方式、服务内容、服务标准和收费方案；

（四）选聘、解聘物业服务企业或者不再接受物业服务企业事实服务；

（五）筹集、管理和使用专项维修资金；

（六）申请改建、重建建筑物及附属设施；

（七）申请分立或者合并物业管理区域；

（八）决定物业管理区域内的其他重大物业管理事项。

决定第（五）、（六）项事项，应当经专有部分占建筑物总面积三分之二以上的业主且

占总人数三分之二以上的业主同意；决定第（七）项事项，应当分别经原物业管理区域内以及拟分立或者合并后物业管理区域内专有部分占建筑物总面积三分之二以上的业主且占总人数三分之二以上的业主同意；决定其他事项，应当经专有部分占建筑物总面积过半数的业主且占总人数过半数的业主同意。

第十二条 业主可以以幢、单元、楼层为单位，共同决定本单位范围内的物业管理事项，事项范围和决定程序由业主大会议事规则规定或者物业管理区域内全体业主共同决定。

第十三条 业主可以成立业主大会，业主大会由物业管理区域内全体业主组成，对物业管理区域内共用部分实施共同管理，按照相关规定开展与物业管理有关的活动。一个物业管理区域成立一个业主大会。

未成立业主大会，发生物业服务企业停止服务或者其他重大、紧急物业管理事件，需要业主共同决定解聘、选聘物业服务企业或者其他事项的，由物业所在地街道办事处、乡镇人民政府指导协助业主共同决定有关事项。

第十四条 物业管理区域内已交付业主的专有部分达到建筑物总面积50%以上的，建设单位应当向物业所在地街道办事处、乡镇人民政府报送筹备首次业主大会会议所需资料，并推荐业主代表作为临时召集人，召集占总人数5%以上或者专有部分占建筑物总面积5%以上的业主向物业所在地街道办事处、乡镇人民政府提出书面申请成立业主大会；占总人数5%以上或者专有部分占建筑物总面积5%以上的业主也可以自行向物业所在地街道办事处、乡镇人民政府提出书面申请成立业主大会。

第十五条 街道办事处、乡镇人民政府应当自接到申请之日起60日内，指定代表担任筹备组组长，组织成立首次业主大会会议筹备组，筹备组负责召集首次业主大会会议。筹备组中非建设单位的业主代表人数不低于筹备组中具有表决权成员人数的三分之二。

筹备组成员名单确定后，应当在物业管理区域内显著位置公示。

第十六条 建设单位应当自首次业主大会会议筹备组成立之日起7日内向筹备组提供业主名册、业主专有部分面积、建筑物总面积等资料，并承担筹备及召开首次业主大会会议所需费用。

第十七条 业主大会选举产生业主委员会。业主委员会应当自选举产生之日起30日内，持以下材料向物业所在地街道办事处、乡镇人民政府备案：

（一）筹备组出具并由组长签字的业主大会成立和业主委员会选举情况的报告；

（二）业主大会决议；

（三）管理规约、业主大会议事规则；

（四）业主委员会委员名单。

材料齐全的，街道办事处、乡镇人民政府应当当场予以备案，并在备案后7日内将备案材料抄送区县房屋行政主管部门，同时将有关情况书面通报物业所在地公安派出所、社区居民委员会。第（二）、（三）、（四）项内容发生变更时，应当及时办理备案变更手续。

第十八条 业主委员会委员实行任期制，有关任期、候补、空缺、资格终止等事项由业主大会议事规则规定。有下列情形之一的，委员资格自动终止：

（一）任职期限届满的；

（二）不再具备业主身份的；

（三）限制民事行为能力或者无民事行为能力的；

（四）被依法追究刑事责任，无法履行委员职责的；

（五）以书面形式向业主大会或者业主委员会提出辞职的；

（六）业主大会议事规则规定的其他情形。

业主委员会委员资格终止的，应当自终止之日起 3 日内将所保管的档案资料、印章及其他应当移交的财物，移交给业主委员会；拒不移交印章、相关财物和档案资料的，街道办事处、乡镇人民政府应当责令移交，物业所在地公安机关应当予以协助。

第四章 物业服务

第十九条 业主选聘的物业服务企业应当具有法人资格，并按照国家规定取得物业服务企业资质。

市房屋行政主管部门应当建立物业服务企业信用信息系统，对物业服务企业实行动态监督管理。

第二十条 物业服务合同应当对双方权利义务、物业服务事项、服务标准、服务费用、项目负责人、物业服务用房的管理与使用、合同期限、服务交接、违约责任等内容进行约定。

物业服务企业应当自物业服务合同签订之日起 15 日内，将物业服务合同报物业服务项目所在地区县房屋行政主管部门备案，区县房屋行政主管部门将备案材料抄送物业服务项目所在地街道办事处、乡镇人民政府。

第二十一条 物业服务是包括各专项服务的综合服务。物业服务企业可以将专项服务委托给专业性服务企业，但不得将全部物业服务一并委托给其他单位或者个人。

未选聘物业服务企业的，业主可以共同决定将各专项服务委托给专业性服务企业或者个人。

第二十二条 物业服务企业应当按照物业服务合同和本市规定的服务标准、技术规范等提供质价相符的服务。

物业服务企业及相关人员实施锅炉、电梯、电气、制冷以及有限空间、高空等涉及人身安全的作业，应当具备相应资质或者委托具备相应资质的单位及个人实施；委托实施的，应当明确各自的安全管理责任。

第二十三条 物业服务企业应当按照价格主管部门的规定，将服务事项、服务标准、收费项目、收费标准等有关情况在物业管理区域内显著位置公示。

物业服务企业应当于每年第一季度公示上一年度物业服务合同履行情况、物业服务项目收支情况、本年度物业服务项目收支预算，业主提出质询时，物业服务企业应当及时答复。业主共同决定或者业主委员会要求对物业服务项目收支情况进行审计的，物业服务企业应当予以配合。

第二十四条 物业服务合同期限届满前，全体业主应当共同决定物业管理方式、服务内容、是否更换物业服务企业等事项。

决定续聘原物业服务企业的，应当与原物业服务企业协商签订物业服务合同；决定解聘的，应当履行必要的通知义务，合同未约定通知期限的，应当于合同期限届满前三个月告知原物业服务企业，并在物业管理区域内公告。

第二十五条 物业服务合同终止前，物业服务企业不得停止服务。

物业服务合同届满，物业服务企业决定不再续签物业服务合同的，应当于合同期限届满前履行必要的通知义务；合同未约定通知期限的，应当于合同期限届满前三个月通知业主。

第二十六条　物业服务企业未与业主签订书面物业服务合同，但事实上提供了物业服务，并履行了告知义务的，物业服务企业有权要求业主履行相关义务。

业主共同决定不再接受物业服务的，物业服务企业不得强行提供物业服务，不得以事实服务为由向业主收取物业服务费用。物业服务企业决定不再提供物业服务的，应当提前三个月告知业主。

第二十七条　物业服务合同终止或者业主共同决定不再接受事实服务，物业服务企业应当在60日内与全体业主完成交接。物业服务企业应当履行下列交接义务，并撤出物业管理区域：

（一）移交物业共用部分；

（二）移交本办法第十条规定的相关资料；

（三）移交物业服务期间形成的物业和设施设备使用、维护保养和定期检验等技术资料，运行、维护保养记录；

（四）结清预收、代收的有关费用；

（五）法律、法规、规章规定和物业服务合同约定的其他事项。

原物业服务企业不得以业主欠交物业服务费用、对业主共同决定有异议等为由拒绝办理交接。原物业服务企业在应当办理交接至撤出物业管理区域前的期间内，应当维持正常的物业管理秩序，并不得向业主收取物业服务费用。

原物业服务企业拒不撤出物业管理区域的，新的物业服务企业和业主应当与原物业服务企业协商解决；协商不成的，应当依法提起诉讼或者申请仲裁，不得强行接管。街道办事处、乡镇人民政府和房屋行政主管部门应当加强对物业服务企业交接工作的监管。

第二十八条　物业服务企业应当按照物业服务合同指派项目负责人，除物业服务合同另有约定外，项目负责人原则上只能在一个物业服务项目任职。

物业服务企业更换项目负责人的，应当及时告知业主并进行公示。业主共同决定要求物业服务企业更换项目负责人的，物业服务企业应当及时更换。

第二十九条　业主、物业服务企业、建设单位和有关部门可以委托物业服务评估监理机构，就物业服务质量、服务费用和物业共用部分管理状况等进行评估和监理。

物业服务评估监理机构应当按照本市相关规定提供专业服务，不得出具有虚假内容、误导性陈述和重大遗漏的评估监理报告。

第三十条　房屋行政主管部门应当加强对物业服务活动的监督和管理，及时处理物业服务投诉。

本市支持物业服务行业协会充分发挥服务、沟通和监督作用，完善物业服务行业自律制度，促进物业服务行业发展。物业服务行业协会可以根据物业服务项目的性质、物业服务内容、服务标准等因素，定期发布物业服务成本信息。

第五章　物业的使用与维护

第三十一条　住宅物业装饰装修前，业主或者物业使用人应当按照规定办理申报登记，并与物业服务企业签订住宅装饰装修服务协议。物业服务企业应当将装饰装修的时间、地点等情况在业主所在楼内公示。

物业服务企业应当加强对装饰装修活动的巡查、监督。业主或者物业使用人拒不办理申报登记或者违反相关规定及装饰装修服务协议的，物业服务企业应当及时告知并劝阻；拒不改正的，物业服务企业应当及时向有关主管部门报告，并在物业管理区域内公示。

第三十二条　建设单位出售物业管理区域内车库、车位的，应当在出售前依法办理车库、车位预售许可或者物权登记。物业管理区域内规划用于停放车辆的车库、车位，不得出售给本物业管理区域业主以外的其他人。

建设单位出租物业管理区域内规划用于停放车辆的车库、车位的，应当首先出租给本物业管理区域业主。在满足本区域业主需要后，建设单位可以将车库、车位出租给本区域业主以外的其他人，租期不得超过六个月。建设单位调整租金时应当与全体业主协商。

业主以外的其他车库、车位使用人应当遵守管理规约关于停车管理的约定。

第三十三条　物业管理区域内，供水、供电、供气、供热、通信、有线电视等专业经营单位应当向最终用户收取有关费用，并依法承担相关管线和设施设备的维修、养护责任。

物业服务企业接受委托代收前款费用的，应当向业主出具专业经营单位的发票，并不得向业主收取手续费等额外费用，不得以业主拖欠物业服务费用为由限制或者变相限制专业服务。

第三十四条　发生下列危及房屋使用安全的紧急情况，需要立即对共用部分进行维修、更新、改造的，按照有关规定使用专项维修资金：

（一）屋面防水损坏造成渗漏的；

（二）电梯故障危及人身安全的；

（三）高层住宅水泵损坏导致供水中断的；

（四）楼体单侧外立面五分之一以上有脱落危险的；

（五）专用排水设施因坍塌、堵塞、爆裂等造成功能障碍，危及人身财产安全的；

（六）消防系统出现功能障碍，消防管理部门要求对消防设施设备维修、更新、改造的。

使用专项维修资金的具体办法由市房屋行政主管部门会同相关部门制定。

第三十五条　物业转让时，业主应当向受让人说明专项维修资金交存和结余情况，该物业分户账中结余的专项维修资金随物业同时过户。

第三十六条　建设单位应当按照国家规定和房屋买卖合同约定的保修期限、范围等承担建筑物及附属设施设备保修责任。保修过程中，业主、物业使用人和物业服务企业应当给予协助配合。

第三十七条　物业共用部分维修、养护、更新、改造时，相关专有部分的业主、物业使用人应当予以配合，造成专有部分损失的，责任人应当依法承担恢复原状、赔偿损失等法律责任。

第三十八条　业主转让或者出租物业时，应当将管理规约、物业服务合同、有关费用交纳情况等事项告知受让人或者承租人，并自买卖合同或者租赁合同签订之日起15日内，将买卖或者出租情况告知物业服务企业。

业主转让物业的，应当与物业服务企业、专业性服务企业结清相关费用。

第六章　法律责任

第三十九条　违反本办法第十条规定,建设单位不履行交接义务的,由区县房屋行政主管部门责令限期改正;逾期不改正的,可处3万元罚款。

第四十条　违反本办法第十六条规定,建设单位未按规定向首次业主大会会议筹备组提供相关资料的,由物业所在地街道办事处、乡镇人民政府责令限期改正;逾期不改正的,可处3万元罚款。

第四十一条　违反本办法第二十条规定,物业服务企业未按时将合同报送备案的,由区县房屋行政主管部门责令限期改正,并可处1万元罚款。

第四十二条　违反本办法第二十五条、第二十六条规定,物业服务企业擅自停止物业服务的,由区县房屋行政主管部门责令改正,并可处1万元以上10万元以下罚款;造成损失的,依法承担赔偿责任。

第四十三条　违反本办法第二十七条规定,原物业服务企业未按规定交接的,由区县房屋行政主管部门责令限期交接;逾期不交接的,可处3万元罚款。

违反本办法第二十七条规定,原物业服务企业拒不撤出物业管理区域的,由区县房屋行政主管部门责令限期撤出;逾期不撤出的,可处10万元罚款;不能维持正常物业管理秩序的,由区县人民政府责成区县房屋行政主管部门、物业所在地街道办事处、乡镇人民政府及公安机关组织接管。

违反本办法第二十七条规定,新物业服务企业强行接管的,由区县房屋行政主管部门责令改正,并可处1万元以上10万元以下罚款;造成损失的,依法承担赔偿责任。

第四十四条　业主委员会不履行或者无法履行职责的,物业所在地街道办事处、乡镇人民政府应当责令其限期履行职责;逾期仍不履行的,街道办事处、乡镇人民政府应当指导协助业主召开业主大会会议决定有关事项。

业主大会、业主委员会作出的决定违反法律、法规、规章的,物业所在地街道办事处、乡镇人民政府应当责令限期改正或者撤销其决定,并通告全体业主。业主大会、业主委员会作出的决定侵害业主合法权益的,受侵害的业主可以请求人民法院予以撤销。

第七章　附则

第四十五条　本办法所称物业共用部分,是指物业管理区域内业主专有部分以外按照规定由业主共同管理的建筑物、构筑物及配套设施设备和相关场地。

本办法所称全体业主,在依法成立业主大会后是指业主大会。

本办法所称业主共同决定,是指业主大会的决定;未依法成立业主大会的,是指业主依法共同作出的决定。

本办法所称专有部分面积是指房屋所有权证记载的建筑面积;尚未进行登记的,暂按测绘机构的实测面积计算;尚未进行实测的,暂按房屋买卖合同记载的面积计算。建筑物总面积是指专有部分面积之和。

本办法所称物业服务企业,包括在前期物业服务中提供物业服务的建设单位。

第四十六条　本办法自2010年10月1日起施行。1995年7月7日市人民政府第21号令发布,1997年12月31日市人民政府第12号令修改的《北京市居住小区物业管理办法》同时废止。

天津市物业管理条例

(2002年10月24日天津市第十三届人民代表大会常务委员会第三十六次会议通过，2002年12月1日起施行)

第一章 总则

第一条 为了规范物业管理服务的市场行为，保障社会公共利益，维护业主和物业管理服务企业的合法权益，根据国家有关法律、法规的规定，结合本市实际情况，制定本条例。

第二条 本条例适用于本市行政区域内所有的物业管理活动。

第三条 本条例所称物业，是指房屋和与其相配套的共用设施、设备和场地。

本条例所称物业管理，是指全体业主对物业共同利益的维护和管理，由物业管理服务企业依照与业主或者业主会合同约定，为业主提供服务，对物业及其环境、秩序进行专业养护、维修和管理。

第四条 物业管理推行业主自治与专业服务相结合的社会化、市场化管理体制。物业管理应当遵循公开公平、诚实信用、市场竞争、服务规范的原则。

第五条 新建住宅小区和有两个以上业主的新建住宅物业，应当实行物业管理；商贸、办公、医院、学校、工厂、仓储等非住宅物业，根据条件推行物业管理。

第六条 市房地产管理局是本市物业管理的行政主管部门，负责本条例的组织实施。

区、县房地产管理局是本辖区物业管理的行政主管部门，负责对本辖区内物业管理活动的监督管理。

市人民政府其他有关部门，按照各自职责，负责相关的管理、服务工作。

街道办事处、乡镇人民政府对物业管理与社区管理、社区服务的相互关系进行协调。

第二章 业主、业主会、业主委员会

第七条 业主是指物业的所有权人。业主享有下列权利：

（一）参加业主会会议，发表意见，享有表决权；

（二）推选业主代表、选举业主委员会成员，享有被选举权；

（三）监督业主会或者业主代表会（以下统称业主会）和业主委员会的工作；

（四）提议召开业主会会议；

（五）接受物业管理服务合同约定的服务；

（六）监督物业管理服务企业的管理服务活动；

（七）法律、法规规定的其他权利。

第八条 业主应当履行下列义务：

（一）遵守业主公约；

（二）遵守业主会通过的决议和物业管理制度；

（三）配合物业管理服务企业按照业主公约、物业管理服务合同和物业管理制度实施的物业管理活动；

（四）按照物业管理服务合同的约定，交纳物业管理服务费；

（五）按照规定缴存维修基金；

（六）法律、法规规定的其他义务。

第九条 业主会由同一个物业管理区域内的全体业主组成。业主会是业主集体行使权利和维护全体业主合法权益的组织。

业主会行使下列权力：

（一）制定、修改业主会章程和业主公约；

（二）选举、更换业主委员会成员，监督业主委员会的活动；

（三）审定物业管理服务合同内容，确定物业管理服务企业；

（四）审议通过物业管理服务企业提出的物业管理服务年度计划和物业管理制度；

（五）监督物业管理服务企业的管理服务活动；

（六）决定维修基金的使用方案，并监督实施；

（七）决定涉及业主利益的其他重大事项。

第十条 同一个物业管理区域内的业主不足一百人的，可以直接组成业主会；一百人以上的，由业主按照业主总数的一定比例推选业主代表，组成业主代表会。业主代表会的代表一般不得少于三十五人。

业主代表会行使业主会的权力。

第十一条 已交付使用的新建物业有下列情形之一的，应当召开首次业主会会议：

（一）出售建筑面积达百分之五十以上；

（二）业主入住率达百分之五十以上；

（三）首位业主实际入住达二年以上。

第十二条 首次业主会会议由进行前期物业管理服务的企业负责召集。

进行前期物业管理服务的企业不召集首次业主会会议的，业主有权要求进行前期物业管理服务的企业召集，或者要求区、县物业管理行政主管部门督促召集。进行前期物业管理服务的企业仍不召集的，在区、县物业管理行政主管部门和街道办事处的指导下，由居民委员会组织召集或者业主自行召集。

第十三条 首次业主会会议应当讨论决定下列事项：

（一）制定业主会章程；

（二）修订业主公约；

（三）选举业主委员会；

（四）确定物业管理服务企业；

（五）决定物业管理其他重大事项。

第十四条 业主会会议每年至少召开一次，由业主委员会负责召集。业主会会议可以邀请街道办事处、公安派出所、居民委员会和使用人的代表列席。

根据业主委员会或者五分之一以上业主的提议，可以随时召开业主会会议。

第十五条 业主会应当按照本条例和业主会章程开展活动。业主会作出的决议，不得与法律、法规、规章相抵触。

业主会作出的决议，必须经代表物业管理区域内二分之一以上投票权数的业主通过。投票权按照业主拥有房屋建筑面积计算。业主投票权数的具体计算方法，由业主会章程规定。

业主代表行使表决权前，应当事先征求其所代表的业主意见，并如实反映业主意见。

业主会作出的决议，对物业管理区域内的全体业主具有约束力，并应当在物业管理区域内公告。

主业会签订的物业管理服务合同，由全体业主共同承担民事责任。

第十六条 业主委员会是业主会的办事机构。业主委员会成员在业主中选举产生，每届任期三年，可以连选连任。业主委员会设主任一名、副主任一至二名、委员三至十一名。主任、副主任在业主委员会成员中推举产生。

业主委员会不得从事经营活动，其成员不得在为本物业管理区域提供管理服务的物业管理服务企业中任职。

第十七条 业主委员会履行下列职责：

（一）召集业主会会议；

（二）执行业主会作出的决议，定期报告有关决议执行的情况，提出物业管理建议；

（三）根据业主会的决定，代表业主会签订、变更、解除物业管理服务合同；

（四）监督物业管理服务企业的管理服务活动，支持物业管理服务企业正当的管理活动；

（五）听取和反映业主、使用人的意见，协调与物业管理服务企业的关系；

（六）履行业主会赋予的职责；

（七）完成业主会交办的其他事项。

第十八条 业主会自成立之日起十五日内，业主委员会应当持下列文件向所在地的区、县物业管理行政主管部门办理业主会备案手续：

（一）业主会章程；

（二）业主公约；

（三）业主委员会组成人员的基本情况。

第十九条 物业使用人根据与业主的双方约定，享有业主相应的权利和履行业主相应的义务。但使用人与业主约定的内容不得违反业主公约和本条例的规定。

业主应当将与使用人的约定，书面告知业主委员会和物业管理服务企业。

本条例所称使用人，是指物业的承租人或者实际合法使用物业的人。

第二十条 业主会和业主委员会可以在物业管理服务费中按照每年不超过百分之一的比例提取活动经费，具体办法由业主会和物业管理服务企业在物业管理服务合同中约定。

第三章 物业管理服务企业

第二十一条 物业管理服务企业应当具有独立的法人资格，并按照物业管理行政主管部门核定的资质等级从事物业管理服务活动。

第二十二条 物业管理服务企业享有下列权利：

（一）依照有关规定和物业管理服务合同，对物业及其环境、秩序进行管理；

（二）依照物业管理服务合同收取物业管理服务费；

（三）对造成物业共用的部位、设施、设备损失的，代表业主要求责任人停止侵害、恢复原状、赔偿损失；

（四）法律、法规规定的其他权利。

第二十三条 物业管理服务企业应当履行下列义务：

（一）履行物业管理服务合同，提供服务；

（二）定期公布物业管理服务费和维修基金的使用情况；

（三）接受业主、业主会和业主委员会的监督；

（四）接受物业管理行政主管部门的监督管理；

（五）法律、法规规定的其他义务。

第二十四条 物业管理服务企业未经业主会同意，不得将物业项目整体转让给其他物业管理服务企业管理。

物业管理服务企业可以将专项服务委托专业公司承担。

第二十五条 物业管理服务企业应当配合街道办事处、居民委员会工作；协助公安部门维护物业管理区域内治安秩序、制止违法行为。在物业管理区域内发生治安案件或者各类灾害事故时，应当及时向公安和有关部门报告，并协助做好调查和救助工作。

政府有关部门、街道办事处和居民委员会应当支持物业管理工作，不得干预物业管理服务企业正常经营和管理服务活动，不得乱摊派。

第四章 前期物业管理

第二十六条 前期物业管理是指业主会成立前，开发建设单位委托物业管理服务企业进行物业管理服务的活动。

第二十七条 新建商品房出售前，房地产开发企业应当委托物业管理服务企业进行前期物业管理，并签订前期物业管理服务合同。

前期物业管理服务合同至首次业主会确定物业管理服务企业并签订物业管理服务合同之日终止。

第二十八条 房地产开发企业出售新建商品房时，应当向购房人明示前期物业管理服务合同及其内容。购房人购买新建商品房时，应当对前期物业管理服务合同中相关内容予以书面确认。经购房人确认的前期物业管理服务合同，对购房人具有约束力。

第二十九条 购房人购买新建商品房时，应当签署业主公约。业主公约的内容不得违反法律、法规和社会公共利益。

第三十条 规划、设计新建住宅小区时，应当统筹规划、合理布局物业管理服务的各项设施，并按照开发建设住宅总建筑面积的千分之三至千分之四确定物业管理服务用房，用于物业管理服务活动和业主活动。

开发建设单位应当按照规划、设计的要求建设物业管理服务用房。在物业竣工验收合格后30日内，将建成的物业管理服务用房无偿移交物业管理服务企业。

第三十一条 物业管理服务用房属于全体业主所有，由物业管理服务企业负责维修、养护，不得买卖和抵押；任何单位和个人不得占用或者改作他用。

第三十二条 开发建设单位应当在新建物业竣工验收合格后60日内，向进行前期物业管理服务的企业提供下列文件和资料：

（一）竣工总平面图，单体建筑、结构、设备的竣工图，附属配套设施、地下管网工程竣工图等资料；

（二）物业竣工验收资料；

（三）共用的设施、设备安装使用和维护保养技术资料；

（四）物业质量保证文件和使用说明文件；

（五）物业管理需要的其他资料。

第五章　物业使用和维护

第三十三条　物业在国家规定的保修期限内，由房地产开发企业负责维修。保修期限届满后，自用的部位、设施、设备，由业主负责维修、养护；共用的部位、设施、设备，由物业管理服务企业负责维修、养护。

当物业出现危及安全、影响观瞻或者影响他人正常使用的情况时，业主、使用人或者物业管理服务企业应当及时维修。

物业管理服务企业对物业共用的部位、设施、设备进行维修、养护时，相关业主和使用人应当给予配合。

第三十四条　业主使用物业应当遵守法律、法规、规章的规定，在供水、排水、通风、采光、通行、维修、装饰装修、环境卫生、环境保护等方面，按照有利于物业安全使用、外观整洁以及公平合理、不损害公共利益和他人利益的原则，处理相邻关系。

第三十五条　供水、供电、供气、供热、通信、有线电视等专业经营服务部门，应当直接为业主提供服务。

物业管理住宅小区内的道路、排水设施、垃圾、绿地、树木、绿化设施、路灯照明设施的维修养护责任，以及物业管理住宅小区内的道路、排水、绿化等设施、设备的大修、更新、改造的具体办法，由市人民政府另行规定。

第三十六条　使用物业禁止下列行为：

（一）拆改住宅房屋的承重结构，在外墙上拆改、增设门窗，损坏、改变房屋外貌；

（二）占用共用部位和消防通道，损坏共用的设施、设备；

（三）在屋顶堆放物品或者在阳台、露台、楼板上超荷载铺设地面材料、堆放物品；

（四）违章搭建建筑物、构筑物；

（五）放置超过安全标准的危险物品，排放有毒、有害物质或者发出超标噪声；

（六）乱设摊点，乱悬挂、张贴、涂写、刻画；

（七）侵占、毁坏绿地、树木和绿化设施；

（八）随意倾倒或者抛弃垃圾、杂物；

（九）法律、法规、规章和业主公约禁止的其他行为。

第三十七条　业主或者使用人装饰装修房屋，应当遵守国家和本市有关规定。

物业管理服务企业应当对房屋装饰装修进行监督，对不符合安全要求和影响公共利益的，应当劝阻制止，责令改正。

第三十八条　利用物业共用的部位、设施从事经营活动的，不得影响房屋安全和正常使用，并应当征得相邻业主和业主委员会的同意。物业管理服务企业代表业主会收取的相关收益，应当用于增加维修基金和改善共用的设施、设备。

第三十九条　任何单位或者个人不得随意占用物业管理区域内的道路、场地。确需占用道路或者场地停放机动车辆的，应当征得业主会同意。

业主占用道路、场地停放机动车辆的，应当交纳场地占用费。场地占用费主要用于增加维修基金、改善共用的设施、设备等，具体使用办法由业主委员会确定。

机动车辆和非机动车辆在物业管理区域内行驶、停放，应当遵守物业管理制度。

第四十条　两个以上业主的住宅物业和与其结构相连的非住宅物业，应当建立共用的部位、设施、设备维修基金。

维修基金管理办法由市人民政府制定。

第六章 物业管理服务

第四十一条 一个住宅小区应当由一个物业管理服务企业进行物业管理服务。

第四十二条 物业管理服务企业接受委托从事物业管理服务，应当与业主会签订物业管理服务合同。

物业管理服务合同应当载明下列主要内容：

（一）业主会和物业管理服务企业的名称；

（二）物业管理服务区域范围；

（三）物业管理服务内容；

（四）物业管理服务标准；

（五）物业管理服务费用；

（六）物业管理服务合同期限；

（七）违约责任；

（八）物业管理服务合同解除条件；

（九）双方约定的其他事项。

物业管理服务企业应当自物业管理服务合同签订之日起十五日内，将物业管理服务合同报物业管理项目所在地的区、县物业管理行政主管部门备案。

第四十三条 物业管理服务合同中约定的物业管理服务，应当包括下列内容：

（一）房屋共用部位和设备的维修、养护、管理；

（二）共用设施和设备的使用、维修、养护、管理；

（三）电梯、智能系统等设备的运行服务；

（四）环境卫生清扫保洁和绿地、树木、绿化设施的养护、管理；

（五）物业装饰装修管理；

（六）车辆行驶和停放秩序的管理、服务；

（七）物业管理区域内秩序的管理、服务；

（八）物业资料的管理和查询服务。

第四十四条 物业管理服务合同期限届满三个月前，物业管理服务企业与业主会应当协商续约事宜。双方续约的，应当重新签订物业管理服务合同；不续约的，业主会确定其他物业管理服务企业。

第四十五条 物业管理服务合同期满不续约或者解除合同的，原物业管理服务企业应当在合同终止之日起十日内，向业主委员会办理下列移交事项：

（一）物业管理服务费、场地占用费、利用物业共用设施所得收益等余额和财务账册；

（二）物业档案资料；

（三）物业管理服务用房、场地和属于业主共同所有的其他财物。

新物业管理服务企业确定后，业主委员会应当将前款所列事项移交新物业管理服务企业。

第四十六条 物业管理服务企业进行物业管理服务，应当遵守下列规定：

（一）按照国家和本市规定的技术标准和服务规范，物业管理服务合同、物业管理服务年度计划，提供物业管理服务；

（二）书面告知业主、使用人对共用的部位、设施、设备的使用方法和注意事项；

（三）对物业管理服务区域进行全面巡视和检查，定期对共用的部位、设施、设备进行维修、养护；

（四）发现共用的部位、设施、设备损坏时，立即采取措施，进行维修；

（五）接到物业损坏报修时，及时进行维修和处理；

（六）做好物业维修、更新及其费用收支的各项记录，妥善保管物业管理资料；

（七）发现违反本条例或者业主公约的行为，立即进行劝阻、制止，并向业主会和有关行政管理部门报告；

（八）按照物业管理服务合同，做好其他物业管理服务事项。

第七章 物业管理费

第四十七条 物业管理实行有偿服务。物业管理费包括物业管理服务费、特约服务费和代办服务费。

第四十八条 物业管理服务费应当按照与物业管理服务内容、服务质量相适应的原则确定。

普通住宅的物业管理服务费，由业主会、房地产开发企业与物业管理服务企业在政府指导价格范围内自主协商确定；其他住宅和非住宅物业的物业管理服务费，由业主会、房地产开发企业与物业管理服务企业协商确定。

第四十九条 普通住宅物业管理服务费的政府指导价格标准由市价格主管部门会同市物业管理行政主管部门制定，并向社会公布。

确定和调整普通住宅物业管理服务费的政府指导价时，应当采取各种方式听取群众意见。

第五十条 物业管理服务费应当按照业主拥有物业的建筑面积计算，按月交纳。

第五十一条 在前期物业管理期间，物业竣工验收合格交付使用前发生的物业管理相关费用，由开发建设单位承担。物业竣工验收合格交付业主后的物业管理服务费，由业主承担；开发建设单位与业主约定由开发建设单位承担物业管理服务费的，由开发建设单位承担。

物业管理区域内未售出空置房屋的物业管理服务费，由开发建设单位交纳。

第五十二条 个别业主或者使用人可以将物业管理服务合同以外特约服务事项委托物业管理服务企业，并支付特约服务费。

第五十三条 供水、供电、供热、供气、通信、有线电视等专业服务部门，可以将服务和收费事项委托物业管理服务企业并支付代办服务费。

第八章 法律责任

第五十四条 业主、业主会、物业管理服务企业、房地产开发企业之间因物业管理发生争议的，可以自行协商解决；不能自行协商解决的，可以向物业管理行政主管部门申请调解；也可以依法申请仲裁或者向人民法院起诉。

第五十五条 业主、使用人、业主委员会和物业管理服务企业对违反本条例的行为，可以向物业管理行政主管部门投诉。

物业管理行政主管部门受理投诉后，应当及时进行调查、核实、并依法处理。

第五十六条 开发建设单位违反本条例第三十条第二款规定，未向物业管理服务企业提供物业管理服务用房的，物业管理行政主管部门责令限期改正；拒不改正的，暂扣售房许可证，并处以一万元以上十万元以下罚款。

开发建设单位违反本条例第三十二条规定，未向前期物业管理服务的企业提供文件、资料的，物业管理行政主管部门责令限期提供；逾期不提供的，处以一万元以下罚款。

第五十七条 物业管理服务企业有下列行为之一的，物业管理行政主管部门责令限期改正，予以警告，降低资质等级，并可按照以下规定处以罚款：

（一）违反本条例第二十一条规定，未按照资质等级从事物业管理服务活动的，处以一万元以上五万元以下罚款；

（二）违反本条例第二十四条第一款规定，将物业项目整体转让他人的，处以一万元以上五万元以下罚款；

（三）违反本条例第四十二条第三款规定，未办理合同备案的，处以五千元以上一万元以下罚款；

第五十八条 业主、使用人违反本条例第三十三条第三款规定，拒绝、阻碍物业管理服务企业对物业共用的部位、设施、设备进行维修养护的，物业管理服务企业可以向人民法院提起诉讼，排除妨害。造成损失的，业主或者使用人应当承担赔偿责任。

第五十九条 违反本条例第三十六条规定，有下列行为之一的，物业管理行政主管部门责令改正，并可以按照以下规定处以罚款；给他人造成损失的，应当给予赔偿：

（一）拆改住宅房屋的承重结构的，处五万元以上十万元以下罚款；

（二）占用共用部位，损坏共用的设施、设备的，处以三万元以下罚款；

（三）在屋顶堆放物品或者在阳台、露台、楼板上超荷载铺设地面材料的，处以一万元以下罚款。

当事人逾期不改正的，物业管理行政主管部门下达恢复原状的决定，并可申请人民法院强制执行。

违反本条例第三十六条规定，占用消防通道，放置超过安全标准的危险物品，违章搭建建筑物、构筑物，排放有毒、有害物质或者发出超标噪声，乱设摊点、乱悬挂、张贴、涂写、刻画，随意倾倒或者抛弃垃圾、杂物，侵占、毁坏绿地、树木、绿化设施的，公安、规划、环保、市容环卫、园林等行政部门按照国家和本市的有关规定予以处罚。

第六十条 当事人对物业管理行政主管部门的处罚决定不服的，可以依法申请行政复议或者向人民法院起诉；逾期不申请行政复议或者不起诉，又不履行行政处罚决定的，由作出处罚决定的机关申请人民法院强制执行。

第六十一条 物业管理行政主管部门工作人员滥用职权、玩忽职守、徇私舞弊的，由其所在单位或者上级机关给予行政处分；构成犯罪的，依法追究刑事责任。

第九章 附则

第六十二条 业主公约和业主会章程的示范文本，由市物业管理行政主管部门制定；物业管理服务合同和前期物业管理服务合同的示范文本，由市物业管理行政主管部门会同市工商行政管理部门共同制定。

第六十三条 未实行物业管理的原有住宅区，参照本条例逐步实行物业管理。

第六十四条 本条例自2002年12月1日起施行。1997年12月17日天津市人民政府颁布的《天津市住宅小区物业管理办法》同时废止。

上海市住宅物业管理规定

(2004年8月19日上海市第十二届人民代表大会常务委员会第十四次会议通过,2010年12月23日上海市第十三届人民代表大会常务委员会第二十三次会议修订)

第一章 总则

第一条 为了规范住宅物业管理活动,维护业主和物业服务企业的合法权益,根据《中华人民共和国物权法》、国务院《物业管理条例》和其他有关法律、行政法规,结合本市实际情况,制定本规定。

第二条 本市行政区域内住宅物业管理、使用及其监督管理,适用本规定。

第三条 本规定所称住宅物业管理(以下简称物业管理),是指住宅区内的业主通过选聘物业服务企业,由业主和物业服务企业按照物业服务合同约定,或者通过其他形式,对房屋及配套的设施设备和相关场地进行维修、养护、管理,维护相关区域内的环境卫生和秩序的活动。

本规定所称业主,是指房屋的所有权人。

本规定所称使用人,是指房屋的承租人和实际居住人。

本规定所称物业服务企业,是指依法取得独立法人资格、具有相应资质,从事物业服务的企业。

第四条 市房屋行政管理部门负责全市物业管理的监督管理工作。区、县房屋行政管理部门负责本辖区内物业管理的监督管理;其设立的房屋管理办事机构(以下简称房管办事处)承担相关具体事务。

市和区、县房屋行政管理部门履行以下职责:

(一)业主大会和业主委员会的业务指导与监督管理;

(二)物业服务企业和从业人员的监督管理;

(三)专项维修资金归集、使用的指导与监督;

(四)物业使用和维护的监督管理;

(五)物业管理方面的其他监督管理职责。

第五条 区、县人民政府应当建立住宅小区综合管理工作制度,组织区、县相关行政管理部门和单位,部署、推进和协调辖区内物业管理各项工作,并指导监督业主大会、业主委员会的各项工作。

乡、镇人民政府和街道办事处应当建立本辖区住宅小区综合管理工作制度,协调和处理辖区内物业管理综合事务和纠纷,指导监督业主大会、业主委员会的组建及日常运作。

第六条 市物业管理行业协会是实行行业服务和自律管理的社会组织,依法制定和组织实施自律性规范,组织业务培训,对物业服务企业之间的纠纷进行调解,维护物业服务企业合法权益。

本市鼓励物业服务企业加入市物业管理行业协会。

第二章 业主及业主大会

第七条 住宅小区,包括分期建设或者两个以上单位共同开发建设的住宅小区,其设置的配套设施设备是共用的,应当划分为一个物业管理区域;但被道路、河道等分割为两个以上自然街坊或者封闭小区,且能明确共用配套设施设备管理、维护责任的,可以分别划分为独立的物业管理区域。

第八条 房屋行政管理部门负责核定物业管理区域。

规划行政管理部门在住宅建设工程设计方案审查时,应当征求区、县房屋行政管理部门对物业管理区域的预划意见。

建设单位在申请办理住宅建设工程规划许可证的同时,应当向区、县房屋行政管理部门提出划分物业管理区域的申请,区、县房屋行政管理部门应当在五日内核定物业管理区域。

建设单位在房屋销售时,应当将区、县房屋行政管理部门核定的物业管理区域范围,通过合同约定方式向物业买受人明示。

第九条 尚未划分或者需要调整物业管理区域的,区、县房屋行政管理部门应当会同乡、镇人民政府或者街道办事处,按照第七条的规定,结合当地居民委员会、村民委员会的布局划分物业管理区域。调整物业管理区域的,还应当征得专有部分占建筑物总面积过半数的业主且占总人数过半数的业主同意。

物业管理区域调整后,区、县房屋行政管理部门应当在相关物业管理区域内公告。

第十条 建设单位在办理房屋交付使用许可手续时,应当向房管办事处提交下列资料:

(一)竣工总平面图,单体建筑、结构、设备竣工图,配套设施、地下管网工程竣工图等竣工验收资料;

(二)设施设备的安装、使用和维护保养等技术资料;

(三)物业质量保修文件和物业使用说明文件;

(四)物业管理所必需的其他资料。

建设单位在办理物业承接验收手续时,应当向物业服务企业移交前款规定的资料。

业主可以向房管办事处、物业服务企业申请,查询本物业管理区域内第一款规定的资料。

第十一条 业主在物业管理活动中,除享有《中华人民共和国物权法》、国务院《物业管理条例》规定的权利外,还有权提议召开首次业主大会会议。

业主在物业管理活动中,应当履行《中华人民共和国物权法》、国务院《物业管理条例》规定的义务。

业主应当直接或者通过建设单位、物业服务企业向业主委员会提供联系地址、通讯方式。

第十二条 业主大会由一个物业管理区域内的全体业主组成。

一个物业管理区域内,房屋出售并交付使用的建筑面积达到百分之五十以上,或者首套房屋出售并交付使用已满两年的,应当召开首次业主大会会议,成立业主大会。但只有一个业主的,或者业主人数较少且经全体业主一致同意,决定不成立业主大会的,由业主共同履行业主大会、业主委员会职责。

第十三条 物业管理区域符合本规定第十二条第二款所列应当成立业主大会条件之一的,建设单位应当在三十日内向物业所在地的乡、镇人民政府或者街道办事处提出成立业

主大会的书面报告,并提供下列资料:

(一)物业管理区域核定意见;

(二)物业服务企业用房和业主委员会用房(以下合称物业管理用房)配置证明;

(三)业主清册和物业建筑面积;

(四)物业出售并交付使用时间;

(五)已筹集的专项维修资金清册。

建设单位未及时书面报告的,业主可以向乡、镇人民政府或者街道办事处提出成立业主大会的书面要求。

第十四条 乡、镇人民政府或者街道办事处应当在接到建设单位书面报告或者业主书面要求后的六十日内,会同区、县房屋行政管理部门组建业主大会筹备组(以下简称筹备组)。筹备组应当自成立之日起七日内,将成员名单在物业管理区域内公告。

筹备组由业主代表、建设单位代表、乡、镇人民政府或者街道办事处代表,房管办事处代表,物业所在地居民委员会或者村民委员会代表组成。筹备组人数应当为单数,其中业主代表应当符合本规定第十九条第二款的规定,人数所占比例应当不低于筹备组总人数的二分之一。筹备组组长由乡、镇人民政府或者街道办事处代表担任。

筹备组中的业主代表,由街道办事处或者乡、镇人民政府组织业主推荐产生。

业主对筹备组成员有异议的,由乡、镇人民政府或者街道办事处协调解决。

第十五条 筹备组应当做好以下筹备工作:

(一)确认并公示业主身份、业主人数以及所拥有的专有部分面积;

(二)确定首次业主大会会议召开的时间、地点、形式和内容;

(三)草拟管理规约、业主大会议事规则;

(四)确定首次业主大会会议表决规则;

(五)制定业主委员会成员候选人产生办法,确定业主委员会成员候选人名单;

(六)制定业主委员会选举办法;

(七)完成召开首次业主大会会议的其他准备工作。

前款内容应当在首次业主大会会议召开十五日前在物业管理区域内公告。业主对公告内容有异议的,筹备组应当记录并作出答复。

筹备组应当自成立之日起九十日内,组织召开首次业主大会会议。

筹备组在业主委员会依法成立后自行解散。

第十六条 业主大会除履行《中华人民共和国物权法》、国务院《物业管理条例》规定的职责外,还可以决定业主委员会的工作经费、撤销业主小组不适当的决定。

第十七条 业主大会会议可以采用集体讨论形式,也可以采用书面征求意见的形式。业主大会会议应当有物业管理区域内专有部分占建筑物总面积过半数的业主且占总人数过半数的业主参加。

业主大会作出决定,应当经专有部分占建筑物总面积过半数的业主且占总人数过半数的业主同意。业主大会决定筹集和使用专项维修资金,或者改建、重建建筑物及其附属设施的,应当经专有部分占建筑物总面积三分之二以上的业主且占总人数三分之二以上的业主同意。

业主可以委托代理人参加业主大会会议,代理人应当持业主书面委托书并依据委托人对所议事项的意见进行投票表决。

第十八条 首次业主大会会议通过的议事规则，应当就业主大会的议事方式、表决程序、业主小组的设立、业主委员会的组成、任期、罢免和补选等事项作出约定。

第十九条 业主委员会由业主大会会议选举产生，依法履行职责。业主委员会由五人以上单数组成，任期为三年到五年。

业主委员会成员应当符合国务院《物业管理条例》规定的条件。业主有损坏房屋承重结构、违法搭建、破坏房屋外貌、擅自改变物业使用性质、欠交物业服务费或者专项维修资金、违法出租房屋等情形且未改正的，不得担任业主委员会成员；担任业主委员会成员后出现上述情形的，应当按照业主大会确定的规则予以罢免。

业主委员会履行下列职责：

（一）召集业主大会会议，报告物业管理的实施情况；

（二）代表业主与业主大会选聘的物业服务企业签订物业服务合同；

（三）及时了解业主、物业使用人的意见和建议，督促业主交纳物业服务费，监督和协助物业服务企业履行物业服务合同；

（四）监督管理规约的实施；

（五）业主大会赋予的其他职责。

业主委员会应当接受业主大会和业主的监督。

第二十条 业主委员会主任、副主任由业主委员会选举产生。

业主委员会主任负责主持业主委员会日常工作，并履行以下职责：

（一）召集和主持业主委员会会议；

（二）提出业主委员会会议议题；

（三）按照业主大会会议的决定，签署有关文书。

业主委员会主任因故不能履行职责时，由副主任履行。

第二十一条 业主委员会自选举产生之日起三十日内，持下列文件向乡、镇人民政府或者街道办事处备案：

（一）业主大会会议记录和会议决定；

（二）业主大会议事规则；

（三）管理规约；

（四）业主委员会成员的名单和基本情况。

乡、镇人民政府或者街道办事处对依法选举产生的业主委员会出具业主大会、业主委员会备案证明和印章刻制证明。业主委员会应当依法刻制和使用印章。

第二十二条 业主大会会议分为定期会议和临时会议。业主大会定期会议应当按照业主大会议事规则的规定召开。经百分之二十以上业主提议，业主委员会应当组织召开业主大会临时会议。

召开业主大会会议，业主委员会应当事先将会议时间、地点、议题和议程书面通知所在地房管办事处、居民委员会或者村民委员会，邀请房管办事处、居民委员会或者村民委员会派代表参加，并听取房管办事处、居民委员会或者村民委员会的意见、建议。

业主委员会不依法组织召开业主大会会议的，乡、镇人民政府或者街道办事处应当督促其限期召开；逾期不召开的，乡、镇人民政府或者街道办事处可以应业主要求组织召开业主大会会议。

第二十三条 业主委员会应当建立定期接待制度，听取业主和使用人对物业管理和业主委员会日常工作的意见和建议，接受业主和使用人的咨询、投诉和监督。

业主委员会应当建立工作记录制度，做好业主大会会议、业主委员会会议、物业服务合同协商签订活动，以及物业管理中各项重要事项的记录，并妥善保管。

业主委员会应当建立信息公开制度，按照规定及时公布业主大会和业主委员会作出的决定、物业服务企业选聘、物业服务合同等物业管理中的各项决定和重大事项；定期公布专项维修资金和公共收益收支；接受业主查询所保管的物业管理信息。

第二十四条 业主委员会任期届满的两个月前，应当书面报告乡、镇人民政府或者街道办事处。乡、镇人民政府或者街道办事处应当在六十日内会同区、县房屋行政管理部门组建换届改选小组，由换届改选小组组织召开业主大会会议选举产生新一届业主委员会。

换届改选小组由业主代表，乡、镇人民政府或者街道办事处代表，房管办事处代表，物业所在地居民委员会或者村民委员会代表组成。换届改选小组人数应当为单数，其中业主代表应当符合本规定第十九条第二款的规定，人数所占比例应当不低于换届改选小组总人数的二分之一。换届改选小组组长由乡、镇人民政府或者街道办事处代表担任。

自换届改选小组产生至新一届业主委员会选举产生期间，业主委员会不得组织召开业主大会会议对下列事项作出决定：

（一）选聘、解聘物业服务企业；

（二）除管理规约规定情形之外的物业维修、更新、改造等重大事项；

（三）其他重大事项。

第二十五条 业主委员会应当自换届改选小组成立之日起十日内，将其保管的有关财务凭证、业主清册、会议纪要等档案资料、印章及其他属于业主大会所有的财物移交物业所在地房管办事处保管。业主大会、业主委员会依法需要使用上述物品的，物业所在地房管办事处应当及时提供。

新一届业主委员会选举产生后，应当在三十日内向乡、镇人民政府或者街道办事处办理换届备案手续，并由物业所在地房管办事处在备案后十日内，将其保管的前款所述物品移交新一届业主委员会。

拒不移交第一款所述物品的，新一届业主委员会可以请求物业所在地乡、镇人民政府或者街道办事处督促移交，物业所在地公安机关应当予以协助。

第二十六条 不再担任业主委员会成员的，应当在十日内将其保管的本规定第二十五条第一款所述物品移交业主委员会；拒不移交的，业主委员会可以按照本规定第二十五条第三款规定处理。

第二十七条 业主委员会出现成员人数不足二分之一或者其他无法正常运作情形的，业主大会应当作出决定启动补选或者提前换届改选程序。

第二十八条 业主委员会的名称、所辖区域范围、成员、业主大会议事规则和管理规约发生变更的，业主委员会应当在三十日内向乡、镇人民政府或者街道办事处办理变更备案手续。

因物业管理区域调整、房屋灭失或者其他原因致使业主委员会无法存续的，业主委员会应当在三十日内向乡、镇人民政府或者街道办事处办理注销备案手续。

第二十九条 按照本规定第二十一条、第二十五条、第二十八条规定，乡、镇人民政府或者街道办事处受理业主委员会备案后，应当在二十日内完成备案手续，并将备案资料抄送区、县房屋行政管理部门。

第三十条 同一物业管理区域内有两幢以上房屋的，可以以幢、单元为单位成立业主小组。业主小组由该幢、单元的全体业主组成。

业主小组应当履行下列职责：

（一）推选业主代表出席业主大会会议，表达本小组业主的意愿；

（二）决定本小组范围内住宅共用部位、共用设施设备的维修、更新、改造和养护；

（三）决定本小组范围内的其他事项。

业主小组议事由该业主小组产生的业主代表主持。业主小组行使前款规定职责的程序，参照本物业管理区域业主大会议事规则执行。

第三十一条 居民委员会、村民委员会设立的人民调解委员会，可以依法调解本地区业主、业主委员会、物业服务企业之间的物业管理纠纷。

第三章 物业管理服务

第三十二条 物业服务企业应当按照国家有关规定，取得相应资质。

房屋行政管理部门应当依法对物业服务企业的服务活动实施监督检查。

第三十三条 物业服务项目经理应当取得相应的资格证书。

物业服务项目经理承接物业管理区域数量和建筑面积的规范，由市房屋行政管理部门制定。

第三十四条 市房屋行政管理部门应当根据物业服务合同履行、投诉处理和日常检查等情况，建立物业服务企业信用档案库和物业服务项目经理信用档案库。

第三十五条 选聘物业服务企业前，业主委员会应当拟定选聘方案。选聘方案应当包括拟选聘物业服务企业的资质、管理实绩要求、物业服务内容和收费标准、物业服务合同期限和选聘方式等内容。

选聘方案经业主大会会议表决通过后，业主委员会应当在物业管理区域内公告。

第三十六条 选聘物业服务企业的，应当通过本市统一的物业管理招投标平台公开招标，但业主大会决定继续聘用原物业服务企业或者业主大会决定采用协议选聘等其他方式的除外。

市房屋行政管理部门负责建立本市统一的物业管理招投标平台，为选聘物业服务企业提供指导和服务。

第三十七条 建设单位在申请房屋预售许可前，应当参照市房屋行政管理部门制作的示范文本，制定临时管理规约和房屋使用说明书，作为房屋销售合同的附件。

临时管理规约应当对物业的使用和维护管理、业主义务、违反临时管理规约应当承担的责任等事项作出规定，但不得与法律、法规、规章相抵触，不得侵害物业买受人的合法权益。临时管理规约应当报区、县房屋行政管理部门备案。

房屋使用说明书应当载明房屋平面布局、结构、附属设备，注明房屋承重结构的房屋结构图，不得占用、移装的共用部位、共用设备，以及其他有关安全合理使用房屋的注意事项。

建设单位与物业买受人签订的房屋销售合同，应当包含前期物业服务合同约定的内容，以及建设工程规划许可文件载明的建设项目平面布局图，并在房屋交接书中列明物业管理区域内归全体业主所有的配套设施设备。

建设单位不得将物业共用部分的所有权或者使用权单独转让。

第三十八条 建设单位应当在物业管理区域地面上配置独用成套的物业管理用房，其中物业服务企业用房按照物业管理区域房屋总建筑面积的千分之二配置，但不得低于一百平方米；业主委员会用房按照不低于三十平方米配置。在物业交付时，物业管理用房由建设单位交付物业服务企业代管，并在业主大会成立后三十日内无偿移交给业主大会。

规划行政管理部门在核发建设工程规划许可证时，应当在许可证附图上注明物业管理用房的具体部位。

区、县房屋行政管理部门在核发房屋预售许可证和办理房屋所有权初始登记时，应当注明物业管理用房室号。

物业管理用房不得擅自变更位置，也不得分割、转让、抵押。

第三十九条 物业管理区域内的下列配套设施设备归业主共有：

（一）物业管理用房；

（二）门卫房、电话间、监控室、垃圾箱房、共用地面架空层、共用走廊；

（三）物业管理区域内按规划配建的非机动车车库；

（四）物业管理区域内的共有绿化、道路、场地；

（五）建设单位以房屋销售合同或者其他书面形式承诺归全体业主所有的物业；

（六）其他依法归业主共有的设施设备。

建设单位申请房屋所有权初始登记时，应当提出前款规定的配套设施设备登记申请，由房地产登记机构在房地产登记册上予以记载，但不颁发房地产权证书。

第四十条 物业服务企业应当按照物业服务合同的约定，提供相应的服务。物业服务合同可以约定下列服务事项：

（一）物业共用部位、共用设施设备的使用管理和维护；

（二）共有绿化的维护；

（三）共有区域的保洁；

（四）共有区域的秩序维护；

（五）车辆的停放管理；

（六）物业使用中对禁止性行为的管理措施；

（七）物业维修、更新、改造和养护费用的账务管理；

（八）物业档案资料的保管；

（九）业主大会或者业主委托的其他物业服务事项。

物业服务企业可以将物业服务合同中的专项服务事项委托给专业性服务企业，但不得将物业服务合同约定的全部事项一并委托给他人。

第四十一条 物业服务企业提供物业服务，应当遵守下列规定：

（一）符合国家和本市规定的技术标准、规范；

（二）及时向业主、使用人告知安全合理使用物业的注意事项；

（三）定期听取业主的意见和建议，改进和完善服务；

（四）配合居民委员会、村民委员会做好社区管理相关工作。

物业服务企业应当协助做好物业管理区域内的安全防范工作。

第四十二条 物业服务合同期限届满的三个月前，业主委员会应当组织召开业主大会，作出续聘或者另聘物业服务企业的决定，并将决定书面告知物业服务企业。业主大会决定续聘且物业服务企业接受的，业主委员会与物业服务企业应当在物业服务合同届满前重新签订物业服务合同。

物业服务企业决定物业服务合同期限届满后不再为该物业管理区域提供物业服务的，应当提前三个月书面告知业主委员会。

物业服务合同期限届满后，业主大会没有作出续聘或者另聘物业服务企业决定，物业服务企业按照原合同继续提供服务的，原合同权利义务延续。在合同权利义务延续期间，任何一方提出终止合同的，应当提前三个月书面告知对方。

第四十三条 物业服务企业应当建立和保存下列档案和资料：

（一）小区共有部分经营管理档案；

（二）小区监控系统、电梯、水泵、电子防盗门等共用设施设备档案及其运行、维修、养护记录；

（三）水箱清洗记录及水箱检测报告；

（四）住宅装饰装修管理资料；

（五）业主清册；

（六）物业服务企业或者建设单位与相关公用事业单位签订的供水、供电、垃圾清运、电信覆盖等书面协议；

（七）物业服务活动中形成的与业主利益相关的其他重要资料。

物业服务合同终止时，物业服务企业应当向业主委员会移交本规定第十条第一款和前款规定的档案和资料，以及物业管理用房。

第四十四条 物业服务收费应当遵循合理、公开、质价相符的原则。

物业服务收费实行政府指导价和市场调节价，同一物业管理区域内实施同一物业服务内容和标准的，物业服务收费执行同一价格标准。具体办法由市人民政府另行制定。

物业服务企业可以根据业主的委托提供物业服务合同约定以外的服务项目，服务报酬由双方协商确定。

物业服务企业应当在物业管理区域内书面公布物业服务项目及其收费标准。

第四十五条 前期物业服务合同生效之日至出售房屋交付之日的当月发生的物业服务费用，由建设单位承担。

出售房屋交付之日的次月至前期物业服务合同终止之日的当月发生的物业服务费用，由物业买受人按照房屋销售合同约定的前期物业服务收费标准承担；房屋销售合同未约定的，由建设单位承担。

业主应当根据物业服务合同约定，按时交纳物业服务费；业主逾期不交纳物业服务费的，业主委员会应当督促其交纳；物业服务企业可以依法向人民法院起诉。

业主转让物业时，应当与物业服务企业结清物业服务费；未结清的，买卖双方应当对物业服务费的结算作出约定，并告知物业服务企业。

第四十六条 利用物业共用部分获取的收益，归共同拥有该物业的业主所有，主要补充专项维修资金，也可以按照业主大会的决定用于业主委员会工作经费或者物业管理方面的其他需要。

第四十七条 经专有部分占建筑物总面积过半数的业主且占总人数过半数的业主同意，业主可以自行管理物业，并对下列事项作出决定：

（一）自行管理的执行机构；

（二）自行管理的内容、标准、费用和期限；

（三）聘请专业机构的方案；

（四）其他有关自行管理的内容。

电梯、消防、技防等涉及人身、财产安全以及其他有特定要求的设施设备管理，应当委托专业机构进行维修和养护。

业主大会可以委托具有资质的中介机构对管理费用、专项维修资金、公共收益等进行财务管理，根据委托财务管理合同开通专项维修资金账户，并应当向业主每季度公布一次自行管理账目。

业主自行管理物业的具体范围和实施办法由市人民政府另行制定。

第四章 物业的使用和维护

第四十八条 物业服务企业承接物业时，应当对移交的房屋及配套设施设备和相关场地进行检查验收，并对相关资料进行核对接收。

物业服务企业应当自承接验收之日起七日内签署验收确认书。

第四十九条 建设单位应当按照国家规定的保修期限和保修范围，承担物业的保修责任。建设单位委托物业服务企业维修的，应当与物业服务企业另行签订委托协议。

建设单位应当在房屋所有权初始登记前，将物业保修金交存至指定专户，专项用于保修期内物业维修的保障。保修期内，物业保修金不足的，建设单位应当补足；保修期满后，物业保修金有余额的，应当返还建设单位。

物业保修金监管实行统一交存、资金归属不变、专款专用、政府监管的原则。

第五十条 业主、使用人应当遵守国家和本市的规定以及临时管理规约、管理规约，按照房屋安全使用规定使用物业。

禁止下列损害公共利益及他人利益的行为：

（一）损坏房屋承重结构；

（二）违法搭建建筑物、构筑物；

（三）破坏房屋外貌；

（四）擅自改建、占用物业共用部分；

（五）损坏或者擅自占用、移装共用设施设备；

（六）存放不符合安全标准的易燃、易爆、剧毒、放射性等危险性物品，或者存放、铺设超负荷物品；

（七）排放有毒、有害物质；

（八）发出超过规定标准的噪声；

（九）法律、法规和规章禁止的其他行为。

第五十一条 业主、使用人装饰装修房屋，应当遵守国家和本市的规定以及临时管理规约、管理规约。

业主、使用人装饰装修房屋的，应当事先告知物业服务企业。物业服务企业应当将装饰装修工程的禁止行为和注意事项告知业主、使用人。

在业主、使用人装饰装修房屋期间，物业服务企业应当对装饰装修房屋情况进行现场巡查，业主应当予以配合。

第五十二条 业主、使用人应当按照规划行政管理部门批准或者房地产权证书载明的用途使用物业，不得擅自改变物业使用性质。

确需改变物业使用性质的，由区、县规划行政管理部门会同区、县房屋行政管理部门提出允许改变物业使用性质的区域范围和方案，并召开听证会听取利害关系人意见后，报区、县人民政府决定。

在允许改变物业使用性质的区域范围内，具体房屋单元的业主需要改变使用性质的，应当符合法律、法规以及管理规约，经有利害关系的业主同意后报区、县房屋行政管理部门审批，并依法向其他行政管理部门办理有关手续。

第五十三条 物业服务企业发现业主、使用人在物业使用、装饰装修过程中有违反国家和本市有关规定以及临时管理规约、管理规约行为的，应当依据有关规定或者临时管理规约、管理规约予以劝阻、制止；劝阻、制止无效的，应当在二十四小时内报告业主委员会和有关行政管理部门。有关行政管理部门在接到物业服务企业的报告后，应当依法对违法行为予以制止或者处理。

第五十四条 供水、供电、供气等专业单位应当承担分户计量表和分户计量表前管线、设施设备的维修养护责任。

第五十五条 物业管理区域内，规划用于停放机动车的车位、车库的归属，由当事人通过出售、附赠或者出租等方式约定。占用业主共有的道路或者其他场地用于停放机动车的车位，属于业主共有。

建设单位所有的机动车停车位向业主、使用人出租的，其收费标准应当按照价格主管部门的规定执行。

车辆在全体共用部分的停放、收费和管理等事项，由业主大会决定。业主大会决定对车辆停放收费的，参照价格主管部门的规定确定收费标准。业主大会成立前，车辆在物业管理区域内停放的，其收费标准应当按照价格主管部门的规定执行。

车主对车辆有保管要求的，由车主和物业服务企业另行签订保管合同。

公安、消防、抢险、救护、环卫等特种车辆执行公务时在物业管理区域内停放，不得收费。

第五十六条 物业管理区域内的机动车停车位，应当提供给本物业管理区域内的业主、使用人使用。建设单位尚未出售的停车位，应当出租给业主、使用人停放车辆。停车位不得转让给物业管理区域外的单位、个人；停车位有空余的，可以临时出租给物业管理区域外的单位、个人。

物业管理区域内停放车辆，不得影响其他车辆和行人的正常通行。

第五十七条 新建商品住宅、公有住宅以及住宅区内的非住宅物业出售时，物业出售人和买受人应当按照国家和本市的规定交纳专项维修资金。专项维修资金应当用于物业共用部分的维修、更新和改造，不得挪作他用。

第五十八条 未建立首期专项维修资金或者专项维修资金余额不足首期筹集金额百分之三十的，业主应当按照国家和本市的相关规定、管理规约和业主大会的决定，及时补建或者再次筹集专项维修资金。

补建或者再次筹集专项维修资金应当采用分期交纳的方式，并由物业服务企业在收取物业服务费时予以代收；业主大会也可以决定由业主一次性交纳。

业主申请房地产转移登记或者抵押登记时，应当同时向房地产登记机构提供已足额交纳专项维修资金的相关凭证。

第五十九条 专项维修资金应当存入银行专户，按幢立账、按户核算。

受委托的物业服务企业每半年至少公布一次专项维修资金和公共收益的收支情况，接受业主的监督。

第六十条 专项维修资金使用实行工程审价和使用程序审核。

业主委员会任期届满前，应当在换届改选小组的指导下委托有资质的中介机构对专项维修资金、公共收益的使用情况以及业主委员会工作经费进行财务审计。

第六十一条 物业维修、更新、改造和养护的费用，按照下列规定承担：

（一）专有部分的所需费用，由拥有专有部分的业主承担；

（二）部分共用部分的所需费用，由拥有部分共用部分业主按照各自拥有的房屋建筑面积比例共同承担；

（三）全体共用部分的所需费用，由物业管理区域内的全体业主按照各自拥有的房屋建筑面积比例共同承担。

按照本规定设立专项维修资金的，部分共用部分、全体共用部分的维修、更新和改造费用在专项维修资金中列支。但物业的共用部分属于人为损坏的，费用应当由责任人承担。

第六十二条 物业部分共用部分的维修、更新和改造应当由部分共用的业主决定，并经专有部分占部分共用部分建筑物总面积三分之二以上的业主且占部分共用部分总人数三分之二以上的业主同意；其他决定事项，应当经专有部分占部分共用部分建筑物总面积过半数的业主且占部分共用部分总人数过半数的业主同意。

前款决定不得与业主大会对全体共用部分作出的决定相抵触；对上述决定，业主委员会应当执行。

第六十三条 机动车停车场（库）的维修、养护费用由其所有人承担。机动车停车场（库）的专项维修资金按照物业管理专项维修资金标准交纳，纳入业主大会的专项维修资金账户管理，单独核算。

第六十四条 建设单位未按照规定提出成立业主大会书面报告前，专项维修资金不得动用，住宅共用部位、共用设施设备需要维修、更新和改造的，应当由建设单位承担物业维修责任。

建设单位已经按照规定提出成立业主大会的书面报告但业主大会尚未成立期间，需要动用专项维修资金的，物业服务企业应当提出维修实施方案，由物业所在地的居民委员会或者村民委员会组织征询业主意见，经全体共用部分业主依法讨论通过后，由物业服务企业组织实施。仅涉及部分共用部分的，可以提交涉及共用部分的业主依法讨论通过。

维修费用经市房屋行政管理部门指定的中介机构审价后，在专项维修资金中列支。

第六十五条 业主应当定期对物业进行维修养护，并按照规定检测和鉴定。

物业服务企业应当根据物业服务合同的约定，履行物业维修养护义务。

物业出现国家和本市规定的必须维修养护的情形时，业主或者物业服务企业应当及时履行维修养护义务。

第六十六条 发生下列紧急情况时，物业服务企业应当立即采取应急防范措施，并制定维修、更新方案，同时向业主委员会和物业所在地房管办事处报告：

（一）电梯、水泵故障影响正常使用的；

（二）消防设施损坏，消防部门出具整改通知书的；

（三）外墙墙面有脱落危险、屋顶或外墙渗漏等情况，严重影响房屋使用和安全，经有资质的鉴定机构出具证明的。

前款规定涉及维修费用需要动用住宅专项维修资金的，业主大会成立前，物业服务企业应当持有关材料，报区、县房屋行政管理部门审核同意，并经具有相应资质的中介机构审价后，在专项维修资金中直接列支；业主大会成立后，物业服务企业应当持有关材料，向业主委员会提出列支住宅专项维修资金，由业主委员会审核同意，报区、县房屋行政管理部门备案，并经具有相应资质的中介机构审价后，在专项维修资金中列支。

发生本条第一款所列情形，未按规定实施维修、更新和改造的，区、县房屋行政管理部门可以组织代为维修，维修费用在专项维修资金中列支。

第六十七条 物业存在房屋结构安全隐患或者被鉴定为危险房屋，可能危及公共利益或者他人合法权益时，责任人应当及时维修养护，有关业主应当予以配合。责任人不履行维修养护义务的，可以由物业服务企业报经业主大会同意或者直接按照管理规约的规定，代为维修养护或者采取应急防范措施，费用由责任人承担。

第六十八条 物业管理区域内的房屋外墙应当保持整洁和完好，并定期进行清洗或者粉刷，具体办法由市人民政府另行制定。

第六十九条 物业共用部分需要维修、养护、更新、改造的，相关专有部分的业主、使用人应当予以配合。

供水、供电、供气、信息、环卫、邮政、民防等专业单位进行相关作业需要进入物业管理区域的，物业服务企业应当予以配合；需要进入专有部分的，相关业主、使用人应当予以配合。

上述作业造成共有部分或者专有部分损失的，责任人应当依法恢复原状、承担赔偿责任。

第五章 法律责任

第七十条 违反本规定的行为，法律、行政法规或者本市其他法规有处罚规定的，依照有关法律、法规处理。

第七十一条 业主、使用人违反管理规约应当承担相应的民事责任。对违反管理规约的，业主委员会应当予以劝阻、制止；对不听劝阻的，业主委员会可以在物业管理区域内就相关情况予以公示；相关业主可以依法向人民法院提起民事诉讼。

第七十二条 发现物业服务企业不再符合原资质等级条件的，房屋行政管理部门应当责令限期改正；逾期不改正的，重新核定其资质等级，其中原资质等级为一级的，报国务院建设主管部门处理。

第七十三条 建设单位违反本规定第十三条第一款规定，未将物业管理区域符合业主大会成立条件的情况书面报告物业所在地乡、镇人民政府或者街道办事处，或者未按照规定提供有关资料的，由区、县房屋行政管理部门责令限期改正，可处一万元以上十万元以下的罚款。

第七十四条 违反本规定第三十三条第一款规定，物业服务企业聘用的物业服务项目经理未取得相应的资格证书的，由区、县房屋行政管理部门责令物业服务企业限期改正，并可处五万元以上二十万元以下的罚款。

第七十五条 建设单位违反本规定第四十九条第二款规定，未交存物业保修金的，由区、县房屋行政管理部门责令限期改正；逾期不改正的，处一万元以上五万元以下的罚款，并自逾期之日起按日加收万分之三的滞纳金。

第七十六条 违反本规定第五十条第二款第一项规定，损坏房屋承重结构的，由区、县房屋行政管理部门责令立即改正，恢复原状，可处一万元以上十万元以下的罚款；情节严重的，可处十万元以上二十万元以下的罚款。

第七十七条 违反本规定第五十条第二款第二项规定，违法搭建建筑物、构筑物的，由房屋、城管执法或者规划行政管理部门按照职责分工，责令限期拆除，可处一万元以上十万元以下的罚款；当事人逾期未拆除的，房屋、城管执法或者规划行政管理部门可以申请区、县人民政府组织强制拆除。

对正在实施违法搭建建筑物、构筑物的，由房屋、城管执法或者规划行政管理部门按照职责分工，责令立即停止施工，可以暂扣施工工具、材料；拒不改正的，可以组织代为改正，代为改正的费用由当事人承担。

第七十八条 违反本规定第五十条第二款第三项、第四项、第五项规定，破坏房屋外貌，擅自改建、占用物业共用部分，损坏或者擅自占用、移装共用设施设备的，由区、县房屋行政管理部门责令改正，恢复原状，可处1000元以上一万元以下的罚款；情节严重的，可处一万元以上十万元以下的罚款。

第七十九条 业主、使用人违反本规定第五十二条规定，擅自改变物业使用性质的，由区、县房屋行政管理部门责令限期改正，恢复原状，可处一万元以上五万元以下的罚款。

第八十条 物业服务企业违反本规定第五十三条规定，对业主、使用人的违法行为未予以劝阻、制止或者未在规定时间内报告有关行政管理部门的，由区、县房屋行政管理部门责令改正，可处1000元以上一万元以下的罚款。

第八十一条 建设单位违反本规定第五十六条第一款规定，不将机动车停车位提供给本物业管理区域内业主、使用人使用的，由区、县房屋行政管理部门责令立即改正，并处一万元以上十万元以下的罚款。

第八十二条 违反本规定第五十七条规定，物业出售人未按规定交纳专项维修资金的，由房屋行政管理部门责令限期改正，可处应交专项维修资金数额一倍以下的罚款。

违反本规定第五十八条第一款规定，业主未按要求补建或者再次筹集专项维修资金的，由房屋行政管理部门责令限期改正。

第八十三条 当事人对房屋行政管理部门以及其他有关行政管理部门的具体行政行为不服的，可以依照《中华人民共和国行政复议法》或者《中华人民共和国行政诉讼法》的规定，申请行政复议或者提起行政诉讼。

当事人对具体行政行为逾期不申请复议，不提起诉讼，又不履行的，作出具体行政行为的行政管理部门可以依法申请人民法院强制执行。

第八十四条 房屋行政管理部门，乡、镇人民政府，街道办事处，房管办事处以及相关行政管理部门的工作人员违反本规定，有下列情形之一的，由其所在单位或者上级主管部门依法给予行政处分；构成犯罪的，依法追究刑事责任：

（一）违法实施行政许可或者行政处罚的；

（二）未按照本规定履行监督检查职责的；

（三）发现违法行为不及时查处，或者包庇、纵容违法行为，造成后果的；

（四）其他玩忽职守、滥用职权、徇私舞弊的情形。

第六章 附则

第八十五条 本规定中有关专业用语的含义：

（一）专有部分，是指在构造上及利用上具有独立性，由单个业主独立使用、处分的物业部位。

（二）部分共用部分，是指由部分业主共同使用、管理的物业部位、设施设备及场地等部分。

（三）全体共用部分，是指由全体业主共同使用、管理的物业部位、设施设备及场地等部分。

第八十六条 市房屋行政管理部门应当制定临时管理规约、管理规约、首次业主大会会议表决规则、业主大会议事规则、业主委员会成员候选人产生办法、业主委员会选举办法、物业服务合同等示范文本。

第八十七条 非住宅物业管理，参照本规定执行。

第八十八条 本规定自2011年4月1日起施行。

天津市物业服务企业退出项目管理办法

第一条 为了规范物业服务企业退出项目管理的活动，维护当事人的合法权益，做好物业项目管理的衔接工作，保持业主正常生活秩序，根据《物业管理条例》（国务院令第504号）和《天津市物业管理条例》的有关规定，制定本管理办法。

第二条 本市行政区域内，因物业服务合同期满双方当事人不再续约或者双方当事人依据法律、法规和合同约定提前解除物业服务合同，物业服务企业退出项目管理活动，适用本办法。

第三条 物业服务企业退出项目管理应当本着维护社会稳定、保证居民基本生活秩序、依法有序、平稳过渡的原则进行。

第四条 市国土房管局负责本市物业服务企业退出项目管理活动的监督。

市建设、市容园林、交通运输、公安、消防和市场监管等部门要按照各自工作职责，指导区县所属部门配合有关部门做好物业服务企业退出项目管理活动的监督管理工作。

区县房管部门负责本辖区内物业服务企业退出项目管理活动的指导和监督管理。

第五条 区县人民政府应当组织街道办事处、乡镇人民政府及相关职能部门对本辖区内物业服务企业退出项目管理的具体行为实施监督。

街道办事处、乡镇人民政府应当及时协调解决业主、业主大会、业主委员会与物业服务企业在退出项目管理阶段出现的问题。

第六条 各区县建设、市容园林、环卫、交通运输、公安、消防和市场监管等部门要按照属地管理原则，加强与街道办事处（乡镇人民政府）、区县房管部门的协调配合，协助做好本辖区内物业服务企业退出项目管理阶段的衔接工作，并依照各自职责做好监督管理和检查工作。

第七条 供水、供电、供气、供热、通信、有线电视等专业经营服务单位，应当严格履行职责，直接为业主提供服务，向最终用户收取有关费用，并依法承担物业管理区域内相关管线和设施设备维修、养护责任，协助区县人民政府和有关部门做好物业服务企业退出项目管理阶段的工作。

第八条 开发建设单位应当维护购房人的合法权益，兑现售房承诺，解决项目遗留问题，为物业管理顺利开展提供保证。

第九条 物业服务企业应当坚持诚信守法的原则，严格履行退出程序和相应义务，协助解决项目遗留问题，做好衔接工作，保证项目管理的连续性。

第十条 业主和业主大会应当从保持项目管理的连续性和长远利益出发，慎用辞退权，保证物业项目的正常秩序。

选聘和解聘物业服务企业，业主委员会应当召集业主大会会议，经专有部分占建筑物总面积过半数的业主且占总人数过半数的业主表决同意。

第十一条 本市实行物业服务企业退出项目预警报告制度。物业服务合同期满不再续约或者提前解除合同的，物业服务企业与业主大会应当在合同终止3个月前做好下列工作：

（一）业主大会决定物业服务合同期满不再续约或者提前解除合同的，业主委员会应当在业主大会作出决定后3日内将不再续约或者提前解除合同的原因和时间书面告知物业服务企业；物业服务企业提出物业服务合同期满不再续约或者提前解除合同的，应当将不再续约或者提前解除合同的原因和时间书面告知业主委员会。在接到书面告知后，双方应当就物业服务企业退出项目时间、交接事宜进行协商。

（二）物业服务企业在与业主大会确定有关退出事宜3个工作日内，应当将拟退出原因、退出时间和有关事宜书面告知所在街道办事处（乡镇人民政府）和居民委员会（村民委员会），并到物业所在地的区县房管部门办理退出备案手续后在物业管理区域内公告。

（三）业主委员会应当做好选聘新物业服务企业的准备工作。

（四）区县房管部门接到物业服务企业预警报告后5个工作日内，应当会同街道办事处（乡镇人民政府）和居民委员会（村民委员会）到物业项目听取业主委员会、业主及物业服务企业的意见，并就继续管理服务做好协调沟通工作，指导业主大会选聘物业服务企业。

第十二条 物业服务合同期满不再续约或者提前解除合同，业主大会重新选聘新物业服务企业接管的，应当按照下列程序做好衔接工作：

（一）原物业服务企业应当继续按照合同约定做好服务，并积极协助业主大会选聘新物业服务企业；业主应当按时交纳物业管理服务费至合同终止或者双方约定之日。

（二）业主委员会应当组织召开业主大会会议，对选聘新物业服务企业等事宜进行表决，在物业服务终止之日1个月前依法完成选聘工作，并在物业管理区域内公告。业主委员会应当及时与新物业服务企业签订物业服务合同。

（三）原物业服务企业应当在退出之日起10日内，向业主委员会办理下列移交事宜：

1. 预收的物业管理服务费、场地占用费和收取的利用物业共用部位、设施和场地经营所得的收益余额；

2. 物业管理项目的档案资料；

3. 物业管理用房和属于业主共有的场地、设施设备；

4. 竣工总平面图，单体建筑、结构、设备的竣工图，附属配套设施、地下管网工程竣工图等资料；

5. 物业竣工验收资料；

6. 共用设施设备安装、使用、维护、保养和出厂技术资料；

7. 物业质量保证书和使用说明书；

8. 物业管理需要的其他资料；

9. 实行酬金制的，应当移交管理期间的财务资料。

（四）原物业服务企业在征得业主委员会同意后，也可向新物业服务企业直接办理移交，并由业主委员会监督确认。原物业服务企业与业主委员会办理交接的，新物业服务企业接管后，业主委员会应当将本条第（三）项所列事项转交新物业服务企业。

（五）新物业服务企业应当自物业服务合同签订之日起30日内，到物业所在地的区县房管部门办理备案手续。

第十三条 物业服务合同期满不再续约或者提前解除合同，暂时选聘不到新物业服务企业接管的，应当按照下列程序做好衔接工作：

（一）物业服务企业退出项目管理1个月前业主大会未选聘到新物业服务企业的，街道办事处（乡镇人民政府）牵头组织，区县房管部门实施业务指导，居民委员会（村民委员会）、物业服务企业和业主委员会共同就管理方式、服务标准和收费标准等内容对业主进行问卷调查，拟定管理预案报街道办事处（乡镇人民政府）审定。街道办事处（乡镇人民政府）应当在征询市容园林、环卫等行政主管部门意见后，将确定的管理预案等有关情况书面报送区县人民政府，并及时组织召开物业管理联席会议，协调解决物业服务企业在退出和交接过程中出现的问题。

（二）物业服务企业退出项目管理时，业主大会仍未选聘到新物业服务企业的，在区县人民政府组织领导下，由街道办事处（乡镇人民政府）牵头负责按照确定的管理预案做好门岗执勤、清扫保洁、垃圾清运、绿化维护、车辆管理、秩序维护、共用设施设备运行养护等工作。物业项目配置电梯等机电设施设备的，街道办事处（乡镇人民政府）应当组织居民委托具有专业资质的管理服务单位进行养护管理、专业维修。

所发生的费用由业主交纳，居民委员会（村民委员会）协助业主委员会收取。

（三）原物业服务企业应当在退出之日起10日内，按照本办法第十二条第（三）项有关规定向业主委员会办理移交事宜。

第十四条 物业服务企业、业主和业主大会应当按照物业服务合同约定的期限或解除合同条件终止合同，任何一方不得擅自解除合同。

第十五条 业主委员会在物业服务企业退出项目管理阶段不依法履行职责，无法选聘、解聘物业服务企业的，街道办事处（乡镇人民政府）应当组织召集物业管理联席会议进行协调解决。

第十六条 业主委员会未经业主大会同意，擅自作出解聘和重新选聘物业服务企业决定的，物业所在地的区县房管部门或者街道办事处（乡镇人民政府），应当责令限期改正或者撤销其决定，并通告全体业主。

业主大会或者业主委员会作出的决定侵害业主合法权益的，受侵害的业主可以依法请求人民法院予以撤销。

第十七条 业主委员会和新老物业服务企业的交接工作应当依法进行。原物业服务企业不得以任何理由拒绝办理交接和履行退出义务。

第十八条 原物业服务企业退出项目管理时，未成立业主委员会的，区县房管部门应当指导其向街道办事处（乡镇人民政府）办理移交手续。

新物业服务企业确定后，街道办事处（乡镇人民政府）应当将代为保管的该项目资金、物品和资料，转交给新物业服务企业。

第十九条 物业服务企业不按照规定履行退出程序和相应义务的，按照《天津市物业管理条例》的有关规定处理。同时，作为企业信用等级评定的重要依据，记入企业诚信档案，向社会公布。

第二十条 本办法自2015年3月1日起施行，至2020年2月29日废止。

参考文献

[1] 张莉祥主编. 物业管理法规. 北京：中国建筑工业出版社，2004.
[2] 董潘，秦凤伟，刘毅编著. 物业管理法律与制度. 北京：清华大学出版社，2006.
[3] 刘燕萍主编. 物业管理法规与案例分析. 北京：机械工业出版社，2009.
[4] 鲁捷主编. 新编物业管理法规案例分析（第二版）. 大连：大连理工大学出版社，2009.
[5] 邢国威主编. 物业管理法规与案例分析. 北京：化学工业出版社，2012.
[6] 王跃国主编. 物业管理法规. 北京：机械工业出版社，2009.
[7] 鲜于玉莲主编. 新编物业管理法规. 大连：大连理工大学出版社，2009.
[8] 刘湖北，胡万平，王炳荣，吕杰主编. 物业管理法规与案例评析. 北京：中国建筑工业出版社，2010.
[9] 佟晓晨，杨永杰主编. 物业管理法规与案例教程. 北京：中国人民大学出版社，2011.
[10] 鲁捷，曹冬冬主编. 物业管理法规. 北京：电子工业出版社，2012.
[11] 王敏，温国锋，王怡红主编. 物业管理实务. 北京：清华大学出版社，2013.
[12] 张合振主编. 物业设备设施管理-（含实训）. 北京：机械工业出版社，2015.